Sommaire

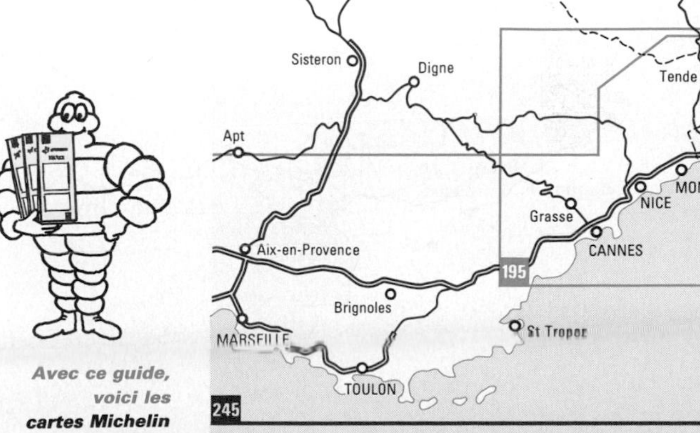

Avec ce guide, voici les ***cartes Michelin*** *qu'il vous faut :*

PRINCIPALES CURIOSITÉS

Vaut le voyage ★★★

Mérite un détour ★★

Intéressant ★

Les noms noirs désignent les villes et curiosités décrites dans ce guide : consultez l'index.

Signes conventionnels

●	Localité décrite	✝	Edifice religieux
—	Parcours décrit		Table d'orientation
	Vue		Barrage
	Panorama	▲	Curiosités diverses

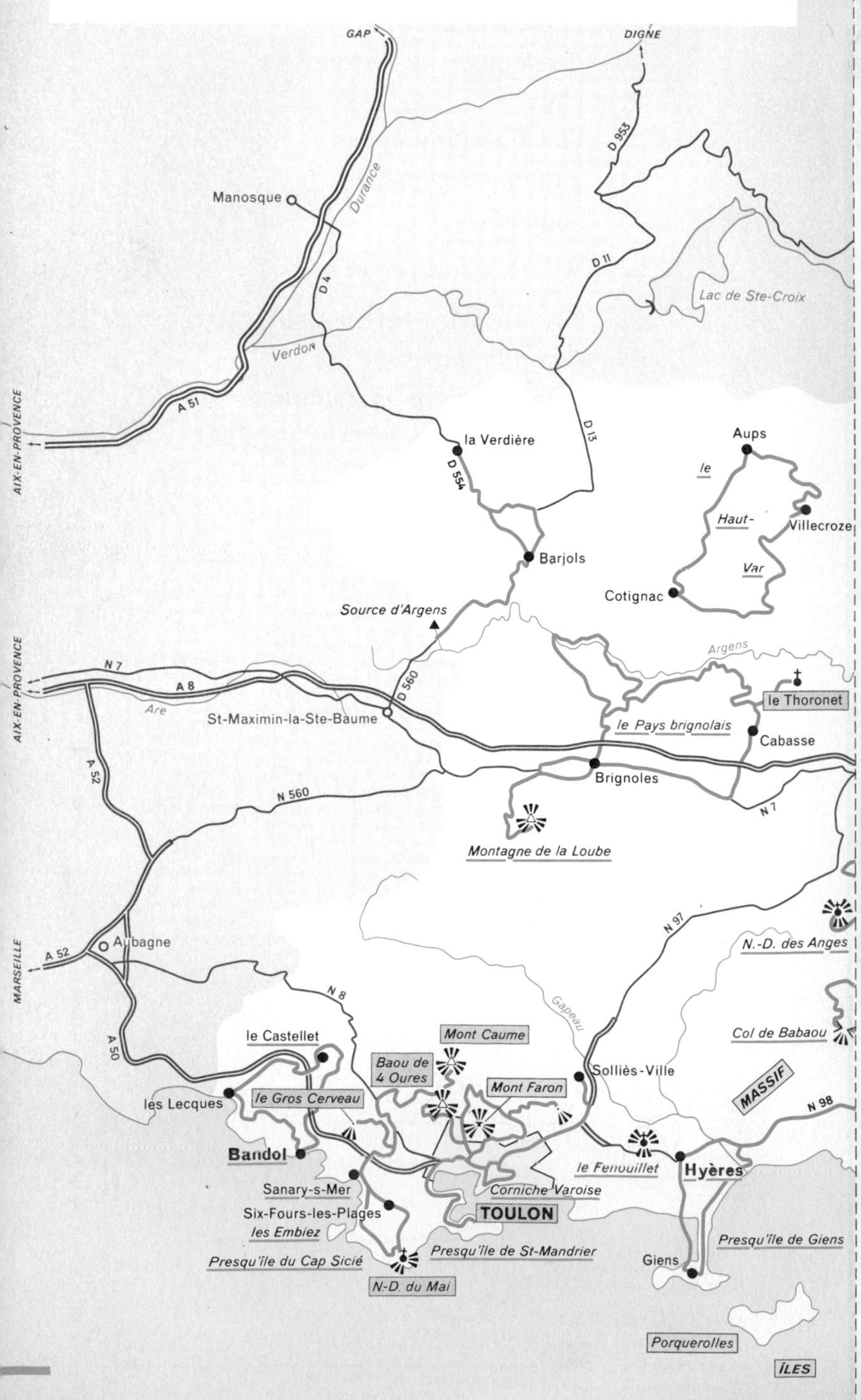

ITINÉRAIRES DE VISITE RÉGIONAUX

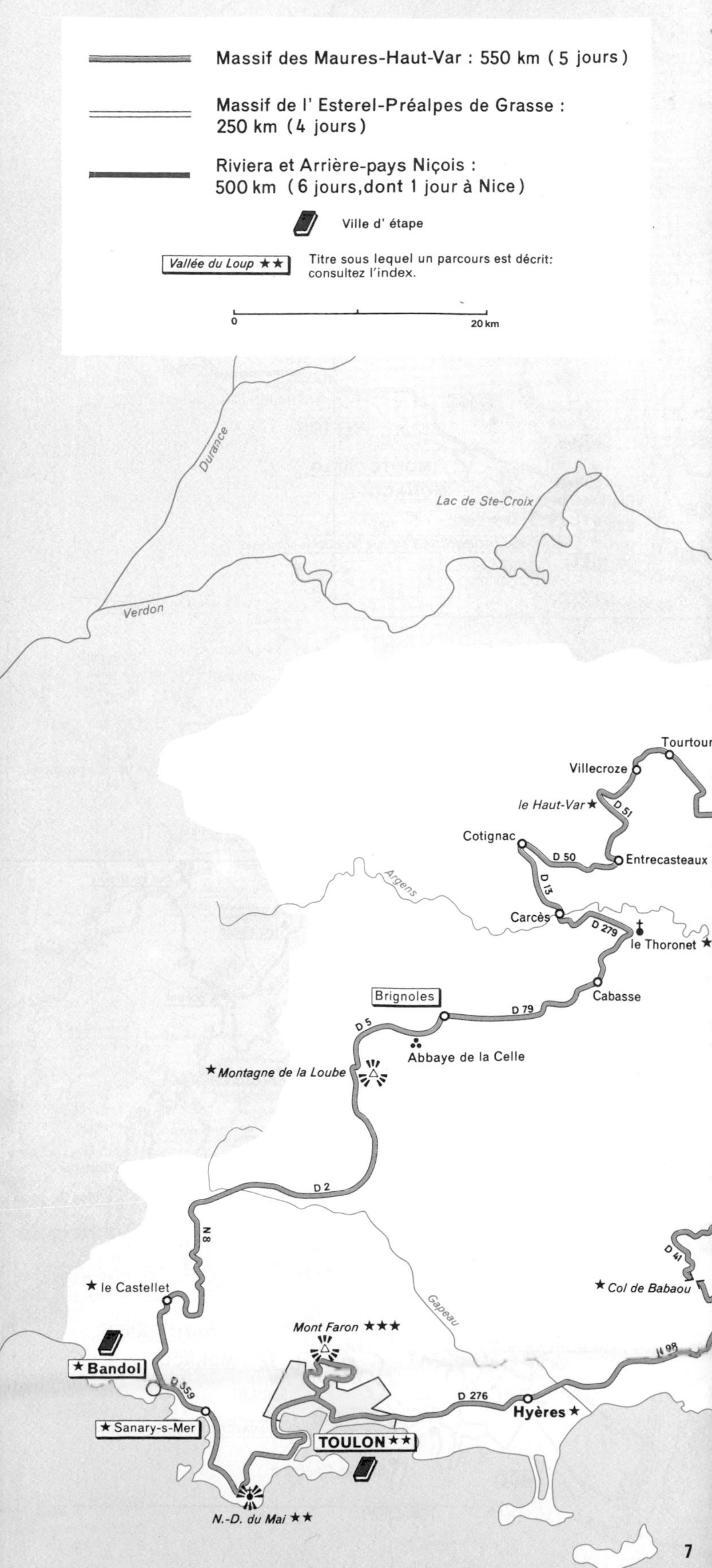

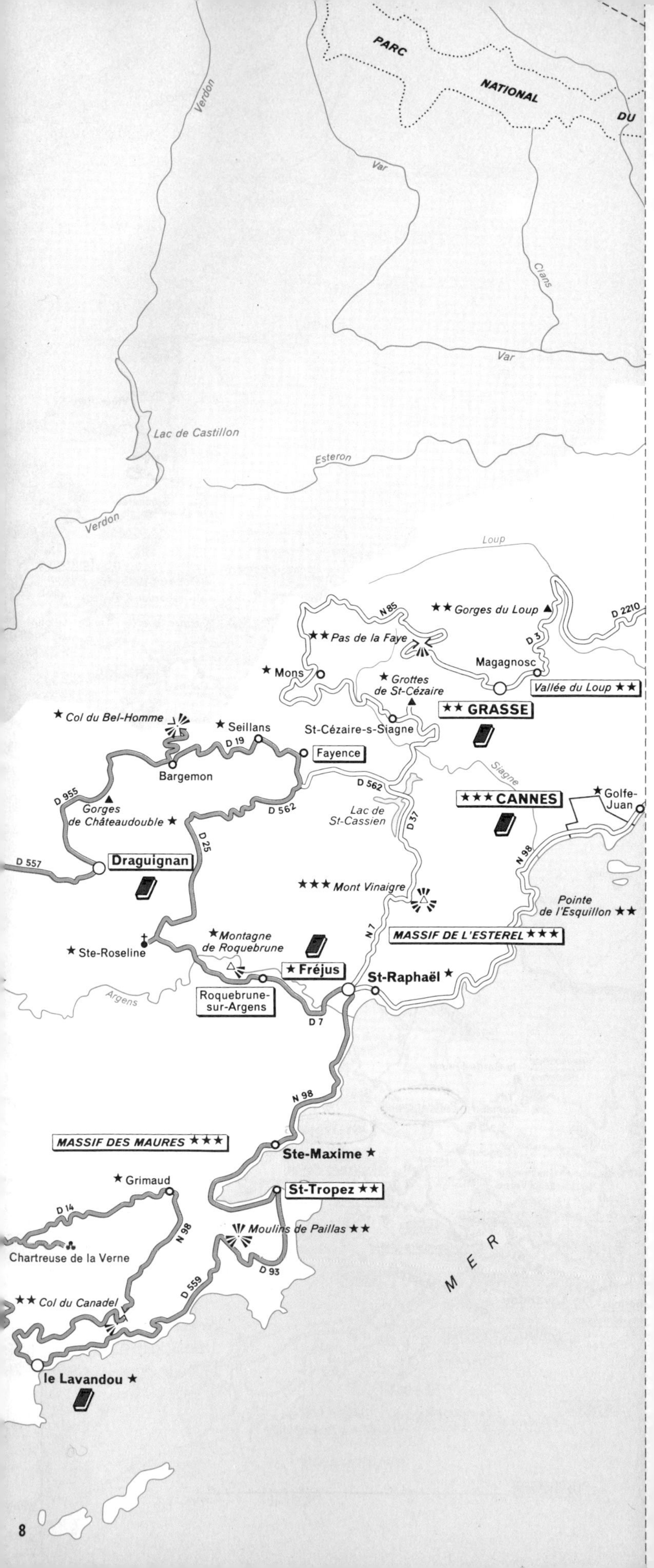

PARC
NATIONAL
DU
Verdon
Var
Cians
Var
Lac de Castillon
Esteron
Verdon
Loup
★★ Gorges du Loup
D 2210
N 85
★★ Pas de la Faye
D 3
★ Mons
Magagnosc
★ Grottes de St-Cézaire
Vallée du Loup ★★
★★ GRASSE
★ Col du Bel-Homme
★ Seillans
St-Cézaire-s-Siagne
D 19
Fayence
Bargemon
Siagne
D 955
D 562
★★★ CANNES
★ Golfe-Juan
Gorges de Châteaudouble ★
D 562
Lac de St-Cassien
D 37
D 25
D 557
Draguignan
N 98
★★★ Mont Vinaigre
Pointe de l'Esquillon ★★
★ Ste-Roseline
★ Montagne de Roquebrune
N 7
MASSIF DE L'ESTEREL ★★★
★ Fréjus
St-Raphaël ★
Argens
Roquebrune-sur-Argens
D 7
N 98
MASSIF DES MAURES ★★★
Ste-Maxime ★
★ Grimaud
St-Tropez ★★
D 14
N 98
Moulins de Paillas ★★
Chartreuse de la Verne
D 93
M E R
D 559
★★ Col du Canadel
le Lavandou ★

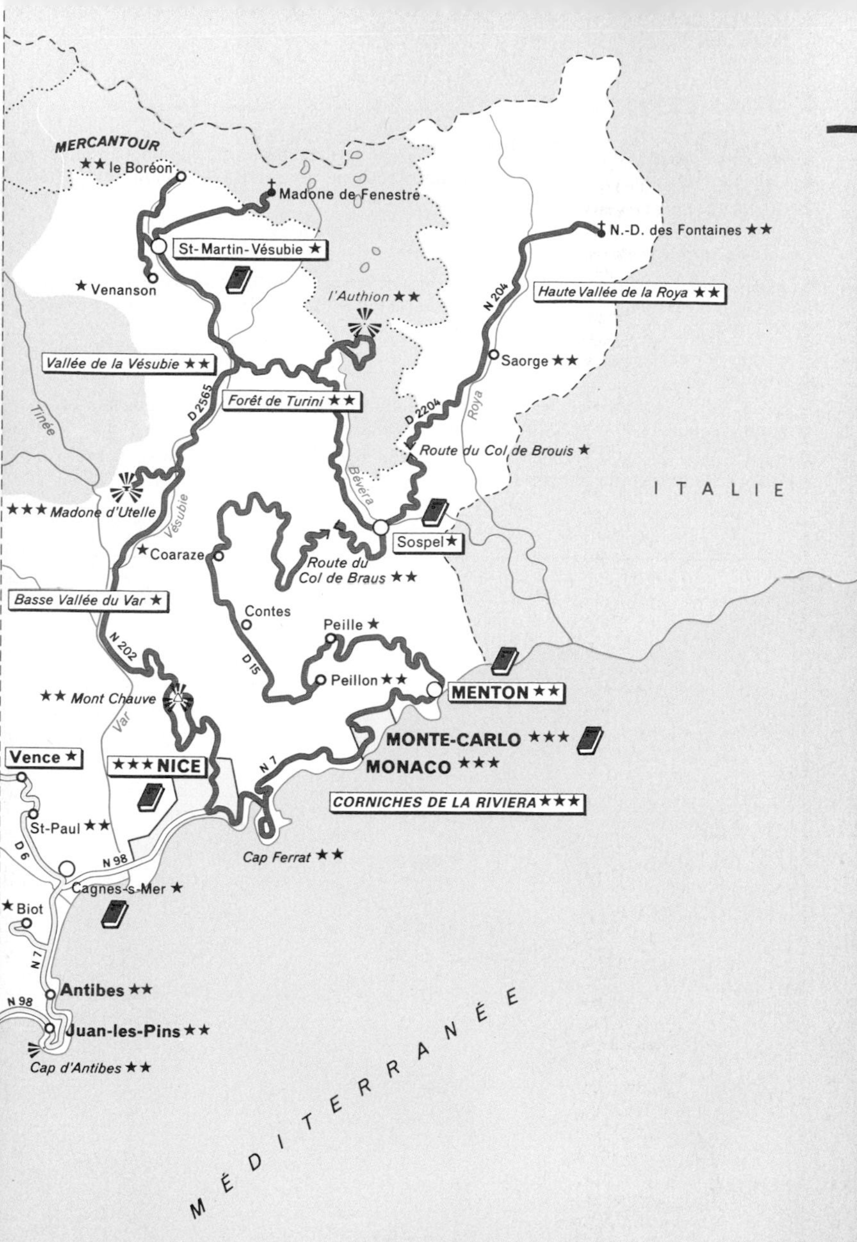

Vous aimez la peinture moderne? Visitez

à **Antibes** : le musée Picasso *(p. 35)*,
Biot : le musée Fernand Léger *(p. 46)*,
Cagnes-sur-Mer : le musée Renoir et le musée d'Art moderne méditerranéen *(p. 53)*,
Menton : le musée du palais Carnolès *(p. 97)*, la salle des mariages de l'hôtel de ville *(p. 98)* et le musée Jean Cocteau *(p. 96)*,
Nice : le musée Marc Chagall *(p. 113)*, le musée des Beaux-Arts *(p. 116)* et le musée Matisse *(p. 115)*,
St-Paul : la Fondation Maeght *(p. 130)*,
St-Tropez : le musée de l'Annonciade *(p. 133)*,
Vallauris : le musée National « La Guerre et la Paix » et la donation Magnelli *(p. 154)*,
Vence : la chapelle du Rosaire (chapelle Matisse) et le musée Carzou *(p. 157)*,
Villefranche : la chapelle St-Pierre (chapelle Jean Cocteau) *(p. 161)*.

Vous aimez les jardins? Visitez

au **Cap d'Antibes** : le jardin Thuret *(p. 37)*,
Cap Ferrat : les jardins de la fondation Ephrussi de Rothschild *(p. 58)*,
à **Èze** : le jardin exotique *(p. 69)*,
Grasse : le jardin de la princesse Pauline et le parc communal de la Corniche *(p. 78)*,
Hyères : les jardins Olbius Riquier et le parc St-Bernard *(p. 81)*,
Menton : le jardin botanique exotique *(p. 97)* et le jardin des Colombières *(p. 98)*,
Monaco : le jardin exotique *(p. 102)* et les jardins St-Martin *(p. 103)*,
Nice : les jardins de Cimiez *(p. 115)* et le jardin Albert Ier *(p. 110)*.

LIEUX DE SÉJOUR

Sur la carte ci-dessous ont été sélectionnées quelques localités particulièrement adaptées à la villégiature en raison de leurs possibilités d'hébergement et de l'agrément de leur site.

Pour plus de détails, vous consulterez :

Pour l'hébergement

Le **guide Michelin France** des hôtels et restaurants et le **guide Camping Caravaning France ;** chaque année, ils représentent un choix d'hôtels, de restaurants, de terrains, établi après visites et enquêtes sur place.

Hôtels et terrains de camping sont classés suivant la nature et le confort de leurs aménagements.

Ceux d'entre eux qui sortent de l'ordinaire par l'agrément de leur situation et de leur cadre, par leur tranquillité, leur accueil, sont mis en évidence.

Dans le guide Michelin France, vous trouverez également l'adresse et le numéro de téléphone du bureau de tourisme ou syndicat d'initiative.

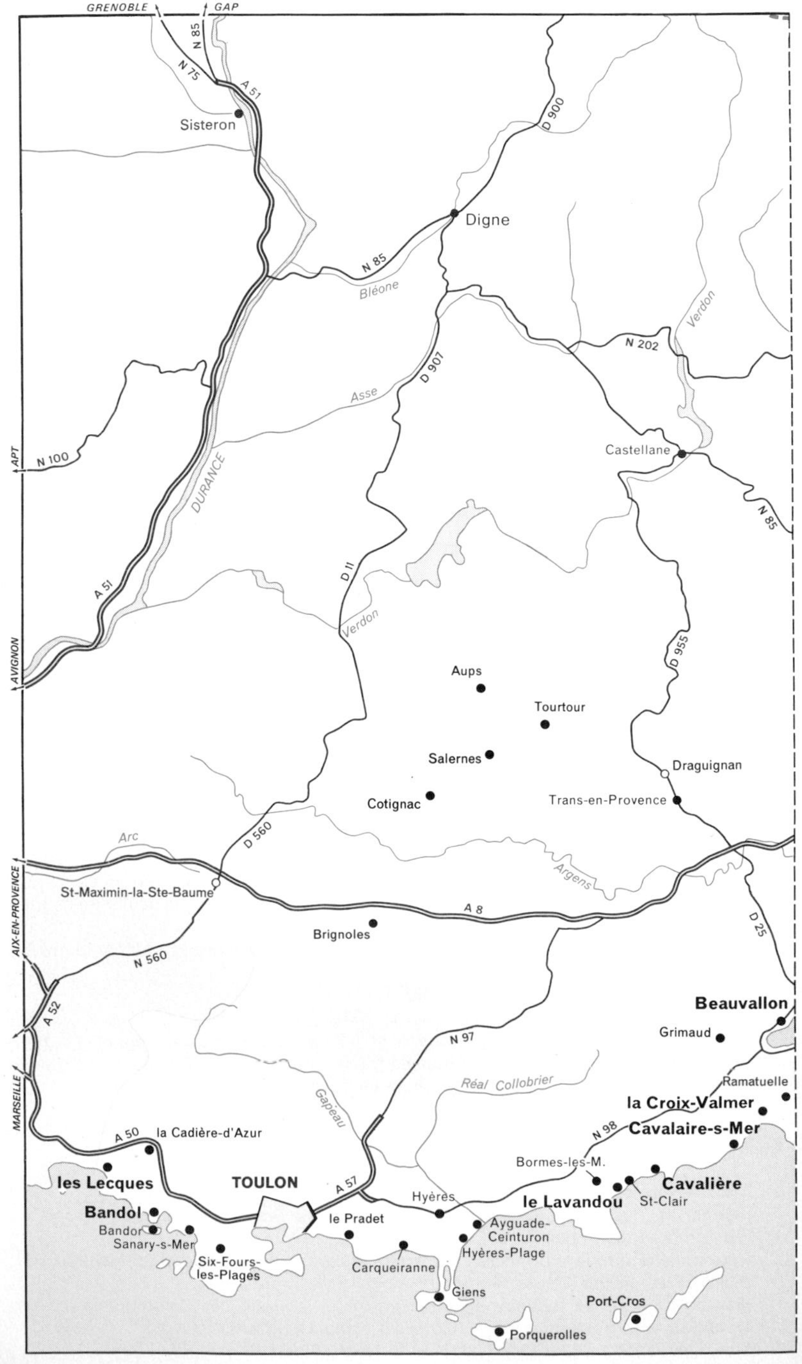

Pour le site, les sports et distractions

Les **cartes Michelin** à 1/100 000 et 1/200 000 *(assemblage p. 3)*. Un simple coup d'œil permet d'apprécier le site de la localité. Elles donnent, outre les caractéristiques des routes, les emplacements des baignades en rivière ou en étang, des piscines, des golfs, des hippodromes, des terrains de vol à voile, des aérodromes, des refuges de montagne.

Profitez de votre séjour...

pour emprunter le pittoresque **chemin de fer** à voie unique, qui s'insinue à l'intérieur du comté de Nice (ligne **Nice-Coni/Cuneo** par Breil-sur-Roya et Tende). Ses tracés hardis et tourmentés, créés aux prix de remarquables ouvrages d'art, révèlent d'admirables paysages, et donnent du haut pays, des aperçus originaux que la route ne peut pas toujours offrir.
Longue de 119 km, la ligne s'élève, en 85 km, du niveau de la mer à 1 279 m, à l'entrée du tunnel creusé sous le col de Tende ; à partir de Breil, elle remonte les gorges sauvages de la Roya ; à la sortie du tunnel de Tende, en territoire italien, elle descend par la pittoresque vallée de la Vermenagna jusqu'à Cuneo, ville du Piémont.
Par ailleurs, les villes de Nice et de Digne sont reliées par un chemin de fer à voie unique et métrique, qui, sur 151 km, remonte la basse et moyenne vallée du Var avant de serpenter dans l'arrière-pays provençal *(voir le guide Vert Michelin « Alpes du Sud » et p. 164).*

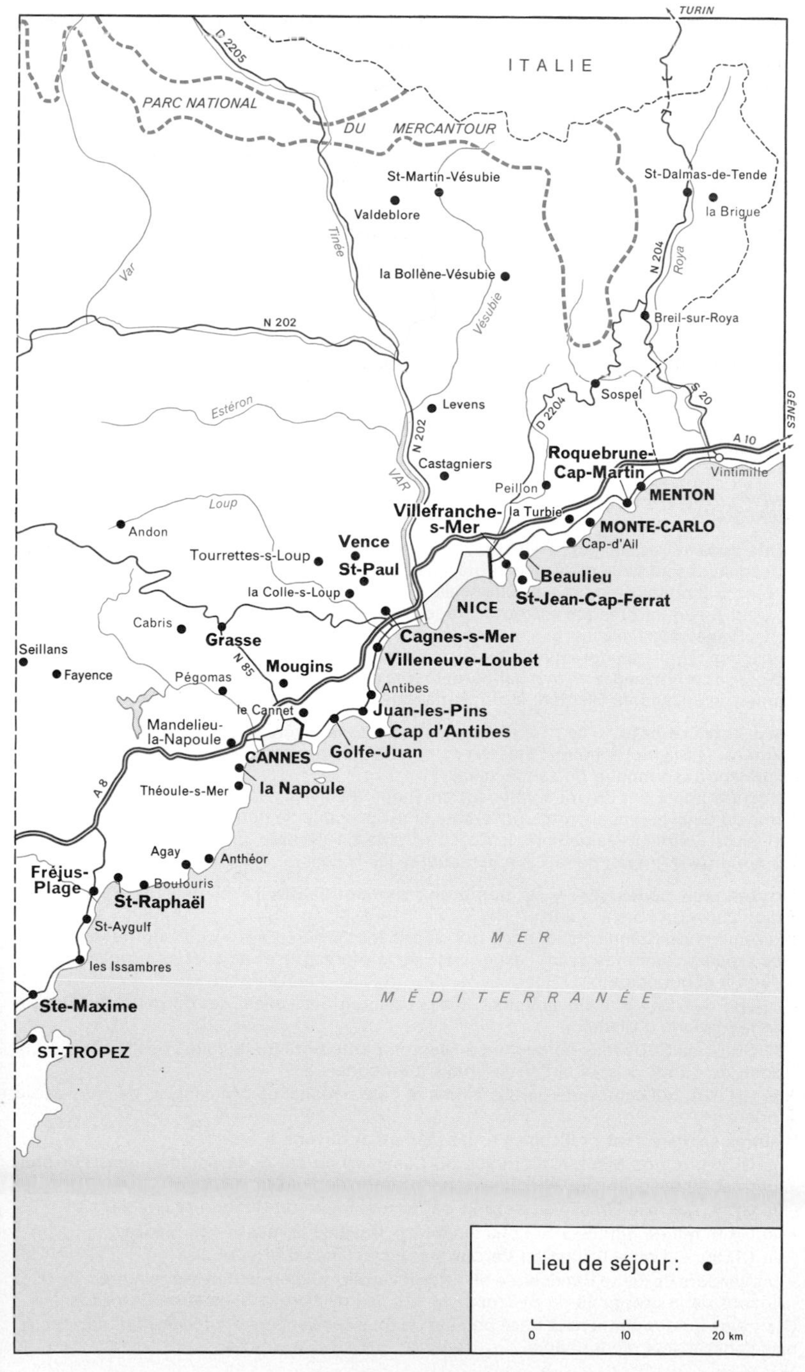

LES SAISONS

Un climat privilégié. – Pendant longtemps, la Côte d'Azur ne reçut guère de visiteurs qu'en hiver et au printemps. Ils s'y pressent maintenant durant l'été et la « saison » touristique dure presque toute l'année.

Hiver. – La douceur proverbiale de la Côte d'Azur a plusieurs causes : une latitude déjà basse, la présence de la mer qui modère les écarts de température, l'exposition en plein midi, l'écran de montagnes qui atténue les vents froids. La moyenne de janvier est de 8° à Nice (3° à Paris).
Les mauvais vents sont les vents d'Est venant du golfe de Gênes et du Sud-Est qui amènent la pluie. La brume est tout à fait exceptionnelle, sauf au cœur de l'été à proximité de la mer. Les hivers rigoureux avec gel ou neige sont extrêmement rares.
Le soleil peut faire monter le thermomètre jusqu'à 22° ; mais à la chute du jour et pendant la nuit, la température baisse subitement et fortement.
Les pluies sont peu nombreuses : c'est la rosée qui entretient la fraîcheur de la végétation. Les feuillages persistants, les fleurs qui continuent d'éclore conservent à la nature un air de fête.
Quand on pénètre dans l'intérieur du pays, le froid et la neige réapparaissent, mais l'atmosphère reste pure et le soleil brillant. C'est le climat rêvé pour les sports d'hiver que l'on peut pratiquer dans l'arrière-pays *(voir ci-dessous)*.

Printemps. – Quelques pluies violentes mais courtes le caractérisent. C'est l'apogée des fleurs, la joie des yeux. C'est en cette saison que le mistral souffle le plus fréquemment, surtout à l'Ouest de Toulon. Cependant, amorti par le relief, il est loin d'atteindre l'intensité qu'on lui connaît en Provence occidentale et dans la vallée du Rhône.
Les Romains avaient fait de ce maître vent un dieu redouté. Il vient du Nord-Ouest, par froides rafales ; après quelques jours – trois, six ou neuf, dit-on – le jet puissant d'air pur a tout assaini ; le ciel, balayé, est plus bleu.

Été. – La côte offre son azur invariablement pur et ses 22° de moyenne en juillet-août (3° de plus qu'à Paris). La chaleur, toutefois, reste supportable parce qu'elle est tempérée par la fraîche brise qui souffle pendant la journée. Ce n'est pas la saison des fleurs ; la végétation, accablée par la sécheresse, sommeille. On fait la grimace quand arrive, du Sud, le souffle de feu du « sirocco ».
L'arrière-pays offre toute la gamme des séjours d'altitude jusqu'à 1 800 m ; plus on aime le frais, plus on goûte l'air vif, plus on montera.

Automne. – C'est la saison des orages violents après lesquels le soleil reparaît, brillant et chaud. Dans toute l'année, il n'y a, en moyenne, que 86 jours de pluie à Nice (162 à Paris), mais la quantité d'eau tombée est bien plus forte (862 mm à Nice et 619 mm à Paris). Les journées idéales ne manquent donc point pendant l'automne. Et l'on assiste, après le repos estival de la végétation, à un renouveau qui fait éclore les fleurs de toutes parts.

LOISIRS

Pour les adresses et autres précisions, voir le chapitre « Renseignements pratiques » en fin de guide.

Sur la côte. – Des Lecques à Menton, la plupart des stations balnéaires de la Côte d'Azur possèdent des ports de plaisance, remarquablement équipés, dont le nombre et la qualité en font le premier parc nautique français.
On peut pratiquer presque partout les sports de voile, le ski nautique, le motonautisme et la plongée sous-marine.
Des lignes régulières desservent les îles de Bendor, des Embiez, d'Hyères, de Lérins. En saison, des promenades en mer sont organisées au départ des stations suivantes : Antibes, Cannes, le Lavandou, Menton, Nice, St-Raphaël, St-Tropez et Ste-Maxime.

Dans l'arrière-pays. – La pêche dans les lacs et les rivières est réglementée.
L'Argens, la Siagne, le Loup, l'Esteron et, dans l'arrière-pays niçois, la Roya et la Vésubie se prêtent à la pratique du canoë-kayak.
Un centre important de vol à voile est aménagé à Fayence.
A une ou deux heures de route de la côte, il est possible de goûter les plaisirs des sports d'hiver (la Colmiane-Valdeblore, le Boréon-St-Martin-Vésubie, la Gordolasque-Belvédère, Turini-Camp-d'Argent, Peïra-Cava, Gréolières-les-Neiges).

Randonnées pédestres. – De nombreux sentiers balisés permettent de découvrir la région couverte par ce guide.
Les sentiers de Grande Randonnée qui sillonnent l'arrière-pays niçois sont réservés aux randonneurs confirmés ayant l'expérience de la montagne et ne sont praticables que de fin juin à début octobre :

- le GR 5 de Nice à St-Dalmas-Valdeblore par Aspremont, Levens, les gorges de la Vésubie et la Madone d'Utelle,
- le GR 52 de St-Dalmas-Valdeblore à Menton par le Boréon, la Vallée des Merveilles, la forêt de Turini, Sospel et l'arrière-pays mentonnais,
- le GR 52A, qui contourne par les cimes le Parc national du Mercantour dans sa partie orientale.

D'autres sentiers sont praticables toute l'année et ouverts à tous :

- le GR 51, qui de Menton (Carnolès ou Castellar) au col de la Cadière, dans l'Esterel, permet de découvrir les plus beaux panoramas de la Côte d'Azur,
- le GR 4, qui relie Grasse au Verdon par la montagne du Cheiron et Gréolières,
- le GR 9, qui de Signes à St-Pons-les-Mûres traverse le massif des Maures,
- le GR 99, qui relie Toulon au Verdon par les collines du Haut-Var,
- les sentiers de Petite Randonnée du littoral varois, qui permettent, entre autres, de faire le tour de la presqu'île de St-Tropez et des îles de Porquerolles et de Port-Cros.

Des topos-guides donnent le tracé détaillé de tous ces sentiers et procurent d'indispensables conseils aux randonneurs.

Introduction au voyage

Le village d'Eze.

PHYSIONOMIE DU PAYS

Le présent volume décrit la Côte d'Azur, des Lecques à Menton, et l'arrière-pays accidenté qui forme les plans de Provence, les Préalpes de Grasse et le haut pays niçois. Les guides Verts Michelin consacrés aux régions limitrophes sont les guides « Provence » et « Alpes du Sud ».

LES CONTRASTES

Dans ce pays, les contrastes sont partout :

...dans la côte. – D'abord, la Côte d'Azur, entendue dans sa plus grande extension, des Lecques à Menton, est loin d'être identique à elle-même *(voir p. 16).* Les petites criques, serrées entre les promontoires de porphyre de l'Esterel, contrastent avec les larges golfes, aux rives plates, ouvrant mollement le littoral ; parfois la montagne même plonge dans la mer, comme au cap Sicié.

...dans le relief. – A cette côte si diverse, correspond un arrière-pays également varié. Ce sont d'abord les bassins et les chaînons de la Provence intérieure : bassins fertiles où dominent les cultures méditerranéennes ; chaînons courts, arides et âpres, comme au Nord de Toulon.

Puis, ce sont les massifs des Maures et de l'Esterel qui n'atteignent pas 800 m : le premier vallonné et tapissé de forêts de chênes-lièges et de châtaigniers ; le second dont les sommets, le mont Vinaigre, le pic de l'Ours, et le pic du Cap Roux, offrent des panoramas d'une ampleur prodigieuse.

L'arrière-pays de Cannes et de Nice est formé de croupes onduleuses dont les vagues se propagent jusqu'au pied des Préalpes de Grasse, où les vallées entaillent les plateaux en gorges et coupent les chaînons montagneux en « clues » que l'on retrouve en plus grand nombre en Haute-Provence.

Enfin, derrière la Riviera, s'élèvent jusqu'à 2 000 m d'altitude, les Préalpes de Nice. Plus au Nord et au Nord-Est, c'est le domaine de la haute montagne.

...dans le climat. – Tiédeur hivernale de la côte niçoise (la moyenne des températures de Nice en janvier est de 13° maximum, 4° minimum) et, à moins de deux heures de voiture, l'air glacé des champs de ski ; chaleur estivale sur le littoral et délicieuse fraîcheur des stations d'altitude ; réfrigérant mistral et brûlant « sirocco » ; longs jours de sécheresse, rivières à sec et, subitement, orages diluviens, torrents débordants.

...dans la végétation. – La forêt de Turini, aux hêtres et sapins centenaires, est toute septentrionale ; les bois des Maures et de l'Esterel sont typiquement méridionaux avec leurs chênes-lièges et leurs pins que ravagent des incendies chroniques. Il y a loin du maquis sauvage aux alignements d'orangers et de citronniers ; de la lavande et du thym des garrigues bruissantes de cigales aux vastes champs de fleurs ; des palmiers, agaves et cactus du littoral aux sapins et mélèzes de la haute montagne.

... dans l'animation. – La côte attire à elle toute la vie de la région : les routes les plus fréquentées, les villes les plus importantes, les stations les plus variées et les mieux équipées s'y concentrent. Dès qu'on pénètre à l'intérieur, on rencontre le calme, souvent la solitude complète : de petites villes un peu endormies ou de vieux villages en nid d'aigle quelquefois désertés *(villages perchés, p. 29).*

... dans l'activité économique. – Nice est la capitale touristique de la côte ; Monte-Carlo, la plus grande ville de jeu d'Europe. On passe sans transition de l'actif commerce des fleurs et de la fabrication des parfums aux centres de recherches où s'affairent les techniciens de l'océanographie et de l'informatique.

L'empire du soleil. – Le voyageur, qui veut résumer cette prodigieuse multiplicité d'impressions, trouve dans le climat méditerranéen le lien qui les unit. Il est partout présent dans cet « empire du soleil » que fêtait Mistral (2 725 heures à Nice, dans l'année, contre 1 465 à Londres).

Sauf en plein été, l'atmosphère pure donne une grande netteté aux reliefs ; les silhouettes se découpent et prennent aisément un caractère architectural ; les couleurs vibrent : bleu de la mer et du ciel, vert des forêts, gris argenté des oliviers, rouge des porphyres, blanc des calcaires.

LA FORMATION DU SOL

Ère primaire. – Début : il y a environ 600 millions d'années. Le bassin occidental de la Méditerranée n'existe pas ; sa place est occupée par un vaste continent, la Tyrrhénide. Ce continent, constitué par des roches cristallines, est contemporain du Massif central et du Massif armoricain. Là, où sera la Provence, s'étend une mer.

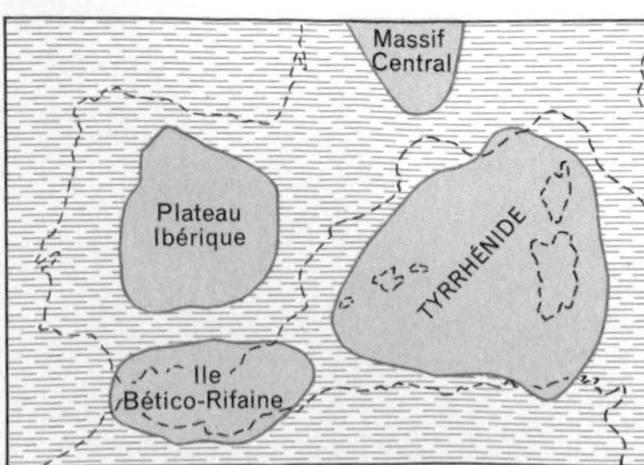

Ère primaire : la Tyrrhénide.

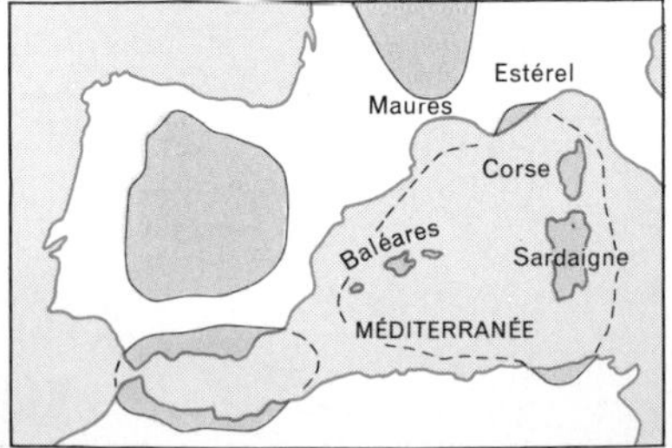

Ère quaternaire : la Méditerranée.

Ère secondaire. – Début : il y a environ 200 millions d'années. La Tyrrhénide est progressivement nivelée par les eaux courantes, l'alternance des pluies, du soleil et de la gelée. Les matériaux arrachés au sol sont entraînés par les cours d'eau et se déposent au fond de la mer. Avec le temps, ces dépôts se transforment en bancs de roche parallèles (les strates), composés, soit de calcaire, soit d'argile, de schistes, de grès ou de sable.

Ère tertiaire. – Début : il y a environ 60 millions d'années. Des poussées très lentes et très puissantes, qui ont déjà donné naissance aux Pyrénées, s'exercent sur ces roches ; en les comprimant, elles les font surgir très haut. Les strates se ploient et forment sur place des ondulations ou plis, de direction Est-Ouest : ce sont les chaînons provençaux au Nord de Toulon. Plus tard, la poussée alpine se heurte au relief préexistant et il en résulte une interférence des directions Est-Ouest et Nord-Sud, dans les Préalpes de Nice.

Ère quaternaire. – Début : il y a environ 2 millions d'années. La Tyrrhénide s'effondre, laissant accrochés, au bord de l'abîme, les Maures et l'Esterel, le cap Sicié. Une mer recouvre le continent disparu : c'est la Méditerranée actuelle. Quelques fragments de la Tyrrhénide émergent toujours : la Corse, la Sardaigne, une partie de la Sicile, qui encadrent la mer Tyrrhénienne, les Baléares.

LE RELIEF

On vient de voir que deux systèmes montagneux ont constitué la Provence : l'un, très ancien (Maures et Esterel) ; l'autre, beaucoup plus jeune (chaînons provençaux, d'origine pyrénéenne ; Préalpes, d'origine alpine).

Les Maures sont un massif cristallin qui s'étend entre les vallées du Gapeau et de l'Argens, baignant dans la mer au Sud et limité au Nord par une longue dépression qui le sépare des Préalpes calcaires. Les Maures forment de longues croupes parallèles, de faible altitude (point culminant : la Sauvette, 779 m), aux versants couverts de superbes forêts de pins, de chênes-lièges et de châtaigniers.

L'Esterel, séparé des Maures par la vallée inférieure de l'Argens, est de faible altitude parce que, depuis très longtemps aussi, le massif a été raboté par l'érosion : le point culminant, le mont Vinaigre, n'atteint que 618 m. Mais les profonds ravins qui le découpent, ses crêtes déchiquetées écartent toute impression de collines.
Comme les Maures, l'Esterel était entièrement couvert de forêts de pins et de chênes-lièges ; des incendies saisonniers les ont ravagés *(voir p. 19)*.
A l'abri des arbres, croissent quantité d'arbrisseaux et de buissons : bruyères arborescentes, arbousiers, lentisques, lavandes, etc. Dans les parties découvertes, moutonne le maquis : au printemps, le rouge et le blanc des fleurs de cistes, le jaune des mimosas et des genêts, le blanc des bruyères et des myrtes rendent éclatant le tapis végétal.

Les chaînons provençaux. – Ils constituent un ensemble de courtes chaînes calcaires, hautes de 400 à 1 150 m, accidentées et arides. D'origine pyrénéenne, ils n'ont pas la continuité des chaînons d'origine alpine (Préalpes du Sud) et leur structure est extrêmement compliquée. Les chaînons les plus méridionaux sont ceux du Gros Cerveau (429 m), entaillé par les gorges d'Ollioules, et du mont Faron (542 m) qui domine la ville de Toulon. Le Coudon et, plus au Nord, les montagnes Ste-Victoire et de la Loube en sont d'autres. Entre ces chaînons, se nichent des bassins fertiles, où s'associent les trois cultures classiques : le blé, la vigne, l'olivier.

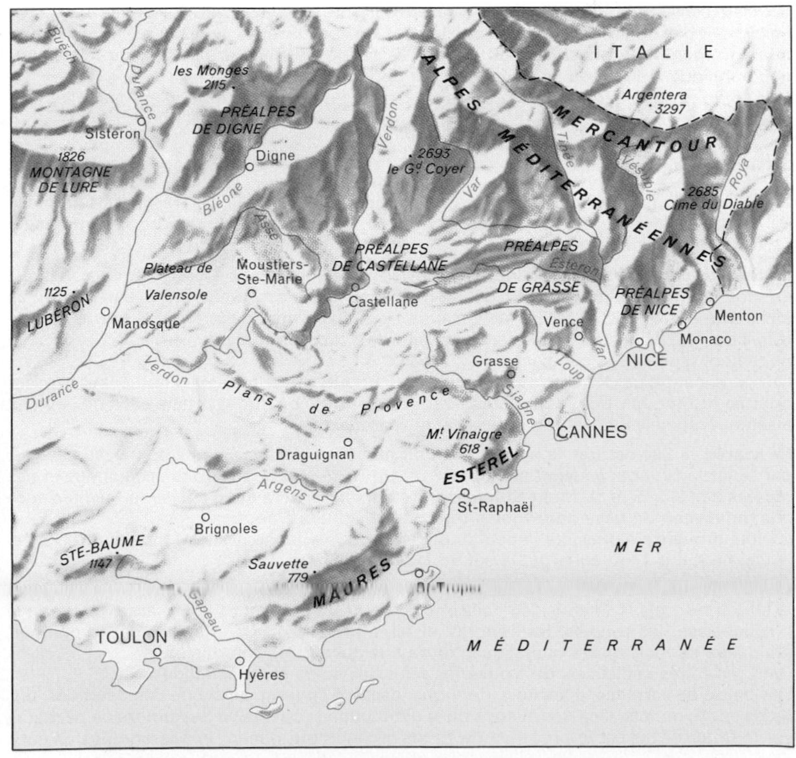

Alpes méditerranéennes et Mercantour. – Au Nord-Est du pays, l'horizon est barré par une épaisse masse montagneuse (altitude : 1 500 à 2 900 m), compartimentée par les hautes vallées du Var, de la Tinée, de la Vésubie, de la Roya qui servent de difficiles régions de passage. Elle vient buter, à la frontière italienne, contre l'important massif cristallin du Mercantour-Argentera dont les sommets dépassent 3 000 m (Cime du Gélas, 3 143 m).

Préalpes. – Une partie des Préalpes du Sud se trouvent rassemblées ici. Entre le Verdon et le Var, une série de chaînons parallèles orientés Ouest-Est, et dont l'altitude varie entre 1 100 et 1 600 m, forment les **Préalpes de Grasse** ; ils sont parfois coupés par des gorges étroites et sauvages, les « clues ».
Les **Préalpes de Nice,** du confluent de l'Esteron à la Roya, étagent, depuis la côte jusqu'à plus de 1 000 m d'altitude, les sites variés et riches en contrastes de l'arrière-pays niçois et mentonnais. Les chaînons, d'origine alpine, s'orientent du Nord au Sud, puis brusquement se courbent parallèlement à la côte.

Plans de Provence. – Du Plan de Canjuers au col de Vence, les Préalpes sont ourlées d'un glacis de plateaux calcaires accidentés, véritables « causses », où les eaux s'infiltrent, disparaissent dans les avens, et vont alimenter des résurgences comme celle de la Siagne. Le Loup y a découpé des gorges très pittoresques *(voir p. 88).*
En contrebas, s'étire une **zone de dépression,** le « pays d'en bas », que jalonnent Vence, Grasse, Draguignan. A partir de l'Argens, cette dépression pousse une pointe vers Fréjus d'une part, Brignoles de l'autre ; mais son axe principal s'oriente vers Toulon au pied du versant septentrional des Maures (bassin du Luc).

LA CÔTE

Cette côte, rocheuse dans son ensemble, offre un bon exemple de la combinaison de reliefs et de roches de nature différente avec la mer.

Côte toulonnaise. – Très découpée, elle offre d'excellents abris pour les ports : baie de Bandol, baie de Sanary, et surtout la merveilleuse rade de Toulon. Elle n'est pas abrupte partout et d'excellentes plages y favorisent le tourisme balnéaire.

Côte des Maures. – Entre Hyères et St-Raphaël, la côte représente la lisière des Maures. Par ses festons multiples, elle offre des sites charmants et de ravissantes perspectives. La presqu'île de Giens est une ancienne île, rattachée à la terre ferme par deux isthmes de sable ; elle est voisine des îles d'Hyères, couvertes d'une magnifique végétation. La plaine de Fréjus est un ancien golfe comblé par les alluvions de l'Argens.
La ligne du rivage dessine de grosses saillies, comme celles du cap Bénat et de la presqu'île de St-Tropez, des caps effilés (cap Nègre, cap des Sardinaux), de larges baies comme la rade de Bormes ou le golfe de St-Tropez.

Côte de l'Esterel. – Abrupts et chaotiques, les porphyres rouges de l'Esterel mettent des taches vives dans la mer bleue. La montagne lance des promontoires puissants encadrant des calanques ou des baies minuscules. En avant de la côte, pointent des milliers de rochers, d'îlots, que les lichens teintent parfois de vert ; des récifs transparaissent sous l'eau limpide. Tout le long de cette côte de feu, s'égrènent les stations et les points de vue qui font la réputation universelle de la Corniche d'Or.

Côte d'Antibes. – De Cannes à Nice, nouveau changement d'aspect. La rive n'est plus escarpée ni fouillée par la mer ; elle s'aplanit, s'ouvre en larges baies. C'est une côte calme et molle, dont la presqu'île du cap d'Antibes est la seule saillie.

Riviera. – De Nice à Menton, les Préalpes plongent brusquement dans les eaux. Le front de mer, espalier merveilleusement exposé, oriente ce pays vers la Méditerranée, en l'éloignant de son arrière-pays. Les presqu'îles du cap Ferrat et du cap Martin forment les deux promontoires principaux du rivage. Le terme de Riviera, passé dans le langage géographique, comprend ce nouvel aspect de la côte.
Une triple route s'agrippe en corniche aux raides versants que peuplent les villas aux jardins en terrasse.

LA MÉDITERRANÉE

Son bleu profond – bleu de cobalt, disent les peintres – provient de la très grande limpidité de l'eau. Mais cette couleur n'est pas immuable. L'état du ciel, la lumière, la nature et la profondeur des fonds la modifient ; elle est parfois d'opale ou d'un gris chaud.

La température de l'eau. – Variable en surface sous l'influence solaire, elle est constante en profondeur : 13°, de 200 m à 4 000 m de profondeur alors que pour l'Océan Atlantique elle passe de 14° à 2°. C'est un facteur important du climat : cette énorme masse liquide rafraîchit l'été et réchauffe l'hiver. Par suite de l'évaporation très active, les eaux sont nettement plus salées que celles de l'Océan.
On n'y rencontre pas les amples houles de l'Atlantique, qui ont besoin d'immenses espaces pour se former. On trouve de petites vagues, courtes, brusques ; mais elles deviennent aisément rageuses, et les tempêtes y sont redoutables.

La marée. – Elle est très faible : 0,25 m en moyenne. Les variations de niveau causées par les grands vents peuvent atteindre 1 m. On reste loin des chiffres océaniques et des marées de 13 à 15 m du Mont-St-Michel. Cette fixité relative a fait choisir la Méditerranée comme niveau de base pour toutes les cotes d'altitude française.
La côte provençale présente, à peu de distance du rivage, de grands fonds. Entre Nice et le cap Ferrat, à 1 km au large, la sonde indique 1 000 m.

Les poissons. – La Méditerranée est moins poissonneuse que les autres mers bordant le littoral français. Toutefois, les poissons de roches y pullulent : la rascasse, gloire de la bouillabaisse, les rougets, les congres et les murènes, à côté d'une foule de poulpes, araignées de mer, divers mollusques et de quelques rares langoustes.
Dans les zones sableuses, on trouve les raies, les soles et les limandes.
Des bancs de sardines, d'anchois, de thons, passent au large ainsi que des daurades, des loups et des mulets. Une des raisons de la diminution progressive du nombre de pêcheurs sur la Côte d'Azur est la présence de fonds rocheux qui gênent le passage des chaluts.

LES COURS D'EAU

Les cours d'eau méditerranéens sont de véritables torrents ; ils en ont toute l'indigence et tous les excès, déterminés par la répartition des pluies et de l'évaporation au cours de l'année.
Pendant l'été, l'absence de pluies et l'intensité de l'évaporation réduisent les rivières à leurs lits caillouteux, où serpentent quelquefois des eaux venues des massifs alpins. Survienne l'automne ou le printemps, les pluies s'abattant soudain avec violence, les lits des moindres rivières s'emplissent brusquement d'eaux écumantes : de maigres ruisseaux, coulant parmi les taillis, deviennent en quelques heures des torrents dont le flot impétueux et dévastateur est lancé à la vitesse d'un cheval au galop.
Le débit de l'Argens varie de 3 m^3 à 600 m^3 à la seconde ; celui du Var oscille entre 17 m^3 et 5 000 m^3. Aux grandes crues, le Var coule sur une largeur de 1 km et son flot limoneux se distingue sur la mer limpide jusqu'à hauteur de Villefranche.
Les rivières qui traversent les régions calcaires témoignent toujours d'une grande irrégularité. Les pluies s'infiltrent dans le sol par une multitude de fissures pour reparaître sous forme de grosses sources (résurgences) jaillissant au flanc des vallées. Parfois, les résurgences se produisent dans le lit même de la rivière : tels sont ces « foux », ou gros ruisseaux, qui déterminent les crues de l'Argens.
Tous ces cours d'eau, de régime torrentiel, charrient des matériaux ; mais, sauf l'Argens, ils n'ont pas construit de plaines littorales comparables à celles du Bas-Languedoc. Ils ont formé des vallées charmantes, des gorges pittoresques (gorges du Loup ou gorges de la Siagne) ou des « clues » (clue de Gréolières) qui constituent un des attraits de la Provence intérieure.

LA VÉGÉTATION

Le développement de la végétation n'est pas le même que dans les pays du Nord. Si l'épanouissement a lieu au printemps, une seconde poussée se produit en automne, qui se prolonge presque tout l'hiver ; la saison de repos est l'été, la chaleur et la sécheresse ne ménagent que les plantes armées pour résister à la soif : profondes racines, feuilles vernissées réduisant la transpiration, bulbes abritant des réserves d'eau, dégagement de parfums qui interposent entre le soleil et la plante une sorte de gaz protecteur.

LES ARBRES

L'olivier. – Importé en Provence par les Grecs, il y a 2 500 ans, il pousse aussi bien sur les sols calcaires que sur les terrains siliceux. On l'a appelé l'arbre immortel, car les oliviers sauvages ou greffés sur des troncs sauvages repartent indéfiniment de leur souche. Ceux qui proviennent de boutures meurent relativement jeunes : 300 ans environ. Ils atteignent sur le littoral des dimensions gigantesques : 20 m de hauteur, 4 m de tour à la base ; leur feuillage argenté forme un dôme de 20 m de circonférence. L'olivier, qui compte plus de soixante variétés, se voit jusqu'à 600 m d'altitude ; il marque la limite du climat méditerranéen. On le trouve dans le fond des vallées ou sur les pentes. De 6 à 12 ans, les arbres commencent à produire, et sont en plein rapport à 20 ou 25 ans. Il y a une récolte tous les deux ans.

Olivier.

Les olivettes sont en grand nombre dans la région de Draguignan et de Sospel, dans la vallée de la Roya (Breil).

Les chênes. – Ce sont des chênes à feuilles persistantes. Le **chêne blanc,** ou pubescent, pousse dans la garrigue. Le **chêne vert** croît sur les sols calcaires à moins de 800 m d'altitude. En taillis, c'est un élément essentiel de la garrigue. Plus développé, c'est un arbre à tronc court et trapu, écorce gris-noir, cime arrondie et dense. Le **chêne-liège** se reconnaît à ses gros glands noirâtres et à son écorce crevassée. Le prélèvement, sur le tronc, de sa couche de liège laisse apparaître un bois de couleur brun-rouge ; cette opération (« démasclage ») se pratique tous les 8 à 12 ans.

Les pins. – Les trois types rencontrés sur la Côte d'Azur se distinguent par leur silhouette.
Le **pin maritime** ne se développe pas sur les sols calcaires. Il s'orne d'un feuillage sombre et bleuté et présente une écorce rouge violacé.
Le **pin parasol,** typiquement méditerranéen, doit son nom à sa forme facilement reconnaissable. On le rencontre très souvent isolé.
Le **pin d'Alep** est une essence méditerranéenne, qui se plaît sur les sols calcaires du littoral. Le feuillage est clair et léger, le tronc souvent tordu et l'écorce grise.

Pin parasol.

Amandier.

Autres arbres provençaux. – Les **platanes** aux troncs lisses et les **micocouliers** ombragent les « cours » et les places des villages ainsi que les routes.
La silhouette du noir **cyprès,** conifère à feuillage persistant, marque le paysage méditerranéen. Planté serré, le cyprès pyramidal forme d'épaisses haies coupe-vent. La variété à branches étalées est utilisée pour les peuplements forestiers.
De la famille des rosacées, **l'amandier** commun, très répandu en Provence, présente une belle floraison très précoce. Dans les Maures se trouvent de puissants **châtaigniers.** Dans les Alpes, on trouve **sapins** et **mélèzes** de haute montagne. La forêt de Turini *(p. 151)* se trouverait en bonne place parmi les sapinières du Nord.

Arbres exotiques. – Le long des avenues, dans les parcs et les jardins, se dressent de magnifiques **eucalyptus.** Originaires d'Australie, ces arbres robustes et de grandes dimensions se sont fort bien acclimatés dans le Midi de la France. Sur les pentes du Tanneron *(p. 140)*, *les* **mimosas** forment, l'hiver, une magnifique parure. Le **palmier** règne sur la région d'Hyères. Deux espèces en sont répandues sur la Côte d'Azur : le palmier-dattier au tronc lisse et élancé, et le palmier des Canaries, plus trapu et au tronc rugueux.
Enfin, **orangers** et **citronniers** apparaissent de Cannes à Antibes, de Monaco à Menton.

LES ARBUSTES

Le **chêne kermès** est un arbrisseau buissonneux, à feuilles persistantes, dépassant rarement un mètre ; il tire son nom du kermès, insecte intermédiaire entre la cochenille et le puceron, qui vit fixé à ses tiges.
Le **lentisque** est un arbrisseau à feuilles persistantes dont les folioles sont en nombre pair et qui n'ont pas de foliole terminale. Le fruit, qui est une petite baie globuleuse, rouge au début, devient noir à maturité.
Le **pistachier térébinthe** est un arbuste pouvant atteindre 4 ou 5 m de hauteur. Les feuilles, de 5 à 11 folioles dont une terminale, ne sont pas persistantes. Les fruits, rouges, bruns à maturité, sont très petits.
Le **chardon en boule** méditerranéen est une plante vivace atteignant 1 m de hauteur. Les feuilles, irrégulièrement découpées et très pointues, sont d'un vert brillant sur la face supérieure, d'un blanc cotonneux sur la face inférieure. Les fleurs bleues sont réunies en capitules.

Chardon en boule méditerranéen.

La garrigue. – Il est des terrains calcaires si pierreux (route du col de Vence et D 955 de Draguignan à Montferrat) que les broussailles épineuses (chardon, chêne kermès, genêt épineux) ou parfumées (thym, lavande, romarin) n'ont pu s'y installer que par endroits, laissant largement apparaître la roche nue : c'est la « garrigue ».

Le maquis. – Propre aux sols siliceux, il forme, au contraire, un tapis végétal dense, souvent impénétrable. En mai-juin, à la floraison des cistes, il offre un merveilleux spectacle, comme sous les couverts de l'Esterel.

LES PLANTES GRASSES

Certaines espèces sont nettement africaines : en pleine terre croissent le cactus, l'aloès, le figuier de Barbarie, l'agave. Les ficoïdes, aux larges fleurs roses et blanches, envahissent les vieux murs. Le jardin exotique de Monaco *(voir p. 102)*, le jardin de la villa Thuret au cap d'Antibes *(p. 37)* et le jardin botanique exotique à Menton *(p. 97)* permettent de faire ample connaissance avec la flore tropicale. L'**aloès** possède des feuilles épaisses et charnues. Les fleurs, de couleur jaune verdâtre ou rouge sombre, sont quelquefois tricolores. Des feuilles, on extrait un suc amer qui est très employé en médecine.
Le **figuier de Barbarie** est une plante originaire d'Amérique centrale. Il croît sur les terrains arides des climats chauds. Ses feuilles larges, épaisses, sont hérissées d'épines. Les Marocains l'appellent figuier de Chrétien.

Aloès.

Figuier de Barbarie.

LES INCENDIES DE FORÊTS

De tout temps, le fléau de la forêt provençale, surtout dans les Maures et l'Esterel, a été l'incendie. Fléau encore plus grave que le déboisement par les hommes – plus radical que les déprédations causées par les chèvres. Pendant l'été, les plantes desséchées des sous-bois, les aiguilles de pin, très inflammables, sont à la merci de la moindre imprudence ou même flambent spontanément. Les pins offrent à l'incendie un aliment de choix ; si le vent est fort, c'est la catastrophe. De véritables vagues de feu, longues parfois de 10 km, hautes de 30 m, se propagent à l'allure de 5 à 6 km à l'heure. Quand la vague est passée, il ne reste que les squelettes noircis des arbres et une blanche couche de cendres.
La lutte contre le feu peut être préventive (débroussaillement autour des habitations, création de pare-feu, mise en place de patrouilles de surveillance) ou active (intervention des sapeurs-pompiers et des Canadairs, basés à Marignane).

Les corniches de la Riviera entre Nice et Menton, les pentes du mont Férion dans l'arrière-pays niçois, la région de Grasse à Mandelieu, particulièrement touchées par les graves incendies survenus durant l'été 1986, ne retrouveront pas leur aspect habituel avant de nombreuses années.

LES CULTURES FLORALES ET LES PRIMEURS

Fleurs coupées. – Alphonse Karr *(voir p. 131)*, réfugié politique à Nice avant l'annexion, serait à l'origine du commerce des fleurs, qui ne servaient qu'à l'ornement des jardins locaux. Karr commença à cultiver en grand et eut l'idée d'expédier à Paris des bouquets de violettes et des petits sacs de graines diverses. Depuis ces modestes débuts en 1855 et surtout depuis 1900, la culture des fleurs coupées et du mimosa s'est prodigieusement développée notamment grâce à l'irrigation et à l'utilisation de serres chauffées.

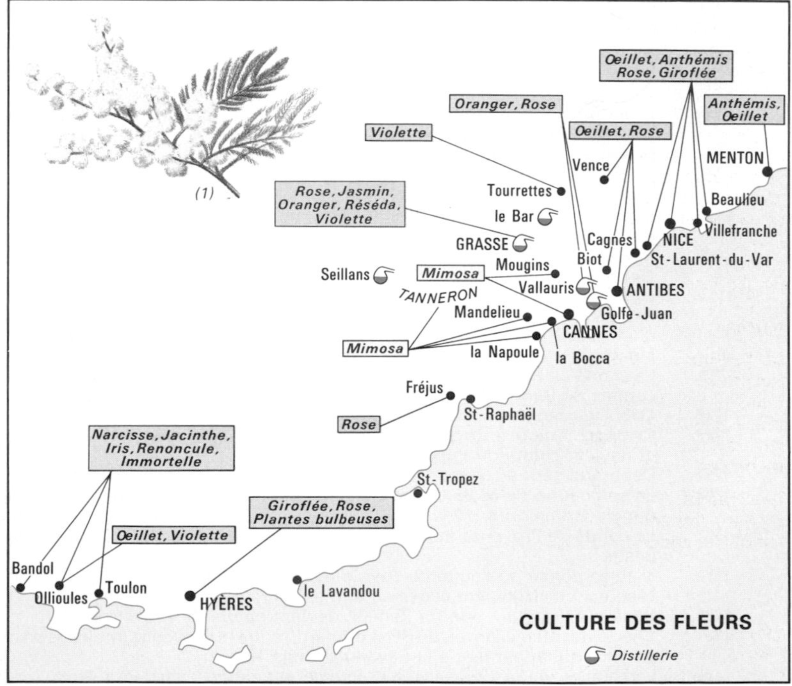

(1) Mimosa.

Fleurs et plantes à parfums de la région de Grasse. – Les deux cultures dominantes sont la rose et le jasmin. La rose de mai à fleurs simples, la seule qui donne un bon parfum, est la même que celle qui se cultive en Orient, mais elle donne des produits plus fins. Le jasmin est la variété à grande fleur, greffée sur du jasmin officinal. C'est une culture très coûteuse et délicate. Puis vient l'oranger. C'est l'arbre à fruits amers, le « bigaradier », qui donne ses fleurs à la parfumerie. L'eau de fleur d'oranger provient directement de la distillation de la fleur.
Le laurier-cerise, l'eucalyptus, le cyprès sont distillés pour l'essence ou pour l'eau. Les mimosas servent à faire des essences par extraction. Le basilic, la sauge sclarée, l'estragon, la mélisse, la verveine, le réséda, la menthe poivrée, le géranium, donnent des produits employés en parfumerie, confiserie, pharmacie. Les plantes odoriférantes : lavande, aspic, thym, romarin, sauge, etc., font l'objet d'une fabrication importante.
Le Bar-sur-Loup, Golfe-Juan, le Cannet et Vallauris ainsi que Seillans (Var) sont des centres importants de fabrication des matières premières aromatiques naturelles, mais la ville de Grasse tient évidemment une position éminente en ce domaine *(détails p. 76)*. Cette industrie de luxe, qui travaille beaucoup pour l'étranger, est complétée par l'industrie des parfums de synthèse. Les exportations dépassent le milliard de francs, les principaux clients étant les États-Unis, le Japon, l'Allemagne fédérale et la Grande-Bretagne.

Primeurs. – Après les pays du Maghreb, l'Espagne et l'Italie, la région de Toulon et d'Hyères est celle qui fournit en légumes et en fruits les productions les plus hâtives. Le Var est connu par les cerises de Solliès-Pont et les pêches de Fréjus.

QUELQUES FAITS HISTORIQUES

AVANT J.-C.

1000 Les Ligures occupent le littoral méditerranéen.

600 Fondation de Marseille par les Grecs. Ceux-ci importent olivier, figuier, noyer, cerisier, vigne cultivée et substituent, dans les échanges, la monnaie au troc.

5e-4e s. Les colons grecs de Marseille (Massaliotes) établissent des comptoirs commerciaux : Hyères, St-Tropez, Antibes, Nice, Monaco... Les Celtes envahissent la Provence et se mêlent aux Ligures (peuplades celto-ligures).

Provence gallo-romaine

122 Les Celtes sont défaits par les Romains.

102 Marius défait les Teutons, venus de Germanie, près d'Aix.

58-51 *Conquête de la Gaule par Jules César.*

49 Jules César fonde Fréjus *(détails p. 71).*

6 Érection du trophée d'Auguste à la Turbie *(détails p. 149).*

APRÈS J.-C.

1er-2e-3e s. La civilisation romaine se manifeste à Fréjus, Cimiez et Antibes ; la voie aurélienne (Vintimille-Brignoles-Aix) est l'artère du pays *(détails p. 64).*

313 *Par l'édit de Milan, Constantin accorde aux chrétiens la liberté du culte.*

4e-5e s. Le christianisme prend naissance dans les villes du littoral, puis de l'intérieur.

5e-6e s. Vandales, Wisigoths, Burgondes, Ostrogoths, Francs envahissent tour à tour la Provence.

496 *Clovis, roi des Francs, bat les Alamans, venus de Germanie, à Tolbiac.*

8e s. Les Sarrasins saccagent le littoral, dans la première moitié du siècle.

800 *Charlemagne est couronné empereur d'Occident.*

La Provence jusqu'à la « réunion »

843 Le traité de Verdun règle le partage de l'empire de Charlemagne entre les trois fils de Louis le Débonnaire. La Provence revient à Lothaire, en même temps que la Bourgogne et la Lorraine.

855 La Provence est érigée en royaume par Lothaire, au profit de son fils Charles.

884 Les Sarrasins s'installent dans les Maures et restent, un siècle durant, la terreur du pays *(détails p. 74).*

962 *Restauration de l'empire d'Occident, sous le nom de Saint Empire Romain Germanique, en faveur d'Otton Ier.*

10e-11e s. La Provence, passant de mains en mains, est finalement rattachée au Saint Empire Romain Germanique. Cependant, les comtes de Provence jouissent d'une indépendance effective. Les villes s'émancipent et affirment leur autonomie.

12e s. Le comté de Provence passe aux mains des comtes de Toulouse, puis des comtes de Barcelone. Les comtes tiennent à Aix une cour raffinée.

1226 *Début du règne de Saint Louis.*

1246 Charles d'Anjou, frère de Saint Louis, épouse la fille du comte de Barcelone et devient comte de Provence.

1254 Débarquement à Hyères de Saint Louis, retour de la 7e croisade.

1308 La seigneurie de Monaco est achetée aux Génois par un membre de la famille Grimaldi *(p. 101).*

1343-1382 Le comté de Provence aux mains de la reine Jeanne *(p. 108).* Épidémie de peste.

1388 Nice se donne au comte de Savoie *(détails p. 108).*

1419 Nice est officiellement cédée au duc de Savoie.

1434 René d'Anjou, le « bon roi René », devient comte de Provence.

1481 Charles du Maine, neveu de René d'Anjou, lègue la Provence (moins le pays de Nice qui appartient à la Savoie) à Louis XI.

1486 La réunion de la Provence à la France est ratifiée par les « États » de Provence (assemblée des représentants des trois ordres). La Provence est désormais rattachée au royaume, « comme un principal à un autre principal ».

La Provence depuis la « réunion »

1501 Institution du Parlement d'Aix (ou Parlement de Provence), cour souveraine de justice qui s'arroge par la suite certaines prérogatives politiques.

1515 *Début du règne de François Ier.*

1524 La Provence est envahie par les Impériaux que commande le connétable de Bourbon.

1536 Invasion de la Provence par Charles Quint.

1539 Édit de Villers-Cotterêts : l'usage du français est imposé, en Provence, pour les actes administratifs.

1543 Nice assiégée par Français et Turcs. Catherine Ségurane *(p. 109)* oblige les Turcs à lever le siège.

1562-1598 *Guerres de Religion.*

1598 *Promulgation de l'édit de Nantes.*

1622 Visite de Louis XIII en Provence.

1643-1715 *Règne de Louis XIV, né en 1638 au château de St-Germain-en-Laye.*

1691 Prise de Nice par les Français.

1696 Nice rendue à la Savoie par la France.

1707 Invasion de la Provence par le prince Eugène de Savoie.

1718 *Création du royaume sarde dont dépend le comté de Nice.*
1720 La grande peste décime les populations provençales.
1746 L'offensive austro-sarde est brisée devant Antibes (guerre de Succession d'Autriche).
1787 Réunion des « États » de Provence.

Révolution-Empire

1790 La Provence forme trois départements : Bouches-du-Rhône, Var, Basses-Alpes.
1793 Siège de Toulon où se distingue Bonaparte *(détails p. 143)*.
Nice est réunie à la France.
1799 Bonaparte revenant d'Égypte le 9 octobre débarque à St-Raphaël *(détails p. 131)*.
1804 *Sacre de Napoléon Ier.*
1814 *Abdication de Napoléon le 6 avril, à Fontainebleau.*
Le 28 avril, embarquement de Napoléon à St-Raphaël pour l'île d'Elbe.
Le comté de Nice est rendu au roi de Sardaigne.
1815 1er mars : Débarquement de Napoléon à Golfe-Juan *(détails p. 74)*.
18 juin 1815 *Bataille de Waterloo.*

19e siècle

1830 *Début du règne de Louis-Philippe.*
1832 La duchesse de Berry débarque à Marseille, espérant soulever la Provence en faveur d'une restauration légitimiste.
1852-1870 *Règne de Napoléon III.*
1860 Retour du comté de Nice à la France *(détails p. 109)*.
1878 Ouverture du casino de Monte-Carlo. Développement du tourisme d'hiver sur la Côte d'Azur.
Fin 19e Paul Signac s'installe à St-Tropez et y attire un grand nombre de peintres *(p. 133)*.

20e siècle

1940 Occupation de Menton par les Italiens.
1942 Invasion de la « zone libre » par les Allemands. Sabordage de la Flotte de Toulon *(p. 143)*.
1944 Libération de la Provence.
Depuis 1946 Développement du tourisme d'été sur la Côte d'Azur.
1947 Rattachement à la France de la haute vallée de la Roya *(voir p. 128)*.
1980 La région désormais désenclavée par l'autoroute « la Provençale » qui relie le réseau du Rhône au réseau italien.

LES OPÉRATIONS D'AOÛT 1944

Au moment où la bataille de Normandie devient décisive, les Alliés jettent sur les côtes de Provence la 7e Armée américaine du général Patch ; les divisions américaines et françaises précipiteront la défaite allemande et s'assureront la possession du grand port de Marseille. Aux premières heures du 15 août 1944, des troupes aéroportées anglo-américaines sont lâchées autour du Muy, des commandos français prennent pied à l'aile gauche, au cap Nègre, et à l'aide droite, à la pointe de l'Esquillon, les Forces Spéciales américaines attaquent les îles d'Hyères. Ainsi protégé, le gros des forces américaines débarque à 8 h sur les plages des Maures et de l'Esterel. En fin de journée, malgré une progression rapide, ces deux secteurs demeurent séparés par la résistance de St-Raphaël et de Fréjus, qui ne tombent que le lendemain. Le 16, les troupes du général de Lattre de Tassigny commencent à débarquer autour de St-Tropez et, après avoir relevé les Américains au débouché des Maures, attaquent les défenses de Toulon le 19. Le général de Monsabert déborde la ville par le Nord. Magnan et Brosset l'attaquent par l'Est, en prenant Solliès et Hyères. Toulon, investi le 21, tombe le 26. Dès le 20, les troupes de Monsabert se portent sur Marseille ; les verrous d'Aubagne et de Cadolive sont réduits les 21 et 22 et la ville est menacée de tous côtés. Le 23, le Vieux Port est atteint, mais la garnison allemande ne se rend que le 28.

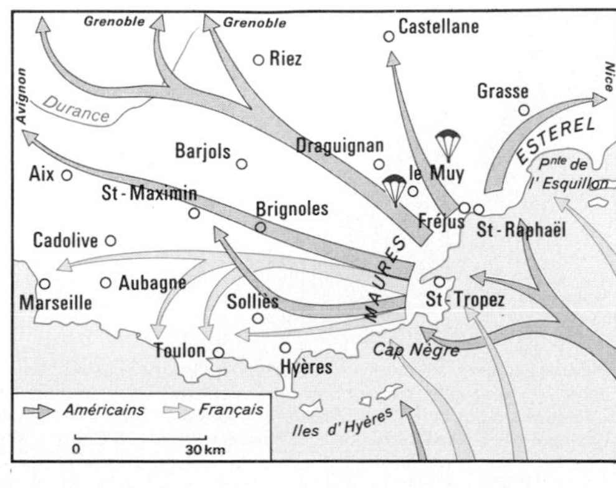

Pendant ce temps, les Américains dépassent Castellane, atteignent Grenoble le 22 et tentent de couper la vallée du Rhône, voie de retraite des Allemands talonnés par les unités venues de Brignoles et de Barjols, par Aix et Avignon.
A l'Est, les Américains attaquent le 21 sur Nice et les Alpes-Maritimes ; Nice est atteinte le 30.
En moins de quinze jours, la Provence a été libérée. Les Alliés pourchassent les Allemands jusqu'aux portes de l'Alsace et se joignent aux troupes venues de Normandie.

L'ART

ABC D'ARCHITECTURE

A l'intention des lecteurs peu familiarisés avec la terminologie employée en architecture, nous donnons ci-après quelques indications générales sur l'architecture religieuse et militaire, suivies d'une liste alphabétique des termes d'art employés pour la description des monuments dans ce guide.

Architecture religieuse

illustration I ▶

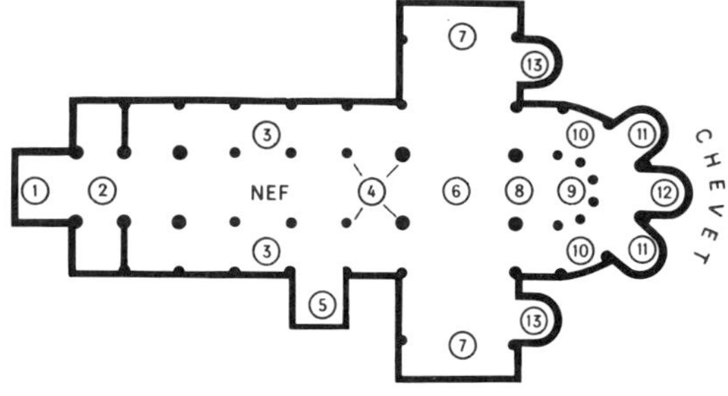

Plan-type d'une église : il est en forme de croix latine, les deux bras de la croix formant le transept.
① Porche – ② Narthex ③ Collatéraux ou bas-côtés (parfois doubles) – ④ Travée (division transversale de la nef comprise entre deux piliers) ⑤ Chapelle latérale (souvent postérieure à l'ensemble de l'édifice) – ⑥ Croisée du transept – ⑦ Croisillons ou bras du transept, saillants ou non, comportant souvent un portail latéral – ⑧ Chœur, presque toujours « orienté » c'est-à-dire tourné vers l'Est ; très vaste et réservé aux moines dans les églises abbatiales – ⑨ Rond-point du chœur ⑩ Déambulatoire : prolongement des bas-côtés autour du chœur permettant de défiler devant les reliques dans les églises de pèlerinage – ⑪ Chapelles rayonnantes ou absidioles – ⑫ Chapelle absidale ou axiale. Dans les églises non dédiées à la Vierge, cette chapelle, dans l'axe du monument, lui est souvent consacrée ⑬ Chapelle orientée.

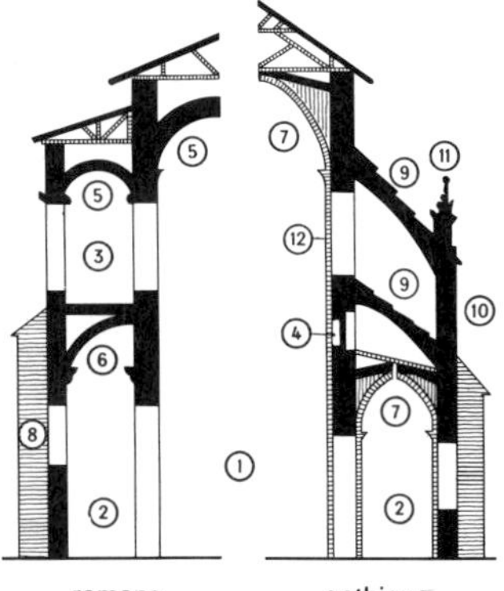

◀ illustration II

Coupe d'une église : ① Nef – ② Bas-côté – ③ Tribune – ④ Triforium – ⑤ Voûte en berceau – ⑥ Voûte en demi-berceau – ⑦ Voûte d'ogive – ⑧ Contrefort étayant la base du mur – ⑨ Arc-boutant – ⑩ Culée d'arc-boutant – ⑪ Pinacle équilibrant la culée – ⑫ Fenêtre haute.

illustration III ▶

Cathédrale gothique : ① Portail – ② Galerie – ③ Grande rose – ④ Tour-clocher quelquefois terminée par une flèche – ⑤ Gargouille servant à l'écoulement des eaux de pluie – ⑥ Contrefort – ⑦ Culée d'arc-boutant ⑧ Volée d'arc-boutant – ⑨ Arc-boutant à double volée – ⑩ Pinacle – ⑪ Chapelle latérale – ⑫ Chapelle rayonnante – ⑬ Fenêtre haute – ⑭ Portail latéral – ⑮ Gâble – ⑯ Clocheton – ⑰ Flèche (ici, placée sur la croisée du transept).

◀ illustration IV

Voûte d'arêtes :
① Grande arcade
② Arête – ③ Doubleau.

illustration V ▶

Voûte en cul de four : elle termine les absides des nefs voûtées en berceau.

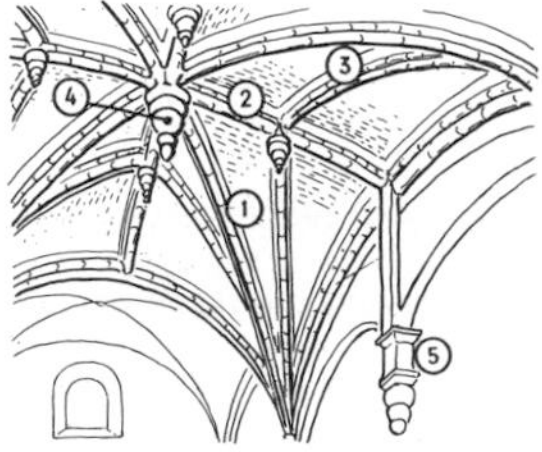

illustration VI

Voûte à clef pendante :
① Ogive – ② Lierne
③ Tierceron – ④ Clef pendante
⑤ Cul de lampe.

illustration VII

Voûte sur croisée d'ogives
① Arc diagonal – ② Doubleau
③ Formeret – ④ Arc-boutant
⑤ Clef de voûte.

▼ illustration VIII

Portail : ① Archivolte ; elle peut être en plein cintre, en arc brisé, en anse de panier, en accolade, quelquefois ornée d'un gâble – ② Voussures (en cordons, moulurées, sculptées ou ornées de statues) formant l'archivolte – ③ Tympan – ④ Linteau – ⑤ Piédroit ou jambage – ⑥ Ébrasements, quelquefois ornés de statues – ⑦ Trumeau (auquel est généralement adossé une statue) – ⑧ Pentures.

illustration IX ►

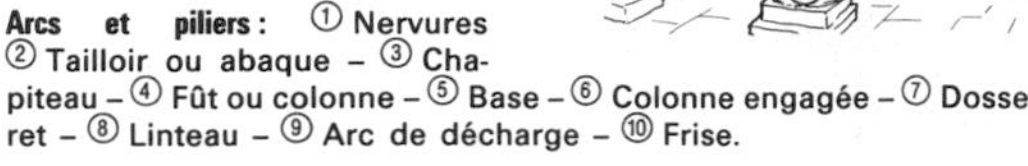

Arcs et piliers : ① Nervures ② Tailloir ou abaque – ③ Chapiteau – ④ Fût ou colonne – ⑤ Base – ⑥ Colonne engagée – ⑦ Dosseret – ⑧ Linteau – ⑨ Arc de décharge – ⑩ Frise.

Architecture militaire

illustration X

Enceinte fortifiée : ① Hourd (galerie en bois) – ② Mâchicoulis (créneaux en encorbellement) – ③ Bretèche ④ Donjon – ⑤ Chemin de ronde couvert – ⑥ Courtine – ⑦ Enceinte extérieure – ⑧ Poterne.

illustration XI

Tours et courtines : ① Hourd ② Créneau – ③ Merlon ④ Meurtrière ou archère ⑤ Courtine – ⑥ Pont dit « dormant » (fixe) par opposition au pont-levis (mobile).

◄ illustration XII

Porte fortifiée : ① Mâchicoulis ② Échauguette (pour le guet) – ③ Logement des bras du pont-levis – ④ Poterne : petite porte dérobée, facile à défendre en cas de siège.

illustration XIII ►

Fortifications classiques :
1 Entrée – 2 Pont-levis
3 Glacis – 4 Demi-lune

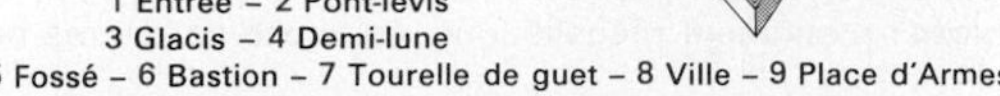

5 Fossé – 6 Bastion – 7 Tourelle de guet – 8 Ville – 9 Place d'Armes.

TERMES D'ART EMPLOYÉS DANS CE GUIDE

Abside : extrémité généralement arrondie de la nef principale d'une église qui contient le chœur.

Absidiole : illustration I.

Accolade : arc formé de deux doubles courbes contrariées qui se rejoignent en pointe à leur sommet.

Amphore : vase antique à deux anses, dont le pied était souvent remplacé par une pointe qu'on fichait dans le sable.

Anse de panier : arc aplati, très utilisé à la fin du Moyen Age et à la Renaissance.

Antiphonaire : recueil de chants liturgiques.

Appareillage : taille et agencement des matériaux constituant une maçonnerie.

Aqueduc : canal souterrain ou aérien, destiné à capter et à conduire l'eau d'un point à un autre.

Arabesque : ornement à la manière arabe, formé de lettres, de lignes, de feuillages entrelacés.

Arc brisé, arc en ogive : arc aigu formé de deux segments de cercle se coupant suivant un certain angle ; lorsqu'on peut y inscrire un triangle équilatéral, l'arc est dit en tiers-point.

Arc diaphragme : arc transversal séparant les travées de certaines églises romanes.

Arcature : suite de petits arcs accolés ; lorsqu'ils sont adossés à un fond vertical, on les désigne sous le nom d'arcatures aveugles.

Arcature (bande) lombarde : décoration en faible saillie, faite de petites arcades aveugles reliant des bandes verticales, caractéristiques de l'art roman en Lombardie.

Archère : illustration XI.

Architrave : partie inférieure de l'entablement.

Armorié : orné d'armoiries.

Atlante : statue masculine servant de support.

Atrium : grande salle rectangulaire dans la maison romaine. Son toit est percé en son centre d'une ouverture à laquelle correspond dans le sol un bassin, l' « impluvium », destiné à recevoir les eaux de pluie.

Baldaquin : ouvrage couronnant le maître-autel et soutenu par des colonnes.

Balustre : colonnette renflée supportant une tablette d'appui.

Bandes lombardes : *voir p. 27.*

Baptistère : édifice jadis annexé à une cathédrale pour y administrer le baptême.

Bas-côté : illustration I.

Bas-relief : sculpture en faible saillie sur un fond.

Bastion : illustration XIII.

Bâtière (en) : à deux versants inclinés et posé sur deux pignons.

Berceau rampant : voir la coupe d'une église romane provençale, *p. 27.*

Biscuit : ouvrage de porcelaine blanche non émaillée, cuite au four et imitant le grain du marbre.

Borne milliaire : pierre élevée tous les mille pas sur le bord des voies romaines, équivalent à environ 1,5 km.

Bossage : saillie « en bosse » dépassant le nu d'un mur et encadrée de ciselures profondes ou refends. Les bossages ont été très à la mode à la Renaissance.

Caisson : compartiment creux ménagé comme motif de décoration (plafond ou voûte).

Cannelé : pourvu de moulures creuses.

Capitulaire (salle) : salle réservée dans les bâtiments monastiques ou épiscopaux aux réunions du chapitre des moines ou des chanoines.

Cariatide : illustration XIV.

Castellum : mot latin désignant un fortin, une place forte ou un château-fort.

Castrum : mot latin désignant un camp ou une ville fortifiée.

Chaire : tribune élevée dans la nef d'une église, souvent ouvragée et pourvue d'un abat-voix, réservée au prédicateur.

Chapiteau : illustration IX.

Chemin de ronde : illustration X.

Chevet : partie extérieure de l'abside – illustration I.

Chimère : animal fabuleux à tête de lion, à corps de chèvre et à queue de dragon.

Chœur : illustration I.

Ciborium : édicule de pierre, marbre ou métal couronnant le tabernacle du maître-autel.

Cippe : petite colonne sans chapiteau qui servait de borne, de monument funéraire.

Claire-voie : rangée de fenêtres hautes dans les églises.

Clocher-mur : clocher fermé par un mur percé de baies dans lesquelles sont placées les cloches. Il est généralement élevé sur la façade.

Collatéral : illustration I.

Colonne torse, torsadée : colonne à fût contourné en spirale.

Console : moulure saillante supportant une corniche ou un balcon.

Contrefort : illustrations II et III.

Corinthien (ordre) : ordre d'architecture grecque caractérisé par des chapiteaux à volutes presqu'entièrement recouverts de feuilles d'acanthe recourbées.

Créneau : illustration XI.

Croisillon : illustration I.

Crypte : église souterraine.

Cul-de-four : illustration V.

Cul-de-lampe : illustration VI.

Cunéiforme : en forme de coin ; se dit des écritures des peuples de l'ancienne Asie occidentale.

Déambulatoire : illustration I.

Decumanus : axe orienté Est-Ouest dans les villes romaines.

Denticulé : orné d'éléments en forme de dents.

Dolmen : monument mégalithique, composé de pierres brutes formant une table gigantesque.

Donjon : illustration X.

Dorique (ordre) : ordre d'architecture grecque caractérisé par des chapiteaux non sculptés.

Eau-forte : estampe obtenue à l'aide d'une planche gravée avec l'acide nitrique du même nom.

Échauguette : illustration XII.

Encorbellement : construction en porte à faux.

Enfeu : niche pratiquée dans le mur d'un édifice pour y recevoir une tombe.

Enluminure : illustration peinte dans les manuscrits du Moyen Age.

Entablement : saillie au sommet d'un bâtiment supportant la charpente.

Ex-voto : objet ou inscription déposé dans une église à la suite d'un vœu ou en remerciement.

Feston : ornement en forme de guirlande de feuilles, fruits ou fleurs.

Flamboyant : style décoratif de la fin de l'époque gothique (15e s.) ainsi nommé pour ses découpures en forme de flammèches aux remplages des baies.

Flèche : illustration III.

Fonts baptismaux : cuve reposant sur un socle, placée dans une chapelle près de l'entrée principale des églises et contenant l'eau du baptême.

Forum : grande place, souvent entourée d'un portique, qui était le centre de la vie publique et commerciale dans les villes romaines.

Fresque : peinture murale appliquée sur l'enduit frais.

Frise : illustration IX.

Fronton : ornement d'architecture triangulaire couronnant l'entrée principale d'un édifice ; le fronton est dit « brisé » lorsque ses rampants sont interrompus avant leur rencontre au faîte.

Gargouille : illustration III.

Géminé : groupé par deux (arcs géminés, colonnes géminées).

Guilloché (métal) : orné de tralts gravés s'entrecroisant de façon symétrique.

Gypserie : décoration en stuc.

Haut-relief : sculpture au relief très saillant, sans toutefois se détacher du fond (intermédiaire entre le bas-relief et la ronde-bosse).

Historié : décoré de scènes à personnages.

Hypocauste : fourneau souterrain dans l'Antiquité, destiné à chauffer les bains, les chambres.

Icône : peinture religieuse exécutée sur un panneau de bois dans l'Église d'Orient.

Iconostase : cloison séparant la nef du sanctuaire et portant des icônes dans les églises orthodoxes.

Imposte : tablette saillante, moulurée ou non recevant la retombée d'un arc au-dessous du claveau inférieur.

Incunable : ouvrage imprimé antérieur à 1 500.

Ionique (ordre) : ordre d'architecture grecque caractérisé par des chapiteaux à volutes.

Lambris : revêtement en marbre, en stuc ou en bois couvrant les murs d'une pièce, servant à la fois de protection et de parure.

Lanternon : tourelle ajourée au-dessus d'un dôme.

Linteau : illustrations VIII et IX.

Loggia : galerie extérieure souvent à arcades, ouverte d'un côté.

Lutrin : pupitre, généralement pivotant, servant à supporter les livres liturgiques.

Mâchicoulis : illustration X.

Maître-autel : autel principal d'une église placé dans le chœur.

Maroufler : appliquer une toile peinte sur une surface avec de la maroufle, colle très forte.

Meneaux : croisillons de pierre divisant une baie.

Merlon : illustration XI.

Meurtrière : illustration XI.

Miniature : supplante le mot « enluminure » depuis le 16e s. Voir enluminure.

Miséricorde : illustration XVIII.

Monolithe : objet taillé dans un seul bloc de pierre.

Mosaïque : assemblage de petits cubes multicolores généralement en pierre ou en marbre reproduisant un dessin et incrustés dans un ciment.

Narthex : illustration I.

Nef : illustration I.

Niche : renfoncement dans l'épaisseur d'un mur destiné à recevoir un élément décoratif : statue, vase, etc.

Oculus, pl. oculi : fenêtre ronde.

Ogive : arc diagonal soutenant une voûte : illustrations VI et VII.

Oppidum : mot latin désignant une agglomération fortifiée, généralement en hauteur.

Orgues : illustration XIV.

Ostensoir : pièce d'orfèvrerie composée d'une lunule en cristal entourée de rayons servant à exposer l'hostie consacrée à l'adoration des fidèles.

Palestre : lieu public où l'on pratiquait les exercices du corps dans l'Antiquité.

Patio : mot esp. désignant une cour intérieure à ciel ouvert.

Pendentifs (coupole sur) : illustration XV.

illustration XIV

Orgues. – ① Grand buffet – ② Petit buffet – ③ Cariatide – ④ Tribune.

illustration XV

Coupole sur pendentifs : ① Coupole circulaire – ② Pendentif – ③ Arcade du carré du transept.

Pergola : construction de jardin composée de poutrelles à claire-voie et de colonnes servant de support à des plantes grimpantes.

Péristyle : colonnes disposées autour ou en façade d'un édifice.

Piétà : mot italien désignant le groupe de la Vierge tenant sur ses genoux le Christ mort ; on dit aussi Vierge de Pitié.

Pignon : partie supérieure, en forme de triangle, du mur qui soutient les deux pentes du toit.
Pilastre : pilier plat engagé dans un mur.
Plein cintre : en demi-circonférence, en demi-cercle.
Poivrière (en) : à toiture conique.
Polychrome : de plusieurs couleurs.
Polyptyque : ouvrage de peinture ou de sculpture composé de plusieurs panneaux articulés.
Porche : lieu couvert précédant la porte d'entrée d'un édifice.
Poterne : illustrations X et XII.
Poutre de gloire : illustration XVI.

illustration XVI

Poutre de gloire, ou tref : elle tend l'arc triomphal à l'entrée du chœur. Elle porte le Christ en croix, la Vierge, saint Jean et, parfois, d'autres personnages du calvaire.

illustration XVII

Autel avec retable. ① Retable – ② Prédelle – ③ Couronne – ④ Table d'autel – ⑤ Devant d'autel.

Prédelle : illustration XVII.
Punique : relatif aux colonies phéniciennes d'Afrique du Nord et spécialement à la ville de Carthage.
Quadrature : terme du 16e s., dérivé de l'italien, désignant la représentation picturale en trompe-l'œil de motifs architecturaux ou simplement décoratifs.
Reliquaire : réceptacle contenant des reliques de saints ; il a parfois la forme de l'objet qu'il renferme : bras-reliquaire par exemple.
Relique : partie du corps d'un saint ou d'un objet lui ayant appartenu que l'on conserve religieusement.
Retable : partie verticale d'un autel surmontant la table ; le retable, peint ou sculpté, comprend souvent plusieurs volets mobiles (polyptyque). Illustration XVII.
Réticulé : en forme de réseau.
Rinceaux : ornements de sculpture ou de peinture empruntés au règne végétal formant souvent une frise.
Rocaille, rococo : style ornemental, en vogue sous Louis XV, caractérisé par des lignes courbes rappelant les volutes des coquillages.
Rosace, rose : illustration III.
Sanguine : dessin exécuté avec un crayon d'hématite rouge.
Santon : figurine en argile crue, séchée et peinte à la détrempe ornant les crèches de Noël, en Provence.
Sarcophage : cercueil de pierre ou de marbre dans lequel les Anciens mettaient les corps (non incinérés).
Stalle : sièges de bois à dossiers élevés qui garnissent les deux côtés du chœur d'une église, réservés aux membres du clergé. Illustration XVIII.
Stèle : pierre dressée verticalement sur laquelle figurent des inscriptions ou des bas-reliefs commémorant une victoire ou un deuil.
Stuc : mélange de poussière de marbre et de plâtre, lié avec de la colle forte, utilisé en décoration.

illustration XVIII

Stalles : ① Dossier haut – ② Parclose – ③ Jouée – ④ Miséricorde.

Transept : illustration I.
Travée : illustration I.
Tribune : illustrations II et XIV.
Triptyque : ouvrage de peinture ou de sculpture composé de trois panneaux articulés pouvant se refermer.
Trompe l'œil (en) : peinture produisant grâce à des artifices de perspective l'illusion d'objets réels en relief.
Trumeau : illustration VIII.
Tumulus : tertre naturel ou artificiel servant de sépulture.
Tympan : illustration VIII.
Vantail, pl. vantaux : battant de porte, de fenêtre ; panneau mobile.
Vasque : bassin de fontaine en forme de coupe peu profonde.
Verrière : baie garnie de vitraux ou grand vitrail.
Voûtain : compartiment d'une voûte d'ogives.
Voûte d'arêtes : illustration IV.
Voûte en berceau : illustration II.
Voûte en berceau brisé : voir la coupe d'une église romane provençale, *p. 27*.
Voûte d'ogives (ou sur croisée d'ogives) : illustration VII.
Voûte sexpartite : à six compartiments déterminés par une croisée de trois ogives.

Les églises ne se visitent pas pendant les offices.

L'ART SUR LA CÔTE D'AZUR

Comparée à la Provence occidentale si riche en monuments de toutes sortes, la Côte d'Azur paraît à première vue démunie. Cette région peut pourtant se flatter de posséder côte à côte les expressions les plus anciennes et les plus modernes de l'art, des vestiges romains aux œuvres contemporaines. Jusqu'au 19e s., le trait essentiel de cet art est le conservatisme. Plus encore qu'en Provence occidentale, le retard est grand par rapport à l'éclosion du génie roman puis gothique dans les autres régions de la France.

L'architecture

Antiquité gallo-romaine. – La Provence et surtout la Côte d'Azur connurent dès l'époque romaine une grande activité. Mais les générations postérieures, puisant les matériaux qui leur étaient nécessaires dans les édifices romains, ne nous ont légué que des traces bien fragmentaires de cette ancienne prospérité. Dans les cantons de Fayence, Fréjus et St-Raphaël, les ouvrages romains sont encore utilisés, toutefois, pour l'adduction de l'eau.

Cimiez *(voir p. 115)* montre encore d'importantes ruines romaines. Fréjus *(voir p. 72)*, en plus de ses arènes, a conservé des vestiges de ses installations portuaires. Le « Trophée » de la Turbie *(voir p. 150)*, partiellement restauré, présente un intérêt particulier : grandiose construction à la gloire d'Auguste, ce monument est un des rares trophées hérités du monde romain.

Des périodes mérovingienne et carolingienne subsistent d'intéressants monuments : le baptistère de Fréjus, de plan octogonal inscrit dans un carré et flanqué d'absidioles ; la chapelle N.-D. de Pépiole *(p. 137)* ; la Trinité de St-Honorat de Lérins *(p. 86)*.

Époque romane. – Au 12e s., la Provence connaît une véritable renaissance architecturale et l'on assiste à une éclosion d'églises. L'art roman est ici plus original que créateur, et l'on ne trouve pas d'ouvrages capitaux comme en Bourgogne mais des églises modestes, remarquables par l'appareillage de leurs pierres régulièrement taillées et liées entre elles par un mince mortier.

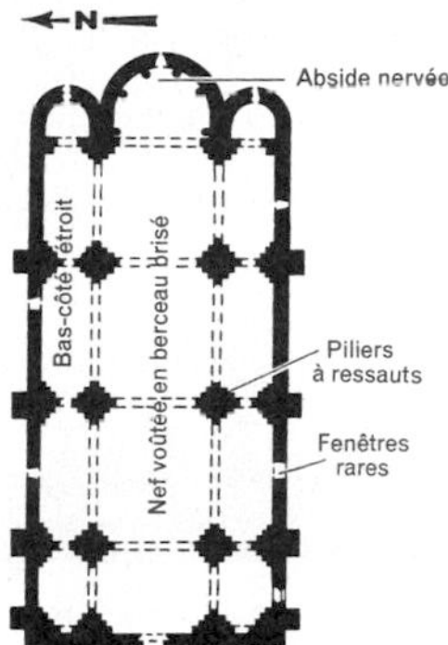

Plan d'une église romane provençale.

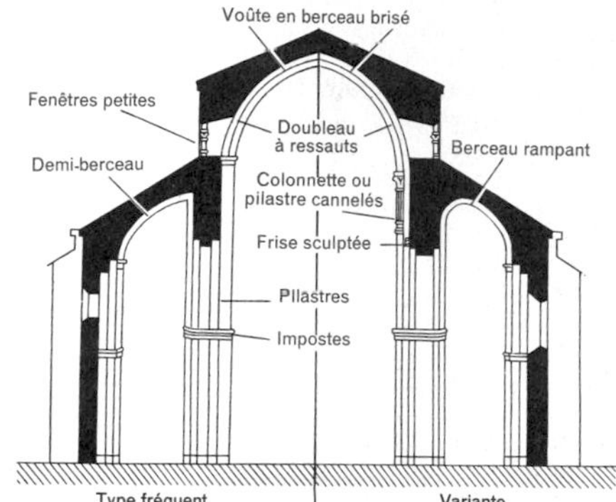

Coupe d'une église romane provençale.

L'extérieur de ces églises est très sobre, la façade souvent pauvre. Seuls de puissants contreforts rompent la monotonie des flancs. Le clocher carré et le chevet sont souvent décorés d'arcatures plaquées dites **« bandes lombardes »** qui témoignent de l'influence de l'Italie du Nord.

Lorsqu'on y pénètre, on est frappé par la simplicité et l'austérité du vaisseau, qui comporte le plus souvent une nef unique et un transept peu saillant. Si l'édifice comprend des bas-côtés, l'abside se termine par un hémicycle flanqué de deux absidioles.

Dans l'intéressante abbaye du Thoronet *(voir p. 141)*, on voit une église de l'ordre de Cîteaux dont le large transept et l'absence de décoration caractérisent les édifices élevés par ces moines bénédictins. Par contre, la voûte en berceau brisé et l'abside semi-circulaire y reflètent la manière de bâtir des maîtres d'œuvres locaux.

Du gothique au baroque. – L'art gothique n'a laissé que peu d'édifices dans la région. Le « gothique provençal » est un art de transition, mal dégagé des traditions romanes, qui s'affirme avec les puissantes voûtes aux robustes ogives de Fréjus ou de Grasse. Le cloître de Fréjus *(p. 72)* est remarquable.

Dès la fin du 15e s., le roi René attira en Provence de nombreux artisans italiens. Mais, fait curieux, si la Renaissance devait marquer de son influence la peinture provençale, elle eut peu de prise sur son architecture.

Au contraire, les monuments que l'art classique (17e et 18e s.) a laissés sont nombreux. L'art se fait plus sévère et plus majestueux, il perd ses caractères originaux. Dans les villes, les notables se font construire des hôtels. L'art baroque marque surtout les édifices religieux du comté de Nice : Sospel, Menton, Monaco, la Turbie, Nice. La façade des églises paroissiales ou conventuelles et des chapelles de confréries s'orne de frontons, de niches, de statues ; l'intérieur, de retables, lambris et baldaquins d'une grande richesse.

Époque moderne. – Le 19e s. ne manifeste guère d'originalité. On continue à construire ou à restaurer dans le goût baroque. On fait aussi du romano-byzantin à St-Raphaël, du gothique troubadour à la façade de l'église de Cimiez, un pastiche d'art roman pour la cathédrale de Monaco. Un peu plus tard, le casino de Monte-Carlo et l'hôtel Negresco à Nice témoignent du goût ostentatoire prisé à la Belle Époque.

Le 20e s. s'illustre à Nice (Ste-Jeanne-d'Arc), à St-Martin-de-Peille, à Vence par la chapelle Matisse. Les recherches se multiplient dans l'architecture civile, par exemple, la fondation Maeght à St-Paul, le musée Chagall à Nice, le complexe Marina Baie des Anges à Villeneuve-Loubet ou celui de Port-Grimaud.

La sculpture

Pierre Puget (1620-1694). – Ce Marseillais, qui fut peintre et aussi architecte, est l'un des plus grands sculpteurs français du 17e s. Il exerça d'abord son ciseau sur les ornements de navires, pour lesquels il inventa, plus tard, les poupes colossales sculptées.
Au cours d'un voyage en Italie, il développa ses dons auprès de Pierre de Cortone, dont il fut l'élève.
Après la chute de son protecteur Fouquet, vivant volontairement loin de Versailles, il connut cependant les faveurs de Colbert qui le nomma directeur des décorations du port de Toulon.
Jalousies et intrigues le jetèrent vite en disgrâce et c'est alors qu'il se consacra à l'ornementation de Toulon. Les atlantes soutenant le balcon d'honneur de l'ancien hôtel de ville de Toulon, sont, avec Milon de Crotone exposé au musée du Louvre à Paris, ses compositions les plus célèbres.
Il sut rendre, dans ses œuvres, la puissance, le mouvement et le sens du pathétique, qui sont l'expression de son tempérament baroque.

La peinture

Les Primitifs. – Du milieu du 15e s. au milieu du 16e s., une école de peinture d'abord toute gothique puis inspirée de la Renaissance italienne, et illustrée par les noms des **Bréa** et de **Durandi**, fleurit dans le comté de Nice. On a dit de Louis Bréa que c'était le « Fra Angelico provençal » ; éloge justifié par la sincérité naïve et la sobriété du peintre habile à faire sentir l'humanité des sujets qu'il traite. Cependant, sa simplicité n'atteint pas le mysticisme de Fra Angelico, et sa couleur, de tonalités sourdes, n'a pas la limpidité du maître de St-Marc de Florence. Ces peintres travaillent surtout pour les confréries de Pénitents, ce qui explique la dissémination de leurs tableaux en de nombreuses églises et chapelles de pèlerinage. On en voit à Nice (où le frère de Louis, Antoine, et son neveu, François, sont représentés), Lucéram, Gréolières, Biot, Antibes, Fréjus, Grasse, Monaco, etc.
Au même moment, le pays niçois décore ses plus humbles sanctuaires de peintures murales très vivantes. Il s'en trouve à Venanson, Lucéram, Coaraze, Saorge, et surtout à N.-D.-des-Fontaines, où **Jean Canavesio**, à côté de **Jean Baleison**, a laissé une œuvre de qualité exceptionnelle. Saint Sébastien est souvent représenté car il sait détourner la peste (le fléau du pays) de ceux qui l'invoquent, aussi facilement qu'il arrachait de son corps les traits dont on le criblait.
Bien des œuvres de cette époque restent anonymes, qui n'en témoignent pas moins d'un grand talent.

Louis Bréa. – Saint Martin (détail de la Pietà de Cimiez).

Époque classique. – Aux 17e et 18e s., les Parrocel, les Van Loo, Joseph Vernet, Hubert Robert ont laissé de fort belles toiles, mais c'est surtout **Fragonard** qui est l'orgueil de cette région.
Les scènes libertines furent ses sujets préférés ; il les peignit avec beaucoup de verve et dans un style exquis. Les paysages baignés de lumière vive dont il rendit avec habileté les effets, les jardins fleuris que l'on rencontre autour de Grasse, sa ville natale, sont les modèles où il a souvent puisé le décor de ses fêtes galantes.

La peinture moderne. – Dès la fin du 19e s., de nombreux artistes, représentant les grands courants de la peinture moderne, furent fascinés par la luminosité du Midi méditerranéen.

L'impressionnisme. – Les impressionnistes ont cherché à représenter les subtils effets de la lumière sur les paysages méditerranéens. Berthe Morisot s'installe à Nice, Monet à Antibes et **Renoir** à Cagnes où il passe les dernières années de sa vie, peignant sans cesse fleurs et fruits généreux, paysages et personnages méridionaux.
L'impressionnisme donne naissance à une nouvelle école, le **pointillisme** – ou divisionnisme –, méthode inventée par Seurat, qui consiste à décomposer les teintes en petites taches de couleur pure et à les répartir judicieusement sur la toile de façon à en accroître l'intensité lumineuse.

Signac, continuateur de Seurat, s'établit à St-Tropez en 1892, où il attire quelques amis dont Manguin, Bonnard et Matisse.

Le fauvisme. – Réagissant contre l'impressionnisme, **Matisse** et **Dufy**, installés à Nice, veulent exprimer par le moyen des couleurs pures, violentes, employées par tons juxtaposés – en des formes et perspectives simplifiées –, non plus des sensations fugitives devant les spectacles de la nature, mais le sentiment, l'émotion et la pensée même de l'artiste.

Les tendances contemporaines. – Initiateur, avec Braque, du cubisme – art qui décompose les volumes – **Picasso**, séduit à son tour par la Côte d'Azur, s'installa à Vallauris en 1946, puis à Cannes et enfin à Mougins. Quant à **Braque**, c'est au Cannet, où il s'était retiré, qu'il peignit ses dernières toiles. Un autre peintre cubiste, **Fernand Léger**, élut domicile à Biot. **Dunoyer de Segonzac** fut le peintre et surtout le dessinateur inlassable du pays de St-Tropez. **Chagall** trouva, dans la lumière et les fleurs de Vence, un merveilleux aliment à ses rêves multicolores.
D'autres artistes, tels que **Kandinsky** à la Napoule, **Cocteau** à Menton, **Van Dongen** à Cannes, **Magnelli** à Grasse, **Nicolas de Staël** à Antibes, n'ont pas séjourné très longtemps dans la région ; ils marquèrent néanmoins leur passage de façon inoubliable.

LA VIE TRADITIONNELLE

Les façons de vivre présentent des contrastes accusés. La côte avec ses villes, ses stations et ses innombrables villas ne semble exister que pour le touriste. L'intérieur, au contraire, a conservé souvent son aspect typiquement provençal.

SUR LA CÔTE

La Côte d'Azur a, de bonne heure, attiré l'homme, et des citadelles se sont dressées sur les buttes isolées : le curieux village d'Èze *(p. 68)* en est le meilleur exemple.
Mais, depuis le formidable développement qu'a pris le tourisme, c'est la vie de plage et de villégiature qui, presque tout au long de l'année, est le caractère dominant de la Côte d'Azur. La vie locale y est de plus en plus masquée par l'afflux des touristes.

Les villégiatures. – Le visiteur qui aime à se trouver dans un milieu mondain a le choix entre la vie de fêtes de Cannes ou de Monte-Carlo et la vie discrète et raffinée d'Hyères, de Beaulieu, de Menton, du cap Ferrat ou du cap Martin ; celui qui recherche le mouvement de la très grande ville et ses distractions goûte particulièrement Nice ; l'animation de St-Tropez séduira un grand nombre, tandis que l'amateur de solitude trouvera des criques et des hôtels isolés de toutes classes ; le touriste modeste a un choix d'hôtels à sa convenance dans la plupart des grandes stations.
Il y a aussi des maisons, simples et gracieuses, construites sur le type rustique du mas provençal, avec leurs murs roses ou ocre, leurs toits rouges débordants, leurs pergolas couvertes de glycines et de plantes grimpantes ; on voit des jardins ravissants où les grandes jarres qui autrefois contenaient l'huile ou le vin forment aujourd'hui une charmante décoration ; des parcs somptueux offrent la vue de leurs terrasses étagées. Et par-dessus tout, il y a la lumière, les couleurs, l'atmosphère de charme et de repos.
De très nombreuses constructions envahissent le littoral, et l'on a vu apparaître des villes bâties sur l'eau, telles la cité lacustre de Port-Grimaud *(p. 120)*, les Marines de Cogolin *(p. 60)*, la cité marine de Port-la-Galère *(p. 65)*. Des lotissements ambitieux et des immeubles démesurés ont surgi de toute part ; des propriétés, nombreuses, se sont établies sur la côte même, mais, en principe, l'accès à la côte est libre partout.

Les ports et la pêche. – Il faut mettre à part Toulon, ville de « cols bleus ». Cannes, Monaco et Menton sont, de longue date, des ports de plaisance ; de beaux yachts, aux aciers étincelants, sont à l'ancre ou bordent les quais.
La pêche sur la Côte d'Azur est une pêche côtière, dont le produit est insuffisant pour la consommation de la région et doit être complété par les expéditions de l'Océan.
Pas de grands ports de pêche mais, disséminés le long de la côte, des petits ports – Bandol, St-Tropez, St-Raphaël, Villefranche-sur-Mer – qui, s'adaptant aux nouvelles exigences du tourisme, se sont équipés pour accueillir les bateaux de plaisance.
La région niçoise a connu un renouvellement des méthodes de pêche et une augmentation des tonnages. L'adoption de filets tournants et coulissants de très grande taille (la seinche et aussi le lamparo), le rapatriement de la flotte de pêche d'Afrique du Nord, l'aménagement des conserveries de poisson ont permis cette extension.

Les marchés. – Dans les villes de la côte, il y a un marché aux fleurs et un marché aux poissons. Au tableau coloré que composent les étalages de fleurs ou le ruissellement des poissons, ils ajoutent des scènes bien méridionales par l'animation bruyante et la chaleur de l'accent qu'y mettent acheteurs et vendeurs.

L'ARRIÈRE-PAYS

L'intérieur offre les derniers témoignages d'une vie rude et précaire. Sur les versants des vallées et les pentes des collines, la pierre sert à édifier ces petites murettes en terrasses, qui soutiennent d'étroites bandes de céréales, deux ou trois rangs de vigne et quelques oliviers et amandiers. Les garrigues, où errent de maigres troupeaux de moutons et de chèvres, forment un contraste saisissant avec les bassins et les plaines irriguées du pays d'en bas et du littoral, où se récoltent le blé, les primeurs, les fleurs, où poussent la vigne et les arbres fruitiers.
Les villages, accrochés sur des buttes isolées *(détails ci-dessous)*, et les petites fermes, abandonnées au milieu de leurs terrasses, ne ressemblent guère aux bourgs de plaines, allongés aux bords des routes, et aux « mas » éparpillés au milieu de grandes étendues cultivées.
Depuis le 16e s., les citadins ont coutume d'aller passer le dimanche et, s'ils le peuvent, les jours chauds de l'année dans une maison des champs ou bastide, souvent simple « cabanon ».
Le cœur des villages, c'est la petite place ou le « cours », ombragé de platanes, décoré d'une fontaine. C'est là que se trouvent les cafés, très fréquentés dans ce pays où l'on aime la vie de société, la conversation, la politique, où l'on vit beaucoup hors de la maison, maintenue obscure dans la journée par crainte de la chaleur et des insectes.

LES VILLAGES PERCHÉS

Perchés en nid d'aigle ou étagés au flanc d'une hauteur, les vieux villages sont quelquefois presque abandonnés mais souvent, aussi, restaurés. Pendant de longs siècles, les cultivateurs entassaient ainsi leurs habitations, à l'écart de leurs cultures et des points d'eau, et les entouraient de remparts.
Semblable prudence n'était pas superflue aux temps des grandes invasions germaniques, des pirateries des musulmans et des méfaits des gens de guerre du Moyen Age et de la Renaissance. L'introduction de la sécurité, l'amélioration des communications et l'évolution agricole, qui suivit au 19e s., parvinrent à rompre l'isolement. Les villages purent se développer en plaine, se dédoublant parfois ; le paysan vécut au milieu de ses terres et y bâtit sa maison. Gourdon, Èze, Utelle, Peille et bien d'autres bourgs *(voir carte p. 30)* témoignent encore de l'ancienne économie de type provençal.

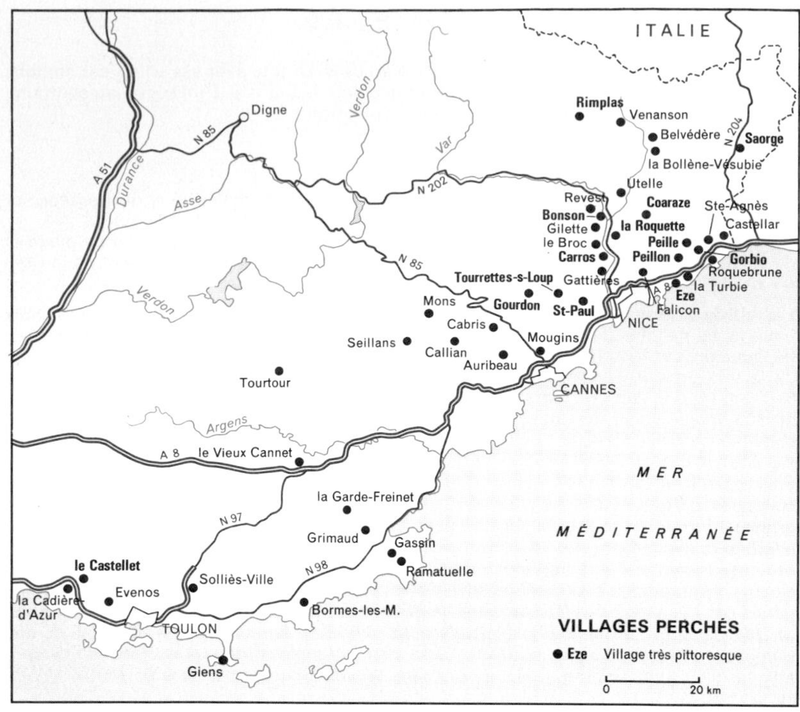

Leur visite est très pittoresque. Bâtis avec la pierre de la colline, ils se confondent presque avec elle. Les rues et ruelles sinueuses, en pente, ne peuvent être suivies qu'à pied. Elles sont dallées ou caillouteuses **(calades)**, coupées d'escaliers tortueux ; des voûtes, des arcs les enjambent ; parfois, des arcades se succèdent au rez-de-chaussée des maisons et mettent le passant à l'abri du soleil et de la pluie. Les maisons, couvertes de tuiles courbes, aux façades hautes et étroites, patinées par les siècles, s'étayent les unes les autres, entourant l'église ou le château qui les domine. De vieilles portes aux clous en pointes de diamant, des pentures de fer forgé, des heurtoirs de bronze décèlent les anciennes habitations bourgeoises. Parfois, des remparts ceignent encore ces petits bourgs animés par de nombreux artisans et c'est par une porte fortifiée qu'on y pénètre.

L'ARTISANAT

De nombreux artisans, installés dans les vieux villages de l'arrière-pays qu'ils ont souvent restaurés avec goût, se consacrent soit à la reproduction d'objets de toujours selon les anciennes méthodes, soit à la création de produits fort originaux.

Biot. – La fabrication de jarres à Biot *(voir p. 46)* remonte à l'époque des Phocéens. Au Moyen Age, Biot fut un grand centre de céramique et ce n'est qu'au 19e s. qu'elle s'effaça devant Vallauris. De nos jours, plusieurs ateliers fabriquent les traditionnelles jarres, des poteries, des grès d'ornementation pour jardins et aussi des pièces d'orfèvrerie.
Depuis les années 60, la réputation de Biot s'est accrue grâce à ses verreries artisanales. Au cours de la visite d'un atelier de verrerie, on suit la fabrication d'un verre, par exemple, d'après les techniques anciennes. Parmi les différentes pièces présentées : carafes, bouteilles, verres, petites lampes à huile, remarquer les provençales « calères » et « ponons », sortes de cruches à long bec pour boire à la régalade.

Vallauris. – La céramique de Vallauris *(voir p. 154)* a connu une renommée mondiale. En 1947, Picasso vient travailler dans un atelier de la ville, attirant une foule d'amateurs. Aujourd'hui, il est bien difficile de distinguer dans les innombrables vitrines des potiers l'artisanat original de la production de série.
Cependant, bien des céramistes – qu'ils utilisent les anciens procédés (cuisson au bois) ou les techniques nouvelles – produisent des œuvres d'un goût certain. Ils offrent tout un choix de poteries vernissées pour la cuisine (soupières, bols, pichets...), de beaux grès, des objets divers en poterie mate ou vernissée ainsi que des pipes en argile.
En dehors de la poterie, quelques autres activités intéressantes sont à signaler comme la fabrication à la main de marionnettes, la transformation du bois d'olivier en meubles et objets décorés de sculptures, la peinture sur des commodes, armoires, coffres, etc. Des tisserands confectionnent de beaux tissus d'ameublement et des voilages en lin.

Tourrettes-sur-Loup. – Tourrettes *(voir p. 149)* a repris vie grâce à l'artisanat. Après avoir été, au Moyen Age, un lieu important de tissage, ce bourg a retrouvé cette activité après la Seconde Guerre mondiale.
Il est devenu un centre de tissage à la main. Les tisserands produisent des étoffes de très belle qualité, mais en petites quantités. Plusieurs échoppes installées dans des ruelles tortueuses proposent une gamme très variée de tissus. Des reproductions d'anciennes étoffes provençales, des tissus aux couleurs chatoyantes destinés à la haute couture ou à l'ameublement, des cravates tissées retiendront l'attention.
Tourrette abrite aussi des potiers (fabrication de moutons en terre cuite selon un procédé mexicain, gravure de décors dans l'émail aux tons vifs), des peintres, et des sculpteurs travaillant le bois d'olivier.

LE JEU DE BOULES

C'est la distraction populaire par excellence. On y joue avec des boules métalliques. Les parties se font par équipe de trois (triplettes) ou de quatre (quadrettes), au milieu de spectateurs passionnés. Les « pointeurs » doivent lancer leurs boules le plus près possible d'une petite boule (cochonnet), envoyée au bout du terrain de jeu ; les « tireurs » doivent déloger les boules de l'autre équipe, en les frappant avec les leurs. Les plus adroits réussissent le coup en prenant exactement la place de l'adversaire : cela s'appelle « faire un carreau ». Sur les courtes distances, on joue à la « pétanque », c'est-à-dire les pieds immobiles. Sur des distances de plus de 10 m, le jeu s'appelle la « longue » ; les pointeurs font deux pas, les tireurs prennent de l'élan et envoient leurs boules, après avoir fait trois pas sautés à partir du point de lancement.

Parmi tous ces joueurs en manches de chemise, les deux types provençaux forment un contraste savoureux. Tel, d'origine montagnarde, plutôt froid et réservé, marque, d'un sourire ou d'une moue, sa joie ou son dépit ; tel autre, proche du Marius traditionnel, joue tout un petit drame qu'on a décrit joliment : « Voici la dernière boule ; elle roule devant le joueur et vous pouvez en suivre le mouvement sur sa physionomie : il la couve, il la protège du regard, il la conseille, il voudrait la voir obéissante à sa voix, il en hâte ou bien il en ralentit la marche, il l'encourage du geste et la pousse de l'épaule, il la tempère de la main ; suspendu sur la pointe du pied, le bras tendu, le visage animé par une foule d'émotions diverses, il imprime à son corps les ondulations les plus bizarres ; on dirait que son âme est passée dans sa boule. »
Les désaccords dans l'appréciation des distances qui séparent les boules du cochonnet se traduisent par des discussions bruyantes et passionnées.

LA TABLE PROVENÇALE

Ce qui caractérise la cuisine provençale, c'est l'ail et la friture d'huile. L'ail a trouvé ses poètes qui ont chanté cette « truffe de la Provence », le « condiment divin », cet « ami de l'homme ». Quant à l'huile – huile d'olive de préférence –, elle remplace le beurre dans tous ses emplois septentrionaux. « Un poisson vit dans l'eau et meurt dans l'huile », dit un proverbe local.

La bouillabaisse. – A tout seigneur, tout honneur. Saluons ici le plus célèbre des plats provençaux. La bouillabaisse classique doit comporter les « trois poissons » : rascasse, grondin, congre. On en ajoute généralement beaucoup d'autres et on y joint quelques crustacés : crabes, araignées de mer, etc. La langouste entre dans les bouillabaisses de luxe. L'assaisonnement compte autant que le poisson : sel, poivre, oignon, tomate, safran, ail, thym, laurier, sauge, fenouil, peau d'orange ; parfois un verre de vin blanc ou de cognac aromatise le bouillon qu'on verse finalement sur d'épaisses tranches de pain.
Ce qui fait la qualité d'une bouillabaisse c'est, avec la présence indispensable de la rascasse, la fraîcheur du poisson, une véritable huile d'olive et de l'excellent safran.

L'aïoli. – Cette autre célébrité provençale est une mayonnaise à l'huile d'olive, parfumée fortement d'ail pilé. Comparant la mayonnaise septentrionale à l'aïoli, Mistral la traitait dédaigneusement de marmelade. L'aïoli accompagne les hors-d'œuvre, la « bourride », soupe aux poissons (baudroie, loup, merlan, etc.) et nombre de plats.

Les poissons . – L'un des meilleurs poissons de la Méditerranée est le rouget que Brillat-Savarin appelait la « bécasse de mer », sans doute parce que les gourmets le mettent à cuire non écaillé et non vidé. Le loup (nom local du bar), grillé au fenouil ou aux sarments de vigne, est un plat délicieux. La brandade de morue est une crème onctueuse de morue pilée préparée avec de l'huile d'olive, du lait, de l'ail et des truffes.

Les spécialités niçoises. – Elles sont nombreuses, nous ne parlerons que des plus connues : la Pissaladiera, tarte à l'oignon relevée de pissala (purée d'anchois) et d'olives noires ; la Socca, à base de bouillie de farine de pois chiches cuite au four ; la Ratatouia, sorte de ragoût composé de tomates, aubergines, poivrons, courgettes, cuits à l'huile ; les Gnocchi, coquilles de farine de blé et de pommes de terre ; le Pan Bagnat, sandwich d'oignons et de tomates crues, d'olives noires, d'anchois arrosés d'huile et de vinaigre ; le Pistou, soupe de légumes, à laquelle est incorporée une « pommade » faite de lard gras, d'ail, de basilic, d'huile d'olive et de parmesan, pilés au mortier ; la tourte de Bléa, tarte garnie de feuilles de bettes hachées, de pignons (amandes) de pin, de raisins de Corinthe ; la Stocaficada, stockfish que l'on fait mijoter avec force aromates, des anchois, des olives noires ; les Raviolis, petites poches de pâte farcies de viande et de blettes.

Les vins. – Pratiquée depuis l'Antiquité, la culture de la vigne a pris dans la partie orientale de la Provence, une grande importance. Les **vins rosés** à robe chatoyante, produits de la vinification « en blanc » de raisin rouge, connaissent une faveur générale ; agréables et fruités, ils s'allient avec bonheur à tous les mets.
Les **vins blancs,** généralement secs mais au fin bouquet, accompagnent à merveille la dégustation des coquillages et poissons méditerranéens.
Enfin, les savoureux **vins rouges** sont d'une grande variété : généreux et corsés ou souples et délicats suivant qu'ils proviennent de Bandol, du Nord de la côte des Maures ou, au contraire, de la vallée de l'Argens ou de St-Tropez.
Les vins les plus appréciés sont ceux de la région de Bandol, d'Ollioules, de Pierrefeu, de Cuers, de Taradeau, de la Croix-Valmer, ceux de la région niçoise et notamment les vins de Bellet, de la Gaude, de St-Jeannet, de Menton.

LÉGENDE

Curiosités

★★★ **Vaut le voyage**
★★ **Mérite un détour**
★ **Intéressant**

Itinéraire décrit, point de départ de la visite

Édifice religieux : catholique - protestant

Bâtiment (avec entrée principale)

Remparts - Tour

Porte de ville

Jardin, parc, bois

Statue - Table d'orientation

Curiosités diverses

Château - Ruines

Calvaire - Fontaine

Panorama - Vue

Phare - Moulin

Barrage - Usine

Fort - Grotte

Monument mégalithique

Autres symboles

Autoroute (ou assimilée)

Échangeur complet, partiel, numéro

Grand axe de circulation

Voie à chaussées séparées

Voie en escalier - Sentier

Voie piétonne - impraticable

1429 Col - Altitude

Gare - Gare routière

Station de métro

Téléphérique, télécabine

B Bac - Pont mobile

Transport maritime :
Voitures et passagers
Passagers seulement

Aéroport

Hôpital - Marché couvert

Bureau principal de poste restante

Information touristique

P Parc de stationnement

Gendarmerie - Caserne

Cimetière

Synagogue

Stade

Hippodrome - Golf

Piscine de plein air, couverte

Patinoire - Refuge de montagne

Port de plaisance

Tour, pylône de télécommunications

Château d'eau - Carrière

3 Numéro de sortie de ville, identique sur les plans et les cartes MICHELIN

Dans les guides MICHELIN, sur les plans de villes et les cartes, le Nord est toujours en haut. Les voies commerçantes sont imprimées en couleur dans les listes de rues.

Les plans de villes indiquent essentiellement les rues principales et les accès aux curiosités, les schémas mettent en évidence les grandes routes et l'itinéraire de visite.

Abréviations

A	Chambre d'Agriculture	J	Palais de Justice	POL.	Police
C	Chambre de Commerce	M	Musée	T	Théâtre
H	Hôtel de ville	P	Préfecture, Sous-préfecture	U	Université

Ⓥ Signe concernant les conditions de visite : voir nos explications en fin de volume.

Villes et curiosités

Ruelle de Ste-Agnès (Alpes-Maritimes).

★★ ANTIBES

63 248 h. (les Antibois)

Carte Michelin n° 84 pli 9, 195 plis 35 et 40 ou 245 pli 37 – Lieu de séjour.

La ville fait face à Nice, de l'autre côté de la baie des Anges. Elle est bâtie entre deux échancrures de la côte : l'anse de la Salis et l'anse St-Roch. Elle possède un port de plaisance bien aménagé : le port Vauban. Le cap d'Antibes *(p. 36)* est le but d'agréables promenades. Le site a tenté de nombreux peintres.
La région d'Antibes est un des grands centres européens pour la production industrielle de fleurs. Près de 800 établissements couvrent une superficie vitrée (châssis et serres) de près de 300 ha. Les roses tiennent la première place, puis viennent les œillets, les anémones et les tulipes. On y cultive également des plantes vertes et des primeurs. Un lycée agricole est consacré à l'étude des cultures de la région.

UN PEU D'HISTOIRE

La grecque Antipolis. – Dès le 4e s. avant J.-C., les Grecs de Massalia établissent, le long de la côte, une chaîne de comptoirs qui commercent avec les tribus ligures. Une cité nouvelle s'élève en face de Nice. Le nom grec d'Antibes, Antipolis (la ville d'en face), rappellerait précisément cette situation ; toutefois cette étymologie est controversée.
Antipolis est petite, bâtie entre le cours Masséna actuel et la mer. Les Grecs ne possèdent que la place occupée par leurs vaisseaux, leurs magasins et leurs murailles. La confiance ne règne guère : les Ligures ne pénètrent jamais dans la ville, toutes les tractations se font en dehors des remparts. Les Romains succèdent aux Grecs, puis viennent les invasions barbares qui ruinent la cité.

Antibes, place frontière. – Les rois de France se rendent compte du rôle militaire important que peut jouer Antibes, surtout quand, à partir de la fin du 14e s., elle se trouve à la frontière franco-savoyarde. La ville, propriété des Grimaldi depuis 1386, est achetée par Henri IV.
Chaque règne apporte une amélioration de ses fortifications ; l'œuvre est achevée par Vauban. Il n'en reste que le fort Carré et le Front de Mer.

Bonaparte à Antibes. – En 1794, Bonaparte, chargé de la défense du littoral, installe sa famille à Antibes. Il est général, mais la solde arrive rarement à jour dit. Les temps sont durs : Mme Lætitia, sa mère, lave elle-même le linge de la maisonnée dans le ruisseau voisin. Ses sœurs rendent des visites furtives aux artichauts et aux figues du propriétaire ; le bonhomme les pourchasse, mais les futures princesses sont agiles. Après la chute de Robespierre, Bonaparte sera emprisonné pendant quelque temps au fort Carré.

Célébrités. – Le général **Championnet**, né à Valence, est mort à Antibes en 1800, atteint par l'épidémie de choléra qui décimait son armée ; ce chef désintéressé, qui s'était illustré dans les campagnes d'Allemagne et d'Italie, n'avait que 38 ans. Il demanda à être enterré dans les fossés du fort Carré. Son buste est sur le cours Masséna.
Le maréchal **Reille** (1775-1860) est né à Antibes. Aide de camp de Masséna, dont il deviendra le gendre, Reille se distingue dans toutes les campagnes de Napoléon. Rallié à la monarchie, il est nommé maréchal par Louis-Philippe et meurt sénateur sous le Second Empire.
Antibes est la patrie du poète, homme de théâtre et romancier Jacques **Audiberti** (1899-1965).
C'est à Antibes que **Nicolas de Staël** (1914-1955) a peint ses dernières toiles avant de se donner la mort.

ANTIBES

Albert-Ier (Bd)
Nationale (Pl.) 40
République (R. de la)

Andreossy (R.) 3
Arène (Av. P.) 5
Bateau (R. du) 7
Clemenceau (R. G.) 15
Close (R. J.) 16
Horloge (R. de l') 29
Maizière (Av. Général) 32
Masséna (Cours) 36
Orme (R. de l') 43
Revely (R. du) 49
Revennes (R. des) 50
Saleurs (Montée des) 57
Touraque (R. de la) 63

Les noms des rues sont soit écrits sur le plan soit répertoriés en liste et identifiés par un numéro.

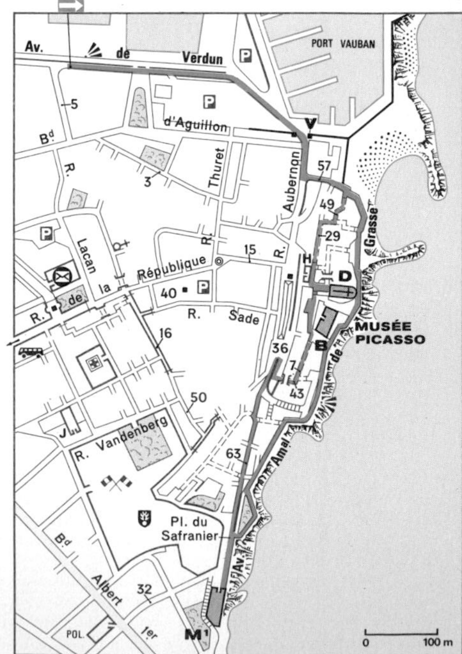

★ LA VIEILLE VILLE *visite : 1 h 3/4*

Avenue de Verdun. – En prenant cette avenue qui longe l'anse St-Roch, on a une belle **vue** sur le port de plaisance dominé par le fort Carré, bâti à la fin du 16e s. sur un rocher isolé ; au-delà et sur la droite, on distingue Cagnes et les hauteurs qui couronnent Nice.

Franchir la vieille porte marine **(V)** *et, par la montée des Saleurs, rejoindre l'avenue Amiral-de-Grasse.*

Avenue Amiral-de-Grasse. – Anciennement promenade du Front de Mer, cette avenue se déroule sur la seule partie des remparts qui, face à la mer, est restée intacte depuis le 17e s. Elle longe en contrebas l'ancienne cathédrale et le château (musée Picasso). En la suivant, on découvre une belle **vue★** sur le littoral vers Nice, et sur les Alpes qui constituent un fond de décor, neigeux une grande partie de l'année.

Musée archéologique (**M**1). – Installé dans le bastion St-André, fortification de Vauban, ce musée rassemble un très grand nombre de pièces, témoins de 4 000 ans d'histoire. Il s'enrichit progressivement des trouvailles faites sur terre et en mer, à Antibes et aux environs. Belles collections de poteries (nombreuses amphores massaliotes, grecques et romaines). Objets provenant d'épaves, du Moyen Age jusqu'au 18e s.

Revenir sur ses pas et emprunter devant soi la rue de la Touraque.

Vieilles rues. – Remarquer, à droite et à gauche, le pittoresque des vieilles rues, colorées et fleuries, à quelques pas de la mer. Sur le cours Masséna se tient le marché.

Par la rue de l'Orme, à droite, et la rue du Bateau, on parvient au château.

Château Grimaldi (**B**). – Il fut élevé au 12e s. sur une terrasse dominant la mer ; ses structures sont celles d'un « castrum » romain, bâti sur l'acropole d'Antipolis. Le château, reconstruit au 16e s., a gardé de l'édifice primitif la tour romane carrée, un chemin de ronde crénelé et plusieurs fenêtres géminées.

Cour intérieure. – Cet atrium est orné d'une sculpture d'Arman, représentant des instruments à cordes agglutinés.
Aller voir, dans la chapelle, la belle **Déposition de Croix★** (1539) d'Antoine Aundi ; noter à l'arrière-plan du panneau la première représentation connue de la ville d'Antibes.

Terrasse. – Sur la terrasse, garnie de plantes aromatiques, sont installées sept sculptures de Germaine Richier, ainsi que des œuvres de César, Miró, Pagès, Amado, toutes très caractéristiques de la statuaire méditerranéenne.

Collection archéologique. – Stèles, urnes funéraires, frises et inscriptions romaines sont disséminées dans les salles du musée Picasso et sur la terrasse. Touchante est l'inscription latine : « aux mânes de l'enfant Septentrion, âgé de douze ans, qui dansa deux jours au théâtre d'Antibes et plut. »

Collection Nicolas de Staël. – Parmi les œuvres de l'époque d'Antibes (1954-1955), exposées dans la salle à droite de l'entrée et dans l'ancien atelier de Picasso au 2e étage, remarquer : la **Nature morte au chandelier sur fond bleu,** le Fort Carré et la gigantesque toile intitulée le Grand concert.

★ Musée Picasso. – *Il occupe une partie du rez-de-chaussée, l'escalier, le 1er étage et l'ex-atelier du maître au 2e étage.*
A l'automne 1946, Pablo Picasso (1881-1973), installé depuis peu sur la Côte d'Azur, se proposait de réaliser des peintures de très grandes dimensions. Ayant à sa disposition une partie du château Grimaldi, il se mit à l'ouvrage. On reste stupéfié par la puissance de travail de cet artiste si l'on sait que la plupart des tableaux, dessins et esquisses exposés ici sont l'œuvre d'une seule saison.

Antibes. – La chèvre par Picasso (château Grimaldi).

Les dessins et estampes de la suite Vollard, regroupés autour des sculptures monumentales, datent des années 30. La grande composition sur fibrociment, intitulée la Joie de Vivre *(rez-de-chaussée, salle en contrebas à gauche),* est une pastorale souriante, où une femme-plante danse parmi des satyres et des chevreaux exubérants. Elle est exposée au milieu de tous les dessins et esquisses préliminaires.
Dans l'escalier, les **tapisseries** exposées ont pour thèmes : le Minotaure, le Homard et les Deux nus au miroir.
Les autres **peintures** sont accrochées dans les salles du 1er étage. Ces œuvres d'Antibes sont pour la plupart empreintes de joie et de fantaisie ; leur inspiration, toute méditerranéenne, traite souvent de sujets marins ou mythologiques ; poissons, oursins, pêcheurs, centaures peuplent les murs. On remarque Ulysse et les Sirènes,

le Chêne et un vaste triptyque : Satyre, faune et centaure au trident. Observer la géométrie rigoureuse de la Nature morte au poisson, l'extraordinaire Nature morte à la pastèque.
Des vitrines présentent une imposante collection de **céramiques** de Picasso. La beauté et l'originalité des formes, souvent amusantes, la variété des décors s'y déploient en une débauche d'imagination et d'ingéniosité. Souvent le décor s'allie à la forme pour évoquer une silhouette : femme, hibou, taureau, cabri... Elles ont été réalisées à Vallauris en 1948 et 1949.
Au 2e étage, l'ex-atelier de Picasso renferme une série de dessins exécutés par l'artiste.

Deuxième étage. – Réservé aux expositions temporaires, il comporte cependant un fonds de toiles contemporaines, notamment un ensemble de commandes peintes en hommage à Picasso : Alechinsky, Arman, César, Folon, Saura.

En sortant du château, un escalier, à droite, descend vers l'église.

Église de l'Immaculée-Conception (D). – Derrière sa façade classique (**vantaux** de bois sculptés en 1710), elle laisse voir peu de chose de l'édifice roman qui fut cathédrale au Moyen Age. La tour carrée qui lui sert de clocher est une ancienne tour de guet (12e s.). Seul le chevet est roman. Dans le chœur, Christ en croix de 1447 ; dans l'absidiole de droite, autel monolithe probablement sculpté dans un autel païen. Dans la chapelle du croisillon droit se trouve un **retable** daté de 1515, de Louis Bréa ; le panneau central (Vierge au Rosaire) a été largement retouché ; plus attachants sont les 13 compartiments qui l'entourent ainsi que la prédelle, qui sont traités comme de véritables miniatures. A droite du retable se trouve un beau **Christ gisant** du 16e s., sculpté dans un tilleul.

Par les rues typiques de l'Horloge et du Revely à gauche, rejoindre la rue Aubernon qui ramène au port.

★★ CAP D'ANTIBES *Circuit de 10 km – environ 2 h*

Le cap d'Antibes est l'extrême pointe de la presqu'île qui s'avance au Sud d'Antibes et de Juan-les-Pins ; mais l'usage a étendu cette appellation à la presqu'île tout entière. De somptueux hôtels et villas, nichés dans la verdure et les fleurs, y accueillent estivants et hivernants. Le tour de la presqu'île constitue une promenade dans un site enchanteur.

Pointe Bacon (Z). – **Vue★** étendue sur Antibes et le fort Carré, l'ensemble de la baie des Anges, Nice et les presqu'îles du cap Ferrat et du cap Martin, l'arrière-pays niçois.

Plateau de la Garoupe (Z). – Son sommet est occupé par une chapelle, un phare et une table d'orientation.

Table d'orientation. – Elle permet d'identifier l'admirable **panorama★★** qui s'étend depuis l'Esterel jusqu'aux Alpes.

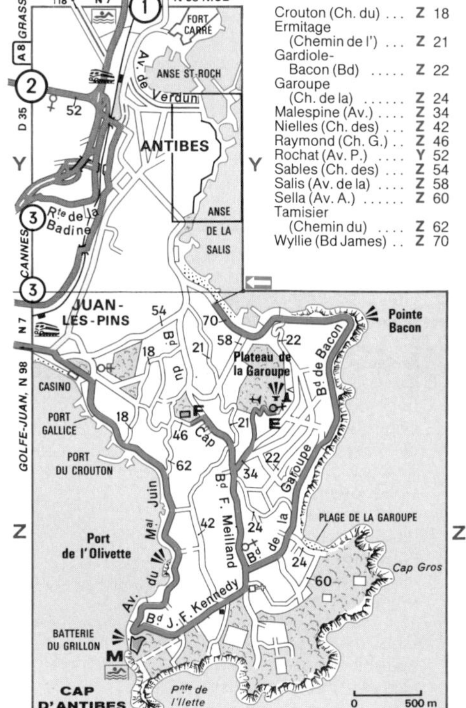

Sanctuaire de la Garoupe (Z E). – Il présente extérieurement deux belles grilles en fer forgé d'époque classique. A l'intérieur, deux chapelles contiguës, communiquant par deux larges arcades, forment deux nefs. La plus large est décorée d'une fresque moderne de J. Clergues. Elle présente une très intéressante **collection d'ex-voto ;** le plus ancien remonte à 1779.
De chaque côté du retable du maître-autel : à gauche, l'**icône de Sébastopol,** magnifique œuvre russo-byzantine que l'on suppose être du 14e s. ; à droite, la plachzanitza des Woronzoff, splendide soierie peinte ramenée également de Sébastopol.
Dans l'autre nef, ornée de fresques d'E. Colin, on peut voir une soixantaine d'ex-voto navals et des souvenirs maritimes, ainsi qu'une statue en bois doré de **N.-D.-de-Bon-Port,** patronne des marins. Le premier ou deuxième dimanche de juillet, cette statue, descendue le jeudi précédent à l'ancienne cathédrale d'Antibes, est remontée processionnellement à la Garoupe par des marins. Attenant au sanctuaire, curieux oratoire de Ste-Hélène dont le culte, substitué à un culte païen, remonterait au 5e s.

Phare. – C'est l'un des plus puissants de la côte. Par temps clair, sa portée est de 60 à 70 km pour la marine, de plus de 100 km pour l'aviation. Son radiophare porte à 185 km.

★ **Jardin Thuret** (Z F). – Ce jardin botanique de 4 ha porte le nom du savant Gustave Thuret, qui le créa en 1857 et résolut d'y acclimater plantes et arbres des pays chauds, contribuant ainsi à vulgariser ces essences dans la région : les premiers eucalyptus, venus d'Australie, y furent plantés. Légué à l'État, le jardin est maintenant géré par l'Institut national de recherche agronomique et contient une magnifique collection de plantes et arbres exotiques. Quelques groupes végétaux sont particulièrement bien représentés : palmiers, mimosas, eucalyptus, cyprès..., soit au total 3 000 espèces de plein air.
Point central des bâtiments du parc, la villa Thuret abrite le service de botanique et plusieurs laboratoires de recherche scientifique.

Musée naval et napoléonien (Z M). – L'ancienne batterie du Grillon a été transformée en musée. A l'entrée, deux répliques d'un magnifique canon de bronze d'époque Louis XIV accueillent le visiteur. A l'intérieur, on voit, notamment, des vitrines consacrées à la construction des grands voiliers, des maquettes de vaisseaux. Parmi les souvenirs napoléoniens : **buste de l'empereur** sculpté en 1810 par Canova ; nombreuses figurines de soldats et officiers de la Grande Armée ; autographes de Bonaparte, proclamations de l'époque impériale, imagerie populaire.
De la plate-forme qui couronne le bastion, belle **vue★** sur l'extrémité boisée du cap, la côte jusqu'aux îles de Lérins et, de l'autre côté, sur les Alpes.

Port de l'Olivette (Z). – **Vue** sur le golfe Juan, les hauteurs de Super-Cannes, la pointe de la Croisette et les îles de Lérins.
L'avenue du Maréchal-Juin longe la mer jusqu'à Juan-les-Pins *(p. 84)*.

ENVIRONS

★ **Marineland.** – *au Nord 4 km.*
Premier parc zoologique marin d'Europe, il comprend plusieurs bassins de grandes dimensions dans lesquels évoluent une orque (cétacé lourd et vorace qui s'attaque même aux baleines), des **dauphins** dressés accomplissant de multiples acrobaties, des éléphants de mer, des phoques, des otaries, des manchots, des tortues, des oiseaux marins.
Un petit musée de la mer ajoute à l'intérêt de cette visite.

★ **Biot.** – *8 km au Nord. Description p. 46.*

*Avec votre **guide Michelin** il vous faut des **cartes Michelin.***

Les ARCS

3 915 h. (les Arcois)

Carte Michelin n° 84 Sud-Ouest du pli 7 ou 245 Sud du pli 35.

En pleine zone viticole, ce gros bourg dispute à Brignoles *(p. 48)* le titre de capitale des Côtes de Provence : ses environs produisent d'excellents crus. Il est dominé par les ruines du château de Villeneuve où naquit sainte Roseline *(p. 135)* et qui constitue le kilomètre zéro de la route des vins « Côtes de Provence ».

Église. – Elle est très visitée pour sa curieuse **crèche animée** *(à gauche en entrant)* dont le décor reconstitue le vieux village des Arcs. Les chapelles latérales sont peintes à fresque : dans celle de gauche, une peinture de Baboulaine évoque le miracle des roses de sainte Roseline. Sur le côté droit, on peut admirer un **polyptyque★** à 16 compartiments, daté de 1501, de Louis Bréa : il représente une Vierge à l'Enfant entourée des saints honorés en Provence.

Le Parage. – *Monter jusqu'au donjon par la rue de la Paix qui s'amorce sur la place de l'Église.*
Ce vieux quartier, bien restauré, mérite quelques minutes de flânerie dans ses ruelles tortueuses, coupées d'escaliers et de voûtes ; il est groupé sur un piton autour des ruines du château médiéval. C'est du haut du donjon que les guetteurs surveillaient la plaine pour parer aux invasions sarrasines : d'où le nom de Parage pris par le quartier.

ENVIRONS

★ **Chapelle Ste-Roseline.** – *4 km à l'Est par la D 91. Description p. 135.*

★★ L'ARRIÈRE-PAYS NIÇOIS

Carte Michelin n° 84 plis 9, 10, 18 à 20, 195 plis 6 à 9, 16 à 19, 26 à 28 ou 245 plis 25, 26, 38, 39.

Si les Corniches de la Riviera *(p. 121)* font partie des paysages les plus célèbres de la région comprise entre Nice et Menton, l'arrière-pays, essentiellement montagneux et sillonné de routes en lacet, recèle des sites pittoresques et contrastés qui, des villages perchés aux gorges sauvages ou des versants boisés aux cirques glaciaires, constituent de passionnants buts d'excursions.
Entre le Var et la Roya, se dressent ces **Préalpes niçoises,** longs chaînons orientés Nord-Sud qui s'étagent entre 600 m et 1 800 m et qu'entaillent les vallées des Paillons, de la Vésubie, de la Bévéra et leurs nombreux torrents affluents. Au Nord, elles viennent buter contre le massif cristallin du Mercantour dont les sommets avoisinent les 3 000 m.

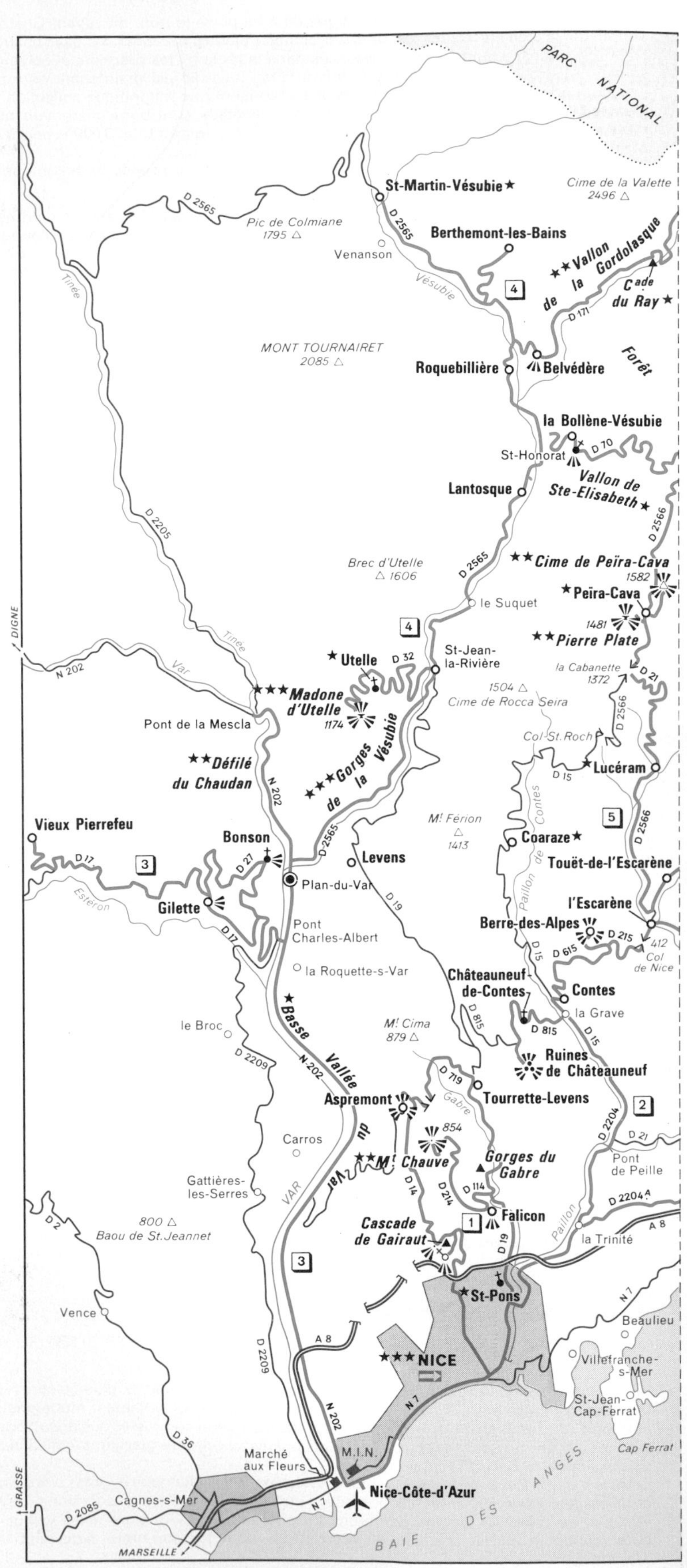
PARC NATIONAL
St-Martin-Vésubie ★
Cime de la Valette 2496
Pic de Colmiane 1795
Venanson
Berthemont-les-Bains
★★ Vallon de la Gordolasque
Cade du Ray ★
MONT TOURNAIRET 2085
Roquebillière
Belvédère
Forêt
la Bollène-Vésubie
St-Honorat
Lantosque
Vallon de Ste-Elisabeth ★
★★ Cime de Peïra-Cava 1582
★ Peïra-Cava
1481
★★ Pierre Plate
la Cabanette 1372
Brec d'Utelle 1606
le Suquet
St-Jean-la-Rivière
★ Utelle
★★★ Madone d'Utelle 1174
1504 Cime de Rocca Seira
Col St-Roch
★ Lucéram
Pont de la Mescla
★★ Défilé du Chaudan
★★★ Gorges de la Vésubie
Mt Férion 1413
Coaraze ★
Touët-de-l'Escarène
Vieux Pierrefeu
Bonson
Levens
Plan-du-Var
Gilette
Pont Charles-Albert
la Roquette-s-Var
l'Escarène
Berre-des-Alpes
412 Col de Nice
Châteauneuf-de-Contes
Contes
la Grave
Mt Cima 879
★ Basse Vallée du Var
le Broc
Ruines de Châteauneuf
Aspremont
Tourrette-Levens
Gabre
854
Carros
★★ Mt Chauve
Gorges du Gabre
Pont de Peille
Gattières-les-Serres
800 Baou de St.Jeannet
Cascade de Gairaut
Falicon
la Trinité
★ St-Pons
Vence
Beaulieu
★★★ NICE
Villefranche-s-Mer
St-Jean-Cap-Ferrat
Cap Ferrat
Marché aux Fleurs
M.I.N.
Nice-Côte-d'Azur
Cagnes-s-Mer
BAIE DES ANGES
MARSEILLE
DIGNE
GRASSE
Tinée
Vésubie
Var
Esteron
Paillon
Paillon de Contes
D 2565
D 171
D 70
D 2566
D 32
D 21
D 15
D 17
D 27
D 19
D 615
D 215
D 815
D 719
D 2204
D 14
D 214
D 114
D 2204A
D 2209
D 2205
D 2
D 36
D 2085
N 202
N 7
A 8
1
2
3
4
5

3045 Mt CLAPIER
Cascade de l'Estrech
Baisse de Fontanalbe
Von de Fontanalbe
Ste-Madeleine
CUNEO
Roya
N 204
Tende
Von de Casterine
Mt du Grd Capelet 2935
Baisse de Valmasque
2872 Mt Bégo
9
Lac des Mesches
8
la Brigue
D 143
D 43
Levense
N.-D. des-Fontaines
Vallée des Merveilles
Vallon de la Minière
D 91
St-Dalmas-de-Tende
Lac Long Inf.
DU
2685
CIME DU DIABLE
MERCANTOUR
Haute Vallée de la Roya
Gorges de Bergue
l'Authion
Pnte des 3 Communes
2082
1889
Fontan
D 68
Mont aux Morts
Saorge
Cabanes Vieilles
Gorges de Saorge
1607 Col de Turini
Turini
Vallée de la Bévéra
la Giandola
Moulinet
Breil-s-Roya
D 2566
D 2204
879
Col de Brouis
N.-D. de la Menour
5
7
Col du Pérus
654
Gorges du Piaon
N 204
I T A L I A
Nervia
Sospel
Col de Braus
1002
847
Mont Barbonnet
Braus
642 Col St-Jean
Bévéra
S 20
Clue de Braus
Merlanson
Col de Castillon
707
Castillon
6
Viaduc du Caramel
Forêt de Menton
Ggès du Paillon
D 21
Vallée du Careï
Roia
GENOVA
Monti
Peille
Castellar
A 10
S 1
A 8
2
Ventimiglia
la Grave
Peillon
Mont Agel 1110
Roquebrune-
MENTON
D 53
St-Martin-de-Peille
Cap-Martin
N.-D. de Laghet
Cap Martin
N 7
la Turbie
MONTE-CARLO
MONACO
0
5 km

VISITE

★ 1 Le tour du mont Chauve

Circuit de 53 km au départ de Nice – environ 2 h 1/2 – schéma p. 38

Quitter Nice (p. 108) au Nord par l'avenue du Ray puis, à droite à angle aigu, l'avenue de Gairaut (D 14), direction Aspremont. Environ 2 km après avoir passé sous l'autoroute, continuer à droite sur la D 14 et prendre à gauche la route signalisée.

Cascade de Gairaut. – Cascade à deux ressauts tombant dans un bassin formant vasque, elle est formée par les eaux du canal de la Vésubie qui alimentent Nice. Continuer jusqu'à l'esplanade de la chapelle d'où l'on a une belle **vue** sur la ville.

Revenir à la D 14.

Peu après, belles vues sur la gauche vers Nice avec le mont Boron, le cap d'Antibes. Puis la route s'élève vers Aspremont, offrant des **vues** de plus en plus étendues sur les Baous, la vallée du Var, les montagnes du haut pays.

Aspremont. – 1 150 h. Village joliment perché, bâti suivant un plan concentrique. L'**église** a une nef gothique, peinte à fresque, retombant sur de solides chapiteaux cubiques ; à gauche, jolie Vierge à l'Enfant en bois polychrome.

Contourner l'église et monter jusqu'à la terrasse de l'ancien château (rasé) qui domine le village : le **panorama★** s'étend sur le cours inférieur du Var avec ses nombreux villages perchés, le pays de Vence, le cap d'Antibes, les collines niçoises, le mont Chauve et le mont Cima.

A la sortie du village, prendre la D 719 qui franchit le petit col d'Aspremont entre le mont Chauve et le mont Cima, et mène au riche bassin de Tourrette-Levens.

Tourrette-Levens. – 3 004 h. Village accroché à un rocher en lame de couteau. La petite **église** du 18e s. abrite, derrière le maître-autel, un beau retable de bois sculpté de même époque (la Vierge entre saint Sylvestre et saint Antoine). Monter vers le château partiellement restauré ; cette courte promenade dans le village procure des **vues** sur les montagnes voisines (mont Chauve, Férion) et les vallées du Gabre et du Rio Sec.

Rejoindre la D 19 que l'on prend à gauche, descendant la vallée du Gabre.

Gorges du Gabre. – Elles sont taillées dans des parois calcaires.

Prendre à droite la D 114 vers Falicon.

Falicon. – 1 065 h. Les lecteurs de Jules Romains (1885-1972) connaissent ce petit village niçois typique, serré sur un mamelon rocheux parmi les oliviers : l'écrivain l'a choisi pour cadre d'un épisode des amours de Jallez et de la petite marchande de journaux niçoise dans son roman « La douceur de la vie » ; l'auberge où ils dînèrent (le Bellevue) existe toujours, avec sa terrasse panoramique ; elle expose quelques souvenirs de Jules Romains.

L'**église,** fondée par les bénédictins de St-Pons, présente un clocher carré et une façade agencée en trompe-l'œil. Elle possède une nef unique. A droite de l'abside, belle Nativité du 17e s. auréolée d'or.
Prendre à gauche de l'église un large escalier, puis tourner à droite dans le sentier qui s'élève jusqu'à une terrasse d'où la **vue★** porte sur Nice et la mer, les collines niçoises et le mont Agel.

Rejoindre la D 114 à gauche.

A la chapelle St-Sébastien se détache, à droite, la D 214, étroite et dangereuse, vers le mont Chauve.

Laisser la voiture au terminus de la route.

Mont Chauve d'Aspremont. – *1/2 h à pied AR.* Comme son nom l'indique, le sommet (854 m) en est pelé ; un fort désaffecté en occupe une partie. De là, on jouit d'un magnifique **panorama★★** : au Nord sur les Alpes aux cimes neigeuses, au Midi sur Nice, ses collines, et tout le littoral de Menton au cap Ferrat. Par temps clair, on aperçoit la Corse.

Revenir à la D 114 et tourner à gauche ; après 2 km, prendre à droite à angle aigu dans la D 19. Passer sous l'autoroute ; 1 km plus loin, se détache à droite une rampe qui monte vers St-Pons.

★ **Église St-Pons.** – L'abbaye bénédictine de St-Pons, fondée à l'époque de Charlemagne, a joué un rôle important dans l'histoire locale durant un millénaire. L'église, reconstruite au début du 18e s. sur un piton dominant la vallée du Paillon, offre de tous côtés sa gracieuse silhouette et l'un des plus jolis campaniles génois de la région. Ce charmant édifice baroque dresse une haute façade à courbes et contrecourbes précédée d'un péristyle qui épouse la forme ondulante de l'ensemble. L'intérieur est formé d'un grand vaisseau elliptique, précédé d'un vestibule, prolongé par un chœur en hémicycle et étayé de chapelles rayonnantes entre de hauts et puissants piliers. Riche décoration de stuc.

★ 2 Les Deux Paillons

Circuit de 90 km au départ de Nice – compter une journée – schéma p. 38 et 39

Le Paillon principal ou Paillon de l'Escarène prend sa source au Nord-Est du col St-Roch, le Paillon de Contes descend de la cime de Rocca Seira, au Nord-Ouest du même col ; ils se rejoignent à Pont de Peille pour déboucher à Nice. L'itinéraire proposé emprunte d'abord la vallée du Laghet avec un crochet par la Turbie et Peille puis il fait découvrir les cours moyens des deux Paillons.

Quitter Nice (p. 108) au Nord par le boulevard J.-B.-Vérany et la route de Turin (D 2204). A la Trinité, prendre à droite vers Laghet.

La route remonte la vallée du Laghet, très verdoyante. La voie romaine de la Turbie à Cimiez empruntait l'autre rive.

N.-D. de Laghet. – Le sanctuaire de la Madone, fondé en 1656, est le but d'un pèlerinage permanent et rayonne de part et d'autre de la frontière italienne. Le cloître et l'église sont tapissés d'innombrables ex-voto, d'une naïveté touchante et amusante. Les meilleurs sont exposés dans le petit **musée** de la place du Sanctuaire.

L'église possède un décor baroque très chargé. Au maître-autel, la statue de la Madone de Laghet apparaît dans sa robe de bois sculpté.

Montée sinueuse dans les oliviers vers la Grande Corniche où tourner à gauche.

★ **La Turbie.** – *Page 149.*

Quitter la Turbie au Nord par la D 53 qui ménage des vues sur la mer et le bassin du Paillon. A gauche de la route, on aperçoit la chapelle St-Martin.

St-Martin-de-Peille. – L'église, isolée, s'élève dans un beau cadre de montagnes plantées d'oliviers. Moderne, elle est d'une grande simplicité : vitraux en plastique, base d'autel faite d'un tronc d'olivier massif. De grandes baies s'ouvrent de chaque côté de l'autel sur la montagne.

La route serpente au pied du mont Agel puis descend sur Peille. Près du dernier tunnel, on a un beau **coup d'œil** sur le site du village.

★ **Peille.** – *Page 120.*

A la Grave, on rejoint la vallée du Paillon empruntée par la route. A 2,5 km de la Grave, prendre à gauche la D 121 d'où l'on a une vue très pittoresque du nid d'aigle de Peillon.

★★ **Peillon.** – *Page 120.*

Par la D 21 que l'on reprend à droite, on remonte la vallée du Paillon.

Bientôt, sur la droite, apparaît le village de Peille, bâti au flanc du mont du Castellet.

★ **Gorges du Paillon.** – Beaux défilés, frais et verdoyants, entre des murailles boisées.

L'Escarène. – 1 424 h. Bâtie au pied du col de Braus, c'est un ancien relais routier sur la route de Nice à Turin. Du pont qui enjambe le Paillon, on a une **vue** d'ensemble sur le vieux bourg. **L'église,** du 17e s., est flanquée de 2 chapelles de Pénitents de la même époque ; elle est parée d'une jolie façade baroque ; la décoration intérieure est également baroque ; l'orgue, daté de 1791, est l'œuvre des frères Grinda *(voir p. 161).*

Prendre la D 2204 en montée vers le col de Nice où tourner à droite dans la D 215.

La montée vers Berre-des-Alpes offre des vues renouvelées sur le village.

Berre-des-Alpes. – 949 h. Ce village perché à 675 m d'altitude est un charmant belvédère naturel dans un très joli **site.** Des abords du cimetière, on jouit d'un **panorama**★ sur les Préalpes de Nice et la mer.

Redescendre par la même route et prendre à droite la D 615.

La route, très tourmentée, de Berre-des-Alpes à Contes est un enchantement. Les bouquets de châtaigniers alternent avec les pins, les cyprès, les mimosas, les oliviers et les cultures en terrasses pour composer un paysage typique de l'arrière-pays niçois.

Contes, Châteauneuf-de-Contes, ruines de Châteauneuf. – *Page 60.*

Revenir à la D 15, qui, par la vallée du Paillon de Contes, ramène à Nice.

Autres itinéraires *schéma p. 38 et 39*

★ [3] **Basse vallée du Var**
De Nice au pont de la Mescla. *Page 155.*

★★ [4] **Vallée de la Vésubie**
De Plan-du-Var à la Madone d'Utelle. *Page 159.*
De St-Jean-la-Rivière à St-Martin-Vésubie. *Page 160.*

★★ [5] **Forêt de Turini**
L'Authion au départ du col de Turini. *Page 151*
Du col de Turini à la Vésubie. *Page 151.*
Circuit au départ du col de Turini par la route du col de Braus et la vallée de la Bévéra. *Page 152.*

★ [6] **Route du col de Castillon**
De Menton à Sospel. *Page 99.*

★ [7] **Route du col de Brouis**
De Sospel à la Giandola. *Page 139.*

★★ [8] **Haute vallée de la Roya**
De Breil-sur-Roya à Tende. *Page 128.*

★★ [9] **Vallée des Merveilles**
Au départ de St-Dalmas-de-Tende. *Page 99.*

Principales localités *par ordre alphabétique :*

Breil-sur-Roya. – *Page 48.* Itinéraire 8.
★ **Coaraze.** – *Page 59.*
Contes. – *Page 60.* Itinéraire 2.
Levens. – *Page 87.*
★ **Lucéram.** – *Page 89.* Itinéraire 5.
★★ **Menton.** – *Page 95.* Itinéraire 6.
★★★ **Nice.** – *Page 108.* Itinéraires 1 et 2.
★ **Peille.** – *Page 120.* Itinéraire 2.
★★ **Peillon.** – *Page 120.* Itinéraire 2.
Roquebillière. – *Page 124.* Itinéraire 4.
★ **St-Martin-Vésubie.** – *Page 129.* Itinéraire 4.
★★ **Saorge.** – *Page 137.* Itinéraire 8.
★ **Sospel.** – *Page 139.* Itinéraires 5 et 6.
Tende. – *Page 141.* Itinéraire 8.

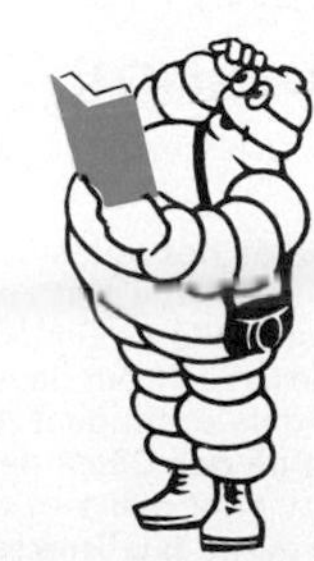

AUPS
1 652 h. (les Aupsois)

Carte Michelin n° 84 pli 6 ou 245 pli 34 – Lieu de séjour.

Aups, bâtie au pied de la montagne des Espiguières, domine la plaine fertile de l'Uchane, légèrement mamelonnée, que limite au Nord-Ouest le rebord abrupt des Plans de Haute-Provence. A l'horizon s'étend le massif des Maures.
Elle a conservé une partie de ses remparts et les ruines d'un château fort ; ses vieilles rues sont pittoresques, telle la rue de l'Horloge avec sa tour au joli campanile de fer forgé. Son cours est planté d'énormes platanes. Les fontaines, alimentées par les eaux infiltrées des plateaux voisins, y sont nombreuses. Elle est réputée pour son miel.

Collégiale St-Pancrace. – De style gothique provençal, elle est dotée d'un portail Renaissance. Le trésor renferme d'intéressantes pièces d'orfèvrerie du 15e s. au 18e s.

Musée Simon-Segal. – *Rue du Maréchal-Joffre.* Installé dans l'ancienne chapelle du couvent des ursulines, ce musée d'art moderne expose 280 toiles dont 175 de l'école de Paris.

ENVIRONS

★ **Le Haut-Var.** – *Circuit de 53 km – environ 5 h. Sortir d'Aups à l'Est par la D 77.*

La route serpente le long des flancs assez abrupts de la montagne des Espiguières. Peu après le château de la Beaume, prendre la D 51 à gauche vers Tourtour.

Tourtour. – 384 h. Lieu de séjour. Situé dans une région fraîche et boisée, c'est un village perché flanqué d'un vieux château à chaque extrémité. La place centrale est ornée de deux énormes ormeaux plantés en 1638. Les maisons sont restaurées, comme l'église du 11e s., isolée à la sortie Sud-Est du village et d'où l'on découvre un vaste **panorama**★ sur les dépressions de l'Argens et du Nartuby (par temps clair la vue s'étend jusqu'aux Maures, la Ste-Baume, la montagne Ste-Victoire et le Luberon).

Faire demi-tour et, laissant à droite la D 77, prendre vers Villecroze.

Jolie petite route, sinueuse, à travers bois. Bientôt apparaissent des grottes et des rochers aux formes bizarres. 1 km avant Villecroze, s'arrêter au parking : un belvédère a été aménagé *(table d'orientation)* d'où la **vue**★ circulaire s'étend sur les plans de Provence, Tourtour, Villecroze tout près, Salernes, le Gros Bessillon ; plus loin les Maures et la Ste-Baume.

Villecroze. – *Page 160.*

Salernes. – 2 933 h. *5 km au Sud-Ouest de Villecroze.* Lieu de séjour. Gros bourg agricole et industriel, il est connu comme centre de fabrication des tomettes – carreaux de céramique utilisés pour les revêtements de sol – et pour ses poteries. L'église offre la particularité d'être dotée d'un clocher à chaque extrémité. Maisons du 17e s. dans les ruelles autour de l'église. Immense cours ombragé et nombreuses fontaines.

Prendre au Sud de la ville la D 31 qui descend la vallée de la Bresque.

Entrecasteaux. – 527 h. Village construit à mi-pente au bord de la Bresque, il s'enorgueillit d'un jardin public attribué à Le Nôtre. On parcourt avec plaisir ses vieilles rues provençales sous la garde d'une petite église fortifiée dont un contrefort enjambe une rue, sa grande avenue qu'ombragent des platanes centenaires. On y fabrique des tapis d'art et de l'huile d'olive. Fief des Castellane puis des Grignan (Mme de Sévigné séjourna au château), il échut au 18e s. à la famille des Bruni qui compte un amiral chargé de rechercher La Pérouse disparu dans le Pacifique en 1788.

Le **château**, austère bâtisse du 17e s., a été restauré et transformé en musée. On visite les salons du rez-de-chaussée ornés d'objets d'art et d'œuvres du peintre Ian McGarvie-Munn (1919-1981), l'ancienne cuisine du château et ses dépendances, les salles de garde du 16e s. et une exposition documentaire sur les grands navigateurs du 18e s. dont l'amiral d'Entrecasteaux, mort en 1793 lors de l'expédition lancée à la recherche de La Pérouse disparu en 1788. Sont également organisés au château des expositions temporaires, des conférences et un festival de musique de chambre et de piano en été.

Sortir d'Entrecasteaux par le Sud, D 31 puis, à droite, D 50.

Cotignac. – *Page 60.*

La D 22, en direction d'Aups, offre une belle vue en arrière sur le site de Cotignac. Plus loin, on aperçoit dans le lointain, à droite, entre les arbres, la cascade de Sillans.

Cascade de Sillans. – *1/2 h à pied AR. Prendre, juste avant l'entrée du village, un chemin à droite, signalisé.* Elle est formée par la Bresque qui bondit d'une hauteur de 42 m dans un beau site verdoyant : elle est très abondante en dehors de l'été.

Sillans-la-Cascade. – 409 h. Joli village perché en bordure de la Bresque, avec des restes de remparts. Rues pittoresques autour de la poste surmontée d'un clocheton.

Poursuivre la D 22 pour rentrer à Aups.

★ BANDOL
6 713 h. (les Bandolais)

Carte Michelin n° 84 pli 14 ou 245 plis 45, 46 – Schéma p. 43 – Lieu de séjour. Plan dans le guide Rouge Michelin France.

Abritée des vents du Nord par de hautes pentes boisées, Bandol, au bord de sa jolie baie, est une station agréable qui dispose de trois plages de sable ; celle du Lido, à l'Est ; celle de Renecros, bien abritée, à l'Ouest ; celle du Casino, en plein midi.
Derrière le front de mer s'éparpillent des villas enfouies dans les mimosas et les pins ; au-delà s'étendent les cultures florales et surtout la vigne qui produit le vin le plus réputé des Côtes de Provence. Les **allées Jean-Moulin**★ et Alfred-Vivien, en bordure du port, sont plantées de pins, de palmiers et de fleurs.
Du **chemin de la Corniche,** qui fait le tour de la petite presqu'île au large de laquelle est l'île de Bendor, on jouit d'une vue étendue sur la côte, du cap de l'Aigle au cap Sicié.

★ **Ile de Bendor.** – Lieu de séjour. Cette petite île est un but de promenade attrayant pour les estivants. Station touristique, sportive et culturelle, elle offre à la fois sa plage, son port de plaisance bien aménagé, un village provençal avec boutiques artisanales, une galerie d'art, un palais des congrès (cycles de conférences et de concerts, cours de danse, de dessin, de peinture, etc.).

Exposition universelle des vins et spiritueux. – Dans un grand hall peint à fresque, cette curieuse exposition offre à l'intérêt du visiteur les productions de vins, apéritifs et liqueurs de 45 pays différents ; pas moins de 7 000 bouteilles y sont présentées. On voit également une belle collection de verres et de carafes de cristal.

ENVIRONS

★ **Le Castellet.** – *Circuit de 46 km – environ 3 h. Quitter Bandol au Nord-Est par la D 559 et prendre à gauche la route du Beausset (D 559^B), passer sous le viaduc de chemin de fer, laisser à droite la voie qui mène à l'autoroute et 500 m plus loin prendre la route de droite.*

Zoo-jardin exotique de Sanary-Bandol. – Dans le jardin de rocailles et surtout dans les serres poussent des plantes rares des tropiques atteignant des tailles remarquables, des cactées, des plantes grasses et des arbres fleuris. Des animaux de toutes provenances peuplent cette plaisante réalisation : flamants roses, grues couronnées du Tchad, canards mandarins, oiseaux exotiques, singes (beaux spécimens de gibbons noirs), gazelles, daims, antilopes, etc.

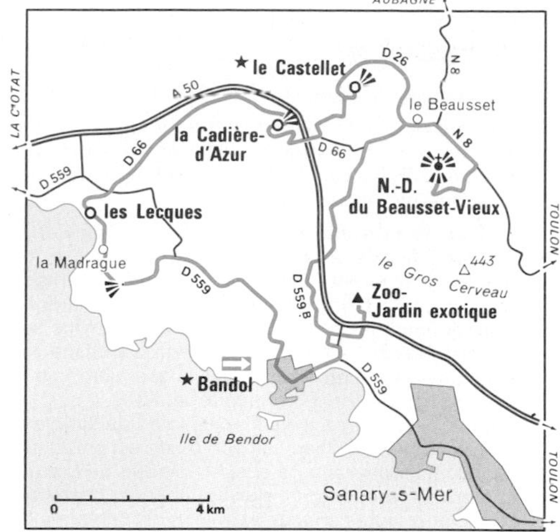

Revenir à la D 559^B et poursuivre vers le Beausset où l'on prendra la N8 en direction de Toulon.

1 km après avoir quitté le Beausset, tourner à droite dans une petite route qui serpente dans un paysage extrêmement riant peuplé d'oliviers, de cyprès, de genêts, d'arbres fruitiers et de vignobles.

Chapelle N.-D. du Beausset-Vieux. – *Laisser la voiture en contrebas de la chapelle.* Elle a été fort bien restaurée par une équipe bénévole. De style roman provençal, elle est très dépouillée et présente une nef en berceau et une abside en cul-de-four. Dans le chœur, Vierge à l'Enfant provenant de l'atelier de Pierre Puget. A gauche, dans une niche, un groupe de **santons,** vieux de 4 siècles, figure la Fuite en Égypte. Le bas-côté comporte également une collection d'ex-voto dont certains remontent au 18e s.

De la terrasse qui surplombe l'église, **vue**★ circulaire sur le village voisin du Castellet, la Ste-Baume, le Gros Cerveau et la côte de Bandol à La Ciotat.

Revenir à la N 8 ; au Beausset, prendre à gauche vers Bandol, puis à droite la D 26. A la première bifurcation, tourner à gauche.

★ **Le Castellet.** – 2 332 h. Ce remarquable village, juché sur un piton boisé dominant un paysage de vignobles, fut de tout temps une place forte. Propriété des seigneurs des Baux puis du roi René, il garde de son passé médiéval des remparts bien conservés, une église du 12e s. soigneusement restaurée, un château dont les parties les plus anciennes datent du 11e s. Au bout de la place de la mairie, franchir une poterne d'où l'on a une jolie **vue** sur l'arrière-pays vers la Ste-Baume.
Plusieurs films ont été tournés dans le village, dont beaucoup de maisons sont datées des 17e et 18e s. Un grand nombre de boutiques d'art et d'artisanat animent ses ruelles : ateliers de peinture, poterie, boissellerie, tissage, articles de cuir.

Descendre vers la D 66 pour atteindre la Cadière-d'Azur.

La Cadière-d'Azur. – 2 411 h. Lieu de séjour. Ce gros bourg perché est une très vieille cité qui compta 4 000 habitants sous la Révolution. Il vit de l'exploitation du vignoble qui fournit le vin de Bandol. De ses remparts subsistent des vestiges. Par la porte du Peï (13e s.), devant la mairie, on accède aux vieilles ruelles qui font le charme du village. A l'extrémité Est de celui-ci, belle **vue**★ sur l'arrière-pays avec, au premier plan, le Castellet, et sur le massif de la Ste-Baume.

Poursuivre la D 66 en direction des Lecques.

Les Lecques. – *Page 84.*

Des Lecques on empruntera au Sud de la Madrague la petite route qui offre de jolies **vues** sur la côte et son arrière-pays. On rejoint la D 559 qui ramène à Bandol.

Pour tout ce qui fait l'objet d'un texte dans ce guide (villes, sites, curiosités, rubriques d'histoire ou de géographie, etc.), reportez-vous aux pages de l'index.

BARGEMON

1 110 h. (les Bargemonnais)

Carte Michelin n° 84 pli 7 ou 245 pli 35.

Bien situé au pied des Plans de Provence, Bargemon, ancienne place forte, possède de vastes places ombragées, d'abondantes fontaines, et conserve de nombreux souvenirs de son passé : vieilles rues, vestiges de remparts, ruines d'un château seigneurial et portes fortifiées du 12e s. (voir la porte dite « romaine », place de la mairie). La présence de mimosas et d'orangers témoigne de la douceur de son climat.

Église. – Du 15e s., elle est insérée dans le système défensif et accolée à une ancienne porte de ville. Son clocher-tour carré date du 17e s. On accède à l'intérieur par un beau **portail** flamboyant. Les têtes d'ange du maître-autel sont attribuées à Pierre Puget.

Chapelle N.-D. de Montaigu. – Son clocher à flèche domine le village. Cette chapelle contient trois beaux retables à colonnes torses. C'est un lieu de pèlerinage depuis qu'au 17e s. une statuette miraculeuse de la Vierge y fut apportée de Belgique par un moine originaire du village. Cette statuette minuscule, taillée dans l'olivier, n'est montrée que le jour du pèlerinage traditionnel (lundi de Pâques).

BARJOLS

2 016 h. (les Barjolais)

Carte Michelin n° 84 pli 5 – ou 245 pli 33.

Nombreux sont les ruisseaux et les sources qui alimentent la région de Barjols, petite ville bâtie en amphithéâtre dans un **site** extrêmement verdoyant. Elle participe aux traditions provençales par la fabrication de tambourins et de galoubets (petites flûtes) ainsi que par une curieuse fête.

La fête de saint Marcel. – En 1350, le 17 janvier, les reliques de saint Marcel (évêque au 5e s.), jusque-là vénérées dans une abbaye, qui alors tombait en ruine, près de Montmeyan, furent transportées en grande pompe à Barjols. Le cortège rencontra des gens en train de laver les tripes d'un bœuf que l'on avait abattu pour commémorer celui qui avait été trouvé, un jour, dans la ville assiégée, sauvant les habitants de la famine. Pleins d'allégresse, joignant le profane au sacré, les Barjolais entrèrent tous dans l'église et chantèrent pour la première fois leur fameux refrain « Saint Marcel, saint Marcel, les tripettes, les tripettes ».
Depuis, saint Marcel a été établi patron de Barjols et traditionnellement, chaque année aux alentours du 17 janvier, son buste est porté en procession dans les rues de la ville. Quelquefois on y ajoute aussi l'épisode du bœuf : devant la statue de saint Marcel, l'animal décoré, entouré des bouchers et charcutiers, est solennellement bénit par le clergé puis, après un tour de ville, il est conduit à l'abattoir. Pendant ce temps, la foule assiste aux complies puis au feu de joie.
Le lendemain, après la grand-messe, la procession d'où émerge le buste doré de saint Marcel, escorté par le clergé, la fanfare, les bravadeurs, etc., rejoint le char sur lequel repose le bœuf embroché. Le cortège se rend ensuite sur la grande place où attend l'énorme tournebroche. Pendant qu'il tourne se déroule une grande fête provençale avec galoubets, tambourins, danseurs en costumes folkloriques. Le jour suivant, le bœuf est distribué à la population.

CURIOSITÉS

Vieux bourg. – Il ne compte pas moins de 12 lavoirs et 28 **fontaines** ; la plus remarquable, près de l'hôtel de ville, est surnommée le « Champignon » en raison de sa silhouette générale accentuée par un important dépôt de calcaire couvert de mousse. Dans le bas du bourg, l'ancien hôtel des Pontevès, vieille famille provençale originaire d'un village voisin, présente une belle porte Renaissance.
Le plus ancien quartier de Barjols, le **Réal**, est installé sur le flanc de la colline immédiatement au Nord de l'église. Habité dès le 12e s. et occupé principalement par des tanneurs pour qui l'eau était un outil de travail primordial, il présente trois niveaux de bassins de trempage et de rinçage partiellement troglodytes (16e-17e s.) mis au jour au cours des années 1980.

Église. – D'origine romane, elle fut rebâtie au 16e s. et conserve une belle nef gothique. Le chœur est couvert de boiseries et de stalles (17e s.) aux miséricordes sculptées ; le buffet d'orgue est de la même époque. A droite en entrant, derrière de fort beaux fonts baptismaux du 12e s., a été placé l'ancien tympan roman du portail représentant le Christ en majesté entouré d'anges et des symboles des évangélistes.

ENVIRONS

Source d'Argens. – *15 km au Sud-Ouest. Quitter Barjols par la D 560.*

Vallon de Font-Taillade. – La route s'enfonce dans ce frais vallon, tapissé de prairies et de champs, et serpente en suivant le ruisseau. Sur les versants, quelques vignes alternent avec les chênes verts et les pins.

500 m après Brue-Auriac s'amorce, à gauche, un chemin qui mène à une chapelle.

Chapelle Notre-Dame. – Attenante à un cimetière, cette chapelle romane, à l'abandon, est faite d'une belle pierre rousse du pays, envahie par la végétation. Elle présente une aimable façade, percée d'un oculus et d'une baie, et surmontée d'un clocher-mur à deux baies géminées.

Revenir à la D 560 qu'on prend à gauche. A 3 km, avant un pont, garer la voiture.

Source d'Argens. – Un sentier, à droite de la route, s'enfonce dans la verdure et accède immédiatement à une source de l'Argens qui s'écoule parmi les herbes.

La Verdière. – *Circuit de 30 km – environ 1 h 3/4. Quitter Barjols au Nord-Ouest par la petite route de Varages qui suit la rivière.*

Varages. – 766 h. Cet aimable village au cours ombragé de platanes fut jadis un rival de Moustiers pour la faïence qu'il fabrique encore. A l'intérieur de son **église** romane au toit polychrome vernissé, des médaillons de faïence retracent la vie de saint Claude.

Au Nord de Varages, la D 554 traverse des collines où des terrasses de vignes et d'oliviers le disputent aux chênes verts et aux pins.

La Verdière. – 526 h. Le village, dominé par son église et son château, s'étend sur les pentes d'une colline. La forteresse, construite au 10e s. par les Castellane, passe au 17e s., par mariage, à la riche famille des Forbin d'Oppède. Le vaste château actuel, assez délabré, est le résultat des aménagements effectués au 18e s. par Louis-Roch de Forbin pour rendre confortable son austère demeure.

Revenir à Varages et continuer la D 554 vers Tavernes.

Des points de vue se dégagent à droite sur le massif de la Ste-Baume.

Tavernes. – 483 h. Agréable petit village au milieu d'un bassin bien cultivé.

La D 560 qui ramène à Barjols traverse puis longe le ruisseau des Écrevisses.

Le BAR-SUR-LOUP

2 083 h. (les Barois)

Carte Michelin n° 84 pli 9, 195 pli 24 ou 245 pli 37.

Entre le Loup et ses affluents, le Bar occupe un joli **site★** à flanc de colline, au milieu des terrasses d'orangers et des cultures de jasmin et de violettes. Une usine de parfums se trouve à l'entrée du village.

Patrie de l'amiral de Grasse. – Les comtes de Grasse, de la branche du Bar, avaient ici leur fief, et le château fut témoin de la jeunesse de l'amiral-comte François de Grasse (1722-1788). Ce grand marin commence sa carrière à 13 ans comme garde-marine dans l'ordre de Malte ; il passe au service royal en 1740. C'est aux Antilles et pendant la guerre d'Indépendance américaine qu'il s'est surtout distingué. Le Congrès américain, en reconnaissance de son aide, lui fait cadeau de quatre pièces d'artillerie prises aux Anglais. Mais cette glorieuse campagne se termine mal : de Grasse, victime de son audace, est fait prisonnier sur son navire (1782), après un rude combat de dix heures.

CURIOSITÉS

Le bourg. – Les rues étroites du vieux village s'enroulent autour du château des comtes de Grasse, bâtiment massif du 16e s., cantonné de tours rondes et portant les restes d'un donjon.

Église St-Jacques. – Encastrée au pied du clocher se trouve une pierre funéraire de deux jeunes Romaines. Remarquer en entrant les magnifiques **vantaux** du portail gothique, sculptés, croit-on, par Jacques Bellot, l'auteur des stalles de Vence *(p. 157).* Au maître-autel se déploie un grand **retable** de Louis Bréa, en 14 tableaux peints sur fond d'or, traité en 3 registres avec 12 saints autour de l'apôtre Jacques le Majeur et de la Vierge à l'Enfant, et surmonté d'un fronton figurant la Trinité et les symboles des évangélistes.
Sous la tribune se trouve la **Danse macabre★**, une curieuse peinture sur bois du 15e s., d'une facture assez naïve et qui comporte un poème de 33 vers en provençal et en caractères gothiques. Ce tableau évoque une légende : un comte du Bar ayant donné un bal en plein carême, les invités tombèrent morts au cours de leurs ébats. La Danse macabre fut peinte pour commémorer ce châtiment céleste. On y voit la Mort, équipée en archer, tuer à coups de flèches les danseurs. Les âmes, sortant de la bouche des cadavres sous la forme de petits personnages nus, sont pesées dans la balance que tient saint Michel, aux pieds du Christ, et sont précipitées dans la gueule d'un monstre qui représente l'entrée de l'Enfer.

★ **Point de vue.** – Place de l'église, la vue porte en enfilade sur les gorges du Loup et les collines du pays de Vence.

★★ BEAULIEU

4 302 h. (les Berlugans)

Carte 84 plis 10, 19, n° 195 pli 27 ou 245 pli 38 – Schéma p. 122 – Lieu de séjour.

Blottie au pied d'une ceinture de collines qui la protège des vents du Nord et en fait un des endroits les plus chauds de la Côte d'Azur, cette station balnéaire est fort appréciée l'hiver : c'est une oasis de calme et de repos. Le charme de Beaulieu se concentre autour de la **baie des Fourmis★**, toute verte et fleurie, et du boulevard Alsace-Lorraine, bordé par de jolis jardins, dans le quartier de la « Petite Afrique ».

★ **Villa « Kérylos » (M)** – Cette reconstitution fidèle d'une somptueuse demeure de la Grèce antique, dans un **site★** qui rappelle les rivages de la mer Égée, a été conçue et réalisée par l'archéologue **Théodore Reinach** qui, en 1928, l'a léguée à l'Institut de France. Les matériaux les plus précieux ont été utilisés : marbre de Carrare, albâtre, bois exotiques et citronnier. Les fresques sont des reproductions de modèles antiques ou des variations sur ces thèmes. Les meubles, faits de bois incrusté d'ivoire, de bronze et de cuir, ont été conçus d'après les illustrations des vases et des mosaïques de l'Antiquité grecque. Un certain nombre de pièces authentiques – mosaïque, amphores, vases, lampes, statuettes de Tanagra – sont mises en valeur dans les différentes salles. Partout, les fenêtres offrent des vues merveilleuses sur la mer, la baie des Fourmis et le Cap Ferrat, Èze et le cap d'Ail. Un agréable jardin, surplombant la mer, entoure la villa.

BEAULIEU-SUR-MER

Marinoni (Bd)	19
Albert-Ier (Av.)	2
Blundell Maple (Av.)	3
Cavell (Av. Edith)	4
Clemenceau (Pl. et R.)	5
Doumer (R. Paul)	6
Gaulle (Pl. Charles de)	12
Gauthier (Bd Eugène)	13
Hellènes (Av. des)	14
Joffre (Bd Maréchal)	15
Leclerc (Bd Maréchal)	18
May (Av. F.)	21
Orangers (Montée des)	22
St-Jean (Pont)	25
Yougoslavie (R. de)	27

Les cartes et les plans de villes dans les ***guides Michelin*** *sont orientés le Nord en haut.*

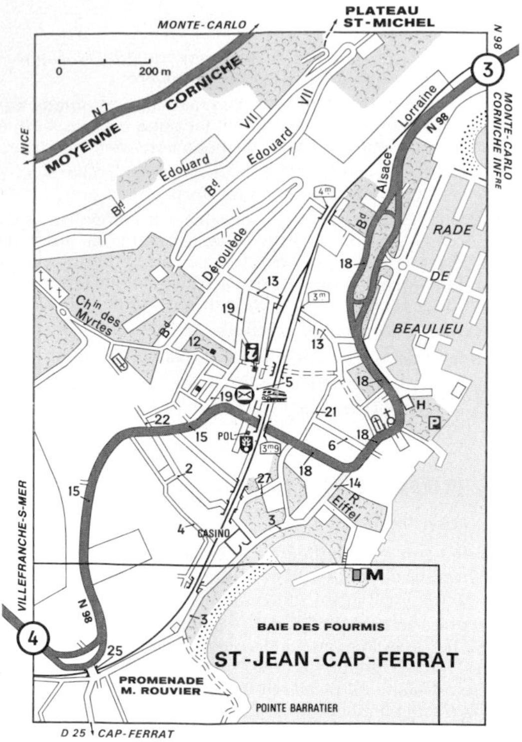

PROMENADES

★★ **Sentier du plateau St-Michel.** – *1 h 3/4 à pied AR ; forte montée.*
Le sentier, qui s'embranche au Nord du boulevard Édouard-VII, gravit l'escarpement de la Riviera et mène à la table d'orientation du plateau St-Michel d'où la vue s'étend de la pointe du cap d'Ail jusqu'à l'Esterel.

★ **Promenade Maurice-Rouvier.** – *1 h à pied AR.*
Cette remarquable promenade se déroule le long du rivage, de Beaulieu à St-Jean-Cap-Ferrat, bordée à droite par des villas qu'entourent de beaux jardins, à gauche par la mer. Belles vues sur la Riviera et la presqu'île de la pointe St-Hospice.

★ BIOT

3 680 h. (les Biotois)

Carte Michelin n° 84 pli 9, 195 pli 25 ou 245 pli 37.

Biot (prononcer : « Biotte »), pittoresque petite ville, est bâtie sur une éminence à 4 km de la mer. On y cultive les roses, les œillets, les mimosas et les anémones qui sont expédiés en fleurs coupées.
Depuis 1960, le nom de Biot est inséparable de celui de Fernand Léger.

2 500 ans d'histoire. – De nombreux vestiges découverts dans les environs de Biot et dans la plaine de la Brague attestent le passage des Celto-Ligures, des Grecs et des Romains. En 1209, une commanderie de Templiers créa l'unité territoriale du village en rassemblant les fractions éparses des seigneuries foncières. Puis, en 1312, les biens furent transférés aux hospitaliers de St-Jean-de-Jérusalem qui firent régner le bon ordre. Au 14e s., Biot fut décimée par la peste noire et les factions rivales ; ce n'est qu'à la suite d'un édit du roi René en 1470, autorisant l'implantation de 40 familles venant d'Oneglia et de Porto Maurizio (actuellement Imperia, sur la côte ligure), que le bourg retrouva son essor.

L'artisanat biotois. – Sur cette terre riche en argile, sable, manganèse et cinérite (pierre à four), la poterie biotoise a trouvé depuis longtemps les conditions favorables à son expansion. Jusqu'au milieu du 18e s., les jarres de Biot jouirent d'une grande renommée et étaient largement exportées par les ports d'Antibes et de Marseille. Aujourd'hui Biot a diversifié ses activités et est devenue un important centre d'artisanat d'art *(détails, p. 30)*.

CURIOSITÉS

★★ **Musée Fernand-Léger.** – *Au Sud-Est du village, un peu à l'écart de la D 4 (fléchage).*
Dû à l'architecte niçois A. Svetchine, il contient 348 œuvres de Fernand Léger (1881-1955) *(1)*, léguées à l'État par Mme Nadia Léger et Georges Bauquier, avec le parc qui l'entoure.
La façade principale est occupée aux deux tiers par une **mosaïque-céramique** de près de 500 m² célébrant les sports, conçue pour décorer le stade de Hanovre. A gauche s'élève une céramique monumentale : le Jardin d'enfants.

(1) Pour plus de détails, lire : « Fernand Léger » par Gaston Diehl (Paris, Flammarion).

Un vitrail en dalle de verre éclaire le hall d'entrée qui offre également une vaste tapisserie beige et grise : les Baigneuses.

Le rez-de-chaussée présente d'une part des photographies et des écrits de l'artiste *(audiovisuel)* et d'autre part des œuvres graphiques : dessins, gouaches, lithographies *(cet espace peut parfois accueillir des expositions temporaires).*

A l'étage est exposé un grand nombre de **tableaux** permettant de saisir l'évolution du peintre de 1905 à sa mort.

Impressionnistes sont le Portrait de l'oncle (1905) et le Jardin de ma mère. L'influence déterminante de Cézanne marque les Toits de Paris et l'Étude pour la femme en bleu (1912). Entre les deux guerres, une série de recherches amène le peintre à cultiver les oppositions d'à-plats de couleurs pures et les constructions géométriques (le Grand remorqueur, 1923) ; le culte du contraste nous vaut l'insolite Joconde aux clés (1930). Dans l'Étude pour Adam et Ève (vers 1934) s'affirme l'indifférence – qui sera désormais de règle – pour les traits des personnages, soumis aux seules exigences de l'ensemble de la composition.

Biot, Musée national Fernand-Léger.
Les Oiseaux sur fond jaune.

Par une nouvelle mutation (1942), Léger libère la couleur du dessin qui la cernait jusqu'alors et sur certains tableaux (les Plongeurs polychromes, la Danse...), dessin et couleur, ayant acquis chacun son autonomie, sont décalés, tout en contribuant à la composition rigoureuse. Ces œuvres sont accompagnées d'une très belle toile : Acrobates sur fond gris (1942-1944).

Après 1945, le peintre se voue aux grandes compositions qui célèbrent tantôt le travail et la civilisation industrielle (les Constructeurs – 1950 – l'une des œuvres les plus significatives tant pour la manière que pour l'inspiration), tantôt le repos et la joie de vivre (les Loisirs, le Campeur). Enfin, la Grande parade sur fond rouge (1954), nous introduit dans l'univers fabuleux du cirque.

Au même niveau, l'aile courbe adjacente est consacrée à l'art mural et monumental de Léger, domaine dans lequel il chercha à établir des rapports entre la peinture et l'architecture : mosaïques, céramiques, vitraux, tapisseries, bronzes.

A l'extérieur, cette aile présente sur ses deux façades principales de grandes mosaïques réalisées d'après des maquettes originales de l'artiste.

Verrerie de Biot. – *Au pied du village, en bordure de la D 4, à proximité du musée Fernand-Léger.*

Cet établissement artisanal a été implanté à Biot en 1956. Ses productions sont d'une grande variété. En outre, on peut suivre dans l'atelier les différentes étapes de la fabrication du verre soufflé – ici verre à bulles, caractéristique de la production de Biot.

Vieux village. – Il a gardé beaucoup d'authenticité. C'est le soir qu'il faut en saisir le charme, lorsque, avec le reflux des touristes, il retrouve une paix séculaire.

On en aura un bon aperçu en suivant le parcours fléché qui part du syndicat d'initiative, passe sous la porte des Migraniers (grenadiers) et la porte des Tines, toutes deux du 16ᵉ s., et, par une série de rues pittoresques, débouche sur la belle **place des Arcades** dont les galeries s'ouvrent en plein cintre ou en ogive.

Musée d'histoire locale. – *Entrée par le syndicat d'initiative.*

Aménagé dans les vestiges de la chapelle des Pénitents Blancs, encore dominée par un clocheton à trois pans, il évoque les épisodes les plus marquants de l'histoire de Biot. Remarquer, en particulier, une collection de fontaines d'appartement du 19ᵉ s., caractérisées par leur émail jaune marbré de vert et de brun, une série de jarres frappées des marques des anciens maîtres potiers ainsi qu'une cuisine biotoise reconstituée.

Église. – Elle donne sur un joli pavage polychrome, place des Arcades. Reconstruite au 15ᵉ s., elle était décorée de peintures murales que l'évêque de Grasse fit effacer en 1699 pour « indécence ». Au revers de la façade, on peut admirer le **retable du Rosaire★**, à dominante rouge et or, attribué à Louis Bréa ; le panneau central est une Vierge de Miséricorde, se détachant sur un ciel bleu-vert : comme l'Enfant Jésus et tous les clercs et laïques qu'elle abrite sous son manteau, elle tient un chapelet à la main ; parmi les 7 autres compartiments, une Marie-Madeleine particulièrement gracieuse tient entre ses doigts une mèche de ses cheveux blonds.

Au bas de l'église, à droite, se trouve un autre retable qu'on attribue à Canavesio qui avait épousé une Biotoise : le **Christ aux plaies,** entouré de deux angelots et des instruments de la Passion. Au-dessus du panneau figurent la Flagellation, les Outrages et la Résurrection.

★ BORMES-LES-MIMOSAS

3 841 h. (les Borméens)

Carte Michelin n° 84 pli 16 ou 245 pli 48 – Schéma p. 92 – Lieu de séjour.

Dans un **site★** enchanteur, proche de la mer, accroché au flanc d'un versant abrupt à l'entrée de la forêt du Dom, Bormes-les-Mimosas est un attrayant lieu de séjour. Il fut le cadre de la plupart des romans de Jean Aicard (1848-1921). Eucalyptus, cyprès, lauriers-roses, anthémis et surtout mimosas y abondent. On a une bonne vue d'ensemble de la petite ville et de son site en arrivant par la route du Lavandou.
Bormes possède 17 km de plage et le moderne port de plaisance à la Favière, dans la rade de Bormes, est en mesure d'accueillir 850 bateaux.

Place St-François. – Une statue de François de Paule y perpétue le souvenir de ce saint qui aurait délivré Bormes de la peste en 1481. En face se dresse, trapue, la chapelle St-François, entourée de noirs cyprès, érigée au 16e s. A droite de la chapelle, un vieux cimetière est rempli d'une végétation exotique : on y voit, parmi des tombes du 18e s., un monument élevé à la mémoire du peintre Jean-Charles Cazin qui affectionnait particulièrement ce site.

Terrasse. – Située devant la chapelle, elle offre une belle **vue** sur la rade de Bormes et le cap Bénat. A l'extrémité, la tour ronde qu'on aperçoit est la base d'un vieux moulin.

Musée « Arts et Histoire ». – *65, rue Carnot.* Il évoque l'histoire de Bormes, du fort de Brégançon et de la Chartreuse de la Verne *(voir p. 159)* et présente un siècle de peinture régionale, surtout des œuvres de Cazin (1841-1901), peintre paysagiste et décorateur. Par ailleurs, la vie de deux marins célèbres en Argentine et en Uruguay, H. Bouchard (1780-1837) et H. Mourdeille (1758-1807), y est retracée.

Église St-Trophyme. – Elle s'élève à 200 m de l'hôtel de ville. C'est un robuste édifice du 18e s. à 3 nefs, d'inspiration romane. Façade en accolade portant un cadran solaire avec la devise : « Ab hora diei ad horam Dei » (de l'heure du jour à l'heure de Dieu). A l'intérieur, les piliers portent 6 bustes-reliquaires en bois doré, de la même époque. Chemin de Croix : 14 peintures à l'huile d'Alain Nonn (1980).

Vieilles rues. – En contrebas de l'église s'étend le vieux Bormes, typiquement provençal. Ses rues pittoresques sont souvent en pente glissante, ce qui a fait donner à l'une d'elles le nom expressif de Rompi-cuou.

Château. – Près de l'église, en montant la route balisée « parcours fleuri », on longe les restes – partiellement restaurés et habités – du vieux château des seigneurs de Fos, qui domine le village. Au-delà du château, une terrasse offre un beau **point de vue★** sur Bormes, sa rade, le cap Bénat, les îles de Port-Cros et du Levant.

BREIL-SUR-ROYA

2 159 h. (les Breillois)

Carte Michelin n° 84 pli 20, 195 pli 18 ou 245 pli 26 – Schéma p. 39 – Lieu de séjour.

Étape sur la route qui va de Vintimille à Turin par le col de Tende, Breil s'étend sur les deux rives de la Roya élargie par un petit barrage, tout contre la montagne ; le sommet de l'Arpette (1 610 m) le sépare de l'Italie. Ce gros bourg vit de quelques petites industries (cuir), de l'élevage (lait et fromage) et de la culture de l'olivier. Breil se prête également à la pêche et aux sports nautiques (compétitions de canoë-kayak).

Vieux village. – Il se presse sur la rive gauche de la Roya. En parcourant ses rues bordées de demeures anciennes, notamment la rue principale flanquée de ruelles pittoresques, on verra les vestiges des remparts et de portes. Au Sud de l'église paroissiale, remarquer la façade de style Renaissance de la chapelle Ste-Catherine, flanquée de deux pilastres corinthiens de chaque côté de la porte.

Église Sancta-Maria-in-Albis. – Ce vaste édifice du 18e s., bâti sur plan central, est surmonté d'un clocher à trois étages coiffé de tuiles polychromes. Remarquer les vantaux sculptés du portail (1719). La décoration intérieure est baroque ; on est frappé par la somptuosité du **buffet d'orgue** (17e s.), de bois sculpté et doré (tribune). A gauche du chœur, on peut admirer un **retable** primitif (1500), où saint Pierre figure en pape coiffé d'une triple tiare, entre saint Paul et saint Jérôme ; au registre supérieur, sainte Catherine et saint Barthélemy encadrent une Transfiguration.

BRIGNOLES

10 894 h. (les Brignolais)

Carte Michelin n° 84 pli 15 ou 245 pli 47 – Schéma p. 50 – Lieu de séjour.

Le Vieux Brignoles étage ses rues étroites et tortueuses sur le versant Nord d'une petite colline. Au sommet se dresse l'ancien château des comtes de Provence, couronné de merlons. La ville nouvelle se développe dans la plaine. Autour s'étend un bassin verdoyant, dans la vallée élargie du Carami.
Ville opulente à l'allure de gros marché provincial, Brignoles est animée chaque année, dans la première quinzaine d'avril, par la foire-exposition qui en a fait la capitale des vins du Var et de Provence. Elle commercialise également les pêches, le miel, les olives, les huiles. Les carrières de marbre de Candelon (au Sud-Est de la ville) étaient renommées, autrefois.
Brignoles est aussi un centre important d'extraction de la bauxite (plus d'un million de tonnes par an) et de traitement de l'aluminium et de ses dérivés.

Les prunes de Brignoles. – Elles ont été célèbres dans tout le royaume jusqu'au 16e s. Confites, elles garnissaient les drageoirs. Quelques minutes avant d'être assassiné, à Blois, le duc de Guise en grignotait.
Tous les pruniers appartenaient à un seigneur du lieu. Pendant les troubles de la Ligue, les gens de Brignoles saccagèrent ses terres et détruisirent cent quatre-vingt mille arbres. Depuis, les prunes « de Brignoles » viennent de Digne.

BRIGNOLES

Carami (Pl.) 2
Comtes de Provence (Pl. des) 3
Dr-Barbaroux (R. du) 4
Dréo (Av.) 5
Ferry (R. Jules) 6
Foch (Av. Mar.) 7
Grand Escalier (R. du) 8
Lanciers (R. des) 9
Liberté (Cours de la) 12
Mistral (Av. Frédéric) 13
Ottaviani (R. Louis) 15
République (R. de la) 16
St-Esprit (R.) 18
St-Louis (Bd) 19
St-Pierre (Pl.) 20
8 Mai 1945 (R. du) 22

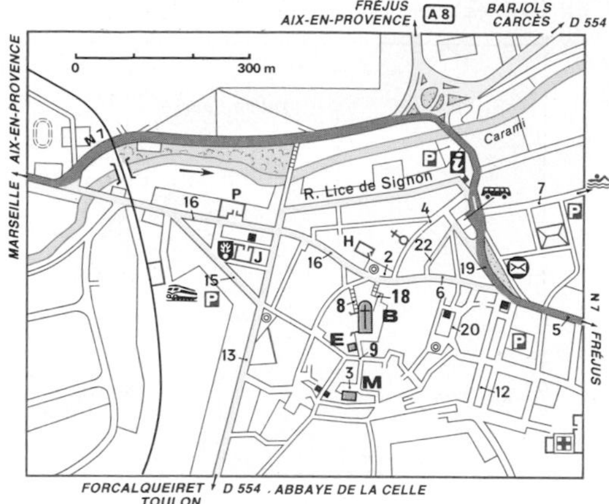

Pour bien lire les plans de villes, voir la page de légende.

Le vieux Brignoles. – Au Sud de la place Carami, de vieilles rues pittoresques mènent à l'église St-Sauveur et au palais des comtes de Provence. Parcourir notamment la rue du Grand-Escalier, agrémentée de voûtes (**8**), la rue St-Esprit (**18**), la rue des Lanciers (**9**), où se trouve une **maison romane** (**E**) à fenêtres géminées.

Église St-Sauveur (**B**). – Elle présente à l'extérieur un beau portail du 12e s., encadré de colonnes ioniennes. L'intérieur, sobre, comprend une nef de style gothique provençal. Remarquer la jolie porte de la sacristie (16e s.). De part et d'autre du maître-autel, bas-reliefs en bois doré du 15e s., figurant le sacrifice d'Abraham et la distribution de la manne. Dans la chapelle de droite, **Descente de croix** de Barthélemy Parrocel, mort à Brignoles en 1660 et ancêtre d'une lignée de peintres.

⌚ **Musée du Pays brignolais** (**M**). – Il est installé dans l'ancien palais des comtes de Provence, qui date en partie du 12e s. et abrite le **sarcophage de la Gayole**★ (fin 2e ou début 3e s.) : c'est une œuvre de transition, où l'iconographie chrétienne se dégage encore malaisément de la symbolique païenne (remarquer, à gauche, un buste d'Apollon solaire). On voit également une intéressante restitution d'un intérieur provençal du 18e s. et on visite la chapelle du palais avec ses belles boiseries du 17e s.
A l'étage, salles de peinture religieuse et profane où l'on remarque des toiles de Barthélemy et Joseph Parrocel, ainsi que de Montenard (1849-1926). Belle Vierge noire à l'Enfant, bois sculpté du 11e s. Une collection de folklore régional présente notamment une **crèche animée** fabriquée en 1952 suivant les traditions provençales. Remarquer la barque en ciment de J. Lambot, l'inventeur du ciment armé.

ENVIRONS

★ 1 **Le pays brignolais.** – *Circuit de 56 km – environ 3 h – schéma p. 50*

Le pays de Brignoles déploie un paysage mamelonné, partagé entre le vert sombre des pins, le rouge des terres à bauxite et les couleurs variées d'une polyculture où domine le vignoble.

Gagner Carcès : 17 km au Nord-Est.

Les vignes s'étendent, coupées de pinèdes et de champs de lavande.

Carcès. – 2 093 h. Ses maisons étroites et hautes aux longs toits plats couvrent une petite colline dominée au loin par le sommet du Gros Bessillon. Le bourg produit de l'huile et du miel ; il possède de grandes caves de vinification.

A la sortie de Carcès, la D 13 *(direction Cabasse)* longe la rive du Carami qui court sous les arbres ; à 2 km de Carcès, fraîche **cascade** de 7 m en plusieurs sauts.

Lac de Carcès. – Les abords de ce lac, rendez-vous des pêcheurs, sont très boisés, avec prédominance de pins. La retenue d'eau de 8 millions de m^3, formée par un barrage en terre battue et corroyée, est destinée à alimenter en eau potable Toulon et d'autres communes du littoral.
A l'extrémité Sud du lac, **vue** sur la nappe d'eau et les collines avoisinantes.

Poursuivre la D 13.

Les mines de bauxite deviennent nombreuses et la D 79, que l'on prend à gauche pour atteindre l'abbaye du Thoronet, traverse un paysage rouge.

★★ **Abbaye du Thoronet.** – *Page 141.*

Revenir à la D 13 qui suit la vallée de l'Issole ; prendre à gauche.

Cabasse. – *Page 51.*

⌚ **Parc Mini-France.** – *11 km au Sud-Ouest de Cabasse, en bordure de la N 7.* Ce jardin reproduit les contours et le relief de la France, et présente les maquettes de 80 monuments ou sites caractéristiques des différentes régions du pays.

2 **Vallon Sourn.** – *Circuit de 39 km – environ 1 h – schéma ci-dessus*

Quitter Brignoles par la D 554 au Nord. Au Val, prendre à droite la D 562 puis, à gauche, la D 22 qui traverse l'Argens.

Montfort-sur-Argens. – 551 h. Ancienne commanderie de Templiers, ce village a gardé ses remparts et les ruines d'un château féodal d'aspect farouche. Le terroir produit d'excellentes pêches et du raisin.

Revenir sur ses pas jusqu'au carrefour de la D 45 qu'on prend à droite.

La route remonte la vallée de l'Argens.

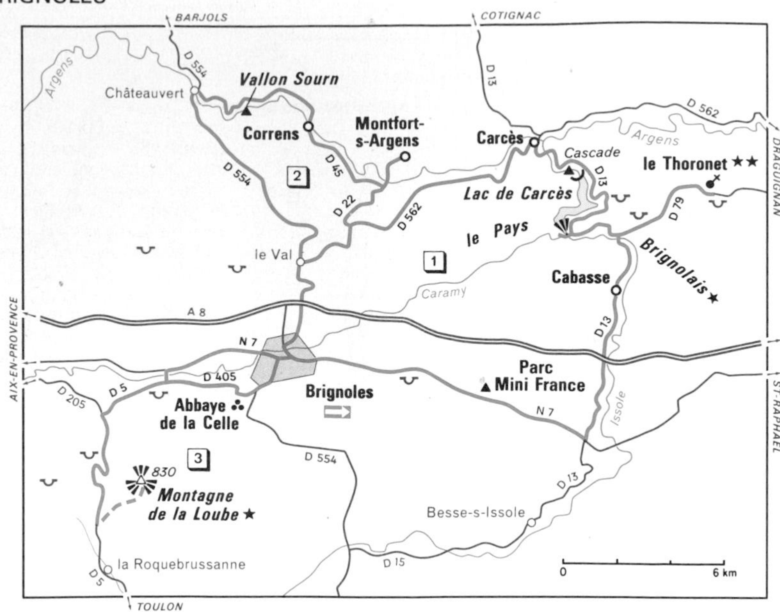

Correns. – 522 h. Avec le Gros Bessillon comme toile de fond, c'est un charmant village à cheval sur l'Argens, pourvu de nombreuses fontaines et cernant un vieux château, dont le donjon a conservé ses gargouilles. Son terroir produit un bon vin blanc.

Vallon Sourn. – En provençal, « sourn » signifie sombre : la haute vallée de l'Argens ombragée et fraîche s'y encaisse entre de belles falaises dont les grottes servirent de refuges pendant les guerres de Religion.

A Châteauvert, tourner à gauche dans la D 554 qui ramène à Brignoles.

★ 3 **Abbaye de la Celle ; montagne de la Loube.** – *14 km au Sud-Ouest – environ 3 h – schéma ci-dessus*

Sortir de Brignoles par la D 554, au Sud, puis prendre à droite la D 405.

Abbaye de la Celle. – Ce couvent de Bénédictines, très réputé au 13e s., attira les filles de la haute noblesse provençale. Mais, à partir du 16e s., les mœurs se relâchent et les religieuses ne se distinguent plus que « par la couleur de leur jupon et le nom de leur galant ». Les tentatives de réforme échouent ; l'intervention personnelle de Mazarin, abbé commendataire, aboutit à la fermeture du couvent en 1660.
La maison de la prieure, pavillon du 17e s., a été transformée en hostellerie. On visite les ruines du cloître, la salle capitulaire et le réfectoire. L'austère chapelle romane, à allure de forteresse, à nef unique terminée en cul-de-four, est devenue église paroissiale ; on peut y admirer un Christ sculpté, du 15e s., d'une expression rare et d'un réalisme saisissant.

Continuer à suivre la D 405 jusqu'à la D 5 qu'on prend vers le Sud.

Le paysage se colore de mines de bauxite.

1 km avant la Roquebrussanne s'amorce à gauche une petite route interdite aux véhicules mais qui offre un espace pour garer la voiture.

★ **Montagne de la Loube.** – *2 h à pied AR par la route interdite aux véhicules.* Bordée d'une végétation abondante et très fleurie au printemps, elle longe ou surplombe des roches dolomitiques ruiniformes, évoquant parfois des silhouettes animales ou humaines.

La fin de l'excursion nécessite l'escalade (sans danger) de rochers, près des installations de T.D.F.

Du sommet (alt. 830 m), le **panorama**★ est intéressant. Dans les plaines, les cultures découpent des rectangles multicolores, sertis de chaînons arides, et au flanc des collines s'ouvrent, dans la verdure des pins et des chênes, les carrières rouges de bauxite. On découvre, au Nord, au-delà de la vallée du Carami, les collines de la Provence intérieure ; à l'Est, les Alpes ; au Sud, les montagnes qui dominent Toulon ; à l'Ouest, la longue chaîne de la Ste-Baume.

Rentrer à Brignoles par la D 5 et la N 7.

La BRIGUE

495 h. (les Brigasques)

Carte Michelin n° 84 plis 10, 20, 195 pli 9 ou 245 pli 26 – Schéma p. 39 – Lieu de séjour.

Cette charmante localité entourée de vergers est située dans le beau vallon de la Levense, affluent de la Roya, que franchit un pont roman. Ses vieilles maisons de schiste vert attestent son ancienneté ; elles s'élèvent au pied des ruines du château et de la tour des Lascaris, seigneurs du lieu du 14e au 18e s.

Vieux village. – Nombreuses maisons à linteaux armoriés ou historiés, maisons à arcades. De la place du village, on a une bonne **vue** sur le mont Bégo. De part et d'autre de l'église paroissiale, deux chapelles de Pénitents du 18e s. ; à droite la **chapelle de**

l'Assomption dresse une façade baroque flanquée d'un gracile clocher génois (elle abrite ⓥ le trésor de la collégiale) ; à gauche, la **chapelle de l'Annonciation** de plan hexagonal abrite une collection d'ornements sacerdotaux.

★ **Collégiale St-Martin.** – Cette église paroissiale, aux pignon et côtés ornés de bandes lombardes, est surmontée d'un beau clocher carré de la fin du 15e s. Le portail, dont l'encadrement antiquisant (1576) cerne un linteau de schiste vert plus ancien (1501), donne accès à la nef somptueusement décorée d'or à l'italienne. A la tribune, le buffet d'orgue du 17e s. a été réemployé au milieu du 19e s. par les mêmes facteurs italiens qu'à Saorge. Les fonts baptismaux de marbre blanc sont couverts d'un baldaquin conique doré et peint. L'église abrite un ensemble remarquable de **peintures de primitifs niçois★.** Dans le bas-côté droit se succèdent depuis l'entrée : une Crucifixion avec divers saints et donateurs, qu'on peut rapprocher de celle de Louis Bréa à Cimiez ; le retable de sainte Marthe, dont la prédelle relate la légende provençale de la sainte (la barque qui la transporte à Marseille est devenue ici un vaisseau de haut bord) ; le Martyre de saint Érasme, d'un réalisme cruel qui surprend chez le doux Louis Bréa ; du même peintre, on voit un peu plus loin le beau retable de l'**Adoration de l'Enfant,** et enfin le panneau central d'un triptyque de la même école représentant l'Assomption.
Dans la première chapelle de gauche, admirer le triptyque de l'Italien Fuseri, **Notre-Dame des Neiges,** daté de 1507 et inséré dans une boiserie baroque du 18e s.

CABASSE

786 h. (les Cabassois)

Carte Michelin n° 84 plis 6, 16 ou 245 plis 34, 47 – Schéma p. 50.

Sur la route des vins « Côtes de Provence », blottie dans le site verdoyant de la vallée de l'Issole, Cabasse offre une charmante place ombragée, groupée autour d'une fontaine moussue en forme de vasque, et une église intéressante. Le pays est habité depuis fort longtemps, comme en témoignent les menhirs et les dolmens qui avoisinent le village, ainsi que les vestiges gallo-romains de l'église.

ⓥ **Église St-Pons.** – L'édifice actuel date du 16e s. et compte deux nefs. Le portail est d'origine mais son tympan a été sculpté en 1900. A l'intérieur, remarquer, dans la 5e travée, une série de petits tableaux formant un retable du Rosaire. Mais c'est surtout le **maître-autel★** qui attire le regard : sculptés de bois doré, tabernacle et retable forment un ensemble d'inspiration Renaissance espagnole (1543) particulièrement harmonieux. Le retable est surmonté d'un élégant baldaquin qui abrite une Vierge à l'Enfant entre saint Michel et saint Pons. Dans la nef latérale, les nervures de la voûte retombent sur des culs-de-lampe figurant des visages d'une expression grotesque ou empreinte de douceur. On y voit également des vestiges gallo-romains : cippe, restes de sarcophages, chapiteaux. Enchâssée dans le mur extérieur du chevet, une inscription funéraire du 2e s. voisine avec des bornes milliaires.

ENVIRONS

Le Luc. – *11 km à l'Est.* Dominé par sa belle tour hexagonale du 16e s. (27 m de haut) qui servit de clocher et de poste d'observation, Le Luc abrite dans son ancien château ⓥ (16e-18e s.) le **musée régional du Timbre et de la Philatélie** dont les collections présentent l'histoire du timbre-poste et ses différentes techniques de fabrication.

★ CABRIS

1 131 h. (les Cabriencs)

Carte Michelin n° 84 pli 8, 195 Sud-Ouest du pli 24 ou 245 pli 36 – Lieu de séjour.

Ce charmant village, dont le nom évoque la personnalité turbulente de la sœur de Mirabeau, marquise de Cabris, s'inscrit dans un admirable **site★** sur le rebord des Plans de Provence, surplombant le pays grassois, face à la mer distante de 20 km. C'est depuis longtemps, avec ses environs, un lieu de prédilection pour les écrivains et les artistes.

Église. – Elle domine le village et date du 17e s. De cette époque, on remarque la chaire sculptée en bois polychrome et, sous la tribune, un joli retable rustique. Derrière l'autel se trouve une copie d'un tableau de Murillo.

Ruines du château. – Il reste un mur d'enceinte et une plate-forme qui offre une **vue★★** superbe : à gauche sur Mougins et les collines qui se prolongent jusqu'au Cannet, le golfe de la Napoule et les îles de Lérins ; en face sur Peymeinade, les croupes du Tanneron et de l'Esterel ; plus à droite sur le lac de St-Cassien avec les Maures au loin.

★ CAGNES-SUR-MER

35 426 h. (les Cagnois)

Carte Michelin n° 84 pli 9, 18, 195 plis 25, 26 ou 245 pli 37 – Lieu de séjour.

Bâtie dans un paysage de collines, que couvrent oliviers, cyprès, palmiers, agrumes et cultures florales (œillets, roses, mimosa), Cagnes-sur-Mer comprend : le Haut-de-Cagnes, dominé par le château médiéval et ceint de remparts, Cagnes-Ville, moderne et commerçante, et le Cros-de-Cagnes, station balnéaire et village de pêcheurs.
La pittoresque ville haute, par le charme de son site et la luminosité de son atmosphère, est une terre d'élection pour les peintres qui y viennent très nombreux.
Le vaste hippodrome de la Côte-d'Azur, champ de courses renommé, offre chaque année, de décembre à mars et en août et septembre, un programme de choix.

Les Grimaldi de Cagnes. – L'histoire de Cagnes est celle de son château fort, élevé en 1310 par Rainier Grimaldi, souverain de Monaco, amiral de France et seigneur de Cagnes. Une branche des Grimaldi *(voir p. 101)* resta en possession de Cagnes jusqu'à la Révolution. L'ouvrage de Rainier est transformé en 1620 par Henri Grimaldi qui en

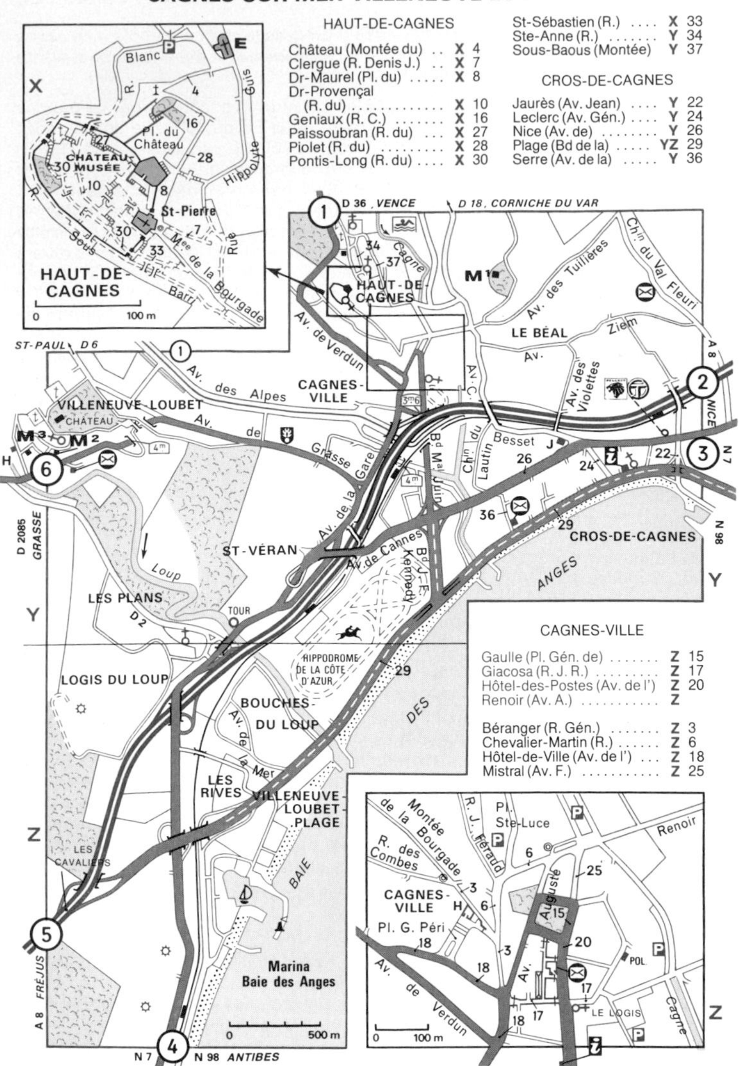

fait une demeure magnifiquement décorée. Tout dévoué au roi de France, il décide son cousin, Honoré II de Monaco, à renoncer au protectorat espagnol et à se mettre, par le traité de Péronne (1641), sous la protection française. Comblé d'honneurs et de richesses par Louis XIII et Richelieu, Henri mène à Cagnes une vie fastueuse. C'est l'apogée de la famille. Lorsque la Révolution éclate, le Grimaldi en place est chassé par les habitants et se réfugie à Nice.

CURIOSITÉS

★ **Haut-de-Cagnes** (X). – *Accès à pied, par la montée de la Bourgade.* La porte ogivale, dite porte de Nice, près de la tour de l'église, est du 13e s.

⌚ **Église St-Pierre** (X). – On y entre curieusement par la tribune. La petite nef, de style gothique primitif, abrite toujours les tombeaux des Grimaldi de Cagnes. Dans l'autre nef plus vaste, ajoutée au 18e s., on peut voir, au maître-autel, un retable (18e s.) de l'école espagnole : saint Pierre recevant les clés du paradis ; à droite du chœur, remarquer une jolie statue de même époque : Vierge à l'Enfant.

★ **Le bourg.** – Particulièrement pittoresque, il invite à flâner dans les rues en calades, avec des escaliers et passages sous voûtes. On remarque de nombreuses maisons datées du 15e au 17e s. (notamment, près du château, maisons à arcades de la Renaissance).

⌚ **Chapelle N.-D.-de-Protection** (X E). – *Accès par la montée du Château.* Cette chapelle à porche et clocher italianisants a inspiré le pinceau de Renoir. L'abside est couverte de **fresques** du 16e s. de facture un peu fruste : sur la voûte, les évangélistes, Isaïe, la Sibylle ; sur les murs, scènes de l'enfance de Jésus et de la vie de la Vierge ; au centre N.-D.-de-Protection, qui est une Vierge de Miséricorde. Dans la chapelle de gauche, la Vierge au Rosaire, retable du 17e s.

★ **Château-musée** (X). – On pénètre dans cette altière forteresse couronnée de
⌚ mâchicoulis par un escalier à double rampe et un portail Louis XIII.

Rez-de-chaussée. – La grâce du **patio**★★ Renaissance contraste avec la sévérité des façades de ce château féodal. Il se dégage de cette cour une impression de fraîcheur et d'élégance ; deux étages de galeries décorées d'arabesques et supportées par des colonnes de marbre l'entourent ; un épais feuillage y ajoute une note de verdure.

Huit salles basses du Moyen Age sont voûtées et donnent sur les galeries du patio. Les salles 1 et 2, où l'on peut voir une belle cheminée monumentale Renaissance, sont affectées à une rétrospective médiévale. Dans la salle 6, sculptures romaines du 2e s. découvertes à Cagnes. Un instructif **musée de l'Olivier,** dans les salles 3, 4 et 5, porte sur l'histoire et la culture de l'olivier, l'utilisation de son bois, les moulins et la fabrication de l'huile.

1er étage. – Dans ces salles du 17e s. se donnaient les réceptions. Le plafond de la salle des Fêtes représente la **Chute de Phaéton**★, peinte en trompe-l'œil de 1621 à 1624 par le Génois Carlone, dans des tons où dominent les jaunes et les ocres. L'œuvre terminée, l'artiste ne pouvait s'en arracher : « Ma belle chute, soupirait-il, je ne te verrai plus. » Il mourut, en effet, six semaines après son départ de Cagnes.
Dans l'ancien boudoir de la marquise de Grimaldi, la **donation Suzy Solidor**★ permet d'admirer 40 portraits de la célèbre chanteuse signés des noms les plus prestigieux de la peinture du 20e s. Un oratoire voisin possède un plafond décoré de gypseries de style Louis XIII et un antiphonaire de 1757.

Musée d'Art moderne méditerranéen. – Il occupe, avec la salle des fêtes du 1er étage, les pièces du 2e étage, qui constituaient les appartements privés. Sauf en cas d'expositions temporaires, il présente, par roulement, un riche fonds de toiles de peintres du 20e s. originaires des bords de la Méditerranée ou qui y ont résidé, de Dufy à Vasarely.

Tour. – Du sommet, un beau **panomara**★ se découvre sur les toits du Vieux Cagnes, la mer – du cap Ferrat au cap d'Antibes – et les Alpes.

Festival international de la Peinture. – Chaque année depuis 1969, le château accueille durant les trois mois d'été une importante exposition de peinture contemporaine.

Musée Renoir (Y M1). – Musée du souvenir, il est installé aux Collettes, propriété où Renoir (1841-1919) passa les douze dernières années de sa vie. L'habitation de l'artiste et de sa famille a été pieusement conservée avec son mobilier d'origine. A l'étage, les deux ateliers du maître abritent toujours ses objets familiers. Dix de ses **toiles** sont présentées dans les différentes pièces ; elles appartiennent à sa dernière période, celle particulièrement sensuelle des formes pleines et nacrées, pendant laquelle il prit plaisir à exprimer les beautés de la nature.
C'est également à Cagnes qu'il s'essaya à la sculpture, réalisant une œuvre dont plusieurs pièces maîtresses sont présentées ici. Dans le merveilleux jardin, planté d'oliviers, d'orangers, de citronniers, on peut voir en particulier sa **Vénus Victrix**★, grande statue de bronze.

ENVIRONS

★ **Les Baous et la Corniche du Var.** – *Circuit de 32 km - environ 1 h 1/4 (ascension à pied du Baou de St-Jeannet non comprise). Quitter Cagnes par l'avenue Auguste-Renoir et la D 18 vers la Gaude.*
Les collines cagnoises ont beaucoup de charme avec leurs oliviers, leurs cultures de fleurs et de primeurs, leurs belles propriétés. La route offre des **vues** sur Vence et les Baous et sur la Gaude.

La Gaude. – 3 097 h. Bien situé sur la crête qui domine la Cagne, le village, qui vivait autrefois de la vigne et de la culture des fleurs, abrite, aujourd'hui, des centres de recherche sur l'informatique *(voir ci-dessous),* l'agronomie et l'horticulture ; le château de la Gaude (14e s.), situé sur la commune de St-Jeannet, est attribué aux Templiers. La vue s'étend sur la vallée et la baie des Anges.
Au Peyron, poursuivre la D 18 qui s'élève parmi les arbres fruitiers et les vignes.

St-Jeannet. – 2 459 h. Dans un **site**★ remarquable, cette charmante localité est construite sur une terrasse d'éboulis au pied de son célèbre Baou, dans un environnement de vignes, de vergers (oranges) et de cultures florales ; ses vins sont réputés. Derrière l'église, à gauche, une plaque « panorama » indique la direction d'une petite terrasse, d'où la **vue**★ est étendue sur les Baous, le cap d'Antibes, la vallée du Var et les montagnes qui l'encadrent.

★★ **Baou de St-Jeannet.** – *2 h à pied AR. Un chemin fléché part de la place Ste-Barbe, au coin de l'Auberge de St-Jeannet.*
La lourde silhouette du Baou domine le village par une falaise abrupte de 400 m de haut. Du sommet *(table d'orientation),* on découvre un vaste **panorama**★★ allant de l'Esterel aux Alpes françaises et italiennes.

Reprendre la D 18 en direction de la Gaude, puis tourner à gauche dans la D 118.

Centre d'Études et de Recherches IBM. – Œuvre de l'architecte Breuer, il s'élève sur la gauche de la route. Ses vastes bâtiments en Y opposés, construits sur des pilotis de béton qui épousent les dénivellations du terrain, sont un bel exemple d'architecture contemporaine intégrée au paysage ; l'agencement des volumes joue habilement des contrastes d'ombre et de lumière.

★ **Corniche du Var.** – La route, par endroits installée sur les crêtes, s'accroche à la rive droite du Var, donnant de beaux aperçus sur sa vallée et les collines de l'arrière-pays niçois. Les versants escarpés, couverts de cultures florales et d'oliviers, encadrent la vallée où divague le cours d'eau.

St-Laurent-du-Var. – 20 719 h. Ce gros bourg commandait, jusqu'au rattachement du comté de Nice à la France en 1860, le passage du Var – la rivière constituait alors la frontière avec le royaume sarde. La traversée se faisait le plus souvent à gué, à dos d'homme. Ce n'est qu'en 1864 qu'un pont permanent fut construit en aval du village.

Regagner Cagnes par la N 7.

Villeneuve-Loubet ; Marina Baie des Anges. – *9 km au sud. Gagner Villeneuve-Loubet par l'avenue de Grasse.* *Description p. 162.*

★★★ CANNES

72 787 h. (les Cannois)

Carte Michelin n° 84 pli 9, 195 plis 38, 39 ou 245 pli 37 – Schéma p. 67 – Lieu de séjour.

Au bord du golfe de la Napoule, rade magnifique derrière laquelle se profile l'Esterel, Cannes, bien abritée par un écran de collines, doit son succès à la beauté de son **site★★**, à la douceur de son climat et à la splendeur des fêtes qui s'y déroulent. « Salon d'hiver de l'aristocratie mondiale », station estivale de première grandeur, c'est l'une des villes touristiques les plus prestigieuses d'Europe. C'est également, en France, l'un des premiers centres de congrès.

UN PEU D'HISTOIRE

Cannes, vigie du littoral. – Vieux site ligure puis comptoir romain, un petit abri existe toujours au 10e s. en cet endroit, au pied du rocher qui est aujourd'hui le mont Chevalier, mieux connu sous le nom du Suquet. Il s'appelle Canoïs, le port des cannes (ces cannes ou roseaux croissent en abondance dans les marais des alentours).

Les abbés de Lérins en deviennent seigneurs et construisent, sur la plate-forme du rocher, une tour et une enceinte destinées à protéger les pêcheurs, en cas d'arrivée des Sarrasins.

CANNES - LE CANNET - VALLAURIS

Rue	Carré	N°
André (R. du Cdt)	CZ	
Antibes (R. d')	BCZ	
Belges (R. des)	BZ	12
Chabaud (R.)	CY	22
Croisette (Bd de la)	BDZ	
Félix-Faure (R.)	ABZ	
Foch (R. du Mar.)	BY	44
Joffre (R. du Mar.)	BY	60
Riouffe (R. Jean de)	BY	98
Albert-Edouard (Jetée)	BZ	
Alexandre-III (Bd)	X	2
Alsace (Bd)	BDY	
Amouretti (R. F.)	CZ	3
Anc. Combattants d'Afrique du Nord (Av.)	AYZ	4
Aubarède (Ch. de l')	V	8
Beauséjour (Av.)	DYZ	
Beau-Soleil (Bd)	X	10
Bellevue (Pl.)	V	13
Blanc (R. L.)	AYZ	
Bréguières (Ch. des)	V	14
Brousailles (Av. des)	V	16
Buttura (R.)	BZ	17
Canada (R. du)	CDZ	
Cannes (Av. de)	V	18
Carnot (Bd)	VX	19
Carnot (Square)	V	20
Castre (Pl. de la)	AZ	21
Cheval (Av. M.)	V	23
Christ-Roi (Égl.)	V	24
Clemenceau (Av. G.)	V	25
Clemenceau (R. G.)	AZ	
Collines (Ch. des)	V	
Corniches du Paradis	V	26
Coteaux (Av. des)	V	
Croix-des-Gardes (Bd de la)	VX	29
Delaup (Bd)	AY	30
Dr-Pierre-Gazagnaire (R.)	AZ	32
Dr. R. Picaud (Av.)	X	
Dollfus (R. Jean)	AZ	33
Doumer (Bd P.)	V	
Esterel (Av. de l')	X	34
Faure (R. F.)	ABZ	
Favorite (Av. de la)	X	38
Ferrage (Bd de la)	ABY	40
Fiesole (Av.)	X	43
Four à Chaux (Bd du)	V	45
Fournas (Av. de)	V	46
Galliéni (R. du Mar.)	BY	48
Gambetta (Bd)	V	50
Gaulle (Av. Gén. de)	V	
Gaulle (Pl. du Gén. de)	BZ	52
Gazagnaire (Bd E.)	X	
Grasse (Av. de)	VX	53
Guynemer (Bd)	AY	
Haddad-Simon (R.J.)	CY	54
Hespérides (Av. des)	X	55
Hibert (Bd J.)	AZ	
Hibert (R.)	AZ	
Isnard (Pl. Paul)	V	56
Isola Bella (Av. d')	X	
Jaurès (R. Jean)	BY	
Jeanpierre (Av. M.)	V	58
Juin (Av. Mar.)	DZ	
Koenig (Av. Gén.)	DY	
Lacour (Bd A.)	X	62
Latour-Maubourg (R.)	DZ	
Lattre-de-T.-(Av. de)	AY	63
Laubeuf (Quai)	AZ	
Leader (Bd)	VX	64
Lérins (Av. de)	X	65
Lorraine (Bd de)	CDY	
Macé (R.)	CZ	66
Madrid (Av. de)	DZ	
Meynadier (R.)	ABY	
Mermoz (Av. Jean)	V	67
Mimont (R. de)	BY	
Monod (Bd Jacques)	V	68
Montaigne (R.)	BY	70
Mont-Chevalier (R. du)	AZ	72
Montfleury (Bd)	CDY	73
Monti (R. Marius)	AY	74
Moulin (Bd du)	AY	76
Noailles (Av. J. de)	X	
N.-D.-des Anges (Av.)	V	79
N.-D.-de-Bon-Voyage (Égl.)	BZ	80
N.-D.-d'Espérance (Égl.)	AZ	82
N.-D. des Pins (Égl.)	X	83
Observatoire (Bd de l')	X	84
Olivet (Ch. de l')	V	85
Oxford (Bd d')	V	87
Pantiéro (la)	ABZ	
Paris (R. de)	V	88
Pasteur (R.)	DZ	
Pastour (R. L.)	AY	90
Perier (Bd du)	V	92
Perrissol (R. L.)	AZ	93
Petit Juas (R. du)	VX	
Pinède (Av. de la)	V	94
Pins (Bd des)	X	95
Pompidou (Av. G.)	V	
Pompidou (Espl. G.)	BZ	
Prince-de-Galles (Av.)	X	96
République (Bd de la)	VX	97
Riou (Bd du)	VX	
Roi Albert (Av.)	X	
Roosevelt (Av. F)	V	
Rouguière (R.)	BYZ	100
Rouvier (Bd M.)	V	102
St-Charles (Égl.)	V	103
St-Joseph (Égl.)	X	104
St-Nicolas (Av.)	BY	105
St-Pierre (Quai)	AZ	
St-Sauveur (R.)	V	106
Ste-Philomène (Égl.)	V	107
Sardou (R. L.)	X	108
Serbes (R. des)	BZ	110
Source (Bd de la)	X	112
Stanislas (Pl.)	AY	
Strasbourg (Bd de)	CDY	
Tapis-Vert (Av. du)	V	113
Teisseire (R.)	CY	114
Tuby (Bd Victor)	AYZ	115
Vallauris (Av. de)	VX	116
Vallombrosa (Bd)	AY	118
Vautrin (Bd Gén.)	DZ	
Victor-Hugo (R.)	V	119
Victoria (Av.)	V	
Vidal (R. du Cdt)	CV	120
Wester-Wemyss (Av. Amiral)	X	122

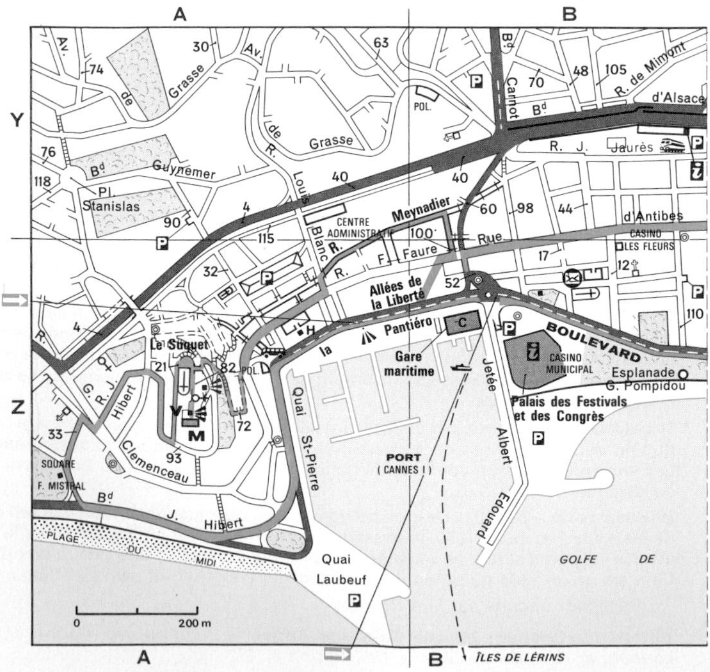

Dès que des voiles suspectes paraissent à l'horizon, les guetteurs de Lérins les signalent : l'alarme est donnée et la résistance s'organise. Ce sont des ordres religieux qui assument la direction de cette défense : les Templiers d'abord, les chevaliers de Malte ensuite. Les pères de la Merci s'occupent du rachat des prisonniers faits par les Sarrasins.

Lord Brougham à l'origine de la station (1834). – La fortune de Cannes est due à la mésaventure d'un chancelier d'Angleterre, Lord Brougham, qui se rendait à Nice en 1834.

Il y avait alors une épidémie de choléra en Provence et le gouverneur de Nice avait établi, le long du Var, un cordon sanitaire pour protéger les États sardes de ce fléau. Le riche voyageur, n'ayant pu franchir la frontière, revient sur ses pas et fait halte à Cannes, qui n'est encore qu'un petit port de pêche. L'endroit lui plaît si fort qu'il construit là une demeure.

Pendant trente-quatre ans, jusqu'à sa mort, chaque hiver, il quitte les brumes de Londres pour faire sa cure de soleil. Son exemple est suivi par l'aristocratie anglaise. La ville voit grossir rapidement sa population de 4 000 habitants. Elle devient une des reines de la côte.

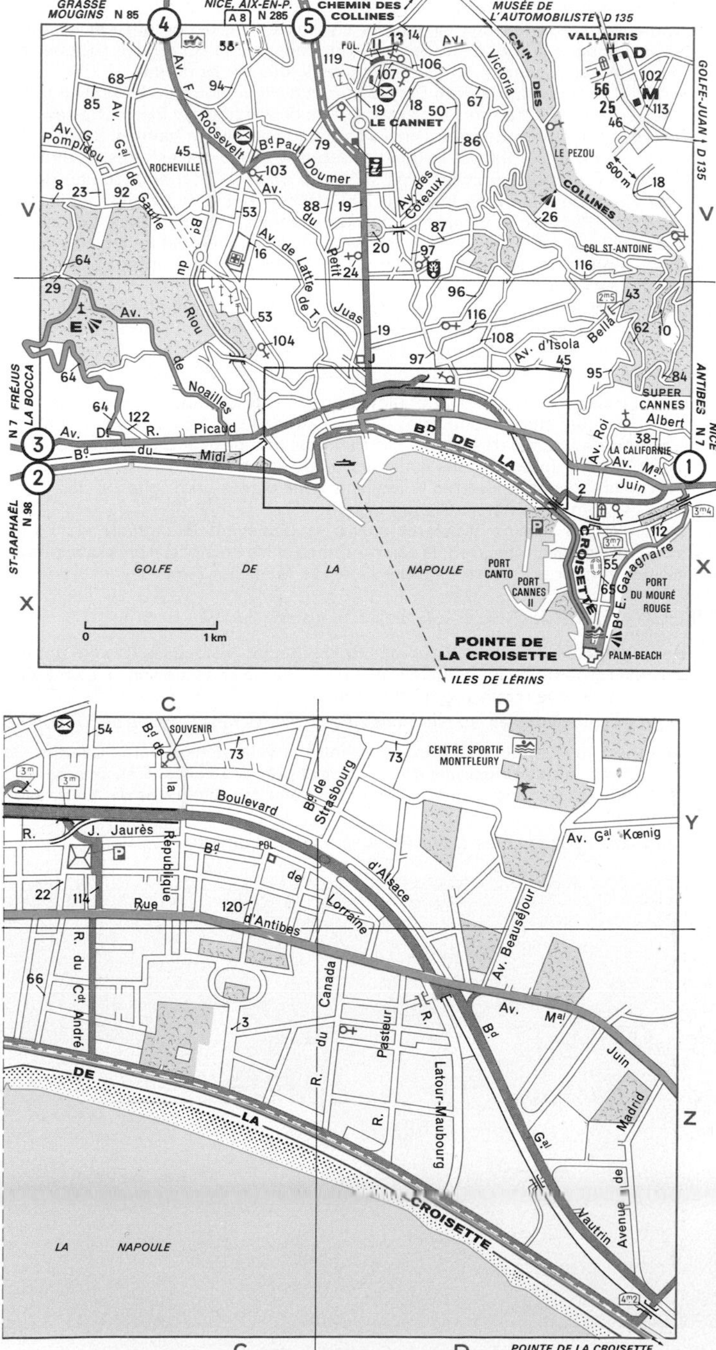

Prosper Mérimée est mort en 1870 à Cannes. Guy de Maupassant, de 1884 à 1888, a sillonné la baie sur son yacht et l'on retrouve, dans « Sur l'Eau », les impressions enthousiastes qu'il a éprouvées. Mistral, à son tour, a chanté Cannes. Depuis il n'est guère de grand nom des arts ou de la littérature qui n'y ait séjourné.
C'est également dans cette ville que se retira et mourut l'écrivain d'origine dijonnaise **Stéphan Liégeard** à la fin du 19e s. : amoureux de ces rivages méditerranéens, il leur donna le nom de « Côte d'Azur » dans un livre paru en 1887.

Les fêtes de Cannes. – Elles ont une renommée mondiale. Citons, parmi les plus appréciées, les régates internationales, le Marché international du Disque et de l'Édition Musicale – le MIDEM –, en janvier, le Marché international des Programmes de Télévision, en avril et mai, et surtout le Festival international du Film, brillante manifestation artistique, qui fait de Cannes, chaque année en mai, la capitale mondiale du cinéma.

★★ LE FRONT DE MER *visite en voiture : 1/2 h*

★★ **Boulevard de la Croisette** (BCDZ). – Ce lieu de rendez-vous des résidents qui, en hiver, viennent y flâner doit sa renommée à son cadre particulièrement élégant.
Cette magnifique promenade, ornée de jardins fleuris aux essences rares et de hauts palmiers, est bordée d'une série de plages de sable fin.
Palaces et magasins aux façades luxueuses s'y succèdent, débordant par les rues adjacentes jusque dans la rue d'Antibes : le tout constitue le centre des commerces de luxe, des galeries, des antiquaires, des cinémas, des boîtes de nuit.
A l'entrée de la Croisette, sur le côté Est du port, s'élève le nouveau **Palais des Festivals et des Congrès** où s'intègre le casino municipal, œuvre des architectes Pierre Braslawsky, François Druet et Sir Hubert Bennet. Doté d'équipements ultramodernes, il abrite un grand auditorium de 2 400 places, le théâtre Debussy (1 000 places), des studios de radio, des salons ceints de terrasses, des salles de presse... Derrière, face au golfe, s'étend à ciel ouvert le théâtre de la Mer (1 200 places). A l'Est du palais, l'esplanade Président-Georges-Pompidou, bordée de spacieux jardins, offre de belles vues sur le golfe de la Napoule. Entre le palais et les jardins, l'allée des Stars est revêtue de dalles de ciment que les grandes vedettes de l'écran signent lors de leur passage en laissant l'empreinte de leurs mains.
A l'autre extrémité de la Croisette, en bordure de jardins magnifiques (roseraie), se trouvent les aménagements très modernes du Port-Canto (centre sportif et culturel). Le port de plaisance de ce nom peut recevoir 650 bateaux. Tout le long du boulevard, la vue est belle sur le golfe de la Napoule et l'Esterel.

★ **Pointe de la Croisette** (X). – Par le boulevard de la Croisette, poursuivre jusqu'à la Pointe de la Croisette ; elle tire son nom d'une petite croix qui s'y dressait autrefois. L'avenue, bordée de jardins, très animée, offre de belles vues sur Cannes, le golfe de la Napoule et l'Esterel (magnifiques couchers de soleil). L'aménagement touristique de la Pointe de la Croisette a permis la réalisation de plages artificielles et des ports de plaisance de Palm-Beach et du Mouré-Rouge.
Dépasser Palm-Beach (casino d'été) et suivre le boulevard Gazagnaire d'où l'on découvre une **vue**★ sur le golfe Juan, le cap d'Antibes et les Préalpes. Après avoir longé le bord de mer, rentrer au centre ville par l'avenue Maréchal-Juin.

LE VIEUX CANNES ET LE PORT *visite : 1 h 1/2*

Allées de la Liberté (ABZ). – Ombragées de beaux platanes sur une grande profondeur, elles offrent une jolie vue sur le port de pêche et de plaisance. Le marché aux fleurs qui s'y tient le matin mérite d'être vu.

Rejoindre la rue Meynadier, au Nord des Allées, par les rues F.-Faure et Rouguière.

Rue Meynadier (ABY). – Elle fait la jonction entre la ville moderne et le quartier du Suquet. Ce fut jadis l'artère principale de la cité, tout près des Halles. Très animée, elle regorge de boutiques de toutes sortes. On y remarque des demeures du 18e s. avec de vieilles portes.

Aller au Suquet par les rues Louis-Blanc, F.-Faure et du Mont-Chevalier.

Cannes. – Le Suquet et le port.

Le Suquet (AZ). – Ancien « castrum de Canoïs », la vieille ville est groupée sur les pentes du mont Chevalier. La rue s'élève au-dessus du port dont on a des aperçus, et, par la rue Perrissol, on aboutit à la place de la Castre que borde encore un vieux mur d'enceinte et que domine l'église N.-D.-d'Espérance : bâtie aux 16e et 17e s., elle appartient au style gothique provençal. Passant sous le vieux clocher, gagner une longue terrasse ombragée d'où la **vue** s'étend sur Cannes, le port et l'île Ste-Marguerite.

★ **Musée de la Castre** (**AZ M**). – L'ancien château de Cannes, construit aux 11e et 12e s., par les moines de Lérins afin de surveiller leur port d'attache, abrite d'importantes collections d'archéologie et d'ethnographie provenant des cinq continents.
A l'entrée, la chapelle Ste-Anne, petite église cistercienne, accueille des expositions temporaires. Les salles qui suivent sont consacrées à la religion et à la mythologie (œuvres de l'école de Fontainebleau), puis à la Provence et à Cannes vus par des peintres des 19e et 20e s.
La salle 4 ouvre sur la cour intérieure où s'élève la **tour carrée du mont Chevalier** (**AZ V**), ancienne tour de guet du 12e s., haute de 22 m (expositions temporaires de photographies). Du sommet, la **vue**★ s'étend sur la Croisette, le golfe de la Napoule et les îles de Lérins, sur l'Esterel et les collines au Nord de Cannes (plan-relief).
Les dernières salles du musée présentent d'abondantes collections d'archéologie du bassin méditerranéen et du Proche-Orient (Iran, Liban, Syrie, Chypre, Égypte, Étrurie, Rome...) et d'art primitif africain, océanien, américain – du Nord et du Sud –, esquimau et asiatique. Des peintures contemporaines ponctuent le parcours.
Par la rue J.-Hibert et la rue J.-Dollfus, rejoindre le square F.-Mistral, où les admirateurs du poète salueront la statue du « chantre immortel de la Provence », inaugurée en 1930 pour le centenaire de sa naissance.

Le port. – Longeant la plage du Midi, le boulevard J.-Hibert mène au port. Très animé, bordé à l'Ouest de restaurants et de boutiques, il abrite en rangs serrés bateaux de pêche et yachts luxueux ; au large, les bâtiments de commerce et les navires de croisière font traditionnellement relâche.
A l'Est, à la racine de la jetée Albert-Édouard, se trouve la **gare maritime,** dont la partie haute est décorée d'une large bande de lave émaillée.

ENVIRONS

★★ **Îles de Lérins.** – *Promenade en bateau d'une 1/2 journée. Description p. 85.*

★ **Le Chemin des Collines.** – *Circuit de 10 km – compter une 1/2 journée. Plan d'agglomération p. 55. Quitter Cannes par le boulevard Carnot.*
Il n'y a pas de discontinuité entre Cannes et le Cannet où l'on pénètre par le même boulevard Carnot (**X**).

Au centre du Cannet, prendre à gauche la rue du Commandant-Lamy en montée, qui débouche sur la rue Victor-Hugo. Tourner à droite, puis à gauche dans la route de Valbonne et mettre la voiture au parking.

Le Cannet (**V**). – 37 430 h. Lieu de séjour. Admirablement protégé du vent par un amphithéâtre de collines boisées, le Cannet est le complément climatique de Cannes et une station très recherchée des séjournants. C'est là que le peintre Bonnard (1867-1947) vint à plusieurs reprises et a passé les dernières années de sa vie.
On pénètre dans le **Vieux Cannet** par la rue St-Sauveur, en partie piétonne, et l'on admire quelques jolies maisons du 18e s. ainsi que des placettes ombragées de platanes reliées par des calades. De la **place Bellevue** (**V 13**), on domine la tour carrée de l'église Ste-Philomène et les environs ; tout près subsiste la vieille tour des Calvis (12e s.).

Reprendre la voiture et s'engager à gauche sur la route des Bréguières. Suivre le fléchage « musée auto » en laissant à droite le chemin des Collines et en poursuivant par le chemin de Ferrandou. Passer au-dessus de l'autoroute en prenant à gauche puis à droite jusqu'au parking du musée de l'Automobiliste.

★ **Musée de l'Automobiliste.** – *Page 107.*

Reprendre la route d'accès au musée dans le sens inverse.

★ **Chemin des Collines** (**V**). – Il est particulièrement agréable d'emprunter cette petite route tracée au flanc des hauteurs qui dominent Cannes, pour les vues admirables qu'elle procure sur Cannes, le golfe de la Napoule, les îles de Lérins.

Au col St-Antoine, prendre à gauche la D 803 pour Vallauris.

Vallauris (**V**). – *Page 154.*

★ **Golfe-Juan.** – *2 km au Sud-Est de Vallauris par la D 135. Description page 74.*

De retour vers Cannes, la N 7 contourne les collines de Super-Cannes tandis qu'à l'horizon se détachent les îles de Lérins et l'Esterel ; la **vue** prend toute sa valeur au coucher du soleil.

★ **La Croix des Gardes** (**X E**). – *Circuit de 8 km (forte montée), plus 1/4 h à pied AR. Quitter Cannes par l'avenue du Dr-Picaud. A un feu de signalisation, près du Solhôtel, tourner à droite bd Leader. 100 m après l'entrée du pavillon de la Croix des Gardes, tourner à droite dans l'avenue J.-de-Noailles. Laisser la voiture 100 m plus loin.*
Prendre, à droite, un sentier qui mène au sommet (alt. 164 m) de la colline (petite croix fixée sur un rocher). De là, **vue**★ sur le site de Cannes, les îles de Lérins, l'Esterel.

L'avenue J.-de-Noailles ramène à Cannes.

★★★ **Tour du massif de l'Esterel.** – *96 km – 1/2 journée.* Nous recommandons d'effectuer le circuit dans le sens de nos descriptions : de Cannes à St-Raphaël par la voie Aurélienne *(description p. 68)* ; de St-Raphaël à Cannes par la corniche de l'Esterel *(description p. 64).* Il est également possible de combiner, à l'aide du schéma des pages 66 et 67, des excursions à l'intérieur du massif.

★ **Massif du Tanneron.** – *Circuit de 56 km – environ 1 h 1/2. Description p. 140.*

★★ CAP FERRAT

Carte Michelin n° 84 plis 10, 19, 195 pli 27 ou 245 pli 38 – Schéma p. 122.

Le cap, situé à l'extrême Sud, a donné son nom à toute la presqu'île qui abrite d'un côté la rade de Villefranche-sur-Mer et de l'autre la baie des Fourmis vers Beaulieu. Une splendide végétation le couvre, entretenue par de belles résidences. Les frondaisons de ces parcs privés masquent généralement les vues sur la côte que l'on retrouvera en circulant dans les rues de St-Jean, au phare ou à la pointe St-Hospice.

VISITE *Circuit de 10 km – environ 2 h 1/2*

Partant du pont St-Jean, suivre en auto l'itinéraire indiqué sur le plan ci-dessus.

★★ **Fondation Ephrussi-de-Rothschild (M).** – Cette propriété, léguée en 1934 par la baronne Ephrussi de Rothschild à l'Institut de France pour l'Académie des Beaux-Arts, s'élève dans un **site★★** incomparable. Au milieu de magnifiques jardins s'étendant sur la partie la plus étroite de la presqu'île, la villa domine la mer, offrant des vues sur les rades de Villefranche et de Beaulieu.

★★ **Musée Ile-de-France.** – La villa fut construite au début du siècle par la baronne Ephrussi de Rothschild, dans le style d'un palais italien, afin de créer un cadre pour toutes les collections qu'elle avait réunies sa vie durant.

On entre dans un patio couvert entouré de colonnes de marbre qui présente, sur un parterre de mosaïque et un immense tapis de la Savonnerie, du 18e s., des meubles de la fin du Moyen Age et de la Renaissance ; aux murs, des tapisseries flamandes des 16e et 17e s.

Sur ce patio s'ouvrent un grand nombre de pièces et de galeries qui renferment de précieuses œuvres d'art de diverses périodes. La baronne avait une prédilection pour le 18e s. (salon Louis XV, salon Louis XVI...) : remarquer les beaux meubles d'époque dont quelques-uns appartinrent à Marie-Antoinette, les tapis royaux de la Savonnerie et les tapisseries de Beauvais et d'Aubusson, ainsi que les nombreuses toiles de maîtres tels que Boucher, Coypel, Fragonard, Lancret, Hubert Robert, les terres cuites de Clodion, les bronzes de Thomire.

Les exceptionnelles collections de porcelaine de Vincennes, de Sèvres et de Saxe, le curieux « salon des Singes » ajoutent à l'éclat de l'ensemble. Le salon d'art d'Extrême-Orient, curieusement aménagé dans un décor gothique, s'ouvre par deux vantaux de laque chinois et présente en particulier de grands paravents en laque de Coromandel, des vases et des tapis chinois anciens et, dans un cabinet annexe, une série de costumes de mandarins. Le salon des Impressionnistes, enfin, permet d'admirer quelques paysages de Monet, de Renoir et de Sisley.

★ **Jardins.** – 7 ha de magnifiques jardins entourent la villa-musée. Le jardin central est un jardin à la française, dont l'exubérance vient de ce qu'il offre une végétation en grande partie méditerranéenne ; sa belle perspective se termine par un escalier d'eau retombant sur la rocaille et un petit temple de l'Amour, réplique de celui du Trianon. En descendant une série de grandes marches, on atteint le jardin espagnol peuplé d'arums, de papyrus, de grenadiers et de daturas. Le jardin florentin qui lui fait suite cache un gracieux éphèbe de marbre.

Des fontaines, des chapiteaux, des gargouilles et des bas-reliefs (Moyen Âge et Renaissance) ornent le jardin lapidaire. Auprès d'un délicieux jardin japonais, un jardin exotique offre sa végétation étonnante.

ST-JEAN-CAP-FERRAT

Albert-Ier (Av.)	2
Centrale (Av.)	3
États-Unis (Av. des)	5
Gaulle (Bd Gén. de)	6
Grasseuil (Av.)	7
Libération (Bd)	9
Mermoz (Av. Jean)	12
Passable (Chemin de)	13
Phare (Av. du)	14
St-Jean (Pont)	16
Sauvan (Bd Honoré)	17
Semeria (Av. Denis)	18
Verdun (Av. de)	20
Vignon (Av. Claude)	21

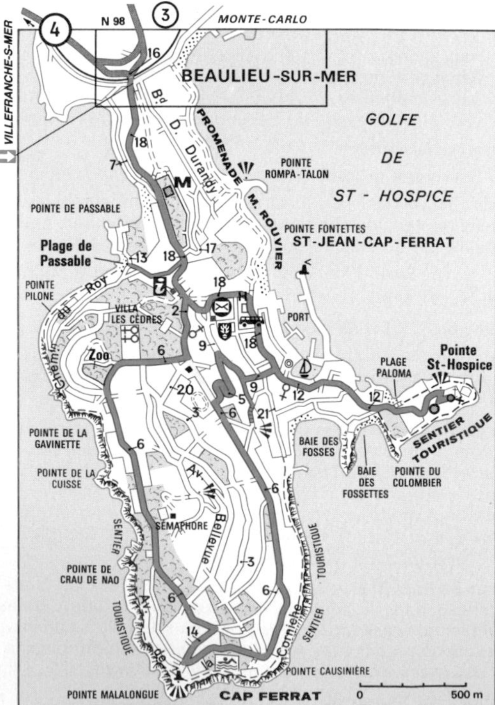

Promeneurs, campeurs, fumeurs... soyez prudents !

Le feu est le plus terrible ennemi de la forêt.

Plage de Passable. – Plage de galets en pente douce, face à la rade de Villefranche.

Zoo. – La cuvette d'un lac asséché faisant partie de l'ancienne propriété du roi Léopold II a été transformée en 1950 en **parc d'acclimatation** de végétation tropicale. Il sert de cadre à un zoo qui s'étend sur 3 ha et présente 350 espèces d'animaux et d'oiseaux exotiques. Plusieurs fois par jour, une « école de chimpanzés » offre un divertissement original.

Phare. – Sa portée atteint 46 km. Du sommet (164 marches), immense **panorama**★★ de la pointe de Bordighera (Italie) jusqu'à l'Esterel ainsi que sur les Préalpes et les Alpes.
Toute proche, la piscine du Sun Beach est aménagée dans les rochers.

★ **St-Jean-Cap-Ferrat.** – 2 215 h. Lieu de séjour. Station balnéaire et hivernale bien située, recherchée pour son calme, c'est un ancien village de pêcheurs. Elle groupe quelques vieilles maisons autour du port qui a été largement aménagé pour la plaisance. En prenant la rue en escalier qui s'embranche au Sud du boulevard de la Libération, la **vue**★ s'étend sur la Tête de Chien, Èze, le mont Agel et les Alpes franco-italiennes au loin.

Pointe St-Hospice. – La montée à la pointe St-Hospice, entre les propriétés, offre de jolies vues sur Beaulieu et la côte vers le cap d'Ail. Elle longe une tour, construite au 18e s. pour servir de prison, aboutit à la chapelle du 19e s. remplaçant un ancien oratoire qui était dédié à l'ermite niçois saint Hospice. Des abords de cette chapelle, on a une bonne **vue**★ sur la côte et l'arrière-pays, de Beaulieu au cap Martin.

PROMENADES

Les séjournants peuvent, de St-Jean, effectuer à pied de charmantes promenades, la plupart ombragées.

★ **Promenade Maurice-Rouvier.** – *1 h à pied AR.* Elle s'amorce au Nord de la plage de St-Jean et offre de belles vues sur la côte vers Beaulieu, Èze et la Tête de Chien.

★ **Sentier touristique de la pointe St-Hospice.** – *1 h à pied AR.* Prendre l'avenue J.-Mermoz. Près du restaurant Paloma-Beach, descendre l'escalier à gauche. Le chemin serpente au ras de la mer en vue d'Èze, de Monaco, du cap Martin et, dépassant Paloma-plage, il contourne la pointe St-Hospice puis la pointe du Colombier et longe la petite baie des Fossettes avant de rejoindre l'avenue J.-Mermoz.

★ COARAZE

463 h. (les Coaraziens)

Carte Michelin n° 84 pli 19, 195 plis 16, 17 ou 245 Sud du pli 25 – Schéma p. 38.

Coaraze est situé à 640 m d'altitude sur la route du **col St-Roch** (alt. 990 m), appelée aussi « route du soleil », qui relie les bassins supérieurs des deux Paillons. Le nom viendrait des deux mots accolés « coa » et « raza » signifiant queue rasée, appellation qui a donné lieu à diverses interprétations.
Le bourg médiéval avec ses **vieilles rues**★ pittoresques, ses longs passages voûtés et ses placettes ornées de fontaines invite à la flânerie. Restauré avec goût, il abrite des artisans d'art. Du jardin en terrasses, bordé de cyprès, on a une belle vue sur le fond de la vallée et la cime de Rocca Seira.
La place du village est décorée de cadrans solaires en céramique, dessinés par Cocteau, Goetz, Ponce de Léon.

Église. – On y accède par le vieux cimetière, où des caissons de béton remplacent les caveaux impossibles à creuser en plein roc. L'intérieur offre une belle décoration baroque. Au fond, peinture murale primitive : saint Sébastien percé de flèches.

Rejoindre la D 15 vers le Nord et, aussitôt, prendre une petite route à gauche.

N.-D.-de-la-Pitié. – Cette « chapelle bleue » fut décorée en camaïeu bleu en 1962 : scènes de la vie du Christ. Derrière l'autel, une dalle de verre met en valeur une structure de métal représentant une Pietà. De la terrasse, on a une jolie vue sur le village.

COGOLIN

5 647 h. (les Cogolinois)

Carte Michelin n° 84 pli 17 ou 245 pli 48 – Schéma p. 93.

Commerçant et industriel, bâti le long et au pied d'une pente que dominent une vieille tour et un moulin ruiné, Cogolin a su garder le caractère traditionnel des petites villes de Provence.
Une partie de la population est occupée à la fabrication de tapis, de pipes, de bouchons de liège et au ramassage des roseaux du golfe propres à la confection des anches de clarinette, des cannes à pêche, de mobilier, d'armes navales, etc. Une grande place est tenue par la viticulture.
Durant la bataille de Provence, le général de Lattre de Tassigny installe à Cogolin son premier poste de commandement, du 17 au 20 août 1944. Nommé deuxième citoyen d'honneur de la commune – le premier avait été Clemenceau –, le général fait remarquer au maire que les deux citoyens d'honneur de Cogolin sont vendéens et tous deux natifs du même village, Mouilleron-en-Pareds.

« Les tapis et tissus de Cogolin ». – *Entrée 10, boulevard Louis-Blanc (qui donne dans l'avenue G.-Clemenceau).* On parcourt les ateliers où sont fabriqués des tissus d'ameublement et des tapis à la main, notamment des tapis de haute laine au point noué, façon Aubusson.

Espace Raimu. – Installé au rez-de-chaussée du cinéma municipal *(av. Georges-Clemenceau),* ce musée est consacré à la carrière de comique du Toulonnais Jules Auguste César Muraire (1883-1946), plus connu sous le nom de Raimu : affiches et photos de ses rôles au théâtre (Le Blanc et le Noir) et au cinéma (La Femme du boulanger, La Fille du puisatier, César, Fanny...), objets personnels, lettres...

Les Marines de Cogolin. – *Accès par la N 98 puis la D 98^A^.* Cogolin possède, à 5 km au Nord-Est du bourg, une belle plage de sable et un port de plaisance de 22 ha entouré d'un ensemble de résidences à l'architecture originale.

CONTES

4 992 h. (les Contois)

Carte Michelin n° 84 pli 19, 195 Sud du pli 17 ou 245 pli 38 – Schéma p. 38.

Village d'origine romaine, il est bâti sur un éperon rocheux se terminant en proue de navire au-dessus du Paillon de Contes ; les quartiers neufs s'étendent dans la vallée. On raconte qu'au 16e s. le village fut envahi par les chenilles. La commune ne se laissa pas faire : elle mit les intruses en jugement et les condamna solennellement à l'exil. Pour appuyer cette décision, les Contois organisèrent une grande procession... et les chenilles, exécutant l'arrêt du tribunal, disparurent à tout jamais.

Église. – Dans la chapelle de droite, l'attention est attirée par un remarquable retable de sainte Madeleine (1525) de l'école niçoise ; le panneau central qui représentait Madeleine a disparu, mais la **prédelle★** raconte en 5 petits tableaux la vie de la sainte. Remarquer les belles boiseries du 17e s. : portail, tribune, chaire. Devant l'église se trouve une élégante fontaine Renaissance.
La terrasse voisine offre une belle vue sur la vallée.

ENVIRONS

Châteauneuf-de-Contes. – 402 h. *6 km par la D 715 jusqu'à la Grave où l'on traverse le Paillon, puis la D 815.*
La D 815, aux nombreux lacets, est une belle montée ombragée de pins et d'oliviers au-dessus du Paillon. On domine bientôt Contes, juché sur sa pointe rocheuse, et on aperçoit Berre-des-Alpes.
Niché à mi-pente parmi les oliviers et les vergers, Châteauneuf-de-Contes est un ancien oppidum ligure devenu castrum romain commandant la vallée du Paillon de Contes. Le village possède une **église** romane du 11e s., connue sous le nom de **« Madone de Villevieille »** et décorée de festons et de bandes lombardes ; une inscription romaine est encastrée dans la façade ; le chevet, aux puissants contreforts, a été dégagé. L'intérieur a été rhabillé au 17e s. et la voûte peinte à fresque : derrière le maître-autel, un beau retable en stuc encadre une Vierge à l'Enfant, statue de bois du 15e s.

Au bout de 2 km, un chemin à gauche permet de s'approcher des ruines.

Ruines de Châteauneuf. – *1/2 h à pied AR.* Ces pans de murs, ces tours démantelées, toutes ces ruines mêlées à la rocaille, loin de toute présence humaine, constituent un spectacle étrange. Au Moyen Age, les gens de Châteauneuf-de-Contes avaient émigré ici, dans une solide position défensive.
Marcher jusqu'au sommet de la butte, où un vaste **panorama★** se dégage : à l'Ouest sur le mont Chauve et le Férion, au Nord et à l'Est sur les cimes des Alpes.

COTIGNAC

1 628 h. (les Cotignacéens)

Carte Michelin n° 84 plis 5, 6 ou 245 pli 34 – Lieu de séjour.

Ce village semble s'écouler d'une haute falaise de tuf, aux couleurs changeantes, creusée de grottes et de galeries et surmontée de deux tours en ruine, vestiges du château des Castellane.
Il est agrémenté de nombreuses fontaines, d'ormes et de beaux platanes. Sur ses vieilles rues s'ouvrent des portes du 16e et du 17e s.
La place de la mairie est charmante avec son beffroi sous lequel on passe pour monter au théâtre de verdure. L'église a été bâtie au 16e s. dans le style roman (la façade en a été refaite au 18e s.).
De l'église, un chemin se dirige vers le rocher qui domine le pays et permet d'atteindre une grotte à deux étages, d'où la **vue** s'étend sur le village et les alentours.
Au pied de la falaise, un théâtre de verdure reçoit chaque été des spectacles en plein air *(voir p. 166).*
Le village est réputé pour son vin, son huile et son miel.

N.-D.-des-Grâces. – *1 km au Sud par la D 13 puis une petite route à droite.*
Juchée sur le mont Verdaille, cette chapelle a connu la notoriété par le pèlerinage qu'y fit, en 1660, le jeune roi Louis XIV accompagné de sa mère Anne d'Autriche, en souvenir d'un vœu fait par ses parents en faveur de sa naissance. Une plaque de marbre noir apposée sur un pilier de la chapelle commémore cette visite.
Détruite par la Révolution et reconstruite en 1810, cette fondation se rattache à une apparition de la Vierge au 16e s., rappelée par un tableau au-dessus de l'autel.
De la petite esplanade qui entoure la chapelle, on a une **vue** agréable surtout en direction du Sud (Carcès, la vallée de l'Argens et la région de Brignoles).

DRAGUIGNAN

28 194 h. (les Dracénois)

Carte Michelin n° 84 – pli 7 ou 245 pli 35 – Lieu de séjour.

Draguignan, bien située entre le Haut-Var et les plateaux de Haute-Provence, a eu comme noyau une forteresse romaine bâtie sur une butte isolée où s'élève actuellement la tour de l'Horloge. Cette paisible cité, centre d'une fertile région viticole, s'anime principalement les jours de marché.

Du Moyen Âge à nos jours. – Au 13e s., la ville se développe au pied de la butte et s'entoure d'une forte enceinte percée de trois portes dont deux subsistent (porte de Portaiguières et porte Romaine) et protégée par un donjon élevé sur le rocher de l'Horloge. A l'issue du conflit qui oppose en 1649 les Sabreurs et les Canivets, cette fronde provençale, Louis XIV fait raser le donjon pour châtier les Dracénois.
En 1797, Bonaparte élève la ville au rang de préfecture du Var, titre qu'elle perdit en 1974 au profit de Toulon. Au 19e s., les barons Azémar et Haussmann, qui furent l'un et l'autre préfets du Var, tracent à l'Ouest et au Sud de la vieille ville des promenades ombragées et des boulevards rectilignes.
Un cimetière américain, à l'Est de la ville, et une stèle de la Libération (**Z**), à l'angle des avenues Lazare-Carnot et Patrick-Rosso, rappellent les durs combats qui se déroulèrent en 1944 dans la région, notamment autour du Muy où 9 000 Américains et Britanniques furent parachutés ou déposés par planeurs le matin du 15 août.

Saint Hermentaire et le dragon. – Draguignan viendrait du nom Draconio, dérivé du mot latin draco signifiant dragon.
Selon la légende, au 5e s., des pèlerins, partant d'Ampus, se rendent en passant par Lentier à l'abbaye de Lérins dont ils connaissent le grand renom. En chemin, ils rencontrent un énorme dragon, qui, depuis longtemps, hante les marécages, là où s'étalent aujourd'hui les prairies baignées par le Nartuby. Terrorisés, ils font appel à un saint ermite du nom d'Hermentaire qui vivait dans la région. Celui qui devait devenir le premier évêque d'Antibes roue de coups le monstre et réussit à l'anéantir. Après sa victoire, Hermentaire fait bâtir une chapelle, qui, en souvenir de l'archange lui aussi vainqueur d'un dragon, est dédiée à saint Michel.
L'actuelle église St-Michel (**Y**), au Nord de la place du Marché, abrite une statue de saint Hermentaire en bois doré du 18e s.

CURIOSITÉS

La vieille ville (**Y**). – A l'Est du boulevard de la Liberté, le Vieux Draguignan, en partie réservé aux piétons, avec ses portails sculptés, ses maisons dressées de guingois, invite à la flânerie. La place du Marché, ombragée de platanes et agrémentée de fontaines, s'anime particulièrement les mercredis et samedis matin. Entre la porte de Portaiguières, ouverte dans une tour carrée du 15e s., et la porte, dite « romaine », du 14e s., un lacis de ruelles pittoresques donne accès à la tour de l'Horloge. Remarquer, rue de la Juiverie, la vaste façade (**B**) d'une ancienne synagogue du 13e s., et dans la Grande-Rue le vieil hôtel au n° 42 (**D**).

Tour de l'Horloge (**Y**). – La tour remplace l'ancien donjon démoli en 1660. Flanquée d'échauguettes, elle est surmontée d'un joli campanile de fer forgé très ouvragé. Du sommet, la **vue** embrasse toute la ville et la vallée du Nartuby ; à l'horizon se profilent les Maures.

Musée (**Z M**[1]). – D'abord couvent des Ursulines construit au 17e s., le bâtiment fut acquis et transformé au siècle suivant par Mgr du Bellay, évêque de Fréjus, pour en faire sa résidence d'été. Les œuvres intéressantes ou rares sont disposées sur un seul niveau au milieu de meubles anciens, de sculptures et de céramiques françaises (Vallauris, Moustiers, Sèvres) et d'Extrême-Orient qui, pour la plupart, proviennent de l'ancien château de Valbelle à Tourves.
Remarquer, dans les deux premières salles, trois peintures de Félix Ziem (1821-1911), dont deux ont Venise pour thème, une toile de J.-B. Van Loo représentant la Délivrance de saint Pierre, une très belle armure de parement réalisée entre 1570 et 1575 pour François de Montmorency, ainsi qu'une gracieuse scène sculptée en 1903 par Camille Claudel, Rêve au coin du feu. Parmi les ouvrages précieux, on distingue le manuscrit du Roman de la Rose par Guillaume de Lorris et Jean de Meung avec des enluminures du 14e s., un recueil de cartes géographiques éditées à Anvers en 1603 et une Bible latine de 1481.
La salle suivante, consacrée à la peinture hollandaise et française du 17e s., présente un Rembrandt (Enfant à la bulle de savon), un petit Frans Hals (Intérieur de cuisine), une Tête de Christ par Ph. de Champaigne et le siège de Maastricht par Joseph Parrocel. Dans la galerie d'archéologie attenante, on peut voir une collection de vases étrusques et une très belle lampe romaine découverte à Vidauban.
L'avant-dernière salle contient un buste du comte de Valbelle, marquis de Tourves, par Houdon et des toiles des 17e et 18e s., parmi lesquelles des pastels de l'école de Boucher, deux scènes de Téniers le Jeune, une charmante Tête de jeune fille par Greuze et la basilique St-Pierre de Rome par Panini.
Enfin, dans la salle des porcelaines et des faïences, est exposée une Bible latine de 1493, contenant 2 000 gravures exécutées par l'atelier de Michael Wolgemut à Nuremberg, que fréquenta Dürer.

★ **Musée des Arts et Traditions de moyenne Provence** (**Z M**[2]). – Il présente les activités traditionnelles de la moyenne Provence, région des plans de Provence, des Maures et de l'Esterel *(voir p. 18)*, autrefois essentiellement agricole : labour (la culture des céréales était primordiale), viticulture (connue en Provence depuis l'Antiquité), production d'huile d'olive et exploitation du liège (atelier de bouchonnier). Une deuxième partie est dédiée aux activités complémentaires : apiculture, élevage des moutons, chasse, artisanat (les tommettes à Salernes et la verrerie de Fayence à Fréjus) et culture du ver à soie. La vie quotidienne est évoquée enfin par des objets religieux, du mobilier domestique, des costumes...

DRAGUIGNAN

Cisson (R.)	YZ	3
Clemenceau (Bd)	Z	
Clément (R. P.)	Z	5
Gay (Pl. C.)	Y	6
Grasse (Av. de)	Y	8
Joffre (Bd Mar.)	Z	9
Juiverie (R. de la)	Y	12
Kennedy (Bd. John)	Z	13
Leclerc (Bd Gén.)	Z	14
Marchands (R. des)	Y	15
Marché (Pl. du)	Y	16
Martyrs-de-la-R. (Bd des)	Z	17
Marx-Dormoy (Bd)	Z	18
Mireur (R. F.)	Y	19
Observance (R. de l')	Y	20
République (R. de la)	Z	23
Rosso (Av. P.)	Z	24

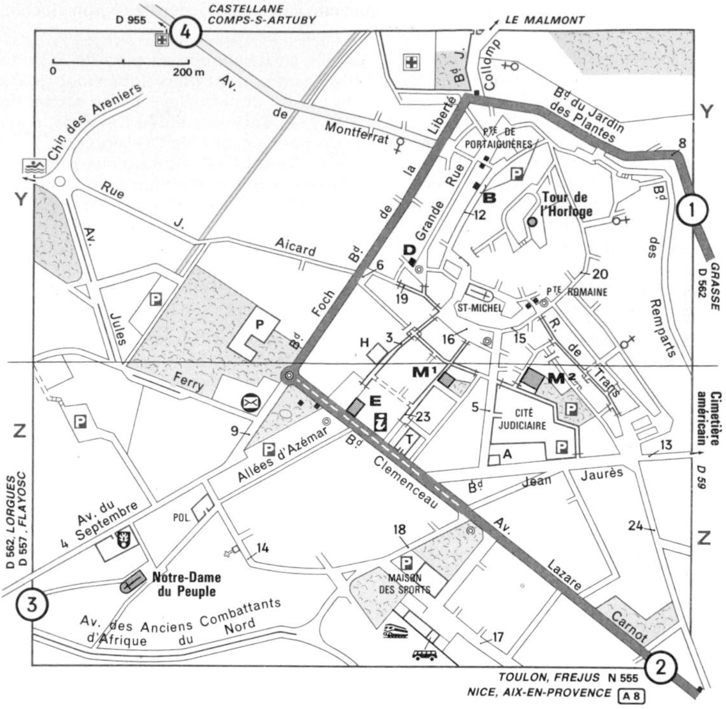

Ancien Palais de Justice (Z E). – Dans la salle des Pas Perdus, belle statue de la Justice, femme assise, provenant du tombeau du comte de Valbelle à la chartreuse de Montrieux.

A l'angle des allées d'Azémar, qu'ombragent six rangs de platanes centenaires, et du boulevard Clemenceau se trouve un buste en bronze de Clemenceau réalisé par Rodin.

Église N.-D.-du-Peuple (Z). – Cette chapelle construite au 16e s. dans le style gothique flamboyant fut agrandie par la suite et reçut sa façade au 19e s. Dédiée à la Vierge pour avoir préservé la ville de la peste *(pèlerinage, le 8 septembre),* elle renferme de nombreux ex-voto et le panneau central d'un retable de l'école niçoise des Bréa (16e s.) représentant une Vierge au Rosaire *(mur de gauche).*

Cimetière américain et mémorial du Rhône. – *Sortir par le boulevard J.-Kennedy.* Sur près de 5 ha traités en parc paysager sont regroupées les sépultures de 861 soldats américains de la 7e armée du général Patch tombés en Provence, au cours de la campagne lancée le 15 août 1944 pour appuyer les opérations de Normandie *(voir p. 21).* Au pied du mémorial, une carte de bronze en relief permet de suivre les mouvements des troupes. Sur le mur de soutènement du mémorial sont inscrits les noms des disparus. A l'intérieur de la chapelle, les mosaïques sont l'œuvre de l'Américain Austin Purves.

Musée du Canon et des Artilleurs. – *3 km à l'Est sur la D 59, entrée principale de l'École d'application de l'artillerie (enceinte militaire).* Créée en 1791, l'École d'artillerie s'est installée à Draguignan en 1976 et fusionna avec l'École d'application de l'artillerie sol-air en 1983. Le musée, outil pédagogique de l'école, présente l'évolution technique et tactique de l'arme depuis le 18e s. : artillerie statique (de côte, de marine, de place), artillerie de campagne (vouée à se déplacer), innovations du 20e s. telles que l'artillerie de tranchée, antiaérienne, sol-sol, antichar... Au rez-de-chaussée sont exposés les canons et le matériel lourd, et à la mezzanine les maquettes, manuscrits, costumes, fanions... relatifs à l'arme.

ENVIRONS

★ **Table d'orientation du Malmont.** – *6 km au Nord – environ 3/4 h. Sortir de Draguignan au Nord par le boulevard Joseph-Collomp. Au bout de 6 km, on arrive à un col. Prendre à gauche une petite route qui mène 300 m plus loin à une table d'orientation.*
De là, une **vue**★ très étendue embrasse le mont Vinaigre (Esterel), la rade d'Agay, la dépression de l'Argens, le massif des Maures, les environs de Toulon.

Flayosc. – 2 397 h. *7 km à l'Ouest – environ 3/4 h. Quitter Draguignan par ③ du plan, D 557.* Village varois typique, perché au-dessus d'une riante campagne de vignes, de vergers et de champs. Il a gardé des portes fortifiées du 14e s. ; sa place ombragée est ornée d'une fontaine. Près de celle-ci, une ruelle monte à **l'église,** d'origine romane ; clocher carré massif à campanile. De la terrasse, **vue** étendue sur la campagne vallonnée et sur les Maures.

★ **Gorges de Châteaudouble.** – *Circuit de 41 km – environ 1 h. Quitter Draguignan par ④ du plan, D 955.*

Pierre de la Fée. – C'est un beau dolmen, dont la table, longue de 6 m, large de 4,50 m et pesant 40 tonnes, repose sur trois pierres levées hautes de plus de 2 m.

★ **Gorges de Châteaudouble.** – Profondes, très sinueuses et verdoyantes, ces gorges sont creusées par le Nartuby, affluent de l'Argens.

Faire demi-tour avant le village de Montferrat et prendre la direction de Draguignan puis, à droite, la D 51.

Passant sur l'autre rive du Nartuby, la D 51 traverse le vieux village de Châteaudouble puis s'éloigne de la rivière à travers bois ; à gauche, paysage de grottes.

Ampus. – 534 h. L'église du village est un intéressant petit édifice roman bien restauré. Derrière l'église part un sentier qui s'élève sur un piton rocheux ; il est bordé d'un beau chemin de croix en céramique réalisé en 1968.

Rentrer à Draguignan par la D 49 qui livre de belles **vues** sur la ville et son site.

Trans-en-Provence. – 3 159 h. Lieu de séjour. 5 km. *Quitter Draguignan par ② du plan, N 555.* De la place de la Mairie, édifice construit en 1779, un sentier mène au pont, au-dessus des **cascades.**

★ **Chapelle Ste-Roseline.** – *10 km. Quitter Draguignan par ② du plan, N 555 et tourner à droite dans la D 91. Description p. 135.*

Les Arcs. – *10 km. Quitter Draguignan par ② du plan N 555, puis prendre à droite la D 555. Description p. 37.*

★ Les EMBIEZ (Ile)

Carte Michelin n° 84 pli 14 ou 245 pli 46 – Schéma p. 136.

Au large du Brusc dont il est séparé par une lagune, l'archipel des Embiez est planté sur des hauts-fonds très poissonneux qui ravissent les amateurs de pêche. L'île principale qui s'étend sur 95 ha est d'une diversité étonnante : plages de fins graviers, côtes sauvages avec criques, marais salants, forêt de pins, vignoble (qui donne un rosé apprécié).
Elle possède aujourd'hui un vaste port de plaisance très fréquenté, dominé par les ruines médiévales du château de Sabran, et dispose d'un ensemble immobilier de style provençal. On peut s'y adonner à toutes les joies de la mer, du sport et de la promenade.

★ **Fondation océanographique Ricard.** – L'observatoire est installé sur un promontoire, dans l'ancienne batterie de marine de la pointe St-Pierre. Il comporte des laboratoires où des chercheurs étudient la biologie marine, l'aquaculture (élevage des poissons et des coquillages), ainsi que les problèmes de la pollution des mers.
Au rez-de-chaussée se trouve le **musée** où deux salles présentent une grande variété de mollusques (certains coquillages sont géants), de poissons naturalisés et fossiles.
A l'étage, les **aquariums** – alimentés en eau de mer – permettent d'observer dans leur environnement naturel une centaine d'espèces de la faune aquatique méditerranéenne, aux couleurs souvent somptueuses. On remarque principalement des gorgones, des bernard-l'ermite, des langoustes bleues, des araignées de mer, des poulpes, des torpilles, des rascasses qui se dissimulent en faisant du mimétisme, de petites murènes et la girelle-paon qui rivalise de couleurs avec les poissons tropicaux.
De la terrasse supérieure, la **vue**★★ porte sur la lagune du Brusc et le cap Sicié, sur Sanary et les montagnes qui dominent Toulon, sur les abords de Marseille.

★★★ ESTEREL (Massif)

Carte Michelin n° 84 pli 8, 195 plis 33, 34 ou 245 plis 36, 37.

Entre St-Raphaël et la Napoule, l'Esterel offre un décor naturel qui frappe d'admiration ; c'est une des plus belles régions de Provence, ouverte au grand tourisme depuis la création par le Touring Club de la route de corniche ou « Corniche d'Or » (1903).
L'opposition entre la vie grouillante de la côte et la solitude des routes de l'intérieur est extraordinaire ; ces dernières plairont aux touristes amateurs de pittoresque.

UN PEU DE GÉOGRAPHIE...

Le massif. – L'Esterel, séparé des Maures par la vallée de l'Argens, n'a qu'une faible attitude. Massif aussi ancien que son voisin, il a été raboté par l'érosion : le point culminant, le mont Vinaigre, n'atteint que 618 m. Pourtant, il est profondément raviné.
L'Esterel est constitué de roches éruptives (porphyres) qui ont surgi lors des bouleversements provoqués par les plissements hercyniens et qui le différencient du massif des Maures. Ces porphyres durs, qui ont donné au massif sa physionomie caractéristique, son relief heurté et sa coloration vive, apparaissent dans toute la beauté de leur teinte rouge au massif du cap Roux ; dans la région d'Agay pointent aussi les porphyres bleus dont les Romains ont tiré des fûts de colonnes pour leurs monuments de Provence ; par endroits, la couleur devient verte, jaune, violette ou grise.
Le relief, déchiqueté, se prolonge jusque dans la mer ; la montagne pousse des promontoires vers le large ; la mer pénètre dans le massif. Ce ne sont que pointes escarpées, alternant avec les baies minuscules, des grèves étroites, des petites plages ombragées ou des calanques aux murailles verticales ; en avant de la côte émergent des milliers de rochers et d'îlots colorés en vert par les lichens, tandis que les récifs transparaissent sous l'eau.
Partout, la coloration rouge feu des roches fait un contraste saisissant avec le bleu indigo de la mer.

La végétation. – Comme les Maures, l'Esterel était entièrement couvert de forêts de pins et de chênes-lièges. A la suite des grands incendies qui ont ravagé la quasi-totalité du massif en 1943, 1964, 1985 et 1986, la « forêt » ne subsiste que par places *(voir p. 19).* Sa reconstitution demande un effort gigantesque, car la maladie qui frappe actuellement le pin maritime conduit à recourir à un reboisement avec introduction d'essences nouvelles (résineux et feuillus). L'Office National des Forêts a entrepris de grands travaux de plantation et y a procédé à la taille des rejets de chênes-lièges. Une végétation d'arbrisseaux et de buissons couvre le sol : bruyères, arbousiers, lentisques, cistes, genêts épineux, lavandes, etc. Elle ralentit l'érosion, et ses fleurs de toutes couleurs font un ravissant spectacle, notamment au printemps et à l'automne.

... ET D'HISTOIRE

La voie Aurélienne. – L'Esterel était, dès l'Antiquité, contourné au Nord par un tronçon de la voie Aurélienne. Cette grande route, tracée en Italie sous la République et prolongée en Gaule sous l'Empire, allait de Rome à Arles par Gênes, Cimiez, Antibes, Fréjus, Aix. Les paysans l'appellent encore, dans son tracé provençal, « lou camin aurélian ».
C'était une des plus importantes de l'Empire. La chaussée, dallée, bombée, large de 2,50 m, était établie sur une plate-forme bétonnée comme la N 7 qui lui a succédé approximativement. Dans les villes, elle comportait des trottoirs surélevés pour les piétons. Coupant au plus court, la voie utilisait de nombreux ouvrages d'art. A chaque mille (1 478 m), une haute borne indiquait la distance – on peut en voir une au musée de St-Raphaël ; son soubassement servait aux cavaliers pour enfourcher plus commodément leur monture. Des relais, comportant hôtelleries, chevaux de rechange, ateliers de réparation, épargnaient à la poste impériale toute perte de temps.

Le pas de l'Esterel. – La route de l'Esterel, qui fut pendant longtemps la seule utilisée pour le trafic avec l'Italie, était menacée par le brigandage : « passer le pas de l'Esterel » était une locution proverbiale. L'endroit le plus dangereux se trouvait près du mont Vinaigre : les diligences suivaient le chemin qui, partant de la N 7 au carrefour du Logis-de-Paris, passe devant la maison forestière du Malpey (mauvaise montagne).
Les exploits du bandit **Gaspard de Besse,** au 18e s., y sont restés légendaires. C'est dans une grotte du mont Vinaigre que se réfugiaient Gaspard et sa bande, après avoir attaqué et détroussé les diligences ou les cavaliers qui passaient à portée. Le brigand aimait l'élégance : il portait un beau costume rouge orné de brillants, de boutons et de boucles d'argent. Durant plusieurs années, la maréchaussée fut sur les dents. Il fréquentait également l'auberge des Adrets, que borde la N 7. Surpris dans une autre auberge, près de Toulon, le pillard de l'Esterel fut rompu et roué vif en 1781, à 25 ans. Sa tête fut clouée à un arbre, sur la grand-route, théâtre de ses exploits coupables.
En 1787, il fallait encore au naturaliste de Saussure un réel courage pour parcourir la région à pied. Le massif fut, jusqu'à la fin du 19e s., le refuge des forçats évadés du bagne de Toulon.

★★★ CORNICHE DE L'ESTEREL

1 De St-Raphaël à Cannes *40 km – environ 5 h – schéma p. 66 et 67*

★ **St-Raphaël.** – *Page 131.*

Quitter le centre de St-Raphaël par ① du plan, N 98.

La route longe le port de plaisance de St-Raphaël. Sur une esplanade en front de mer, une haute stèle commémore les combats de l'armée française en Afrique.

Boulouris. – Lieu de séjour. Cette petite station, dont les villas sont dispersées dans les pins, possède plusieurs petites plages et un port de plaisance.

Cap du Dramont.

Plage du Dramont. – A droite de la route s'élève une stèle, érigée en souvenir du débarquement de la 36e Division américaine, le 15 août 1944. La plage est bordée par la forêt domaniale du Dramont qui couvre le cap.

Aussitôt après le camping international du Dramont, tourner à droite. 100 m plus loin, laisser la voiture près du chemin qui, à gauche, monte au sémaphore.

★★ **Sémaphore du Dramont.** – *1 h à pied AR par un sentier balisé et revêtu.* En contrebas, un belvédère aménagé offre un **panorama**★★ sur les Maures, les deux rochers de porphyre qui émergent à l'entrée du golfe de Fréjus (le Lion de Mer et le Lion de Terre), l'île d'Or et sa tour ; en face, le mont Vinaigre ; légèrement à droite, derrière le Rastel d'Agay, les rochers du massif du Cap Roux et le pic de l'Ours ; à droite, la rade d'Agay.
Pour redescendre, prendre à droite le sentier balisé qui aboutit au petit port, procurant de jolies vues sur les criques avec eaux transparentes, endroits privilégiés pour les baigneurs amateurs de nature.

Longeant la belle plage de Camp-Long, on atteint la rade d'Agay.

★ **Agay.** – Lieu de séjour. La station est située au bord d'une rade profonde, la meilleure de l'Esterel. Les Ligures, les Grecs et les Romains l'ont fréquentée ; on a retrouvé sous l'eau des amphores romaines provenant, sans doute, d'un navire naufragé, il y a 2 000 ans. Le **Rastel d'Agay,** aux splendides versants de porphyre rouge, la domine. La grande plage, ensoleillée, se prolonge à gauche jusqu'à une petite jetée au-delà de laquelle s'étend une plage ombragée, plus fréquentée.

★ **Anthéor.** – Lieu de séjour. Station dominée par les sommets du Cap Roux.

Peu avant la pointe de l'Observatoire, **vue** à gauche sur les roches rouges de St-Barthélemy et du Cap Roux. *Plus loin, route du pic du Cap Roux décrite ci-dessous.*

★ **Pointe de l'Observatoire.** – Des vestiges d'un blockhaus formant belvédère, belle **vue**★ sur les rochers et la mer, aux vives couleurs, rouge et bleue. On distingue Anthéor, la pointe du Cap Roux, la pointe de l'Esquillon et le golfe de la Napoule.

Ici, le massif de l'Estérel se jette brutalement dans la mer par des escarpements grandioses de roches rouges.

★ **Le Trayas.** – La station est composée de deux agglomérations : l'une étagée sur des pentes boisées, l'autre bâtie en bordure de la mer. Les criques et les calanques qui festonnent la côte abritent plusieurs plages ; la plus étendue se trouve au fond de l'anse de la Figueirette qui était, au 17e s., un grand centre de pêche au thon. Des filets étaient posés au large et restaient en place pendant quatre mois. Pour les surveiller, une tour avait été élevée sur le rivage.

★ **Miramar.** – Station élégante possédant un port privé dans l'anse de la Figueirette.

Dans un virage à hauteur de l'hôtel Tour de l'Esquillon, quitter la route et laisser la voiture au parking. De là, un sentier balisé monte à la pointe de l'Esquillon.

★★ **Pointe de l'Esquillon.** – *1/4 h à pied AR.* De là, très belle **vue**★★ *(table d'orientation)* sur l'Esterel, sur la côte, du Cap Roux au cap d'Antibes, et sur les îles de Lérins.

★ **La Galère.** – Station boisée, étagée sur les pentes de l'Esterel qui ferment, de ce côté, le golfe de la Napoule. A proximité, cité marine de **Port-la-Galère,** qui présente ses maisons curieusement creusées comme des alvéoles.

La route contourne la pointe de l'Aiguille, qui offre une belle **vue**★ sur le golfe de la Napoule, le site de Cannes, les îles de Lérins, le cap d'Antibes.

★ **Théoule-sur-Mer.** – 1 010 h. Lieu de séjour. Cette station, abritée par le promontoire du rocher de Théoule, possède trois petites plages. Au bord de la mer, un bâtiment crénelé et flanqué de tourelles est une ancienne savonnerie (18e s.) transformée en château.

★ **La Napoule.** – *Page 107.*

Franchissant la Siagne, la N 98 longe le golfe de la Napoule jusqu'à Cannes.

★★★ **Cannes.** – *Page 54.*

★★ROUTE DU PIC DU CAP ROUX

2 Circuit au départ de St-Raphaël

38 km – environ 2 h (excursions à pied non comprises) – schéma p. 66 et 67

★ **St-Raphaël.** – *Page 131.*

Quitter St-Raphaël par ① du plan ; jusqu'à Agay, la Corniche de l'Esterel, N 98, est décrite p. 64 et ci-dessus. A la sortie d'Agay, prendre la route de Valescure, puis à droite en direction du pic de l'Ours. Après la maison forestière du Gratadis passer un gué. Puis laisser à gauche la route du pic de l'Ours et, en contournant par le Nord le Rastel d'Agay, prendre la direction du rocher de St-Barthélemy.

Plateau d'Anthéor. – *Aire de pique-nique.* De là, vue intéressante à droite sur la mer, à gauche sur les sommets voisins.

Continuant à monter, la route offre des **vues**★ étendues et plongeantes sur la mer ; de l'autre côté s'offre un horizon sur les sommets du St-Pilon et du Cap Roux, fantastiques roches rouges avec des reflets verts ; dans le lointain apparaît le pic de l'Ours.

★★ **Rocher de St-Barthélemy.** – *1/2 h à pied AR au départ du parking.* Un escalier taillé dans la pierre gagne le sommet du rocher. Belle **vue**★★ sur la rade d'Agay et le golfe de Fréjus d'un côté, sur les calanques du Trayas et le golfe de la Napoule de l'autre.

★★★ **Pic du Cap Roux.** – *2 h à pied AR au départ du parking.* Un chemin fléché et balisé de taches orange mène au pic du Cap Roux. Du sommet (alt. 452 m), merveilleux **panorama**★★★ *(table d'orientation).*

Après le rocher de St-Barthélemy, la route amorce une descente spectaculaire vers la côte, dans un paysage rocheux couvert d'une maigre végétation de maquis. On débouche sur la N 98, à 100 m de la pointe de l'Observatoire *(décrite ci-dessus).*

Retour à St-Raphaël par **Anthéor**★, **Agay**★, le Dramont, Boulouris *(p. 64).*

★★ ROUTE DU PIC DE L'OURS

3 Circuit au départ de St-Raphaël

53 km – environ 2 h 1/2 (excursions à pied non comprises) – schéma ci-dessous

Les routes sont étroites, pas toujours revêtues. Mauvais passages entre les cols des Trois-Termes et du Mistral.

★ **St-Raphaël.** – *Page 131.*

Quitter St-Raphaël par ① du plan ; jusqu'à Agay, la Corniche de l'Esterel, N 98, est décrite p. 64 et 65.

A la sortie d'Agay, prendre la route de Valescure, puis à droite en direction du pic de l'Ours.

Après la maison forestière du Gratadis, passer un gué ; laissant à droite le Cap Roux, prendre la route du pic de l'Ours.

Celle-ci, en montée, traverse un paysage varié : beaux peuplements de chênes verts, terrains dénudés, rochers colorés ; elle offre des vues lointaines sur le ravin du Mal Infernet. Elle serpente en contournant par le Nord les sommets du St-Pilon et du Cap Roux pour atteindre le col de l'Évêque puis le col des Lentisques *(sens unique entre ces deux cols).*

Le parcours ménage de belles **échappées** vers la mer.

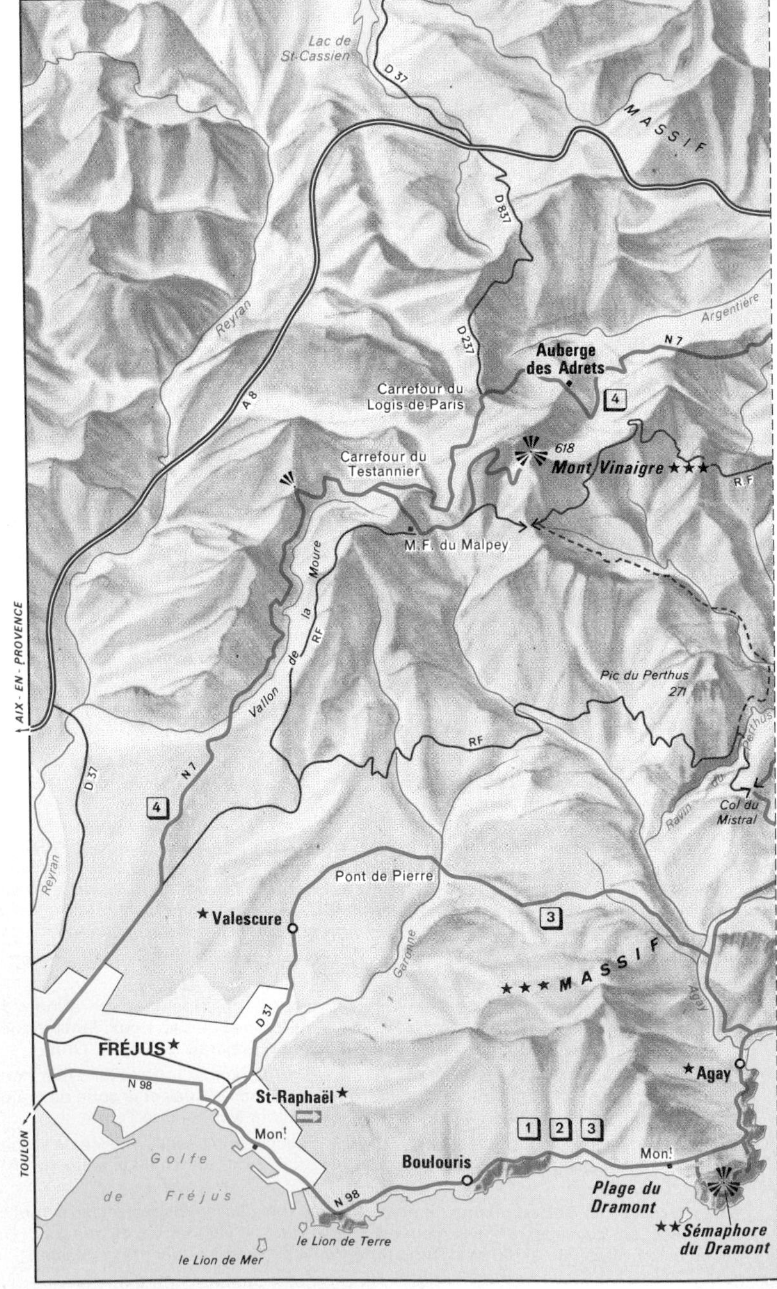

★★ **Pic d'Aurelle.** – *1 h à pied AR, par un chemin balisé partant du col des Lentisques.* C'est un des sommets importants de la chaîne littorale de l'Esterel. D'en haut (alt. 323 m) se révèle une large **vue**★★ du cap d'Antibes à la pointe de l'Observatoire.

Du col des Lentisques au col Notre-Dame, la route constitue l'un des plus beaux parcours en corniche du massif de l'Esterel. Dominant la côte, elle offre de saisissantes **vues**★ plongeantes sur la Corniche de l'Esterel et de splendides perspectives sur le rivage vers le cap d'Antibes. Au col Notre-Dame (alt. 323 m), la **vue** s'étend, remarquable, sur Cannes, les îles de Lérins et le golfe de la Napoule.

★★★ **Pic de l'Ours.** – *1 h 1/2 à pied AR. Parking au col Notre-Dame.* La route, en lacet, offre de belles vues renouvelées sur le massif boisé de l'Esterel et les indentations du littoral ; elle domine de plusieurs centaines de mètres la mer où viennent affleurer d'immenses rochers. Aux abords du sommet (alt. 496 m), où se dresse un émetteur de télévision, on découvre un **panorama**★★★ exceptionnel sur la côte – des Maures aux Alpes –, sur le massif de l'Esterel dominé par le mont Vinaigre, et sur une partie du pays varois.

Revenir au col Notre-Dame. Les touristes qui ne craignent pas les mauvaises pistes poursuivront vers le Nord en direction du col de la Cadière.

La route *(revêtue sur 5 km)* serre de près les sommets des Petites Grues et des Grosses Grues avant d'atteindre le col de la Cadière d'où la **vue**★ se dégage vers le Nord en direction de la Napoule et du massif du Tanneron.

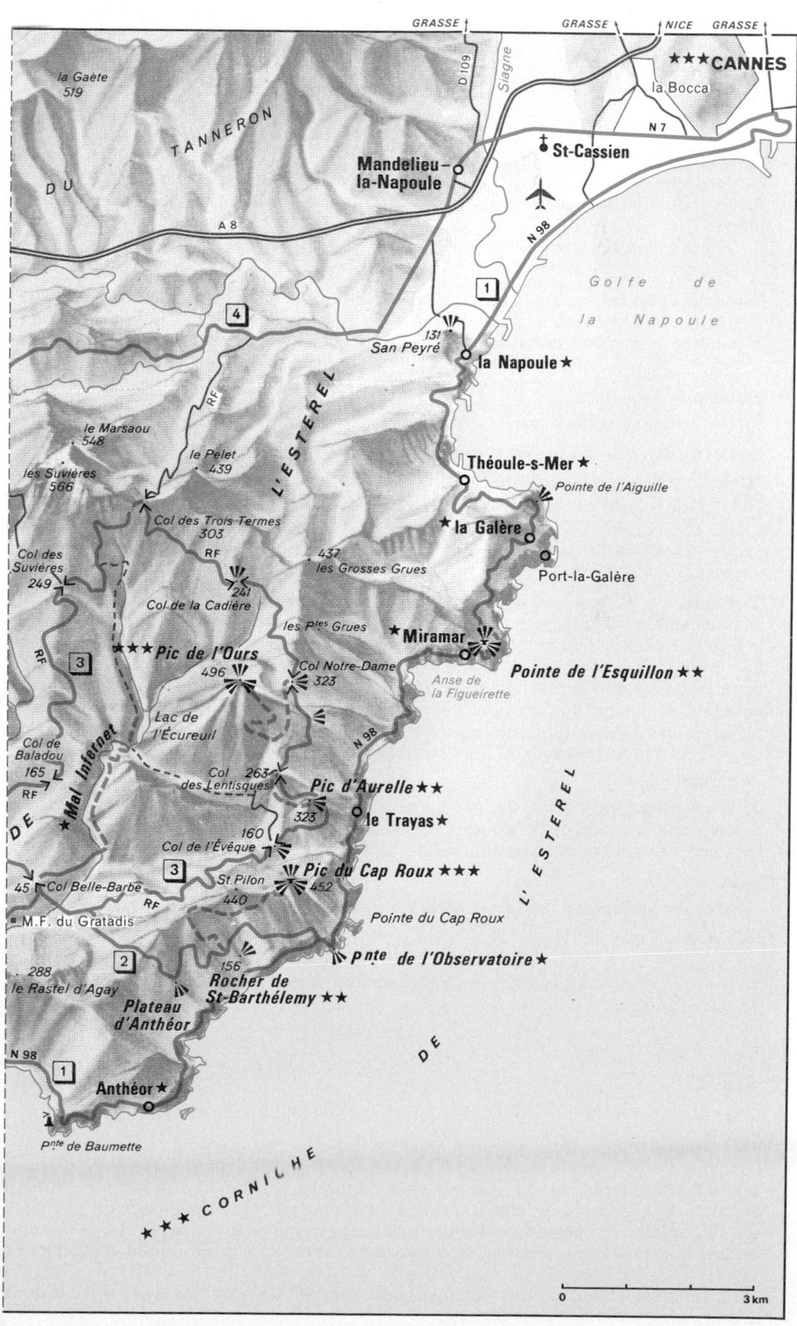

Au col des Trois Termes, laisser à droite la piste qui rejoint la N 7 et prendre la direction du col des Suvières *(mauvaise piste jusqu'au col du Mistral).*

On longe les hauts porphyres rouges du sommet des Suvières (à droite) dont les versants portent des formations de chênes-lièges et de chênes verts. Au col des Suvières, prendre à gauche *(direction col du Mistral)* par la sauvage piste du Baladou ; à droite, se dressent les porphyres du pic du Perthus. Au col du Mistral, la piste débouche sur une route goudronnée ; la prendre à gauche jusqu'au col Belle-Barbe.

★ **Ravin du Mal Infernet.** – *1 h 1/2 à pied AR.* Au col Belle-Barbe, une piste à gauche mène à un parking.
Poursuivre à pied le chemin qui s'engage dans le ravin du Mal Infernet, site grandiose parmi les roches hérissées. Le chemin aboutit au petit lac de l'Écureuil.

Revenir au col Belle-Barbe ; prendre à gauche. Après la maison forestière du Gratadis, prendre à droite vers St-Raphaël par Valescure.

On quitte brusquement les solitudes rocheuses et boisées de l'Esterel pour retrouver un paysage très humanisé de collines où la vigne et les vergers alternent avec les pins parasols, les eucalyptus et les genêts.

★ **Valescure.** – Cette station, annexe aristocratique de St-Raphaël, éparpille ses villas sur des hauteurs boisées formant un paysage de parc. Les Anglais ont naguère fait sa fortune, appréciant sa tranquillité, son golf et son climat très doux.

Rentrer à St-Raphaël par la D 37.

★ VOIE AURÉLIENNE

4 De Cannes à St-Raphaël *46 km – environ 6 h – schéma p. 66 et 67*

★★★ **Cannes.** – *Page 54.*

Quitter Cannes par ③ du plan, N 7.

Cet itinéraire s'effectue en grande partie à travers la forêt de l'Esterel.
Après le quartier industriel de la Bocca, la route traverse la plaine alluvionnaire de la Siagne.

Prendre à gauche la route d'accès à l'aérodrome de Cannes-Mandelieu, puis tourner à droite.

Ermitage de St-Cassien. – Cette chapelle (14e s.), qui s'élève sur une petite butte, à l'abri d'une magnifique chênaie mêlée de quelques cyprès, constitue un charmant tableau ; la tradition veut qu'un temple romain l'ait précédée ; elle reste un lieu de pèlerinage.

Revenir à la N 7.

Mandelieu. – *Page 140.*

La N 7 s'engage ensuite dans la dépression qui sépare l'Esterel du Tanneron.

Auberge des Adrets. – Ancien repaire de Gaspard de Besse *(voir p. 64).*

Après le carrefour du Logis-de-Paris, la route serre le mont Vinaigre, point culminant de l'Esterel (alt. 618 m).

Au carrefour du Testannier, prendre à gauche la route signalée « Forêt domaniale de l'Esterel ». A la maison forestière du Malpey, prendre la direction « Mont Vinaigre ».

★★★ **Mont Vinaigre.** – *1/2 h à pied AR.* Un sentier conduit au sommet ; se diriger vers la tour de gauche. Monter quelques marches à l'intérieur de l'ancien poste-vigie pour gagner la plate-forme d'où l'on embrasse un splendide **panorama**★★★. De gauche à droite, face à la mer, on aperçoit : le cap d'Antibes, la pointe de la Croisette, Cannes, une partie du golfe de la Napoule ; devant soi, le pic de l'Ours, coiffé de sa tour et de son antenne de télévision, le pic du Cap Roux, le golfe de Fréjus ; vers l'intérieur, les Maures, la plaine du bas Argens, les hauteurs calcaires de la Provence intérieure. Par temps clair, on voit les Alpes italiennes et, de l'autre côté, la Ste-Baume.

Revenir à la N 7.

Dans un virage, **vue** à droite sur les Plans de Provence de la région de Fayence, tandis qu'on longe le vallon de la Moure. Dans ce secteur, l'antique voie Aurélienne suivait, sur l'autre rive, le tracé approximatif de la route forestière.

★ **Fréjus.** – *Page 70.*

Gagner St-Raphaël par le boulevard S.-Decuers.

★ **St-Raphaël.** – *Page 131.*

Attention : dans les massifs forestiers, certaines routes peuvent être temporairement interdites en été.

★★ ÈZE

2 064 h. (les Ézasques)

Carte Michelin n° 84 plis 10, 19, 195 pli 27 ou 245 pli 38 – Schéma p. 122.

Èze, étrange village isolé en nid d'aigle sur un piton qui domine la mer de 427 m, constitue le type même des villages perchés *(voir p. 29)* dans un **site**★★ de premier ordre. Il attire depuis longtemps hommes de lettres, artistes et artisans.
En dépit de la légende, le village n'est pas une fondation sarrasine mais un oppidum celto-ligure qui vit passer tour à tour Phéniciens, Romains et Sarrasins. La seigneurie d'Èze est passée entre les mains de plusieurs familles ; elle fut érigée en comté au 16e s.
Les incendies particulièrement ravageurs de l'été 1986 ont malheureusement défiguré le site pour de nombreuses années.

★ **Les rues d'Èze.** – On pénètre dans le vieux village par une double porte fortifiée (14e s.) avec mâchicoulis et chemin de ronde. On se promènera dans les petites rues étroites, escarpées, souvent couvertes de voûtes et coupées d'escaliers.
Les maisons sont soigneusement restaurées et souvent occupées par des boutiques ou des ateliers d'artistes.
Partout du feuillage, des urnes fleuries, des fontaines ; chaque coin de rue offre une échappée éblouissante de lumière sur la montagne ou sur la mer.

Chapelle des Pénitents Blancs (B). – Ce modeste édifice du 14e s. est décoré de panneaux émaillés évoquant la vie et la mort du Christ et de la Vierge.
En entrant, à gauche, une Crucifixion est l'œuvre d'un primitif de l'école niçoise. Au maître-autel, un curieux crucifix catalan daté de 1258 n'a pas la tête penchée et sourit ; à droite, ciborium hexagonal du 16e s. en acajou ; à gauche la Madone des Forêts, statue du 14e s. est ainsi appelée parce que l'Enfant qu'elle porte tient dans la main une pomme de pin. Sur un pilastre de la tribune, crucifix en bois du 16e s.

ÈZE

Brec (R. du)	2
Centenaire (Pl. du)	3
Château (R. du)	4
Colette (Pl. de la)	5
Église (Pl. de l')	6
Paix (R. de la)	7
Pise (R. de la)	8
Planet (Pl. du)	9

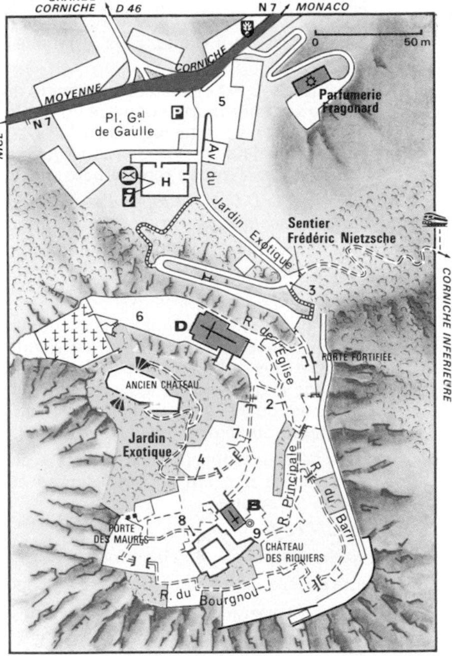

Jardin exotique. – Le jardin est couronné par les vestiges de l'ancien château, construit au 14e s. et démantelé sur ordre de Louis XIV en 1706 : quelques pans de murs et une terrasse d'où l'on jouit d'un **panorama**★★★ splendide sur toute la Riviera (le matin, par temps clair, on peut voir la Corse).

Église (D). – Elle a été reconstruite au 18e s. ; elle présente une façade classique et un clocher carré à deux étages.
L'intérieur, baroque, renferme une remarquable statue de l'Assomption (18e s.), attribuée à Muerto, et des fonts baptismaux armoriés du 15e s.

Parfumerie Fragonard. – La visite de cette annexe de la parfumerie de Grasse donne un aperçu des procédés employés pour la fabrication des huiles essentielles et des cosmétiques.

Sentier Frédéric-Nietzsche. – *Environ 2 h à pied AR.* Ce pittoresque sentier qui dévale vers la Corniche Inférieure a vu Nietzsche concevoir la troisième partie de son chef-d'œuvre « Ainsi parlait Zarathoustra ». Au milieu des pins et des oliviers, il conduit à la station balnéaire d'Èze-Bord-de-Mer *(p. 124).*

FAYENCE

2 652 h. (les Fayençois)

Carte Michelin n° 84 plis 7, 8 ou 245 pli 36 – Lieu de séjour.

De la route de Draguignan à Grasse, Fayence apparaît, flanquée de son jumeau le village de Tourrettes, juchée sur le rebord des Plans de Provence, d'où l'on aperçoit le Signal de Lachens (alt. 1 715 m). Elle domine la plaine où s'étend un très important centre de vol à voile. Avec la montagne toute proche, la mer rapidement accessible, le lac de St-Cassien à 10 km, quantité de villages pittoresques alentour, la ville occupe une position favorable. Potiers, sculpteurs (bois d'olivier, pierre, métal), tisserands et peintres l'animent.

Église. – Elle fut construite au milieu du 18e s. pour accueillir une population toujours plus importante que ne pouvait plus contenir l'ancienne église. L'intérieur est très classique avec ses hauts pilastres montant jusqu'à une tribune qui fait le tour de la nef. Le maître-autel d'inspiration baroque est l'œuvre du marbrier provençal Dominique Fossatti (1757). Dans la nef latérale droite, un retable en bois doré (16e s.) représente les principales scènes du mystère pascal avec au centre le Christ de douleur et au-dessous le géant saint Christophe portant l'enfant Jésus et le poids de sa mission. De la terrasse à droite de l'église, la **vue**★ s'étend au premier plan sur le terrain de vol à voile et plus loin sur les Maures et l'Esterel.

Panorama de l'ancien château. – *Suivre les flèches à partir de l'église.* Il donne vers le Nord, sur les Plans de Provence, les Préalpes de Castellane et de Grasse.

Vieux quartier. – *En contrebas de la place de l'église.* Ses rues escarpées, ses belles portes de maisons, un beau portail du 17e s. et les portes de l'enceinte, dont la porte sarrasine qui a conservé ses mâchicoulis, retiennent l'attention.

ENVIRONS

★ **Le col du Bel-Homme.** – *Circuit de 64 km – environ 4 h.*

Quitter Fayence par la D 563.

On trouve aussitôt à droite, puis à gauche *(itinéraire fléché)* la route de N.-D.-des-Cyprès.

N.-D.-des-Cyprès. – C'est une chapelle romane du 12e s., dans un environnement de hauts cyprès ; de ses abords, on a une vue agréable sur Fayence et Tourrettes. Dans l'abside en cul-de-four, on verra un retable du 16e s. où des scènes de la vie de la Vierge, peintes sur bois de façon naïve, encadrent une jolie statue de bois polychrome ; ces peintures sont enchâssées dans un retable baroque.

Revenir à la D 563 qui longe l'aérodrome de Fayence et prendre à droite la D 562 dont les lacets, coupant de nombreux ruisseaux, se déroulent au milieu des bois.

A droite, accrochés aux Plans de Provence, se détachent les villages de Fayence, Tourrettes, Montauroux.

Aux 4 Chemins, prendre vers Callas.

Callas. – 945 h. Au flanc d'une colline couverte d'oliviers, de chênes et de pins, serré autour des ruines de son château, ce village typique du Haut-Var a gardé beaucoup de caractère. Son beffroi à campanile est malencontreusement déparé par les trompes d'une sirène d'alarme. Son **église** romane, fortement remaniée au 19e s., possède un grand retable du 17e s., sous lequel on voit neuf pénitents en cagoules agenouillés. De la terrasse de l'église, **vue** au Sud sur les Maures et l'Esterel.

Par le col de Boussague, poursuivre la D 25 en corniche au-dessus d'une agréable petite vallée. Laissant derrière soi les Maures et l'Esterel, on jouit d'une belle vue sur Bargemon à l'avant.

Bargemon. – *Page 44.*

Quitter Bargemon à l'Ouest par la D 25.

La route s'élève rapidement, donnant de beaux aperçus sur Bargemon et ses environs.

★ **Col du Bel-Homme.** – Alt. 951 m. Un chemin, à gauche, s'élève vers le sommet de la montagne dont les pentes sont garnies de chênes verts. Le **panorama**★ *(table d'orientation)* s'étend au Sud vers la côte, au Nord-Est sur les Préalpes de Grasse, au Nord sur le plateau de Canjuers et les montagnes de Castellane.

Revenir à Bargemon où prendre la D 19 en direction de Fayence.

Après avoir surplombé quelque temps Bargemon, la route serpente dans un couvert de pins, de chênes verts et de genêts. A l'horizon, les Maures et l'Esterel.

★ **Seillans.** – *Page 138.*

N.-D.-de-l'Ormeau. – *Page 138.*

Continuer par la D 19 qui ramène à Fayence sur laquelle elle offre de beaux points de vue.

Lac de St-Cassien. – *Circuit de 29 km – environ 2 h. Sortir de Fayence au Sud-Est par la route de Tourrettes.*

Tourrettes. – 1 084 h. Ce village se signale par son curieux château, copie de l'école des Cadets de St-Pétersbourg, réalisé vers 1830 pour le compte du général d'Empire Alexandre Fabre.

Rejoindre la D 19 et, par les D 562 et D 56, prendre la direction de Callian.

Callian. – 1 449 h. Pittoresque village perché, occupant un **site** charmant, dont les rues lovées en spirale autour du château, sont bordées de vieilles demeures. De la place ombragée, où murmure une fontaine, on jouit d'une **vue** étendue sur la campagne (cultures florales) sur le Tanneron, le lac de St-Cassien, l'Esterel et les Maures.

Au Nord du village, rejoindre la D 37 pour Montauroux.

La route offre des vues agréables sur Callian et Montauroux.

Montauroux. – 1 997 h. Le village est animé par des artisans d'art. Parcourir la rue de la Rouguière (maisons des 17e et 18e s.). De la place, on a une **vue** intéressante sur le lac de St-Cassien et le Tanneron, une partie de l'Esterel et des Maures. La **chapelle St-Barthélemy,** romane, un peu à l'écart, était église paroissiale au 12e s.

Reprendre la D 37, traverser la D 562 et se diriger vers le lac de St-Cassien.

Lac de St-Cassien. – Aller jusqu'au pont de Pré-Claou d'où l'on a une **vue** d'ensemble sur ce lac de retenue (60 millions de m^3) aux versants boisés, aux rives découpées, destiné surtout à l'irrigation. Ses eaux poissonneuses, ses abords giboyeux attirent pêcheurs et chasseurs. On y pratique aussi les sports nautiques à l'exception de la navigation à moteur ; des baignades sont aménagées sur ses bords.

Rentrer à Fayence par la D 37, la D 562 à gauche et la D 19 à droite.

★ FRÉJUS

32 698 h. (les Fréjussiens)

Carte Michelin n° 84 pli 8, 195 pli 33 ou 245 pli 36 – Schémas p. 66 et 93.
Plan d'agglomération dans le guide Rouge Michelin France.

Située entre les Maures et l'Esterel, dans la plaine d'alluvions du bas Argens où prospèrent vignes et arbres fruitiers (pêches renommées), Fréjus est bâtie sur un plateau rocheux dont les pentes descendent doucement vers la mer éloignée de 1 500 m. La ville intéresse les amateurs d'archéologie par ses ruines romaines – peu spectaculaires, mais qui comptent parmi les plus variées de France. Son quartier épiscopal forme un bel ensemble architectural.
Le développement de Fréjus-Plage a stimulé son activité touristique.

UN PEU D'HISTOIRE

Naissance et apogée (1er s. avant J.-C.) – Fréjus tire son nom de « Forum Julii », village vraisemblablement fondé par Jules César en 49 avant J.-C., à la fois marché et gîte d'étape sur la route d'Espagne, prolongement en Gaule de l'antique voie Aurélienne. Sa fortune date du jour où Octave, le futur empereur Auguste, ayant à combattre les flottes de Sextus Pompée, doit se procurer une flotte. Il fait de cette bourgade une importante base navale en y bâtissant un arsenal (39 avant J.-C.) où se construisent et s'entraînent les galères légères, rapides, manœuvrantes, qui gagneront sur les lourds navires de Cléopâtre et d'Antoine la bataille d'Actium (31 avant J.-C.).
Vers cette époque, la ville devient Colonia Octavanorum : Auguste y installe une importante colonie de vétérans (légionnaires libérés à qui l'on accorde, avec les droits de citoyens romains, une somme d'argent et des terres). La ville se développe (bâtiments de la Plate-forme et de la butte St-Antoine) et compte peut-être 40 000 habitants.

Fréjus, il y a 2 000 ans. – *Voir plan page 73.* Des remparts l'entourent, percés de quatre portes correspondant aux deux grandes rues perpendiculaires, traditionnelles dans les cités romaines. Soldats, marins, citoyens jouissent gratuitement des arènes, du théâtre, des thermes.
Un aqueduc de 40 km amène l'eau de la Siagnole, captée près de Mons *(p. 106)*, jusqu'au château d'eau d'où elle est envoyée aux fontaines et établissements publics.
Parmi les bases navales du monde romain, Fréjus est, avec Ostie en Italie, la seule qui offre des éléments suffisants pour être reconstituée. En se plaçant à l'extrémité Est de l'esplanade Paul-Vernet où était sans doute le forum, on domine la plaine où se trouvait le port, il y a 2 000 ans. En se repérant sur les vestiges encore apparents, on peut évoquer assez facilement sa configuration et ses installations. Pour créer le bassin, une lagune a été approfondie, puis le port a été réaménagé sous le règne d'Auguste.
Le port d'environ 22 ha, superficie considérable pour l'Antiquité, comportait 2 km de quais dont subsistent des fragments. Il communiquait avec la mer par un canal large d'une trentaine de mètres et long de 500 m – le rivage s'est considérablement éloigné depuis les Romains – ; un mur protégeait ce canal du mistral. L'entrée du port était défendue par deux grosses tours symétriques ; celle qui porte la Lanterne d'Auguste se dresse encore au-dessus de la plaine, au bout du quai Sud. Entre ces tours, on tendait la nuit une chaîne de fer qui, le jour, reposait sur le fond.
Une tour, des chantiers navals, des thermes, des ateliers de foulons (blanchisserie) complétaient l'équipement, avec la palestre *(voir p. 25)* et l'hôpital dont on retrouve les vestiges à la ferme de Villeneuve, au Sud-Ouest de la ville.

Décadence. – Avec la longue paix romaine, le port militaire décline, mais Fréjus reste un grand port de commerce. Jusqu'au 4e s., la vie demeure active : on construit encore sous Constantin et un évêché est créé à la fin du siècle. Cependant le bassin et le canal, mal entretenus, commencent à s'envaser.
Au début du 10e s., la ville est détruite par les Sarrasins. En 990, l'évêque Riculphe la relève de ses ruines. La cité médiévale est petite par rapport à la ville romaine ; ses remparts sont dessinés par le tracé des rues Jean-Jaurès et Grisolle.
Henri II fait de Fréjus un siège d'amirauté, mais les équipages se plaignent des fièvres contractées dans ce pays devenu marécageux. Sous la Révolution, l'ensemble du port est vendu comme bien national et comblé par son propriétaire.

★★ LE QUARTIER ÉPISCOPAL *visite : 3/4 h*

Cet ensemble fortifié, au cœur de la ville médiévale, comprenait : la cathédrale, le cloître et ses annexes, le baptistère et le palais de l'évêque. De la place Formigé, on descend sous le porche de la cathédrale par quelques marches.

Portail. – Sous un arc en accolade s'ouvrent les deux **vantaux★** (1). Sculptés au 16e s., ils représentent des scènes de la vie de la Vierge, des images de saint Pierre et saint Paul, des portraits (où l'on croit reconnaître François Ier et Claude de France), des panoplies et des armoiries.

★★ **Baptistère.** – Cet édifice, l'un des plus anciens de France, remonte au 5e s. Séparé de la cathédrale par le porche, il se présente sous l'aspect d'un bâtiment carré de 11 m environ de côté. A l'intérieur s'inscrit un octogone dont les côtés comportent de petites niches, alternativement en cul-de-four et à fond plat. Elles sont séparées par des colonnes de granit noir, surmontées de chapiteaux en marbre provenant de l'ancien forum. Ces colonnes supportent la coupole reconstruite au 19e s. Des fouilles ont

QUARTIER ÉPISCOPAL

permis de retrouver le sol primitif dallé de marbre blanc, les mosaïques des niches et la piscine. On pénètre dans le baptistère par une grille en fer forgé (**2**), don du cardinal de Fleury – précepteur et ministre de Louis XV – qui fut évêque de Fréjus. Primitivement, les deux portes qui existent encore de chaque côté de la grille étaient utilisées ainsi : par la porte basse (**3**) entraient les catéchumènes et, après avoir été baptisés par l'évêque, nouveaux chrétiens, ils sortaient par la porte haute ou porte triomphale (**4**). Revêtus d'une tunique blanche, ils se rendaient ensuite dans la cathédrale où ils assistaient pour la première fois à toute la messe et recevaient la communion.
Le baptême était souvent administré à des adultes. On suppose que, préalablement, l'évêque procédait au lavement des pieds du catéchumène dans le grand bassin en terre cuite (dolium) qu'on a découvert dans le sol (**5**). Puis avait lieu l'immersion dans la cuve octogonale située au centre du baptistère (**6**). Un rideau, fixé à des colonnes, entourait cette cuve. L'onction était ensuite pratiquée sur la tête avec l'huile sainte.

★★ **Cloître.** – Il fut édifié aux 12e et 13e s. Contigu à la cathédrale, il était destiné aux chanoines du chapitre. Il comprenait deux étages ; une seule des galeries du premier subsiste. La claire-voie du rez-de-chaussée est formée par une série de colonnes jumelées, en marbre blanc, aux chapiteaux variés. Les voûtes d'arêtes, qui couvraient primitivement les galeries, ont été remplacées par un plafond en bois, aux poutres apparentes, orné au 15e s. de curieux petits panneaux peints : animaux, chimères, grotesques et personnages de l'Apocalypse. Au premier étage, les colonnettes sont plus grêles, les arcatures, en plein cintre, tandis qu'au rez-de-chaussée, elles sont en arc brisé. Ces caprices se rencontrent assez souvent en Provence.
Dans le petit jardin central, on voit le puits. La galerie Ouest est bordée par le bâtiment (**7**), autrefois fortifié, où logeaient les chanoines et leur prévôt *(voir ci-dessous).*

Musée archéologique. – *1er étage.* Il comporte une riche collection d'antiquités gallo-romaines provenant des fouilles de Fréjus.
Remarquer en particulier l'une des rares mosaïques romaines qui soient intégralement conservées, un Hermès bicéphale en marbre découvert en 1970, une tête de Jupiter (1er s. av. J.-C.) ainsi que plusieurs statuettes de marbre et de bronze.

Musée archéologique de Fréjus.
Hermès bicéphale.

★ **Cathédrale.** – Elle constitue un exemple intéressant du premier art gothique en Provence. C'est un édifice à deux nefs, dédiées à Notre-Dame (côté Sud) et saint Étienne (côté Nord), dont certaines parties remontent peut-être à la basilique primitive.
Le narthex (**8**) élevé deux siècles plus tard supporte un clocher achevé au 16e s. Sur l'abside se dresse la tour crénelée qui servait de défense au palais épiscopal.
Au 12e s., la nef de gauche fut en grande partie reconstruite (voûte en plein cintre). Au 13e s., la nef Notre-Dame est couverte de voûtes d'ogives sans clefs, dont les nervures rectangulaires sont soutenues par d'énormes piliers carrés. Belles **stalles** du 15e s. (**9**). Le grand autel de marbre blanc (**10**) date du 18e s. On voit également deux tombeaux du 14e s. (**11**) ; au-dessus de la porte de la sacristie, le beau **retable de sainte Marguerite** (**12**) est de Durandi ; au fond du bas-côté, remarquable crucifix Renaissance (**13**) en bois, près des tombeaux (**14**) des Camelin, évêques du 17e s.

Ancien palais épiscopal. – La façade sur la place date de la Restauration, l'autre, sur la rue du Beausset, est celle de l'édifice du 14e s., bâti en grès rose de l'Esterel. Il abrite, actuellement, l'hôtel de ville.

Chapitre. – La maison du Prévôt, appelée aussi « Capitou », présente, sur la rue de Fleury (**7**), une belle façade en bossage. La porte est pratiquée dans une tour fortifiée ; à l'étage, deux fenêtres géminées sous des arcs en plein cintre.

Porte aux atlantes. – *53, rue Sieyès.* De l'ancien hôtel particulier de l'abbé Sieyès, qui fut l'un des instigateurs du coup d'État du 18 brumaire, ne subsiste que le portail (17e s.), orné de deux atlantes en pierre.

★ LA VILLE ROMAINE *visite : 1 h*

Très vaste, la ville romaine couvrait une quarantaine d'hectares.

Porte des Gaules. – Ancienne porte des remparts romains, elle a la forme d'une demi-lune. Des deux tours qui la flanquaient, une seule demeure.

★ **Arènes (ou amphithéâtre).** – Elles mesurent 114 m de longueur et 82 m de largeur (131 m sur 100 m à Nîmes, 136 m sur 107 m à Arles). Environ 10 000 spectateurs pouvaient y prendre place. Une moitié de l'amphithéâtre s'appuie au flanc de la colline que couronne le rempart.
Destinées surtout à des soldats ou anciens soldats, ces arènes furent construites avec un souci de sobriété et d'économie. Elles diffèrent, sur ce point, des amphithéâtres d'Arles et de Nîmes qui s'adressaient à un public plus raffiné. Actuellement, des corridas s'y déroulent en été.
De la pelouse qui entoure les arènes on découvre, au Sud-Ouest, deux colonnes provenant d'une épave romaine trouvée au large de St-Tropez. Ces colonnes ont été érigées sur le terre-plein de l'échangeur N 7-D 37.

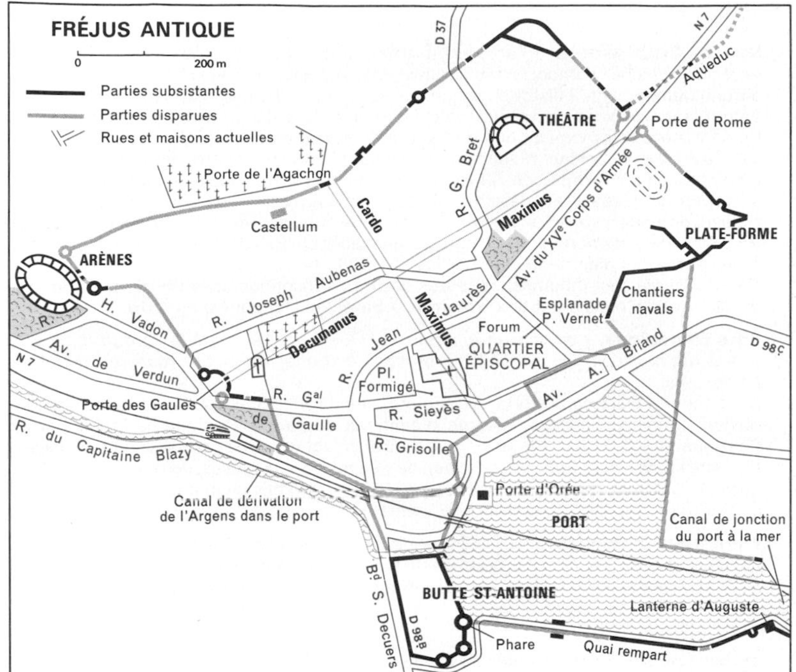

Théâtre. – Le théâtre, contemporain des arènes, est réduit aux murs rayonnants qui portaient les voûtes sur lesquelles s'étageaient les gradins. Il mesure 84 m sur 60. À l'intérieur, l'emplacement de l'orchestre est apparent. On peut reconnaître les substructions de la scène ainsi que la fosse dans laquelle glissait le rideau.

Aqueduc. – Il n'en reste que des piliers et des arcades ruinées. Parvenu à hauteur du rempart, l'aqueduc, contournant la ville, continuait sous les dalles du chemin de ronde jusqu'au château d'eau (castellum), d'où partaient les conduites de distribution.

La Plate-forme. – Vestiges de la plate-forme romaine, dite encore Citadelle de l'Est, où s'était installé le Praetorium (Quartier Général) ; traces de greniers, de bureaux, de thermes et d'habitations. Au Sud de la Plate-forme s'étendaient les chantiers de construction navale.

Porte d'Orée. – Belle arcade, sans doute vestige d'une salle des thermes du port.

Butte St-Antoine. – Faisant pendant à la Plate-forme, elle constituait la Citadelle de l'Ouest. Le boulevard S.-Decuers en longe le mur occidental ; le mur oriental dominait les eaux du port ; le front Sud montre des restes de tours, la troisième étant peut-être un phare. Ce quartier comprenait des ateliers de foulons : c'était la blanchisserie militaire.

Lanterne d'Auguste. – *Contournant la butte St-Antoine par le Sud, un chemin fléché mène à la lanterne d'Auguste.*
A hauteur d'un grand pan de tour, le chemin tourne à droite sur le quai Sud dont le mur de défense subsiste en partie.
On arrive à l'entrée du port : une tour la signalait. De là, partait le canal de jonction à la mer. Sur cette tour, ruinée, a été élevée, au Moyen Age, la « lanterne d'Auguste » : elle constituait un amer qui indiquait aux navigateurs l'entrée du bassin. On voit se poursuivre vers le Sud-Est le mur du canal de jonction.

AUTRES CURIOSITÉS

Fréjus-Plage. – Lieu de séjour. *A 2 km du centre par le boulevard S.-Decuers et l'avenue de la Mer.*
Cette magnifique plage de sable fin s'étire sur plusieurs kilomètres à l'Ouest de St-Raphaël.

Pagode bouddhique. – *A 2 km du centre par l'avenue de Verdun.*
La pagode s'élève dans un beau cadre boisé. Elle fut construite en 1919 par des Vietnamiens engagés dans l'armée française, en souvenir de leurs camarades disparus. Très colorée, elle est entourée de statues et de monuments rituels.

ENVIRONS

Missiri : musée des Troupes de marine. – *6 km. Quitter Fréjus à l'Ouest par l'avenue de Verdun (N 7), puis tourner à droite dans la D 4, direction Fayence.*

Missiri. – A 3 km sur la gauche, on distingue, en retrait, la silhouette ocre d'une mosquée soudanaise, reproduction de la célèbre mosquée Missiri de Djenné (Mali). Elle était fréquentée par les tirailleurs africains qui séjournaient jadis dans le camp des Troupes de marine.

1 km après le passage de la D 4 sur l'autoroute se dresse à droite le musée des Troupes de marine.

Musée des Troupes de marine. – Fort agréablement présenté dans un bâtiment moderne, il retrace, à l'aide d'importantes collections d'objets et de documents disposés chronologiquement, l'histoire de ces troupes qui, depuis 1622, jouèrent un rôle déterminant dans les campagnes d'outre-mer et lors des grands conflits mondiaux. Ce sont surtout les expéditions de la grande période coloniale du Second Empire à 1914 (Afrique, Indochine, Madagascar) qui sont évoquées par un ensemble de pièces d'équipements, d'armes, de fanions, d'objets d'artisanat local, doublé d'une riche iconographie (aquarelles, dessins, photographies). Nombreux souvenirs du général Gallieni dont son cabinet de travail en Indochine et la voiture qu'il utilisa à Madagascar de 1900 à 1905. Remarquer, au 1er étage, une table en bois précieux incrustée de nacre, représentant un plan de la ville de Hanoi (1906).
Dans la crypte sont inhumés les restes des héros inconnus de la Division d'Infanterie de Marine, qui résistèrent aux Bavarois à Bazeilles (Ardennes) en 1870.

★ **Parc zoologique.** – *5 km. Quitter Fréjus à l'Ouest par l'avenue de Verdun (N 7) et la D 4 à droite qu'on suit sur 3 km ; prendre à droite une petite route qui enjambe l'autoroute.*
Dans les premiers contreforts de l'Esterel, sur une colline boisée de pins parasols, oliviers et chênes-lièges, la réserve d'animaux du parc zoologique de Fréjus couvre une superficie de 25 ha ; elle se visite à pied et en voiture. Une grande variété d'oiseaux (flamants roses, vautours, perroquets), de très nombreux fauves, des éléphants d'Asie, des yaks du Tibet, des zèbres, des singes dont les ouistitis pygmées, etc., se partagent ce territoire. Séances de dressage d'animaux.

★ **Montagne de Roquebrune.** – *Circuit de 29 km – environ 1 h 1/2. Quitter Fréjus par l'avenue de Verdun, N 7. Au bout de 10 km, tourner à gauche dans la D 7 et gagner Roquebrune-sur-Argens.* *La suite de l'excursion est décrite p. 126.*

Sachez tirer parti de votre ***guide Michelin.*** *Consultez la légende p. 32.*

La GARDE-FREINET

1 402 h. (les Fraxinois)

Carte Michelin n° 84 pli 9, 84 pli 17 ou 245 pli 48 – Schéma p. 93.

En plein massif des Maures, la Garde-Freinet (autrefois appelée le Fraxinet) occupe un passage entre la riche plaine de l'Argens et le golfe de St-Tropez. Sa position stratégique lui a valu plus d'un siècle d'occupation sarrasine. Le bourg, très étendu, est animé par des artisans. Dans la **chapelle St-Éloi** (désaffectée), à l'entrée du village, sont exposées les productions locales. Les forêts avoisinantes de chênes-lièges et de châtaigniers font l'objet d'un renouveau d'exploitation : fabrication de bouchons et production de châtaignes connues sous le nom de marrons de Luc.

Les Sarrasins. – La tradition locale abonde en récits sur les Sarrasins. Sous le nom de Sarrasins, les Provençaux désignent indistinctement les Maures, les Arabes, les Turcs, les Barbaresques qui les ont harcelés du 8e au 18e s.
Après la victoire de Charles Martel sur les Arabes à Poitiers en 732, ceux-ci se répandirent en Provence. Chassés plusieurs fois, ils réussissent à se maintenir dans la région de la Garde-Freinet. De la hauteur qui domine le village actuel, ils font une forteresse d'où ils descendent pour piller la Provence intérieure. C'est seulement en 973 que le comte Guillaume le Libérateur parvient à les expulser.
En contrepartie des ruines qu'ils ont accumulées, les Sarrasins ont enseigné aux Provençaux l'art de la médecine ; ils leur ont appris à utiliser l'écorce du chêne-liège et à extraire la résine du pin ; ils ont introduit l'usage de la tuile plate et fait connaître le tambourin.

Ruines du château fort. – *1 km, puis 3/4 h à pied AR. Emprunter, au Sud du village, le GR 9. A la plate-forme de stationnement aménagée dans un virage* (belle vue sur la plaine du Luc et les premiers contreforts des Alpes), *laisser la voiture. Un sentier conduit à une croix, puis, par une montée assez raide, aux ruines.*
Les ruines de la forteresse, attribuée aux Sarrasins, se confondent avec les rochers. Du sommet, le **panorama★** est remarquable, aussi bien vers la mer que vers l'intérieur.

★ GOLFE-JUAN

(les Golfe-Juanais)

Carte Michelin n° 84 pli 9, 195 pli 35 ou 245 pli 37 – Lieu de séjour.

Station très fréquentée dont la plage de sable fin s'étend sur 1 km au fond d'un golfe mollement arrondi. Sa rade, bien abritée par les collines de Vallauris fleuries d'orangers et de mimosas, le cap d'Antibes et les îles de Lérins, forme un excellent mouillage (port de pêche et de plaisance).
C'est ici que **Napoléon** débarqua, à son retour de l'île d'Elbe, le 1er mars 1815 *(illustration, p. 127).* Sur le quai du port, une mosaïque commémore l'événement. Le brick « l'Inconstant » et quelques voiliers ont transporté, avec l'Empereur, les 1 100 hommes de sa garde et quelques chevaux. Quand le matelot de vigie crie : « Terre ! », Napoléon le fait appeler et vide dans son bonnet tout l'argent qu'il a sur lui.
Le général Cambronne est le premier à terre et, malgré l'opposition des autorités locales, distribue des cocardes tricolores qui ornent bientôt toutes les coiffures. La proclamation, où figure la phrase célèbre : « La victoire marchera au pas de charge ; l'aigle, avec les couleurs nationales, volera de clocher en clocher jusqu'aux tours de Notre-Dame », est affichée pour la première fois. L'Empereur se repose à l'auberge pendant qu'on essaie de gagner à sa cause la garnison d'Antibes. L'entreprise ayant échoué, il donne l'ordre de marcher sur Cannes.

ENVIRONS

★★ **Route Napoléon.** – *57 km – environ 1/2 journée. De Golfe-Juan au col de Valferrière : description p. 127. Retour possible par les confins Sud des Préalpes de Grasse ; cet itinéraire est décrit en sens inverse, p. 78.*

Les excursions que nous indiquons p. 57 aux environs de Cannes peuvent être faites au départ de Golfe-Juan. Nous y renvoyons nos lecteurs.

★ GOURDON

231 h. (les Gourdonnais)

Carte Michelin n° 84 pli 8, 195 pli 24 ou 245 pli 37.

Gourdon « la Sarrasine » est perchée en nid d'aigle dans un **site**★★ exceptionnel à la pointe d'un éperon rocheux du Plan de Caussols qui surplombe de plus de 500 m le cours du Loup. Ce village farouche est fort plaisant par ses vieilles maisons restaurées et l'animation qu'y font régner divers ateliers d'artisans et boutiques.

★★ **Point de vue.** – De la petite place, au chevet de l'église, on jouit d'une vue magnifique sur 50 km de côte, de l'embouchure du Var au Cap Roux, et sur l'intérieur, du pic de Courmettes à l'Esterel (mont Vinaigre à l'extrême droite) ; en contrebas, à gauche, on voit serpenter le Loup à la sortie des gorges.

Château. – Bâti au 13e s. sur les soubassements d'une forteresse sarrasine et restauré au 17e s., c'est un massif édifice rectangulaire aux tours d'angle moins hautes que le corps de logis ; il présente des éléments d'architecture sarrasine (salles voûtées), du 14e s. toscan et de la Renaissance (porte d'entrée au fond de la cour d'honneur).

Musée historique. – *Au rez-de-chaussée.* Dans le vestibule est exposée une collection d'armes et armures anciennes. Dans la salle à manger, à la cheminée monumentale du 14e s., mobilier du 17e s. Le salon a un mobilier du 16e s. ; on y voit une tapisserie d'Aubusson, un secrétaire ayant appartenu à Marie-Antoinette, un petit autoportrait de Rembrandt, et surtout un beau panneau de 1500 : **Sainte Ursule** (école de Cologne). Dans la chapelle, on peut admirer un triptyque du 16e s., une Descente de croix de l'atelier de Rubens, un Golgotha de l'école flamande, une sculpture du Greco en bois polychrome (saint Sébastien). La salle des Gardes abrite une collection d'armes orientales des 16e et 17e s. Dans la tour Henri IV, on peut examiner des archives revêtues du sceau royal ; le sol, partiellement ouvert, laisse voir l'ancienne prison.

★ **Musée de Peinture naïve.** – Il occupe sept salles du second étage où se trouve réunie une exceptionnelle collection internationale portant sur la période 1925-1970, avec un Douanier Rousseau (portrait). On ne résiste pas au charme candide de ces peintres naïfs poursuivant l'inventaire d'un quotidien rempli de prodiges.
On relève les noms des Français Séraphine, Bauchant, Vivin, Lefranc, Caillaud, Fous ; des Yougoslaves Kovacic et Vercenaj (tous les deux de l'école de Croatie) ; de l'Américaine O'Brady ; du Belge Greffe ; de l'Espagnol Vivancos...

Jardins. – Les jardins en terrasses sur trois niveaux ont été dessinés par Le Nôtre. Ils sont transformés progressivement en station typique de la flore du climat préalpin du Sud. De la terrasse supérieure, la **vue**★★ est analogue à celle de la place de l'église.

★★ GRASSE

38 360 h. (les Grassois)

Carte Michelin n° 84 pli 8, 195 pli 24 ou 245 pli 37 – Lieu de séjour.

Grimpant sur les premières pentes des hauts plateaux calcaires et dominant les plaines parfumées dont elle tire son renom, Grasse est d'un charme séduisant et varié. Ses jardins étagés offrent de vastes perspectives. La vieille ville provençale, avec ses maisons de quatre ou cinq étages, ses rues étroites et tortueuses que relient des traverses, fortes rampes ou même escaliers, forme un ensemble pittoresque.

UN PEU D'HISTOIRE

Une petite république (12e s.) – Au Moyen Age, Grasse, minuscule citée administrée par un conseil dont les membres se dénomment « consuls par la grâce de Dieu », prend exemple sur les républiques italiennes et entretient des relations suivies avec Pise et Gênes. Par Cannes, elle leur envoie du savon, de l'huile, des peaux tannées ; elle en reçoit des peaux fraîches et des armes.

Un grand poète provençal. – Personnalité turbulente, joyeux reître autant que poète, **Bellaud de la Bellaudière** (1532-1588) est né et mort à Grasse, mais il a surtout vécu à Aix, Marseille et Avignon. Son œuvre, inspirée de Marot, Rabelais et Pétrarque, à la fois tendre et enjouée, est écrite dans un parler truculent, vigoureux et coloré ; entre les troubadours et Mistral, elle a donné au provençal un nouvel essor.

Fragonard, enfant de Grasse (1732-1806). – Le père de Fragonard, tanneur-gantier, essaie de faire de son fils Jean-Honoré, à défaut d'un artisan, un clerc de notaire. Mais le démon du dessin habite le jeune homme qui part pour Paris où il fréquente l'atelier de Chardin puis celui de Boucher. Prix de Rome à vingt ans, il atteint la célébrité. La Révolution le prive de son élégante clientèle et met à la mode une peinture plus sévère. Malgré la protection de David, il préfère quitter Paris et se réfugie à Grasse chez son ami Maubert. Fragonard a apporté cinq de ses plus belles toiles exécutées pour Mme du Barry qui, finalement, les a refusées. Il les vend à son hôte pour une somme minime. Cependant, le peintre s'ennuie à Grasse et revient à Paris, où il vit chichement, sans toutefois perdre son insouciance. Un après-midi d'août 1806, ayant très chaud, il entre dans un café pour prendre une glace : une congestion cérébrale emporte le vieil artiste.

Les débuts d'une station climatique. – Durant l'hiver de 1807-1808, l'impétueuse et galante princesse Pauline Bonaparte, en froid avec l'Empereur, vient chercher forces et diversion sous ce climat privilégié. Tous les jours, on la transporte en chaise à porteurs jusqu'à un bosquet de chênes verts qu'elle affectionne. L'endroit s'appelle aujourd'hui le « Jardin de la princesse Pauline » *(p. 78)*. Plus tard, la reine Victoria d'Angleterre passera plusieurs hivers à Grasse, au Grand Hôtel ou dans la propriété Rothschild.

Passage de Napoléon (2 mars 1815). – Après l'accueil froid que lui a réservé Cannes, l'Empereur, évadé de l'île d'Elbe, se décide à prendre la route des Alpes par Grenoble et s'avance vers Grasse. Mais, peut-être par crainte d'une manifestation hostile de la population, il contourne la ville par le boulevard du Jeu-de-Ballon ; il campe à l'endroit appelé depuis « Plateau Napoléon », y reste une heure à peine.

La parfumerie à Grasse. – Grasse était depuis longtemps spécialisée dans le cuir et la ganterie lorsque la mode, au 16e s., fut aux gants parfumés. C'est par ce biais que l'industrie de la parfumerie s'y est introduite ; les grandes Maisons virent le jour aux 18e et 19e s. et la parfumerie tient toujours une place importante sur le marché mondial.
La **distillation** est le plus ancien des procédés. L'eau et les fleurs sont portées à ébullition dans un alambic. L'eau et l'essence condensées s'écoulent dans la bouteille dite « florentine », où leur différence de densité et leur insolubilité les séparent.
Au 18e s. fut inventé l'**enfleurage.** Ce procédé utilise la propriété qu'ont les graisses de se charger des matières odoriférantes. On dispose, à plusieurs reprises, des fleurs fraîches sur une couche de graisses. Par un lavage à l'alcool, les matières odoriférantes sont séparées des graisses : on obtient l' « absolue de pommade ». Peu de firmes utilisent aujourd'hui ce procédé qui nécessite une main-d'œuvre importante.
Le procédé le plus récent est l'**extraction,** qui permet de prélever le parfum des fleurs sous un maximum de concentration et de puissance. Les fleurs sont mises en contact avec un solvant qui est ensuite évaporé. On obtient la « concrète » qui renferme de la cire et du parfum. Il faut une tonne de fleurs de jasmin pour obtenir 3 kg de concrète entre 50 000 et 60 000 F le kg en 1986. Puis, la cire est éliminée au moyen d'alcool et les 40 % restants constituent l' « absolue de concrète ».
Les essences obtenues à Grasse, matières de base pour la parfumerie, sont utilisées sur place ou envoyées à Paris où les grands parfumeurs les mélangent selon des formules secrètes et obtiennent les compositions fascinantes pour lesquelles la France a acquis une renommée mondiale.
En dehors des parfums, l'industrie grassoise s'oriente actuellement vers la production d'arômes alimentaires.

★ LA VIEILLE VILLE *visite : 2 h*

★ **Place du Cours** (Z). – Cette agréable promenade en terrasse offre une **vue**★ charmante sur la campagne cultivée et boisée qui ondule vers la mer. A l'extrémité se dresse une **fontaine** (Z V) monumentale qui date de la Révolution ; à l'angle du boulevard du Jeu-de-Ballon se trouve un petit square décoré du monument de Fragonard.

Descendre les escaliers pour accéder à la rue Mirabeau.

★ **Musée d'Art et d'Histoire de Provence** (Z M1). – Il est installé dans une demeure du 18e s., bâtie par Louise de Mirabeau, sœur du tribun, lorsqu'elle épousa le marquis de Cabris. On donna le nom de « Petit Trianon » à cet hôtel, que la marquise voulut créer et décorer en vue de grandes fêtes. Mais elle n'y connut guère que des jours troublés par des procès et des scènes de famille. Ce musée constitue un remarquable ensemble d'art et de traditions populaires de la Provence orientale.
Au rez-de-chaussée, le vestibule présente des faïences d'Apt et du Castellet des 18e et 19e s. Remarquer les chambres meublées en style Louis XIII, Louis XIV et Louis XV et ornées de tableaux de Granet, Mallet et d'artistes grassois.
Au sous-sol, on peut voir la cuisine reconstituée de l'hôtel de Cabris, une très belle collection de faïences de Moustiers, des céramiques décoratives de Biot et de Vallauris. Une salle présente des crèches provençales avec leurs santons ainsi que des angelots de retables. La salle gallo-romaine renferme le fronton d'un monument funéraire du 4e s., ainsi que du mobilier funéraire : lampes, flacons, cruches.
A l'étage, mobilier, monnaies et faïences provençales. Une salle est consacrée aux évêques de Grasse.

Continuer la rue et emprunter la rampe à gauche vers la place du Barri puis la traverse des Touts-Petits ; un escalier, à droite, débouche place du Petit-Puy.

Cathédrale (Z B). – L'édifice remonte à la fin du 10e et au 11e s., mais a été restauré et remanié au 17e s. ; le double escalier d'accès avec sa large rampe de pierre et les deux cryptes ont été ajoutés au 18e s. Sur la façade ourlée d'arcatures lombardes, remarquer les vantaux du portail (1721).
La nef étroite et haute, voûtée de lourdes ogives, marque le début du style gothique en Provence ; les piliers cylindriques sont puissants. L'ensemble a une certaine grandeur. Les orgues de 1855 sont dues au facteur Junk de Toulouse.
Dans le collatéral droit, on peut voir : trois **toiles**★ de Rubens (Le Couronnement d'Épines, Sainte Hélène à l'exaltation de la Sainte-Croix, le Crucifiement) peintes à Rome en 1601 et offertes par un Grassois au 19e s. ; un beau **triptyque** attribué à Louis Bréa représentant saint Honorat entre saint Clément et saint Lambert ; le Mariage mystique de sainte Catherine, par Sébastien Bourdon (17e s.) ; enfin, le **Lavement des pieds,** une des rares toiles religieuses de Fragonard.

Place du 24-Août (Z). – De cette place, on prend du recul par rapport au chevet et au clocher de la cathédrale ; on a également une **vue** étendue vers l'Est, sur la campagne de Grasse. Tout près, ancienne tour du Consulat, dite tour de l'Horloge.

Tour de Guet (Z D). – L'hôtel de ville, ancien évêché, est flanqué d'une tour massive et carrée en bel appareil de tuf roux, qui date du 12e s. Une inscription y est apposée à la mémoire du poète Bellaud de la Bellaudière *(voir p. 75)*.

Place aux Aires (Y). – Autour d'une élégante **fontaine** à trois vasques superposées se groupent d'anciennes maisons aux arcades irrégulières ; remarquer en particulier, sur le côté Nord de la place, l'**hôtel Isnard (E),** construit en 1781, sa belle porte et son joli balcon de fer forgé qui court au 1er étage de la façade. Chaque matin, sous les micocouliers vénérables de la place se tient un chatoyant **marché aux fleurs** et aux légumes.

Rue Amiral-de-Grasse (Z). – Remarquer, au n° 18, l'hôtel de Fontmichel (17e s.).

AUTRES CURIOSITÉS

Villa-musée Fragonard (Z M2). – Élégante maison de campagne construite au 17e s., cette villa est celle du sieur Maubert, gantier-parfumeur à Grasse, où Fragonard trouva refuge pendant la Révolution. Aujourd'hui propriété de la ville, elle est à la fois un cadre prestigieux pour les réceptions municipales, un centre culturel, et le musée d'une dynastie de peintres. Le beau parc qui l'entoure constitue un lieu de détente privilégié. Dans le salon médian du rez-de-chaussée prennent place d'excellentes copies de panneaux réalisés par Fragonard en 1771 et 1772 pour la comtesse du Barry : ils décrivent, en cinq tableaux, le cheminement de l'amour dans un cœur féminin. Les originaux se trouvent à la Frick Collection à New York.

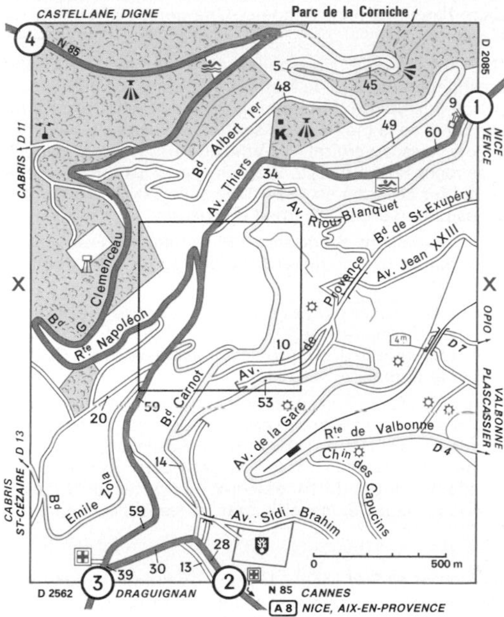

GRASSE

Jeu-de-Ballon (Bd du) .... YZ
Ossola (R. Jean) .. Z 38
Thiers (Av.) ...... Y

Barri (Pl. du) ..... Z 4
Bellevue (Bd) ..... X 5
Charabot (Bd) .... Y 6
Conte (R.D.) ..... Y 7
Cresp (Cours H.) . Z 8
Croisset (Av. de) .. X 9
Crouet (Bd J.) .... X 10
Droite (Rue) ..... Y 12
Dunant (Av. H.) ... X 13
Duval (Av. M.) .... X 14
Fontette (R. de) ... Y 15
Foux (Pl. de la) ... Y 17
Fragonard (Bd) ... Z 18
Gaulle (Av. de) ... X 20
Gazan (R.) .... Z 22
Jaurès (Pl. Jean) .. Y 23
Journet (R. M.) . YZ 26
Juin (Av. Mar.) .... Y 27
Lattre-de-Tassigny (Av. Mar. de) ... X 28
Leclerc (Bd Mar.) . X 30
Libération (Av.) ... X 32
Mougins-Roquefort (R.) .... Z 33
Onze-Nov. (R.) ... X 34
Oratoire (R. de l') . Y 35
Petit-Puy (Pl. du) .. Z 42
Prés.-Kennedy (Bd) X 45
Reine-Jeanne (Bd) X 48
Rothschild (Bd) ... X 49
St-Martin (Trav.) .. Z 50
Sémard (Av. P.) .. X 53
Tracastel (R.) ..... Z 57
Touts-Petits (Trav.) Z 58
Victor-Hugo (Bd) XZ 59
Victoria (Av.) ..... X 60

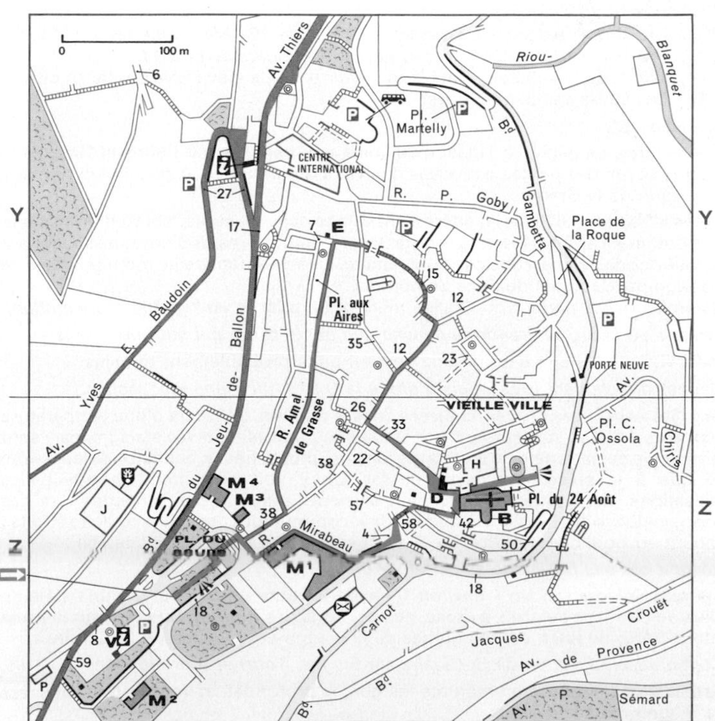

La cage d'escalier est décorée, en trompe-l'œil et en camaïeu brun, d'allégories républicaines et maçonniques ; ces peintures à la détrempe auraient été exécutées à l'âge de 14 ans par le fils de Fragonard, Alexandre-Évariste (1780-1850).
A l'étage, la **salle Fragonard★** offre une gamme de modes d'expression variés du célèbre peintre grassois : dessins et gravures originales, esquisses, peintures parmi lesquels on remarque deux autoportraits de l'artiste, le Paysage aux lavandières, le Taureau blanc, les Trois Grâces. Alexandre-Évariste Fragonard occupe la salle de gauche avec notamment la Lecture de la Bible d'après Greuze. Une troisième salle illustre le talent du petit-fils Théophile Fragonard (1806-1876), dont on remarque l'Embarquement pour Cythère et la Visite à la malade. Marguerite Gérard (1761-1837), belle-sœur et élève de Fragonard, est présente avec le Portrait d'une fillette.

★ **Musée international de la Parfumerie** (Z M[3]). – Les collections du musée concernent plus de 3000 ans de parfumerie dans le monde. Le rez-de-chaussée, équipé à l'image d'une usine, présente grâce à de nombreuses machines et des tableaux explicatifs les différentes techniques d'extraction des matières premières odorantes et les étapes de fabrication des parfums *(voir p. 76).* L'entresol abrite un laboratoire de création muni de matériel de précision actuel. A l'étage est exposée une importante collection de flacons, fioles, boîtes, coffrets, affiches..., témoignages des attitudes humaines à l'égard du parfum et plus largement de la toilette et du maquillage à travers les âges ; de grands noms apparaissent tels Guerlain, Patou, Lanvin, Chanel... Une serre regroupant de multiples essences est installée en terrasse.

Musée de la Marine (Z M[4]). – Installé dans cinq belles salles voûtées de l'hôtel Pontevès-Morel, il évoque la prestigieuse carrière de l'amiral de Grasse, né au Bar-sur-Loup *(voir p. 45)* et sa participation à la guerre d'Indépendance des États-Unis. Parmi les 29 maquettes de navires dont plus de la moitié représentent des voiliers du 18e s., on remarque une galère de Malte, le vaisseau-amiral « La Ville de Paris », à bord duquel, le 17 septembre 1781, de Grasse reçut Rochambeau, Washington et La Fayette, et le croiseur anti-aérien De Grasse, qui fut désarmé en 1974. Une salle est consacrée à la famille de Jonquières d'où est issue une brillante lignée de marins.

Parfumeries. – On peut visiter les maisons Fragonard (20, boulevard Fragonard), Galimard (route de Cannes) et Molinard (60, boulevard Victor-Hugo) ; elles donnent un aperçu des procédés de fabrication.

Jardin de la princesse Pauline (X K). – *Accès par l'avenue Thiers, le boulevard Alice-de-Rothschild puis le boulevard de la Reine-Jeanne.*
De la table d'orientation située dans le jardin se découvre un joli **point de vue★** sur Grasse, le massif du Tanneron, l'Esterel et le littoral.

Parc communal de la Corniche (X). – *Accès comme ci-dessus ; poursuivre à gauche en angle aigu, par le boulevard Bellevue ; puis à droite par le boulevard du Président-Kennedy – 1/2 h à pied AR.* Dans le lacet se détache à droite un sentier signalé qui aboutit sur le rebord de l'escarpement des Préalpes de Grasse. Du belvédère, **point de vue★★** s'étendant du Baou de St-Jeannet aux croupes du Tanneron et aux crêtes de l'Esterel ; à l'horizon, on aperçoit le golfe de la Napoule, le golfe Juan et les îles de Lérins.

ENVIRONS

Musée des trains miniatures. – *4 km au Sud-Est sur la N 85.* De grands circuits, aux paysages et aux détails variés, présentent une importante collection de trains électriques en mouvement (modèles réduits de trains d'époques et de nationalités différentes, depuis la vapeur jusqu'au T.G.V.).

★★ **Confins Sud des Préalpes de Grasse.** – *Circuit de 104 km – environ 5 h. Quitter Grasse par le boulevard G.-Clemenceau et prendre à gauche la D 11.*
La route, traversant le « plateau Napoléon » *(voir p. 76),* s'élève vers Cabris en offrant de belles **vues** sur la campagne grassoise.

★ **Cabris.** – *Page 51.*

Par Spéracèdes, on gagne le Tignet d'où l'on a une belle **vue** sur Cabris et Grasse. La D 13 court parmi des pentes couvertes d'oliviers magnifiques. A gauche, le tumulus préhistorique de la Graou.

St-Cézaire-sur-Siagne. – 1 578 h. Cet intéressant village occupe, sur le rebord d'un plateau, un **site★** dominant en à-pic les gorges de la Siagne. Tours et restes d'enceinte soulignent son passé féodal. Dans l'enclos du cimetière, une jolie chapelle romane abrite le sarcophage gallo-romain de Julia Sempronia.
Un itinéraire balisé partant de l'église mène à un **point de vue★** *(table d'orientation).*

Revenir au bourg et prendre à gauche une petite route qui fait une boucle.

Puits de la Vierge. – Il s'agit d'un groupe de neuf puits probablement romains.

Gagner directement la D 5 puis à droite la D 613 qui mène aux grottes.

★ **Grottes de St-Cézaire.** – Les grottes, creusées dans le calcaire, jouissent d'une température constante de 14°. Les stalactites, d'une étonnante musicalité, et les stalagmites y sont remarquables par la variété de leur forme (champignons, fleurs, animaux) et leur teinte rouge due à la présence d'oxyde de fer. On y voit également de très belles cristallisations. Ces grottes comprennent plusieurs salles (« des Draperies », « des Orgues », « Alcôve des Fées », « Grande Salle ») communiquant par des couloirs étroits ; on aboutit au bord d'un gouffre qui, à 40 m sous terre, s'ouvre dans le sol.

Revenir sur ses pas jusqu'au carrefour de la D 5.

Route du col de la Lèque. – *5 km – environ 1/4 h.* Cette route permet de voir une série de tumulus ou dolmens enterrés à droite, aux environs des Puades. Du col et sur la route de retour, série de **vues★** sur les gorges de la Siagne et le village de St-Cézaire.

Continuer en direction de St-Cézaire-sur-Siagne. Tourner à droite, dans la D 105.

Gorges de la Siagne. – La route emprunte les gorges profondes et verdoyantes creusées par la Siagne dans le calcaire.

Après avoir franchi la Siagne (du pont, **vue** en enfilade sur le canyon), suivre à droite la D 656, très étroite et en forte montée. La route domine les gorges qui, après le second lacet, s'évasent en un cirque rocheux très coloré, puis longe un vallon boisé avant d'atteindre le plateau. Prendre à gauche la D 56, à flanc de coteau. Sur les terrasses retenues par des murets de pierres sèches croissent figuiers, oliviers et chênes verts.

Franchir la Siagnole.

Sources de la Siagnole. – *1/2 h à pied AR.* Après le pont, à droite, un sentier permet d'accéder à l'endroit fort agréable où naît la Siagnole en sources vauclusiennes.

Roche Taillée. – Vestiges d'un aqueduc romain, signalés par un panneau à gauche de la route ; les eaux, captées aux abords de Mons, étaient amenées par lui jusqu'à Fréjus. L'ouvrage est toujours utilisé. **Vue★** en direction de Grasse, à proximité.

Prendre la D 37 à droite, puis tourner dans la D 563 qui permet d'atteindre Mons.

De la route, en haute corniche au-dessus de la gorge de la Siagnole, la **vue★★**, à partir du col d'Avaye, magnifique, s'étend jusqu'à l'Esterel.

★ **Mons.** – *Page 106.*

Un coin montagneux et boisé puis un paysage impressionnant de causses blancs et arides se succèdent le long de la D 563. Au col de Valferrière (alt. 1 169 m) on atteint la Route Napoléon (N 85) que l'on prend à droite.

★★ **Route Napoléon.** – *Jusqu'à Grasse, la route, qui offre une série de vues splendides sur la Côte d'Azur, est décrite en sens inverse p. 128.*

★★ **Gorges du Loup.** – *Circuit de 38 km – environ 2 h. Quitter Grasse par ① du plan (D 2 085).* De ce côté, la banlieue de Grasse est peuplée de jolies villas éparpillées parmi les oliviers, les cyprès et les orangers.

Magagnosc. – *900 m après le panneau d'agglomération et juste après le restaurant « La petite auberge » prendre, à droite, la route signalisée « église St-Laurent ».* Deux sanctuaires se font face. **L'église St-Laurent,** d'allure toscane, possède de jolis vitraux et une copie de fresque byzantine par le peintre contemporain Robert Savary. Le même artiste a peint avec fraîcheur les murs et la voûte de la **chapelle St-Michel** (ou des Pénitents Blancs), romane. Derrière l'église s'étend le cimetière d'où la **vue★** porte sur la mer dans la région de Cannes et sur le massif de l'Esterel.
Revenir à la D 2085 et, au Pré-du-Lac, prendre à gauche la D 2210 d'où l'on aperçoit le **site★** pittoresque du Bar-sur-Loup.

Le Bar-sur-Loup. – *Page 45.*

Poursuivre jusqu'à Pont-du-Loup. Les gorges du Loup proprement dites sont décrites à partir de cette localité p. 88. A Pré-du-Lac, on rejoint la D 2085 qui ramène à Grasse.

★ HYÈRES

41 739 h. (les Hyérois)

Carte Michelin n° 84 pli 16 ou 245 pli 47 – Schéma p. 92 – Lieu de séjour.

La plus méridionale et la plus ancienne des stations de la Côte d'Azur, très verte et fleurie, est bâtie dans un site abrité ; ses vieux quartiers, au pied des ruines du château féodal, s'accrochent au versant Sud de la colline du Castéou, dominant la ville moderne et la rade qu'enserrent le cap Bénat et la presqu'île de Giens. Le port reçoit les bateaux de plaisance et ceux qui assurent le passage du continent aux îles d'Hyères. La ville moderne est remarquable par ses larges voies aux magnifiques palmiers.

Les origines. – Des fouilles ont été entreprises au Sud de la ville, en bordure de la mer : il y eut là – au lieu appelé aujourd'hui l'Almanarre – un comptoir grec fondé par Marseille, **Olbia**, auquel succéda la ville romaine de Pomponiana.
Au début du Moyen Age, les habitants abandonnèrent le site au profit de la colline où les seigneurs de Fos construisent un château. Les ressources agricoles et surtout les marais salants firent de Hyères une place importante et son port de l'Aygade – par la suite ensablé – était une base pour les Croisades. Saint Louis y débarqua en 1254 au retour de la 7e Croisade.
Peu après, la ville passa aux mains des comtes de Provence. Le château fut démantelé en 1620 par ordre de Louis XIII et dès lors la ville déclina au profit de Toulon.

L'époque moderne. – Le renouveau vint du tourisme. La station était connue dès le 18e s., et le 19e lui valut une croissance considérable ; contrairement à Nice, c'était une villégiature d'été très fréquentée par les Anglais, nullement tournée vers la mer mais vers la campagne. Ce n'est qu'au 20e s. que les plages se développèrent.
Aujourd'hui Hyères est animée hiver comme été. Complément indispensable du développement touristique, l'agriculture s'est répandue dans la plaine environnante. Primeurs, fruits (fraises, pêches), grands domaines viticoles bénéficient d'admirables conditions de culture. Hyères expédie aussi un grand nombre de palmiers en pots et des plantes ornementales.

LA VIEILLE VILLE *visite : 1 h 1/4*

Porte Massillon (Y R). – Elle introduit à la rue Massillon, très commerçante, qui est l'ancienne grand'rue de la vieille ville. Les portes Renaissance y sont nombreuses.

Place Massillon (Y 29). – Sur la place, pittoresque au moment du marché quotidien, s'élève la **tour St-Blaise** (12e s.), abside fortifiée d'une commanderie de Templiers.
A gauche s'ouvre la rue Rabaton où naquit, au n° 7 (**Y B**), le célèbre prédicateur Massillon (1663-1742).

Place St-Paul (Y 49). – Cette place en terrasse occupe le site de l'ancien cloître de la collégiale et offre un joli **point de vue★** *(table d'orientation).*

HYÈRES GIENS

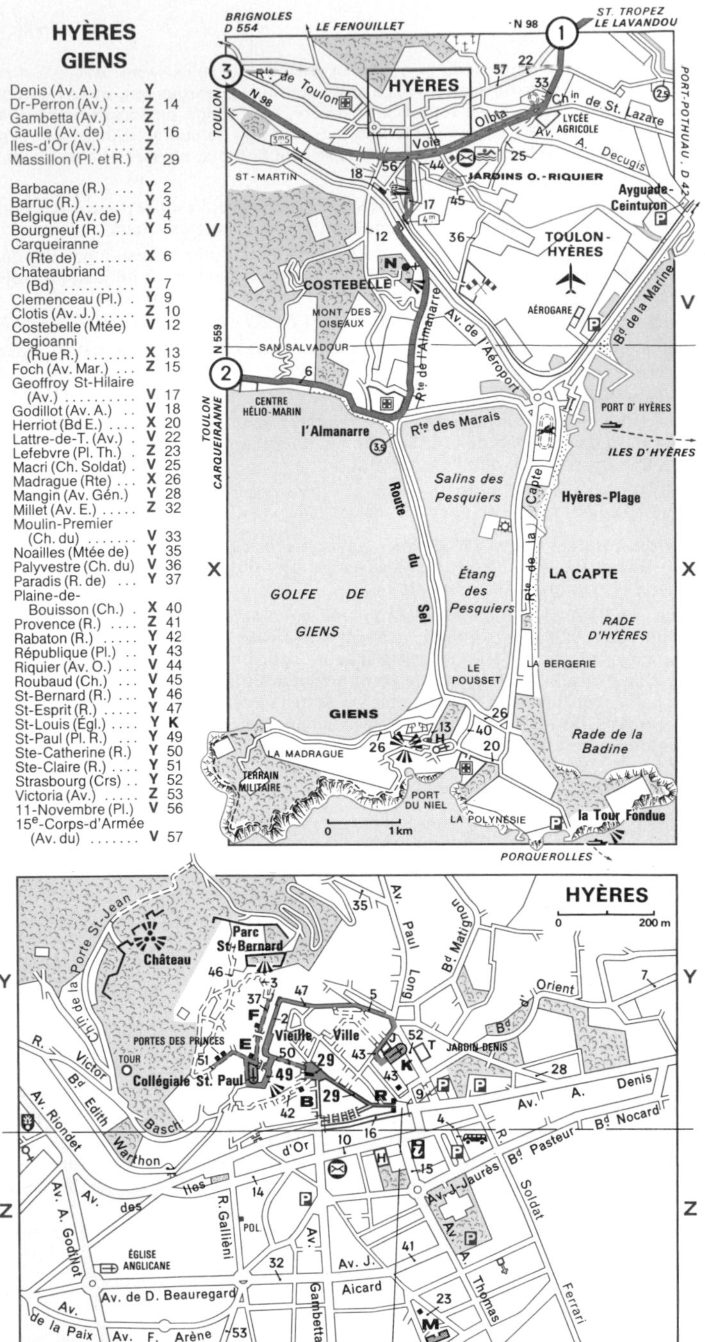

Ancienne collégiale St-Paul (Y). – Elle remonte au 12e s. dans ses parties les plus anciennes – notamment son clocher de pur style roman. On y accède par un escalier monumental et une belle porte Renaissance. Le narthex est sans doute la nef de l'église primitive qui a été plafonnée ; il est couvert d'ex-voto (certains datent du 17e s.). Remarquer, à gauche en entrant, une vaste **crèche** de santons provençaux. Perpendiculaire à l'église primitive s'élève la nef gothique avec chapelles en gothique flamboyant. Retables à colonnes torses, reliquaires, statues en bois doré du 17e s.

Vieilles rues. – A droite de la collégiale, la porte St-Paul est encastrée dans une jolie **maison Renaissance** (**Y E**), flanquée d'une tour d'angle en échauguette. Passer sous la voûte et, par la rue St-Paul, gagner la rue Ste-Claire où se trouve la « porte des Princes », qui encadre de son ogive le puissant chevet et le clocher de St-Paul. Revenir sur ses pas jusqu'à la rue de Paradis où l'on verra, au n° 6, une belle **maison romane** (**Y F**), restaurée, (fenêtres géminées à fines colonnettes). Repassant sous la porte St-Paul, prendre la pittoresque rue Barbacane puis tourner dans la rue St-Esprit qui se prolonge par la rue Bourgneuf. Continuer jusqu'à la place de la République, ombragée de platanes.

Église St-Louis (**Y K**). – C'est l'ancienne église du couvent des cordeliers. La façade avec ses trois portes en plein cintre est d'une élégante simplicité ; elle est en outre ornée d'une rose et d'une corniche ; elle évoque l'art roman italien. La nef, voûtée d'ogives aux arcs épais, est, comme les bas-côtés, terminée par une abside plus basse à chevet plat. L'ensemble constitue un exemple de transition du roman au gothique provençal.

AUTRES CURIOSITÉS

★ **Jardins Olbius-Riquier** (V). – Ces jardins sont remarquables par leur étendue (6,5 ha), leur densité végétale et leur variété. La flore exotique s'y épanouit en pleine terre avec luxuriance, en particulier les palmiers et les cactées. Dans une **serre d'exposition** sont rassemblées des variétés plus fragiles de la flore tropicale et équatoriale et quelques animaux exotiques.

Le parc constitue également un petit zoo, grâce à des enclos aménagés. Un lac permet de voir évoluer des oiseaux aquatiques.

★ **Chapelle N.-D.-de-Consolation** (V N). – Le sommet de la colline de Costebelle, lieu de dévotion depuis le 11e s., vit s'ériger successivement plusieurs sanctuaires. La chapelle actuelle date de 1955.

Adossée à la croix qui forme l'axe du clocher, N.-D.-de-Consolation, immense sculpture polychrome, accueille le visiteur. La façade allie le ciment à la pierre ; elle incorpore entre les vitraux – traités en dalle de verre – une série de groupes sculptés rappelant les principaux épisodes de la vie de la Vierge. A l'intérieur, les lignes très pures sont soulignées par les sculptures de l'abside (les apôtres) et le chatoiement de couleurs des immenses **verrières**★, réalisées par le maître Gabriel Loire, sur le thème du culte marial et sur l'histoire du sanctuaire.

De l'esplanade voisine, la **vue**★ porte de la rade d'Hyères à celle de Toulon *(table d'orientation).*

Parc St-Bernard (Y). – *Partir du cours de Strasbourg vers le Nord et suivre l'itinéraire fléché.*

Le parc jouxte une propriété de l'écrivain Anna de Noailles (1876-1933) et s'étend au pied des ruines de l'ancien château. Il comporte une grande variété de fleurs méditerranéennes. De ces jardins en terrasses se dégage une **vue**★ pittoresque : en avant sur le pic des Oiseaux et la colline de Costebelle, la vieille ville et la collégiale St-Paul, la presqu'île de Giens et les îles d'Hyères ; à gauche se profilent les Maures.

Ruines du château (Y). – *Même itinéraire que ci-dessus, mais laisser à gauche le parc St-Bernard et poursuivre jusqu'à un parking. Continuer (3/4 h à pied AR) en escaladant la colline par un sentier bien tracé.*

Fief des seigneurs de Fos, le château d'Hyères tomba ensuite au pouvoir des comtes de Provence qui le firent reconstruire au 13e s.

Des ruines importantes en subsistent, notamment des tours et des donjons crénelés qui dominent la ville. Du sommet, un vaste **panorama**★ se révèle *(table d'orientation)* sur la côte et sur l'intérieur.

Musée municipal (Z M). – Les vestiges d'archéologie préhistorique, grecque et romaine qui y sont rassemblés proviennent en grande partie des fouilles d'Olbia *(voir p. 79).* L'histoire naturelle est représentée par des minéraux, fossiles, coquillages, poissons, oiseaux. Galerie de peintres locaux. Mobilier Louis XV et Louis XVI.

ENVIRONS

★ **Presqu'île de Giens** (X). – *Circuit de 31 km – environ 1 h. Quitter Hyères au Sud par l'avenue St-Hilaire.*

Cette curieuse découpure de la côte varoise est formée par une ancienne île reliée au continent par un double cordon littoral ; ces deux langues de sable enserrent les salins des Pesquiers, le seul marais salant encore exploité sur la Côte d'Azur ; au Sud s'étale un vaste étang.

La branche de l'Ouest, à la végétation rare et rase, n'a jamais plus d'une trentaine de mètres de largeur.

La branche orientale, beaucoup plus large, est verdoyante.

L'Almanarre. – Longue plage de sable près de laquelle se trouve le site de la ville antique d'Olbia *(voir p. 79).*

Emprunter la « **route du sel** » qui dessert la partie Ouest de la presqu'île. *Cette route est interdite par mauvais temps.* Ce parcours pittoresque longe les marais salants avec leurs tas de sel, puis l'étang des Pesquiers peuplé d'oiseaux aquatiques.

Giens. – Lieu de séjour. Le village se trouve au milieu de l'ancienne île. C'est une modeste station balnéaire. Les ruines du château constituent un tertre d'où l'on jouit d'un magnifique **panorama**★★ *(table d'orientation).*

Au Sud se trouve le petit port du Niel, entouré de pins maritimes.

Quitter le village par l'Est pour gagner la Tour Fondue.

La Tour Fondue. – C'est l'un des points où l'on s'embarque pour l'île de Porquerolles *(voir le guide Rouge Michelin France de l'année).* La **vue** est belle sur les îles et la presqu'île de Giens.

La D 97 emprunte le cordon oriental, offrant de belles vues sur la plaine d'Hyères et les Maures. Par la Bergerie et la Capte, insérées dans la pinède, gagner Hyères-Plage.

Hyères-Plage. – Lieu de séjour. Elle est située en bordure d'une petite forêt de pins parasols. De son port de plaisance, on peut embarquer pour les îles d'Hyères.

Ayguade-Ceinturon. – Lieu de séjour. C'est l'ancien port d'Hyères, où débarqua Saint Louis ; aujourd'hui agréable station balnéaire.

Par Berriau-Plage, gagner **Port-Pothuau,** pittoresque petit port de pêche.

La D 12 rejoint la N 98 qui ramène à Hyères.

★ **Sommet du Fenouillet.** – *4 km puis 1/2 h à pied AR. Quitter Hyères par l'avenue de Toulon, puis à droite une route signalisée pour le Fenouillet.*

D'une **chapelle** néo-gothique, un sentier jalonné conduit au Fenouillet (alt. 291 m), point culminant du petit massif des Maurettes.

Du sommet, **panorama**★ sur les Maures et la rade d'Hyères, la rade de Toulon et les montagnes qui l'entourent.

★★★ HYÈRES (Iles)

Carte Michelin n° 84 plis 16, 17 ou 245 plis 47, 48 – Schéma p. 92 et 93. Accès aux îles de Porquerolles et de Port-Cros : voir le guide Rouge Michelin France de l'année.

Ces îles célèbres, détachées de la chaîne des Maures à une époque géologique relativement récente, ferment au Sud la rade d'Hyères. On les appelle aussi les îles d'Or. Ce nom leur fut donné à la Renaissance, sans doute parce que, sous certains éclairages, les micaschistes de leurs roches ont des reflets dorés.
Les souvenirs que laissent la petite traversée et les promenades dans les îles comptent parmi ceux qui illuminent un voyage sur la Côte d'Azur.

UN PEU D'HISTOIRE

Terres d'asile. – Au 5e s., les moines de Lérins ont succédé, dans les îles, aux Ligures, aux Grecs, aux Romains. Ils sont en butte, au cours des siècles, aux incursions des pirates.
François Ier érige les îles de Port-Cros et du Levant en marquisat des îles d'Or, à charge pour le marquis de les mettre en labour et de les garder contre les corsaires.
La main-d'œuvre manquant, bien que les habitants soient exemptés d'impôts, on a recours au « droit d'asile » : tous les criminels sont assurés de l'impunité, tant qu'ils resteront dans les îles. Fâcheuse inspiration : les gens de sac et de corde affluent, se transforment en pirates qui tentent d'enlever à Toulon un navire du roi. C'est seulement sous Louis XIV que les îles seront purgées de leurs mauvais garçons.

Une surprise anglaise. – En 1793, après la prise de Toulon par les révolutionnaires *(voir p. 143)*, les escadres anglaise et espagnole mouillent aux îles d'Hyères. Le commandant du fort Ste-Agathe à Porquerolles, oublié sur cette île, n'a qu'une vague idée des événements du continent. L'amiral anglais l'ayant invité à son bord, il s'y rend sans défiance. Tandis que le whisky circule, des marins débarquent, surprennent la garnison et tentent de faire sauter le fort. Puis les navires lèvent l'ancre, emmenant prisonnier, tout penaud, le défenseur de Ste-Agathe.

Le débarquement allié (août 1944). – Dans la nuit du 14 au 15 août, des forces américaines prennent pied dans les îles de Port-Cros et du Levant ; elles y réduisent les batteries allemandes qui pouvaient prendre sous leurs feux les bateaux alliés.

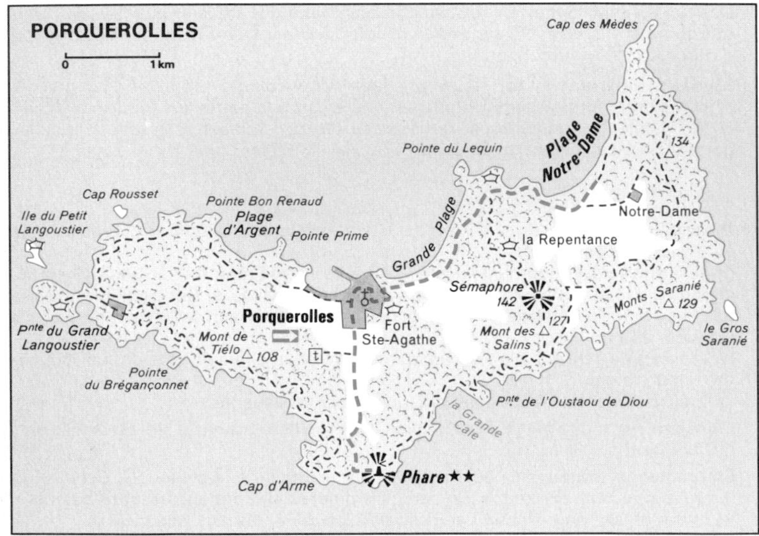

★★★ ILE DE PORQUEROLLES

Lieu de séjour – schéma ci-dessous

La plus occidentale et la plus importante des îles d'Hyères mesure 7 km de longueur sur 3 de largeur, pour une superficie totale de 1 250 ha. Elle avait été appelée « Protè » (première) par les colons helléniques installés sur son rivage. La côte Nord est festonnée de plages de sable bordées de pins, de bruyères, d'arbousiers et de myrtes odoriférants. La côte Sud est abrupte ; elle offre cependant quelques criques d'accès facile. A l'intérieur, peu d'habitants ; des forêts de pins et d'eucalyptus, quelques vignobles et une abondante végétation méditerranéenne.
L'État a acquis la presque totalité de l'île pour en sauvegarder le patrimoine naturel. A cette fin ont été créés en 1972 le **parc domanial**, essentiellement forestier et, en 1979, **le conservatoire botanique** de Porquerolles.

Le village. – Le village, au fond d'une rade minuscule (port de plaisance), a donné son nom à l'île tout entière.
Bâti au milieu du 19e s. par l'administration militaire, il évoque plus un petit centre colonial d'Afrique du Nord qu'un village provençal.
Il se compose de la place d'Armes, d'une humble église contenant un chemin de croix exécuté au couteau par un soldat en convalescence, et de quelques maisons de pêcheurs. Autour de ce noyau s'élèvent des hôtels, des villas et une petite résidence.
Dans l'ancien **fort Ste-Agathe** (16e s.), occupé par une école de gendarmerie, une exposition est consacrée à l'histoire des îles et de la rade d'Hyères.

★★ **Promenade du phare.** – *1 h 1/2 à pied AR.* Cette promenade s'impose même aux touristes ne disposant que de quelques heures. Le **phare**, situé à la pointe extrême Sud, a une portée de 54 km.

De l'esplanade du phare se dégage un beau **panorama**★★ sur la presque totalité de l'île : on distingue les collines du Langoustier, le fort Ste-Agathe, le sémaphore et les falaises du Sud, la rade d'Hyères et les Maures.

★★ **Promenade des plages.** – *2 h à pied AR.* La promenade se fait presque continuellement à l'ombre sur des chemins sablonneux, tracés dans la forêt de pins. Passer devant l'ancien fort Ste-Agathe et prendre à gauche. Longer à petite distance la Grande Plage. Après avoir dépassé la pointe du Lequin, le chemin pique vers la mer, laissant apercevoir alors la **plage Notre-Dame**, bordée d'une pinède, vaste, très belle, très isolée.

Autres promenades. – Le **sémaphore**, la plage d'Argent et la **pointe du Grand Langoustier** sont également d'excellents buts de promenade.

★★ ILE DE PORT-CROS

Lieu de séjour – schéma ci-dessous

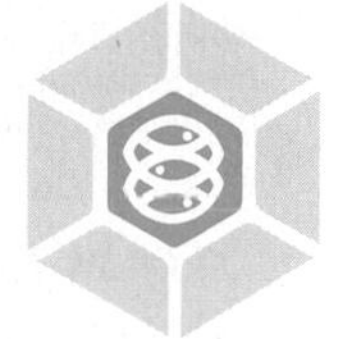

Port-Cros, qui fut la Mesè (île du Milieu) des Grecs, doit son nom actuel à la forme en creux de son petit port. Quelques maisons de pêcheurs, une petite église, un château garnissent le pourtour de la baie que domine le fort de l'Estissac. L'île est plus accidentée et plus escarpée que ses voisines, plus haute sur l'eau ; sa parure de verdure est sans rivale : c'est un véritable Eden.

Longue de 4 km et large de 2,5, son point le plus élevé est le mont Vinaigre (alt. 194 m). Avec l'île de Bagaud et les îlots voisins du Rascas et de la Gabinière ainsi qu'une zone de 600 m autour des rivages, Port-Cros est classée **parc national.** Avec une surface terrestre de 700 ha et marine de 1 800 ha, ce dernier constitue une réserve unique en Europe de la faune et de la flore méditerranéennes.

Face à l'embarcadère, les principaux itinéraires de promenade sont indiqués par des plaques directionnelles ; bien des variantes sont possibles, représentées sur le schéma par un tireté rouge.

★ **Plage de la Palud.** – *1 h 1/4 à pied AR ; sentiers balisés.*

Monter d'abord au château, d'où s'offre une belle vue sur l'île de Bagaud voisine. Un **sentier botanique,** peuplé de plantes méditerranéennes, contourne le **fort de L'Estissac,** construit sous Richelieu, et surplombe l'anse de la Palud avant d'arriver à la plage.

Dans l'anse de la Palud entre le rivage et le rocher du Rascas, un **« sentier sous-marin »** entièrement balisé de bouées blanches a été aménagé.

Revenir vers le village en passant entre le fort de l'Éminence et le fort de L'Estissac.

★ **Vallon de la Solitude.** – *2 h à pied AR ; sentiers balisés.* C'est la promenade classique que doivent faire les touristes disposant d'un peu de temps. A l'entrée du vallon, contourner le « manoir d'Hélène » – devenu hôtel – ainsi appelé en souvenir de l'héroïne du roman de Melchior de Vogüé, « Jean d'Agrève », dont Port-Cros est le cadre. Une ombre épaisse règne sur presque tout le parcours. En vue du fort de la Vigie, revenir par la route des crêtes (**vues** plongeantes sur la mer) jusqu'au mont Vinaigre, puis par le vallon de la Fausse-Monnaie.

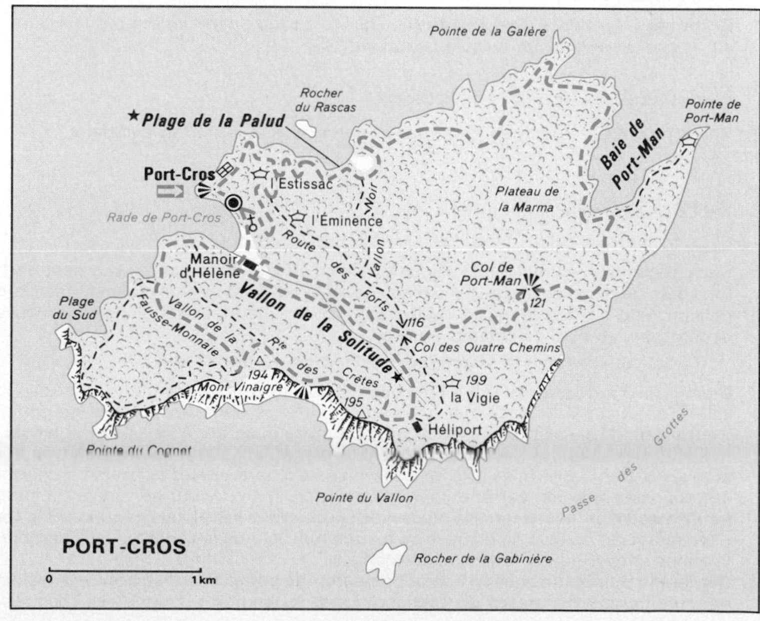

★ **Port-Man.** – *Circuit de 10 km – 4 h à pied AR ; sentiers balisés.* Cette agréable excursion par une route et des sentiers ombragés et peu accidentés offre, au col de Port-Man, une jolie **vue** sur l'île du Levant et la côte des Maures. Elle aboutit au magnifique amphithéâtre de verdure qu'est la **baie de Port-Man.** Revenir par la pointe de la Galère, la bordure du plateau de la Marma et la plage de la Palud.

Autres promenades. – Parmi les autres buts de promenade, signalons la plage de la Palud par la route des Forts et le vallon Noir ; la plage et les impressionnantes falaises du Sud ; la pointe de Port-Man.

ⓘ ILE DU LEVANT

Du temps des moines de Lérins, c'était le jardin d'abondance et le grenier de l'abbaye. L'île se compose d'une arête rocheuse, assez longue (8 km), mais étroite (1 200 m), entourée de falaises inaccessibles avec des à-pics prodigieux, sauf en deux points : la calanque de l'Avis et la calanque de l'Estable. On aborde habituellement l'île au débarcadère de l'Aiguade, en bas du chemin menant à l'Héliopolis.

Héliopolis. – Dans la partie Ouest, le village d'Héliopolis attire chaque année, en été, une importante colonie de naturistes. Le reste de l'île est occupé en grande partie par la marine nationale.

★★ JUAN-LES-PINS

Carte Michelin n° 84 pli 9, 195 plis 39, 40 ou 245 pli 37 – Lieu de séjour.
Plan dans le guide Rouge Michelin France.

Cette élégante station d'hiver et d'été est située sur le territoire de la commune d'Antibes, au fond du magnifique golfe Juan, entre le luxueux cap d'Antibes et la pointe de la Croisette. Une pinède, à l'Est, descend jusqu'à la belle plage de sable fin, en pente douce et abritée des vents, qui s'étend sur 2 km. Port-Gallice est son port de plaisance. La vie est intense le soir aux alentours du casino, où sont groupés restaurants, cafés en plein air et night-clubs.
Chaque été, la saison est marquée par un grand nombre de manifestations ; le célèbre **Festival mondial du Jazz** se déroule dans la pinède ou au Palais des Congrès.

ENVIRONS

Les excursions que nous indiquons p. 57 aux environs de Cannes peuvent être faites au départ de Juan-les-Pins. Nous y renvoyons nos lecteurs.

★ Le LAVANDOU

4 275 h. (les Lavandourains)

Carte Michelin n° 84 plis 16, 17 ou 245 pli 48 – Schéma p. 92 – Lieu de séjour.
Plan dans le guide Rouge Michelin France.

Bien à l'abri grâce au cap Bénat, cette charmante station a conservé un peu de son caractère provençal ; son nom évoque les lavandières de jadis au bord de la petite rivière du Batailler.

ⓘ C'est un beau petit **port** de pêche, encore très actif, en même temps que de plaisance, et un point d'embarquement pour les îles d'Hyères.

Place Ernest-Reyer. – De cette place aménagée en jardin, la **vue** embrasse l'île du Levant et Port-Cros ; à droite s'incurve une large plage qui aboutit au port de Bormes-les-Mimosas, derrière lequel se profilent les pentes boisées du cap Bénat.

Boulevard de-Lattre-de-Tassigny. – Agréable promenade le long de la plage ; **vue** sur le port et la côte Est jusqu'au cap Lardier.

PROMENADES EN BATEAU

★★★ **Iles d'Hyères.** – *1 journée. Schémas et description p. 82, 83 et ci-dessus.*

Les LECQUES

Carte Michelin n° 84 pli 14 ou 245 pli 45 – Lieu de séjour.

Cette station balnéaire, lieu de séjour familial d'été et d'hiver, abrite son petit port au fond d'un golfe paisible. Une belle plage de sable fin, limitant une plaine fertile plantée de vigne et d'oliviers, la relie à la Madrague, construite au début d'une côte rocheuse et escarpée, au pied de collines boisées.

Longer la côte vers la Madrague, en direction du port.

ⓘ **Musée de Tauroentum.** – Il a été construit sur les fondations d'une villa romaine ; celle-ci avait sur le front de mer une pergola de 80 m dont une colonne de granit se trouve dans le musée. L'édifice abrite trois mosaïques du 1er s., des fragments de fresques, des colonnes torsadées à chapiteau corinthien provenant du péristyle, et des amphores. Dans les vitrines sont exposés quantité d'objets grecs et romains : collection de monnaies, poterie, verrerie, bijoux, statuettes. A l'extérieur se trouve un curieux tombeau à étage, découvert à la Madrague : la chambre sépulcrale où reposait le corps d'un enfant est revêtue de plaques de marbre rose ; au-dessus d'elle, une chambre de libations couverte d'un toit en bâtière (4e s.).
Derrière le musée, un chemin conduit à un four de potier et à d'autres maisons (pans de murs portant des traces de fresques). De là, la **vue** porte le golfe des Lecques.

★★ LÉRINS (Iles)

Carte Michelin nº 84 pli 9, 195 pli 39 ou 245 pli 37.

Le charme de la promenade, en mer et dans les îles, un beau panorama sur la côte, du cap Roux au cap d'Antibes, la visite du château fort de Ste-Marguerite, celle du donjon de l'ancien monastère fortifié de St-Honorat font l'intérêt de l'excursion.

En saison, un **spectacle** « son et lumière » a lieu dans les îles.

★★ ILE SAINTE-MARGUERITE

La plus haute et la plus étendue des deux îles ; elle est séparée du continent par un détroit de 1 100 m peu profond. Elle s'étend d'Ouest en Est sur une longueur de 3 km, et sa largeur est de 900 m environ.
Cette île, à l'exception du domaine du Grand Jardin au Sud, appartient à l'État. On y trouve d'admirables bois d'eucalyptus et de pins, sillonnés par d'agréables allées.

L'île antique. – Les historiens de l'Antiquité mentionnent les îles de Lérins ; Lero, la plus grande, perpétuerait le souvenir d'un héros ligure auquel, selon Strabon, un temple était consacré dans l'île. Pline, parle, quant à lui, d'une cité romaine comprenant un port. De fait, les fouilles entreprises dans l'enceinte du Fort Royal et ses environs ont mis au jour d'importants vestiges : maisons, peintures murales, mosaïques, céramiques datées du 3e s. avant J.-C. au 1er s. de notre ère. En outre les substructures d'un port découvertes dans la partie Ouest de l'île et les épaves trouvées près de là semblent prouver que les navires romains relâchaient à Lero.

L'énigme du « Masque de fer ». – En 1687, le château fort de Ste-Marguerite, prison d'État, reçoit un personnage qui, selon Voltaire, portait un masque, dont la mentonnière comportait des ressorts d'acier. Son identité n'a pu être établie. On en a fait tour à tour : un frère adultérin de Louis XIV, un secrétaire du duc de Mantoue qui aurait joué le Roi-Soleil, un dévoyé de haute noblesse complice de l'empoisonneuse la Brinvilliers, etc. Selon une autre version : le médecin d'Anne d'Autriche, ayant fait l'autopsie de Louis XIII, en aurait tiré des conclusions pessimistes quant aux possibilités du roi d'être père. Son gendre, héritier de ses papiers, aurait ébruité ce secret d'État ; ce serait lui le prisonnier de Ste-Marguerite. Il y a mieux encore : d'une compagne du Masque de fer serait né un fils qui aurait été aussitôt éloigné jusqu'en Corse. Remis de bonne part (di buona parte, en italien) à des gens de confiance, cet enfant sans nom aurait été appelé : Buonaparte. Ce serait l'ancêtre de Napoléon.
Bien d'autres hypothèses furent avancées, dont celle-ci récente : cet homme aurait été un petit page noir, offert en 1661 à la reine Marie-Thérèse par le duc de Beaufort. Ce page serait devenu son amant, et la reine aurait mis au monde une petite fille noire, Marie-Anne, qui devint en 1695 sœur Louis-Marie-Thérèse, plus connue sous le nom de « Moresse de Moret ».
M. de Saint-Mars, chargé de la surveillance du Masque de fer, finit par obtenir la charge de gouverneur de la Bastille. Il emmène son prisonnier qui meurt en 1703.

Le maréchal Bazaine (1811-1888). – On sait que Bazaine se laissa bloquer dans Metz pendant la guerre franco-allemande de 1870 et capitula sans résistance. Condamné comme traître à la détention perpétuelle, il fut enfermé à l'île Ste-Marguerite en 1873, d'où il s'évada le 9 août 1874, pour gagner l'Espagne où il finit ses jours. On a raconté que l'ex-maréchal se serait laissé glisser au moyen d'une corde le long des rochers. En fait, l'âge et l'obésité du prisonnier ne lui auraient jamais permis de se risquer par cette voie. Ayant acheté des complicités dans la garnison et même plus haut, il serait sorti tout simplement par la porte sous l'apparence d'une forte commère – tradition elle-même controversée. La version officielle a jeté le voile sur les complicités.

CURIOSITÉS *visite : 2 h*

★★ **La forêt.** – *Promenades accompagnées.* L'île est en majeure partie boisée : remarquables eucalyptus et diverses variétés de pins protègent un dense sous-bois où prospèrent bruyères arborescentes, arbousiers, lentisques, cistes, thym, romarin. Un grand nombre d'allées desservent la forêt, où la promenade est un enchantement. On pourra emprunter au Sud-Est du fort l'allée des Eucalyptus – ils sont géants – qui mène au domaine du Grand Jardin et revenir par l'allée Ste-Marguerite jusqu'à l'embarcadère. On pourra aussi pousser une pointe vers la mer mais la côte est presque partout assez abrupte. Il est possible de faire le tour complet de l'île *(2 h de marche environ)* par le chemin de ceinture.

Le Fort Royal. – Bâti par Richelieu, il a été renforcé par Vauban en 1712. On entre par une porte monumentale, à l'Ouest. A gauche, un pavillon abrite un petit **aquarium,** où se voient des espèces méditerranéennes. En contournant celui-ci par la gauche, on arrive au bâtiment, assez confortable, occupé par Bazaine pendant sa détention ; ce bâtiment est bordé d'une terrasse, d'où la **vue**★ s'étend largement sur la côte toute proche. Passant derrière le logement de Bazaine, on aboutit aux bâtiments mitoyens des prisons et de l'ancien château qui abrite à présent le musée de la mer.

Prisons. – Jusqu'au 19e s. le couloir desservant les cellules ouvrait directement sur la cour ; à présent une porte située dans la salle d'entrée de l'ancien château permet d'y accéder. A droite se trouvent la cellule du Masque de fer et un mémorial huguenot rappelant que six pasteurs protestants, condamnés au secret absolu, furent incarcérés ici (cellules de gauche) après la révocation de l'édit de Nantes (1685). La salle du mémorial renferme divers documents sur la Réforme protestante, les guerres de Religion, l'édit de Nantes et sa révocation.

Musée de la Mer. – Le rez-de-chaussée, construit sur des salles voûtées romaines restées intactes, abrite un matériel archéologique mis au jour par les fouilles menées dans le fort ainsi que les découvertes faites autour de l'île sur les fonds sous-marins (épave romaine du 1er s. avant J.-C., épave arabe du 10e s.). Les salles suivantes sont consacrées à la navigation de plaisance et à la régate.

★★ILE SAINT-HONORAT

Longue de 1 500 m, large de 400 m, elle présente une côte moins accueillante que celle de Ste-Marguerite dont elle est séparée par un étroit chenal dit « plateau du Milieu ». C'est un domaine privé appartenant au monastère. On peut toutefois s'y promener librement et s'y baigner.

Une partie de l'île est cultivée par les moines – qui fabriquent une liqueur appelée « Lerina ». Le reste est couvert par une belle forêt de pins maritimes et de superbes pins parasols, d'eucalyptus et de cyprès épars.

A la fin du 4e s., saint Honorat se fixe dans la plus petite des deux îles, Lerina, mais sa retraite est vite connue et les disciples accourent. Résigné à ne pas vivre seul, le saint fonde un monastère qui comptera parmi les plus illustres de la chrétienté. Les pèlerins s'y rendent en foule ; ils font, pieds nus, le tour de l'île : on voit un pape suivre avec humilité cette antique tradition. De nombreux fidèles de France et d'Italie se font enterrer dans le monastère qui anime 60 prieurés. En 660, saint Aygulphe y introduit la règle bénédictine.

Ile St-Honorat. – Chapelle de la Trinité.

Les incursions des Sarrasins, des corsaires génois, la mise en commende, les attaques espagnoles, les garnisons placées dans l'île, ne sont guère favorables à la vie monastique. En 1788, il ne reste plus que quatre religieux et le couvent est fermé. Confisqué à la Révolution, il est vendu.

En 1859, le monastère est rendu au culte. Depuis 1869, il appartient aux moines cisterciens de la congrégation de Sénanque.

En 1977 y fut rédigée la première édition critique complète, avec traduction, de la Vie de saint Honorat écrite en 431 par saint Hilaire, évêque d'Arles.

CURIOSITÉS *visite : 2 h*

★★ **Le tour de l'île.** – Partant de l'embarcadère, un joli chemin ombragé permet de faire le tour de l'île. Tantôt se rapprochant, tantôt s'éloignant de la mer, il donne des aperçus très variés sur l'île elle-même, ses cultures, ses nombreuses essences, ses belles allées boisées, ainsi que sur l'île Ste-Marguerite et la côte du continent.

★ **Ancien monastère fortifié.** – Ce remarquable édifice, dont les murs baignent dans la mer sur trois côtés et dont la silhouette altière s'aperçoit de loin, est situé sur une pointe avancée de la côte Sud. On l'appelle aussi « donjon » ou « château ». Il fut élevé en 1073 par Aldebert, abbé de Lérins, sur des soubassements gallo-romains – pour mettre les moines à l'abri des pirates.

La porte est à 4 m au-dessus du sol ; on y accédait par une échelle maintenant remplacée par un escalier de pierre. En face de l'entrée, un escalier mène au cellier. A gauche, quelques marches conduisent au 1er étage où se trouve le **cloître** aux arcades ogivales et aux voûtes des 14e et 17e s. (l'une des colonnes est une borne milliaire romaine). Celui-ci entoure une cour carrée recouvrant une citerne, d'origine romaine, dallée de marbre, destinée à recevoir les eaux de pluie. La galerie supérieure, à colonnettes de marbre blanc, donne accès à la chapelle de la Ste-Croix, haute salle voûtée d'ogives appelée encore « le Saint des Saints » en raison des nombreuses reliques qu'elle renfermait.

De la plate-forme, garnie de créneaux et mâchicoulis du 15e s., au sommet du vieux donjon, la **vue**★★ s'étend sur les îles de Lérins et sur la côte, de l'Esterel jusqu'au cap d'Antibes avec, à l'arrière-plan, les cimes souvent enneigées de la chaîne alpine.

Monastère moderne. – *On accède uniquement au musée et à l'église.*

Les constructions du 19e s. encadrent les anciens bâtiments occupés par les moines (certaines parties remontent aux 11e et 12e s.).

Musée. – Situé à gauche du cloître, il groupe des fragments lapidaires romains et chrétiens trouvés dans l'île, ainsi que des documents sur l'histoire du monastère et son rayonnement. On y voit également des panneaux d'un retable (saint Jean-Baptiste, saint Pierre et saint Benoît) attribué à Louis Bréa.

Église. – L'église abbatiale fut construite au 19e s. en style néo-roman. Dans le croisillon gauche, subsiste une chapelle des morts datant du 11e s.

Chapelles. – Sept chapelles réparties dans l'île complétaient le monastère ; elles étaient destinées aux anachorètes. Deux d'entre elles ont gardé leur physionomie ancienne.

La Trinité. – A la pointe Est de l'île, la chapelle de la Trinité, restaurée par J. Formigé, est antérieure au 11e s. D'inspiration byzantine (ce qui la fait dater par certains du 5e s.), elle est bâtie sur plan tréflé avec une coupole ovale sur pendentifs.

St-Sauveur. – Située au Nord-Ouest de l'île, la chapelle St-Sauveur est aussi ancienne que la précédente mais de plan octogonal. Elle fut restaurée au 17e s. et de nos jours.

LEVENS

1 800 h. (les Levensois)

Carte Michelin n° 84 pli 19, 195 pli 16 ou 245 pli 25 – Schéma p. 38 – Lieu de séjour.

A près de 600 m d'altitude, le village médiéval de Levens, où maintes fois vinrent se réfugier les populations côtières, est doté d'équipements modernes qui en font un lieu de séjour particulièrement agréable.

Le bourg. – En parcourant les ruelles, on remarque, rue Masséna, la maison familiale des Masséna, datée de 1722. La place de la Mairie débouche sur un agréable jardin public disposé en terrasses ombragées au-dessus de la vallée.
A côté se dresse la façade incurvée de la chapelle baroque des Pénitents Blancs.
A la **mairie,** d'amusantes fresques (1958) ont été traitées en images d'Épinal par le peintre Dussour, sur la vie de Masséna.

Monter en haut du village vers la piscine.

★ **Point de vue.** – Près du monument aux Morts et, plus loin, dans la boucle que fait le boulevard extérieur pour revenir au village, la vue porte sur le confluent de la Vésubie et du Var et leur cadre de montagnes depuis le Cheiron jusqu'au Mercantour.

ENVIRONS

Duranus. – 118 h. *8,5 km – 1/2 h. Quitter Levens par la D 19, à gauche.*
La route, en corniche, domine de très haut les gorges profondes de la Vésubie *(p. 159).*
A gauche, on aperçoit sur les hauteurs la Madone d'Utelle.
Le joli village de Duranus, dispersé parmi les vignes et les vergers, a été fondé au 17e s. par les habitants de Rocca-Sparviéro dont il ne subsiste que des ruines au col St-Michel. Bien que la reine Jeanne n'ait jamais eu d'enfant, une légende tenace veut qu'elle ait frappé ce lieu de malédiction parce qu'on lui aurait fait manger ses enfants au cours d'un festin !

A la sortie de Duranus, s'arrêter au belvédère du **Saut des Français**★★, ainsi appelé en souvenir des soldats républicains qui, en 1793, furent précipités de là dans le vide par les « Barbets », sorte de chouans de la vallée de la Vésubie. La vue se perd dans le fond de ces gorges vertigineuses, dominées par Utelle et sa Madone.

LORGUES

5 478 h. (les Lorguais)

Carte Michelin n° 84 pli 6 ou 245 pli 35.

Dans une région vallonnée, entourée de hauteurs boisées, Lorgues s'étend à flanc de coteau parmi les vignobles et les oliveraies. Au début du siècle, la commune était la première de France pour le nombre de ses oliviers. Elle produit en abondance de l'huile d'olive et du raisin. C'est une agréable petite localité dont le cours, tracé en 1835 et planté de magnifiques platanes, est l'un des plus beaux de la région.

Vieille ville. – Elle s'étend de part et d'autre du cours. D'un appareil défensif complet, il reste des portes fortifiées du 14e s. Au hasard de la promenade, on découvre des maisons intéressantes par leurs façades, leurs linteaux, leurs fers forgés, leurs cages d'escalier, et de jolies fontaines.

Collégiale St-Martin. – Elle surprend par son ampleur. On la doit à l'initiative de Fleury, évêque de Fréjus, futur cardinal et ministre de Louis XV. Sa façade en pierre de taille est classique. A l'intérieur, remarquer le maître-autel en marbre polychrome, orné de têtes d'anges à ses angles, et une Vierge à l'Enfant attribuée à Pierre Puget. L'église possède de belles orgues et une chaîne sculptée en bois de Russie.

Ermitage de St-Ferréol. – *1 km. Accès par une petite route signalée au Nord-Est de la ville.* La chapelle se situe au sommet d'un mamelon dans une agréable forêt. On y voit les vestiges d'un oppidum antique.

ENVIRONS

★★ **Abbaye du Thoronet.** – *13 km au Sud-Ouest. Description p. 141. Quitter Lorgues par la route de Carcès (D 562) puis, à gauche, la D 17. Cette route débouche sur la D 79 qu'on prend à droite jusqu'à l'abbaye.*

Chapelle N.-D.-de-Benva. – *3 km au Nord-Ouest, sur la route d'Entrecasteaux.* N.-D.-de-Benva (déformation du provençal Ben Vaï : bon voyage) est bâtie sur le penchant d'une colline ombragée de chênes et de pins. Son porche enjambe l'ancienne route d'Entrecasteaux : elle imposait ainsi sa présence aux passants. Le porche et l'intérieur de la chapelle sont décorés de fresques naïves du 15e s.

Taradeau. – 774 h. *9 km au Sud-Est par la D 10.* La butte qui domine le village, centre vinicole, porte la tour « sarrasine » de Taradel et une chapelle romane en ruines.

Poursuivre la montée le long de la D 73.

A droite s'amorce un chemin caillouteux portant l'indication « table d'orientation 800 m », où laisser la voiture. De la table d'orientation, on jouit d'une **vue**★ circulaire sur Lorgues, la trouée des Arcs, les Plans de Provence et les Préalpes de Grasse, l'Esterel et les Maures.

Chaque année,
des milliers d'hectares de forêts et de maquis sont ravagés par le feu.
Promeneurs, campeurs, fumeurs... soyez prudents !

★★ Le LOUP (Vallée)

Carte Michelin n° 84 plis 8, 9, 195 plis 24, 25 ou 245 pli 37.

Le Loup naît vers 1 300 m d'altitude dans les Préalpes calcaires de Grasse (montagne de l'Audibergue). Dans le court trajet qu'il effectue pour gagner la Méditerranée, le torrent a taillé dans les montagnes une vallée en gorges, sur presque toute sa longueur, qui constitue l'une des plus belles curiosités de la Haute-Provence ; les voies d'accès à ces gorges permettent de parcourir une région pittoresque, aux curieuses agglomérations perchées.

La région décrite ci-dessous correspond au bassin inférieur du Loup.

CIRCUIT AU DÉPART DE VENCE *56 km – compter la journée*

★ **Vence.** – *Page 156.*

Quitter Vence par la D 2210 au Nord-Ouest du plan. A 2 km, prendre à droite la route du « château-restaurant des arômes » (signalisé).

Château N.-D.-des-Fleurs. – *Page 158.*

De jolies maisons en terrasses parmi les oliviers bordent la route. A l'arrière, la vue porte sur les Baous tandis qu'apparaît Tourrettes-sur-Loup.

★ **Tourrettes-sur-Loup.** – *Page 149.*

La route contourne Tourrettes, montrant divers aspects de cet étonnant village. Puis elle domine en corniche la vallée du Loup, bordée de calcaires fissurés. On aperçoit le village perché du Bar-sur-Loup puis le nid d'aigle de Gourdon.

Gorges du Loup. – Cascade de Courmes.

Pont-du-Loup. – La ligne de chemin de fer Draguignan-Nice traversait ici l'entrée des gorges du Loup. Du viaduc détruit en 1944, il ne reste que ruines.

A l'entrée du village, prendre à droite la D 6.

La route s'engage dans les très belles **gorges du Loup**★★, taillées verticalement dans les montagnes de Grasse et creusées d'énormes « marmites ».

Dans un renforcement hémisphérique, avant le 2e tunnel, la **cascade de Courmes**★, légère, tombe de 40 m sur un lit de mousse.

Plus loin, au milieu d'une abondante végétation *(laisser la voiture à la sortie du 3e tunnel)*, une énorme pierre mégalithique signale l'entrée du site du **« Saut du Loup »,** où l'on peut admirer d'une part la « grande marmite », magnifique excavation résultant d'érosions marines et glaciaires du tertiaire et du quaternaire, où tournoient furieusement les eaux du Loup au printemps, et d'autre part, les **cascades des Demoiselles,** dont les embruns fortement imprégnés de carbonate de chaux calcifient les mousses et les végétaux avoisinants.

Peu avant le pont de Bramafan, prendre à gauche à angle aigu la D 3 qui, jusque près de Gourdon, offre des **vues**★ remarquables sur le fond des gorges. A mesure qu'on s'élève, on s'approche du Plan de Caussols et la végétation se raréfie.

Du surplomb aménagé dans un lacet à droite *(signalé par un panneau)*, la **vue**★★ sur les gorges encaissées est de toute beauté ; un peu plus loin, elle s'élargit jusqu'à la mer.

★ **Gourdon.** – *Page 75.*

Descente intéressante sur le flanc du plan de Caussols, par la D 3 vers le Pré-du-Lac où l'on tourne à gauche dans la D 2085.

St-Pons. – Le village s'étage au milieu des oliviers, des vignes et des jasmins.

Après le Collet, prendre à gauche la D 7 qui rejoint la vallée du Loup en longeant une vallée affluente boisée qui s'encaisse peu à peu. En atteignant les gorges inférieures du Loup, beau **point de vue** sur la rivière qui décrit un méandre encaissé et sur l'abrupt des Préalpes de Grasse se profilant au dernier plan.

Après un passage en corniche, la route descend au fond de la vallée et traverse la rivière.

La Colle-sur-Loup. – 4 749 h. Lieu de séjour. Agréable villégiature dans une plaine consacrée à la culture des fleurs et aux vergers, au pied des collines de St-Paul. L'église offre un portail Renaissance et une tour carrée à campanile.

★★ **St-Paul.** – *Page 130.*

Entre St-Paul et Vence, la **vue** se développe sur les Baous et les Préalpes de Grasse.

Par la D 2 puis la D 236, rentrer à Vence.

★ LUCÉRAM

889 h. (les Lucéramois)

Carte Michelin n° 84 pli 19, 195 pli 17 ou 245 pli 25 – Schéma p. 38.

Le village est bâti sur un rocher escarpé, entre deux ravins, dans une région boisée dominée par la cime du Gros Braus. Il était jadis défendu par des remparts dont subsiste notamment une tour du 13e s. Ce **site**★ remarquable, doublé d'une richesse artistique exceptionnelle, font de Lucéram un des joyaux du comté de Nice.

Le Noël des bergers. – Chaque année, des bergers viennent des montagnes voisines offrir à l'église des agneaux et des fruits, au son des fifres et des tambourins.

CURIOSITÉS

Place de la Mairie, suivre les flèches indiquant la direction de l'église.

Vieux village. – Un dédale de ruelles en escaliers avec passages voûtés forme la cité médiévale, petite république administrée par des consuls. Remarquer, à droite, une porte du 14e s., encadrée de colonnes ioniques. De nombreuses maisons gothiques jalonnent l'itinéraire. De la terrasse de l'église, la **vue** porte sur Lucéram avec ses pans de murs crénelés et la tour et, par-delà les collines de l'arrière-pays niçois, sur la côte.

Église. – Modeste édifice romano-gothique remanié au 18e s. ; son décor intérieur de stucs rococo à courbes et contre-courbes n'est pas sans intérêt.

★★ **Retables.** – Ils composent l'ensemble de retables le plus important du comté de Nice. Dans le bras droit du transept, le **retable de saint Antoine,** de Jean Canavesio – un des trésors de l'art niçois – s'inscrit dans une boiserie gothique flamboyant aux motifs d'orfèvrerie en relief ; quand ce ne sont pas des paysages, les fonds sont d'or guilloché.
Dominant le maître-autel, le **retable de sainte Marguerite** est une œuvre magistrale, en dix compartiments, de Louis Bréa ; autour du personnage principal, on reconnaît notamment sainte Madeleine (en bas à gauche) et saint Michel (en haut à gauche). Trois autres beaux retables, de l'école de Bréa, décorent la nef.

★ **Trésor.** – Le trésor comprend des pièces d'orfèvrerie remarquables notamment Sainte Marguerite au dragon, très belle statuette en argent repoussé (1500), un reliquaire finement ciselé du 14e s., une statue-reliquaire de sainte Rosalie provenant de Sicile ainsi que deux chandeliers d'argent, une Vierge d'albâtre du 16e s.

Autres œuvres. – Remarquer, à gauche en entrant, une curieuse Pietà baroque en bois polychrome, et, à gauche du chœur, une autre Pietà en plâtre sur étoffe, statue d'art populaire du 13e s. Dans le chœur, vieilles lanternes de procession en fer forgé.

⌚ **Chapelle St-Grat.** – *1 km au Sud par la D 2566.* Elle est décorée de fresques attribuées à Jean Baleison. Les voûtains montrent les quatre évangélistes en train d'écrire ; sur le mur du fond apparaissent, sous un triple baldaquin gothique : la Vierge dont l'Enfant tient à la main une colombe, saint Grat portant la tête coupée de Jean-Baptiste, saint Sébastien en élégant damoiseau, une flèche à la main (il est le patron des archers).

⌚ **Chapelle N.-D.-de-Bon-Cœur.** – *2 km au Nord-Ouest par la D 2566, puis 1/4 h à pied AR. D'un terre-plein où laisser la voiture, un sentier, à gauche, passe près d'une maison en ruine et aboutit à la chapelle.*
Les fresques, également attribuées à Baleison, sont intéressantes en dépit de quelques repeints fâcheux. Sous le porche : La bonne et la mauvaise prière (« si ce n'est pas le cœur qui prie, la langue travaille en vain » dit l'inscription latine) ; saint Sébastien, protecteur des travaux quotidiens. Dans la chapelle, on remarque principalement l'Adoration des bergers, l'Adoration des Mages, et des scènes de la vie de la Vierge.

★★★ MAURES (Massif)

Carte Michelin n° 84 plis 7, 16 à 18 ou 245 plis 47 à 49.

Le massif boisé des Maures s'étend d'Hyères à St-Raphaël, entre la mer et les vallées du Gapeau et de l'Argens. Le littoral, aux nombreuses stations, présente des indentations multiples, offrant des points de vue et des sites charmants, que l'on découvre d'une magnifique route touristique, en particulier la section du Lavandou à la Croix-Valmer, dite « Corniche des Maures ». L'intérieur, resté longtemps isolé et peu fréquenté, est morcelé par des vallées ombragées et des ravins sauvages.

UN PEU DE GÉOGRAPHIE

Les Maures, constitués en majeure partie de schistes cristallins (gneiss et micaschistes), représentent avec l'Esterel les plus vieilles terres de Provence, contemporaines de l'Auvergne. Le plissement hercynien les a fait émerger en un vaste massif, la Tyrrhénide, qui englobait la Corse et la Sardaigne.
Les poussées successives d'origines pyrénéenne et alpine morcelèrent cet ensemble, en y formant le bassin occidental de la Méditerranée, et remanièrent les Maures, déterminant quatre lignes de relief parallèles. Les îles d'Hyères jalonnent la crête méridionale, en partie immergée ; une seconde chaîne culmine aux Pradels (alt. 528 m) ; les deux suivantes, séparées par les bassins de Grimaud et de Collobrières, sont les chaînes de la Verne et de la Sauvette. Cette dernière porte les plus hauts sommets du massif : la Sauvette (alt. 779 m) et N.-D.-des-Anges (alt. 780 m) ; à son extrémité Est, la montagne de Roquebrune domine la basse vallée de l'Argens.
Le rivage dessine les saillants trapus du cap Bénat et de la presqu'île de St-Tropez, les pointes effilées du cap Nègre et du cap des Sardinaux et les rentrants de la rade de Bormes, de la baie de Cavalaire et du golfe de St-Tropez.
Les pins sur la côte, les chênes-lièges et les châtaigniers à l'intérieur constituent la parure végétale des Maures, trop souvent dévastée par des incendies. L'exploitation des chênes-lièges alimente une petite industrie, la fabrication des bouchons.

UN PEU D'HISTOIRE

« Maouro », mot provençal qui s'applique à des bois sombres, a été employé pour désigner ce massif très boisé ; francisé, il a donné « Maures ». D'autre part, la tradition veut voir dans ce nom une allusion aux pirates maures, venus d'Espagne, qui ont ravagé la côte au 8e s. et se sont installés, au siècle suivant, sur les pentes qui encadrent la plaine de Grimaud ; mais ces corsaires étaient plutôt appelés Sarrasins *(voir p. 74).* Chassés en 973, ils revinrent fréquemment sur les côtes jusqu'au 18e s. et y firent régner la terreur. Pour se défendre, les villages et les bourgs s'éloignèrent du rivage, escaladant les hauteurs d'où ils pouvaient surveiller l'horizon.
Il a fallu la vogue balnéaire du 20e s., limitée à l'origine à une clientèle aristocratique, pour amener la vie sur cette côte et mettre fin à l'isolement économique de la région.
Le 15 août 1944, les armées alliées – dont la 1re Armée française – débarquaient sur les plages des Maures, pour libérer le Midi de la France *(voir p. 21).*
Attention : certaines routes peuvent être temporairement interdites en été.

★★CORNICHE DES MAURES

1 D'Hyères à la Croix-Valmer

48 km – environ 3 h – schéma p. 92 et 93

★ **Hyères.** – *Page 79.*

Quitter Hyères par ① du plan, N 98.

On parcourt, au pied de la chaîne littorale des Pradels, les sites enchanteurs de cette somptueuse corniche dont la parure boisée est malheureusement endommagée en maints endroits par le feu. Franchissant le Gapeau, la route traverse la plaine d'Hyères, longe les marais salants, offrant des **vues** sur le cap Bénat et Port-Cros.

★ **Le Lavandou.** – *Page 84.*

A partir du Lavandou, la route serre de près le rivage fleuri et boisé.

St-Clair. – Lieu de séjour. Un peu à l'écart de la route. Belle et vaste plage.

Aiguebelle. – Aimable et tranquille station balnéaire, au fond d'une petite anse.

★ **Cavalière.** – Lieu de séjour. Très belle plage de sable fin, bien abritée du mistral. La vue porte sur le cap Nègre et sur la rade de Bormes jusqu'aux îles du Levant et de Port-Cros.

Pramousquier. – Petite station balnéaire avec plage de sable fin abritée, et de jolies villas.

La route s'éloigne légèrement de la mer et serpente à travers les pinèdes et les jardins.

Rayol-Canadel-sur-Mer. – 868 h. Canadel, une des plages les mieux abritées de la côte des Maures, au pied des dernières pentes de la chaîne des Pradels, est bordée de beaux bois de pins.
Le **site★** de Rayol, qui s'étage en amphithéâtre sur des pentes très boisées (chênes-lièges, pins, eucalyptus, mimosas), est l'un des plus beaux de la côte des Maures. Un monumental escalier fleuri, aménagé au milieu de bois et de jardins en terrasses, descend du Patek, belvédère garni d'une pergola circulaire, jusqu'à la plage.

La route s'élève, offrant au sommet une belle **vue** du cap Bénat au cap Lardier.

★ **Cavalaire-sur-Mer.** – 3912 h. Lieu de séjour. La plage, entourée des crêtes de la chaîne des Pradels, offre 4 km de sable fin. *Un service assure en été la traversée de Cavalaire aux îles d'Hyères (voir le guide Rouge Michelin France de l'année).*

La Croix-Valmer. – 2064 h. Lieu de séjour. C'est une station climatique et un centre de repos. Le vin de son terroir est un cru apprécié des Côtes de Provence. Le village de la Croix, sis au col même, tire son nom de la vision que Constantin, se rendant en Italie pour disputer l'Empire, eut, d'après la tradition, en cet endroit. Il vit apparaître une croix dans le ciel avec les mots : « In hoc signo vinces » (par ce signe, tu vaincras) : c'était l'annonce de son prochain triomphe qui fut aussi celui du christianisme ; c'est en effet à la suite de cette victoire que Constantin se serait fait baptiser. Une croix en pierre, érigée au col de la Croix, perpétue ce souvenir. Une autre tradition, plus connue, place l'épisode de la vision de Constantin à la veille de sa victoire sur Maxence, au pont Milvius, aux portes de Rome.

Col de Collebasse. – *8 km au départ de la Croix-Valmer par la D 93, très sinueux.* Alt. 129 m. **Vue★** remarquable sur l'anse de Pampelonne, la baie de Cavalaire et les îles d'Hyères.

★★ROUTE DES COLS

2 Circuit au départ du Lavandou

109 km – 1/2 journée – schéma p. 92 et 93

Ce beau circuit, qui emprunte des routes souvent désertes, est très accidenté et ne compte pas moins de sept cols. Il pénètre profondément à l'intérieur des Maures.

★ **Le Lavandou.** – *Page 84.*

Quitter le Lavandou à l'Ouest par la D 559, puis la D 41 à droite.

La route s'élève en lacet, parmi les cyprès, les eucalyptus, les mimosas, les lauriers blancs, roses et rouges. Belle **vue** en avant sur Bormes, dominé par son château.

★ **Bormes-les-Mimosas.** – *Page 48.*

La D 41 franchit le col de Caguo-Ven, où s'embranche, à droite, la route forestière d'où l'on débouchera en fin de circuit. Après une descente très sinueuse, elle atteint le col de Gratteloup (alt. 199 m). Au-delà, le parcours se fait au milieu des pentes boisées de chênes-lièges et de châtaigniers, tandis que, à droite et à gauche, alternent des vallons profonds et des échappées sur la mer et les montagnes qui dominent Toulon.

★ **Col de Babaou.** – Alt. 415 m. Une belle **vue★** se découvre sur les marais salants d'Hyères, la presqu'île de Giens et les îles d'Hyères.

Au-delà du col, on aperçoit les plus hauts sommets des Maures. Toutes les pentes sont boisées de magnifiques châtaigniers et de chênes-lièges.

La route descend vers la vallée du Réal Collobrier qui s'élargit pour former le bassin de Collobrières, bien cultivé, et rejoint la D 14 que l'on prend à droite.

Collobrières. – 1 498 h. Ce bourg très ombragé a gardé de pittoresques maisons qui dominent, près d'un vieux pont en dos d'âne, la rivière au courant rapide. On y exploite le liège des forêts voisines et la vigne (vin rosé). La spécialité du pays est le marron glacé ainsi que les confitures de châtaignes.

A 6 km de Collobrières, à droite, une piste carrossable, sinueuse, conduit, à travers bois, à l'ancienne chartreuse de la Verne, bâtie dans un cadre majestueux.

Chartreuse de la Verne. – *Page 159.*

Revenir à la D 14.

Après le col de Taillude, la route domine un vallon dont le versant opposé porte à son sommet la chartreuse de la Verne ; puis, après le hameau de Capelude, situé en contrebas, elle passe dans la vallée du ruisseau du Périer. Dans l'axe de ce vallon, la **vue** se porte sur la plaine de Grimaud et le golfe de St-Tropez.

Brusquement, la route passe dans la vallée de la Giscle (ou ruisseau de Grimaud). De loin, on distingue Grimaud, dominé par les belles ruines de son château.

★ **Grimaud.** – *Page 95.*

Piquant au Sud par la D 558, on traverse la plaine de Grimaud.

Cogolin. – *Page 59.*

La N 98 remonte la vallée de la Môle. A 8 km de Cogolin, la D 27, sinueux, quitte la vallée pour traverser la chaîne littorale.

★★ **Col du Canadel.** – Alt. 267 m. On découvre brusquement la mer ; la **vue**★★ est superbe sur Canadel, la plage de Pramousquier, le cap Nègre, la rade de Bormes, le cap Bénat, au-delà duquel se dessine, à l'horizon, l'île de Porquerolles.

Prendre à droite la route forestière du col de Caguo-Ven.

Très pittoresque, elle offre des **vues**★ magnifiques sur le massif des Maures et, au Sud, sur la côte et les îles d'Hyères.

15 km après le col de Canadel, à hauteur d'un mas, laisser la voiture et prendre le chemin qui se détache à droite ; 100 m plus loin, prendre un sentier à gauche dans le maquis. Les derniers mètres nécessitent l'escalade (facile).

★ **Pierre d'Avenon.** – Alt. 442 m. C'est un entassement cyclopéen de roches. De ce site, on jouit d'une **vue**★ étendue : tout le littoral des Maures, du cap Lardier à Hyères avec, au premier plan, les installations portuaires du Lavandou et de Bormes.

Col de Caguo-Ven. – Alt. 237 m. La **vue** se porte sur la rade d'Hyères, Porquerolles et la rade de Bormes.

Par Bormes-les-Mimosas et le Pin, regagner le Lavandou.

★ PRESQU'ILE DE ST-TROPEZ

3 De la Croix-Valmer à St-Tropez

23 km – environ 5 h – schéma p. 93

Une incursion à travers la campagne tropézienne permet de visiter des villages charmants et procure des vues étendues.

La Croix-Valmer. – *Page 90.*

Peu après la Croix-Valmer, en avant et à droite, apparaît le village perché de Gassin ; sur la gauche, à l'horizon, se dressent les crêtes jumelles de N.-D.-des-Anges (alt. 780 m) et de la Sauvette (alt. 779 m), points culminants du massif des Maures.

Prendre à droite le D 89.

★ **Gassin.** – 2 017 h. Contrastant avec les nombreuses stations estivales ou hivernales de création récente, Gassin, fièrement campé à 201 m d'altitude, est le type des vigies du littoral provençal.
Du boulevard circulaire, la **vue**★ s'étend sur le golfe de St-Tropez, la baie de Cavalaire, les îles d'Hyères et les Maures.

Après Gassin, suivre la D 89. Au col de Paillas, tourner à gauche dans une route étroite.

★★ **Moulins de Paillas.** – A proximité de trois moulins à huile en ruine, une plate-forme circulaire porte un radiophare.
En contournant la clôture, on découvre, par échappées à travers la futaie, un très beau **panorama**★★ : face à la mer, sur le Cap Roux, les crêtes mouvementées de l'Esterel, la côte des Maures, Ste-Maxime, le golfe de St-Tropez, la longue plage de Pampelonne, le phare du cap Camarat, la baie de Cavalaire ; dans la même direction, l'île du Levant et celle de Port-Cros ; à l'intérieur des terres, la chaîne des Pradels, toute proche ; Gassin, en contrebas ; Cogolin et Grimaud ; la chaîne de la Sauvette, au Nord ; et, au Nord-Est, les Alpes.

Faire demi-tour et, au col de Paillas, prendre à gauche la D 89.

★ **Ramatuelle.** – *Page 121.*

Quitter Ramatuelle au Sud par la D 61 puis la D 93 qu'on prend à gauche.

La D 93, à travers les vignobles, domine l'anse de Pampelonne.

Prendre à droite la petite route qui mène au pied de la chapelle Ste-Anne.

Chapelle Ste-Anne. – *Page 134.*

Peu après on entre à St-Tropez.

★★ **St-Tropez.** – *Page 132.*

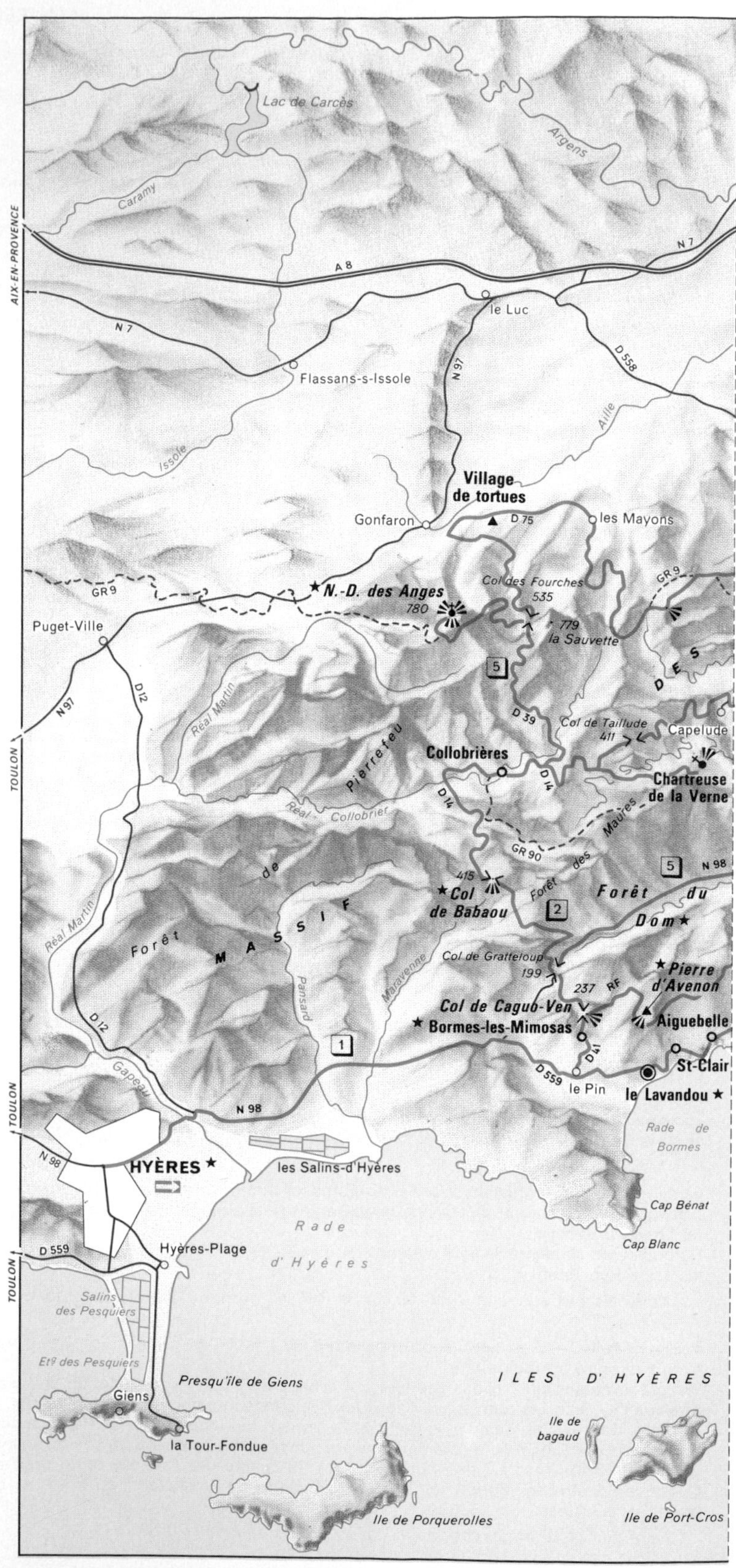

★★ DU GOLFE DE ST-TROPEZ AU GOLFE DE FRÉJUS

4 De St-Tropez à St-Raphaël

39 km – 1/2 journée, visite de St-Tropez et de St-Raphaël non comprise

★★ **St-Tropez.** – *Page 132. Visite : 2 h 1/2.*

Quitter St-Tropez par ① du plan et rejoindre la D 98^{A}.

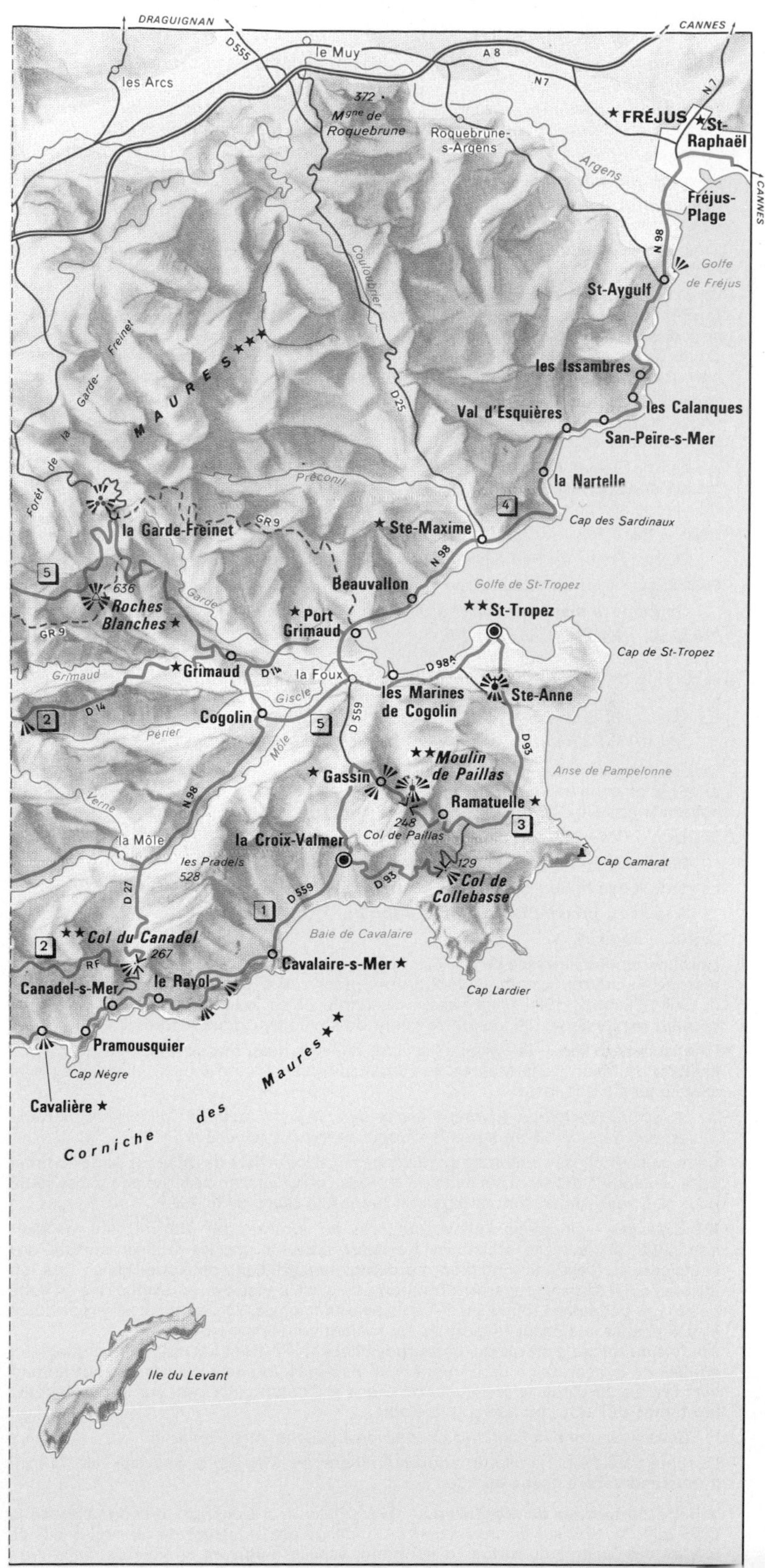

La route longe le Sud du golfe de St-Tropez ; belles vues sur la rive opposée.

Au bout de 4 km, tourner à droite.

Les Marines de Cogolin. – *Voir à Cogolin p. 60.*

Revenir à la D 98^{A} et prendre à droite la N 98 puis encore à droite vers Port-Grimaud.

★ **Port-Grimaud.** – *Page 120.*

Revenir à la N 98 qui longe la rive Nord du golfe, découvrant le beau site de St-Tropez.

Beauvallon. – Lieu de séjour. Station fort bien située, ombragée par des bois de pins et de chênes-lièges.

Les pentes des Maures arrivent très adoucies à la mer ; la côte, rarement ombragée ici, présente de nombreuses plages, avec quelques rochers à fleur d'eau.

★ **Ste-Maxime.** – *Page 135.*

La route, qui suit étroitement la côte, contourne le cap des Sardinaux.

La Nartelle. – La belle plage de cette petite station fut l'un des points de débarquement des troupes alliées en août 1944.

Très découpée entre la Nartelle et St-Aygulf, la côte offre plusieurs calanques avec petites plages et rochers en mer.

Val d'Esquières, San-Peïre, les Calanques, les Issambres. – Lieu de séjour. Ces quatre stations forment un ensemble touristique largement développé. Villas et maisons provençales sont disséminées dans les collines, respectant le site. Le nom des Issambres vient sans doute de leur situation à l'entrée du golfe de St-Tropez que les Anciens appelaient « sinus Sambracitanus » ou « golfe des Cimbres », nom de la tribu qui occupait la région.

St-Aygulf. – Lieu de séjour. Station ombragée de bois de pins, chênes verts et chênes-lièges, eucalyptus. De la plage de sable fin, entourée de rochers, la vue est belle sur les Issambres et le golfe de Fréjus.

Au-delà de St-Aygulf, la **vue** embrasse la plaine du bas Argens. Des Maures se détachent les superbes rochers de la montagne de Roquebrune ; dans l'Esterel, on distingue, derrière le sémaphore du Dramont, le pic du Cap Roux.

★ **Fréjus.** – *Page 70.*

Quitter Fréjus au Sud par le boulevard S.-Decuers.

Fréjus-Plage. – Lieu de séjour. *Page 73.*

On longe la mer pour entrer à St-Raphaël.

★ **St-Raphaël.** – *Page 131. Visite : 1 h.*

★ ROUTE DES SOMMETS

5 Circuit au départ de St-Tropez

120 km – 1/2 journée, visite de St-Tropez non comprise – schéma p. 92 et 93

Ce circuit traverse des régions boisées *(sur la végétation méditerranéenne, voir p. 17 et 18)* et offre de belles vues. Par des routes peu fréquentées, il conduit au pied des sommets jumeaux du massif : N.-D.-des-Anges et la Sauvette.

★★ **St-Tropez.** – *Page 132. Visite : 2 h 1/2.*

Quittez St-Tropez par ① du plan et rejoindre la D 98^{A}.

La route longe le Sud du golfe de St-Tropez.

A la Foux, prendre la N 98 pour Cogolin.

Cogolin. – *Page 59.*

La route remonte la vallée de la Môle. Peu avant le village du même nom, on aperçoit, à droite, le château, cantonné de 2 tours rondes couvertes de poivrières, où Antoine de Saint-Exupéry (1900-1944) passa une partie de sa jeunesse. Puis on traverse de grandes exploitations de vignobles avant de s'enfoncer dans la forêt.

★ **Forêt domaniale du Dom.** – La vallée s'encaisse dans un beau massif forestier, théâtre des exploits de Maurin des Maures, le roman de Jean Aicard : pins, chênes-lièges et châtaigniers y dominent.

Au col de Gratteloup, tourner à droite dans la D 41. Jusqu'à Collobrières, la route est décrite p. 91. 3 km après le village, prendre à gauche la D 39.

Cette route sinueuse surplombe un ruisseau encaissé et livre des aperçus sur le sommet de la Sauvette à droite. Juste avant le col des Fourches s'embranche une petite route pour N.-D.-des-Anges dont on aperçoit bientôt le relais de la T.D.F.

★ **N.-D.-des-Anges.** – Un **prieuré** s'élève tout près du sommet (alt. 780 m) dans un **site**★ admirable, où la roche schisteuse ne laisse pousser que les feuillus (surtout des châtaigniers). C'est une fondation mérovingienne ; le culte de Notre-Dame – qui fait encore l'objet de pèlerinages très fréquentés – s'est, pense-t-on, substitué ici à un culte païen. Les bâtiments, refaits au 19e s., comprennent des locaux pour héberger hôtes et pèlerins, et une chapelle dont les murs sont couverts d'ex-voto.
Au-delà du rideau d'arbres qui entoure la chapelle s'offrent des **vues**★ remarquables : au-delà de la dépression de l'Argens, sur les Alpes ; au-delà des Maures sur la mer, vers les îles d'Hyères, la presqu'île de Giens et Toulon ; à l'Ouest sur la Ste-Baume ; par temps très clair, on aperçoit la Corse.

Revenir au col des Fourches et tourner à gauche vers Gonfaron.

La route passe à proximité du point culminant des Maures, la Sauvette (alt. 779 m) et descend vers la plaine du Luc.

⌚ **Village de tortues de Gonfaron.** – *Avant d'entrer à Gonfaron, prendre à droite la D 75 que l'on suit sur environ 1,5 km.* Ce village est un centre de repeuplement de tortues des Maures ou tortues d'Hermann, espèce herbivore en voie de disparition apparue il y a environ un million d'années. D'une longévité variant de 60 à 100 ans, c'est la seule tortue terrestre originaire de France ; son territoire se limite aujourd'hui au massif des Maures. Le centre recueille également des cistudes, seule tortue aquatique française (carnivore) et des tortues grecques, principale espèce adoptée comme animal de compagnie. Le circuit s'articule autour de l'écloserie, la nurserie (pour les moins de 5 ans), le terrarium pour l'hibernation des juvéniles, divers enclos suivant l'âge et les espèces, et la clinique de soins ; les accouplements ont lieu en avril, mai et septembre, la ponte de mi-mai à mi-juin, les éclosions début septembre.

Poursuivre la D 75 et tourner à droite en direction des Mayons. Traverser le village et rejoindre le GR 9 où tourner à gauche.

★ **Panorama des Roches Blanches.** – Au lieu dit les Roches Blanches *(pour y accéder, contourner la barrière)*, la vue porte de tous côtés : à gauche, sur la forêt de la Garde-Freinet et la dépression de l'Argens, à droite, sur le maquis des pentes Nord des Maures, à l'avant sur le golfe de St-Tropez.

La route descend vers la Garde-Freinet, dominée par les ruines de son château.

La Garde-Freinet. – *Page 74.*

Quitter la Garde-Freinet au Sud, par la D 558.

La route descend à travers chênes-lièges et châtaigniers, avec de beaux aperçus sur le golfe et la presqu'île de St-Tropez.

★ **Grimaud.** – 2 911 h. Lieu de séjour. Ce gros bourg perché doit son nom à la famille des Grimaldi qui y exerça la seigneurie. Il offre de bonnes **vues** sur les Maures et la baie de St-Tropez. Dominé par les ruines grandioses de son château, il invite à flâner dans ses rues qui ont gardé leur cachet médiéval et sont animées par de nombreux artisans. Voir, notamment, la **rue des Templiers,** aux belles arcades de basalte et aux portails de serpentine ; elle aboutit à l'église St-Michel, petit édifice roman très pur.

Rentrer à St-Tropez par la D 14 d'où rejoindre la D 98^{A}.

★★ MENTON

25 449 h. (les Mentonnais)

Carte Michelin n° 84 plis 10, 20, 195 pli 28 ou 245 pli 39 – Schémas p. 39, 98 et 123 – Lieu de séjour.
Plan d'agglomération dans le guide Rouge Michelin France.

Menton, qui passe pour la station la plus chaude de la Côte d'Azur, est un très agréable lieu de séjour hivernal ; sur son territoire où le soleil est roi, c'est à peine si l'on ose évoquer l'hiver. Quant à l'été, il offre aux touristes de longues plages, deux ports de plaisance, de nombreuses festivités et activités culturelles.
La ville est adossée à des pentes boisées ou cultivées en terrasses d'agrumes et d'immenses oliviers. Les fleurs, la végétation tropicale, y trouvent un climat particulièrement favorable ; les orangers prospèrent ; le citronnier, arbre délicat qui meurt à – 3°, se couvre de fleurs et de fruits toute l'année et les citrons de Menton sont réputés.
La pittoresque vieille ville s'inscrit dans un magnifique environnement montagneux : l'ensemble constitue un **site**★★ merveilleux.

Menton monégasque. – On ne sait rien sur les origines de Menton, mais la présence humaine y est attestée dès le paléolithique supérieur par les fouilles faites à la frontière italienne (Roches Rouges de Grimaldi) et dont le fruit est exposé au musée d'Anthropologie préhistorique de Monaco et au musée municipal de Menton.
Le nom de Menton apparaît pour la première fois en 1261. La cité passe de main en main jusqu'au jour (1346) où elle est achetée par les Grimaldi de Monaco, tandis qu'au point de vue religieux, elle reste dépendante de l'évêché de Vintimille. Devenue monégasque, elle suit les vicissitudes de la principauté et oscille entre la souveraineté du royaume sarde et le protectorat français. En 1860, elle est rattachée à la France.

La ville moderne. – A la fin du 19e s. et au début du 20e s., Menton participe à l'engouement de l'aristocratie européenne pour la Côte d'Azur et reçoit les hôtes les plus illustres. Elle se peuple de retraités aisés et de riches étrangers. Elle attire des écrivains réputés comme la Néo-Zélandaise Katherine Mansfield (1888-1923), l'Espagnol Blasco Ibañez (1867-1928), le peintre et essayiste français Ferdinand Bac (1859-1952). Le tourisme d'été lui apporte un sang nouveau. Une modeste industrie s'implante le long de la vallée du Carei, tandis que la zone résidentielle s'étend à l'Ouest jusqu'à toucher Roquebrune-Cap-Martin et à l'Est vers la frontière italienne. Cependant la vieille ville et d'immenses espaces verts ont été préservés.

Menton.

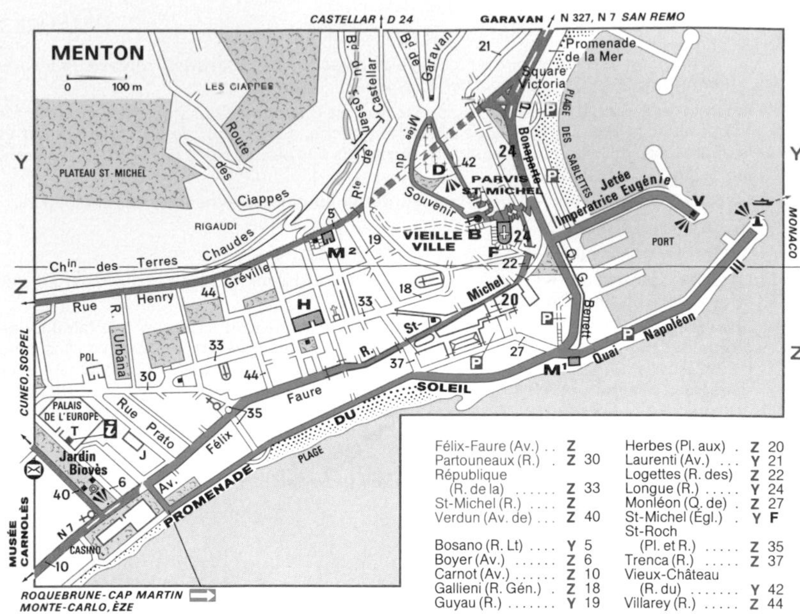

« Artium civitas ». – Cette inscription qui figure au 1er étage de l'hôtel de ville marque l'ambition de Menton d'être une cité des Arts. Non contente de gérer son patrimoine artistique, elle cherche à compenser la faiblesse de son industrie en offrant une activité culturelle variée. Le Palais de l'Europe (**Z**) accueille toute l'année des expositions artistiques. Le **Festival de Musique de chambre,** où se produisent solistes et chefs d'orchestres les plus prestigieux, a acquis une réputation internationale. Un prix de la nouvelle est décerné chaque année par la Fondation Katherine-Mansfield. Menton a même son collège Poétique. Aux manifestations culturelles s'ajoutent les festivités : fête du Citron durant deux semaines autour de Mardi gras avec exposition d'agrumes et de plantes exotiques dans le jardin Biovès, corsos fleuris de jour et de nuit pendant l'été, les nuits du Pian dans le parc du même nom *(accès par la Promenade de la Mer –* **Y** *–)*, etc.

★★ LE BORD DE MER ET LA VIEILLE VILLE *visite : 3 h*

Partir du casino municipal vers l'Est.

★★ **Promenade du Soleil** (Z). – Dans cette partie, elle longe la plage avec la vieille ville et les Alpes pour toile de fond. Par endroits, elle s'élargit en vastes terrasses.

Quai Napoléon-III (Z). – Il court le long de la jetée du phare, qui protège le vieux port utilisé par les pêcheurs, les plaisanciers et les amateurs de **promenades en vedettes.**

Musée Jean-Cocteau (Z **M**1). – Il est installé dans un fortin bâti au 17e s. par Honoré II de Monaco. L'entrée est ornée au sol de la Salamandre, mosaïque exécutée en petits galets gris et blancs dans la tradition mentonnaise. Les deux salles présentent une importante collection de pastels, dont l'ensemble des Innamorati (variations sur le thème du couple), des peintures, des dessins (esquisses pour le décor de la salle des mariages de l'Hôtel de ville), des céramiques et quelques photos de l'artiste.

Jetée Impératrice-Eugénie (Y). – En se plaçant auprès de la sculpture de Volti, Saint Michel à la mer (Y **V**), la **vue★** porte sur le vieux Menton soutenu par des arcades ; au fond, les montagnes de l'arrière-pays et la côte du cap Martin à Bordighera (le cap Mortola cache Vintimille).

Quai Bonaparte (Y). – D'un côté, il surplombe la plage des Sablettes ; de l'autre, il longe la vieille ville, bordée d'arcades que surmontent des maisons hautes et étroites : agréable coup d'œil. Un escalier monumental mène au parvis St-Michel.

★★ **Parvis St-Michel.** – Pavé d'une belle mosaïque de galets gris et blancs dessinant les armes des Grimaldi, encadré par les façades baroques de deux églises et par de vieilles demeures mentonnaises, il constitue un décor à l'italienne plein de charme et de fantaisie, avec vue sur la mer, la ville et une partie du littoral. C'est là que se donnent, dans les nuits d'août, les concerts du Festival de Musique de chambre.

★ **Église St-Michel** (Y **F**). – La plus belle et la plus vaste église baroque de la région. Sa **façade,** à deux étages, jaune et vert pâle, joue des combinaisons de colonnes jumelées, d'architraves, de frontons et de pinacles. Elle est flanquée, à gauche, de la tour (15e s.) d'une église antérieure qu'on a coiffée au 17e s. d'un campanile octogonal, à tuiles vernissées, et à droite, du grand campanile (53 m) d'allure génoise ajouté au début du 18e s. Chacune des trois portes est surmontée d'une niche où a pris place une statue (au centre saint Michel).

L'intérieur est somptueux. Inspiré de l'église de l'Annunziata de Gênes, il en a adopté le plan basilical avec faux transept et chevet plat, les voûtes en berceau ; il évoque aussi l'église d'Utelle *(p. 152).* Les chapelles latérales, au décor baroque, sont des chapelles funéraires de notables mentonnais ou monégasques. Des artistes mentonnais comme Puppo et Vento ont participé à leur décoration.

Dans la première chapelle à gauche, remarquer le beau **retable de saint Nicolas** de Puppo, composition baroque encadrée de colonnes torses à pampres d'or, précédé par un autel de marbre surmonté d'une couronne formant baldaquin. Dans la chapelle suivante,

on peut voir une pathétique Crucifixion de Ferrari et une étrange Vierge à l'Enfant, statue du 17e s., hiératique. On retrouve Puppo dans la 3e chapelle avec une Assomption baroque par son envol d'anges, de draperies, de volutes.
Au fond du chœur, plaqué au mur de chevet, une tribune supporte le monumental **buffet d'orgues** du 17e s. De part et d'autre du chœur, belles stalles du 18e s. A droite, au-dessus des stalles, on peut admirer le **retable de saint Michel** (1569) de Manchello : le saint est entouré de Pierre – revêtu des insignes de la papauté – et de Jean-Baptiste ; les compartiments supérieurs comportent une belle Pietà. Le maître-autel, d'un baroque exubérant, est surmonté d'un impressionnant Saint Michel terrassant Lucifer.
La chapelle à droite du chœur était celle des princes de Monaco : un tableau y représente sainte Dévote, patronne de la principauté, devant le rocher de Monaco (fin 17e s.). On verra encore l'Adoration des bergers, de Ferrari (1re chapelle du collatéral droit), la coupole en trompe-l'œil de la chapelle du baptistère (1806) et, dans la dernière chapelle, un retable de J.A. Vento : la Fuite en Égypte.
Des tentures en damas de Gênes, de couleur amarante, ornent occasionnellement le chœur et la nef centrale.

★ **Façade de la chapelle de la Conception** (**Y B**). – A la sortie de l'église, monter quelques marches, à gauche, pour admirer la belle ordonnance de cette chapelle de la confrérie des Pénitents Blancs (1685), très restaurée au 19e s., avec ses guirlandes de fleurs en stuc et son fronton en anse de panier surmonté des statues des trois Vertus théologales.

Emprunter la rampe en escalier qui donne accès à la rue du Vieux-Château, pittoresque, qui aboutit au vieux cimetière.

Vieux cimetière (**Y D**). – Établi au siècle dernier à l'emplacement de l'ancien château fort, ce cimetière cosmopolite comprend quatre terrasses superposées correspondant à des tombes de religions ou de rites différents : souvenir du temps où une population de riches étrangers habitait Menton. A la pointe Sud du cimetière anglais, on jouit d'une belle **vue**★ sur la vieille ville, la mer et la côte du cap Mortola au cap Martin.

La montée du Souvenir, bordée de lauriers, ramène au parvis St Michel.

Rue Longue (**Y 24**). – L'escalier de St-Michel est traversé par la rue Longue, ex-artère principale de la ville et ancienne via Julia Augusta. Pittoresque, elle se poursuit par la rue des Logettes qui débouche dans la rue St-Michel.

Rue St-Michel (**Z**). – Rue piétonne bordée d'orangers, pleine de boutiques, elle fait passer du vieux Menton à la ville nouvelle. En contrebas, à gauche, la **place aux Herbes** (**Z 20**), pavée de galets colorés, bordée d'une colonnade sur un côté, décorée d'une fontaine, est un endroit agréable, avec vue sur la mer ; tout à côté, le marché couvert et sa place offrent tous les matins un spectacle haut en couleur.

Par l'avenue Félix-Faure, également animée, on débouche sur le jardin Biovès.

Jardin Biovès (**Z**). – C'est un très beau jardin de ville, bordé de palmiers et de citronniers ; il est décoré de fleurs, de fontaines, de statues (Déesse aux fruits d'or, de Volti). Situé dans l'axe de la vallée du Carei, il offre une jolie **perspective** sur les montagnes de l'arrière-pays. A droite, le vaste palais de l'Europe – ancien Kursaal de style Belle Époque – présente une façade qui n'est pas sans charme : c'est un palais des congrès et le siège des activités culturelles de Menton et de l'office de tourisme.

AUTRES CURIOSITÉS

★ **Musée du Palais Carnolès.** – *Accès par l'avenue Carnot* (**Z 10**). Le palais Carnolès, ancienne résidence d'été des princes de Monaco, a été construit au 18e s. et décoré par Puppo et les frères Vento. Il a été fort remanié au 19e s. Le Grand Salon et la salle 4 ont conservé leurs gypseries et leurs dorures. La galerie des sculptures, au 1er étage, présente un plafond à caissons. Dans cette très belle demeure à l'italienne, qu'entourent de beaux jardins, ont été accrochées de précieuses collections de peinture.

Étage. – La salle 1 est consacrée aux primitifs des écoles françaises et italiennes (belle œuvre toscane du Maître de la Maddalena : la Vierge à l'Enfant, 13e s.). Les deux salles suivantes offrent des thèmes surtout religieux de différents pays, notamment une Vierge à l'Enfant et Saint François de Louis Bréa. On admirera dans la salle 4 un Portrait d'Urban de Bologne, par Bartholomeo Maineri. Les salles 5 et 6 exposent des œuvres de diverses écoles européennes des 16e, 17e et 18e s. ; on y remarque un Saint Benoît recevant saints Maur et Placide, enfants, par Ph. de Champaigne.
La dernière salle abrite, en expositions tournantes, des dessins, gouaches et aquarelles, d'artistes divers dont Manguin, Goerg, Picabia, Derain, etc.

Rez-de-chaussée. – Il est consacré à la peinture contemporaine et moderne. Les collections du musée constituées par la collection Wakefield Mori, les apports des Biennales de Peinture (jusqu'en 1980) et les dons des artistes (Gleizes, Desnoyers, Delvaux, Sutherland) sont exposées par roulement.

★ **Garavan.** – *Accès par la Promenade de la Mer* (**Y**). Autrefois isolé de Menton et ne comprenant que quelques riches villas, Garavan – surtout depuis la création du port de plaisance – est devenu un luxueux quartier résidentiel, entre la Promenade de la Mer et le boulevard de Garavan, qui a su préserver son merveilleux site.

★ **Jardin botanique exotique.** – *Accès par le chemin de St-Jacques à partir de la Promenade de la Mer* (**Y**).
Aménagé autour de la villa « Val Rameh » par le Muséum d'Histoire naturelle de Paris, ce jardin comprend plus de 700 espèces végétales, locales mais aussi originaires d'Australie, d'Asie et surtout des régions tropicales et subtropicales du continent américain. Le climat de Menton a permis de les acclimater. Les plantations sont disposées en terrasses, d'où la vue s'étend vers la ville ancienne et la mer. Parmi les agrumes sont dispersées de nombreuses espèces fruitières exotiques : passiflore, sapote blanche, goyave, avocat, etc. Un grand bassin héberge le célèbre lotus de l'Inde. Toute cette végétation est d'une densité et d'une richesse extraordinaires.

⌚ **Jardin des Colombières.** – *Accès par la Promenade de la Mer* (**Y**) *et l'avenue Blasco-Ibañez.* Jardin conçu par Ferdinand Bac, écrivain-humoriste et architecte. Un itinéraire fléché conduit le visiteur à travers les 6 ha qui renferment une végétation surtout méditerranéenne, s'harmonisant avec de petites constructions et statues antiques. A l'extrémité Est du circuit, du belvédère installé sur le flanc de la colline, belle **vue★** sur Menton, le port et le cap Martin.

A l'intérieur de la villa, transformée, en partie, en résidence meublée, quelques pièces (salon, salle à manger, chambre) offrent une décoration inspirée de l'Antiquité romaine.

⌚ **Hôtel de ville** (**Z H**). – C'est un bel édifice inspiré du style italien du 17ᵉ s. La **salle des mariages★** a été décorée par Jean Cocteau. Sur le mur du fond, le pêcheur, dont l'œil est un poisson, porte l'ancien bonnet des pêcheurs de Menton ; la fille qui lui fait face est coiffée du chapeau niçois. Sur les murs : d'un côté, l'histoire d'Orphée et Eurydice, de l'autre, une noce imaginaire. Au plafond, la Poésie chevauche Pégase.

⌚ **Musée de préhistoire régionale** (**Y M²**). – Les collections du musée (ossements – notamment le crâne de « l'homme de Menton » –, outils, mobilier...) proviennent de sites préhistoriques des Alpes-Maritimes et de Ligurie, région d'Europe où l'homme apparut très tôt (il y a un million d'années) et s'implanta, laissant de nombreux vestiges de son évolution. Des reconstitutions de scènes de la vie quotidienne présentent les grandes étapes de cette évolution telles que la domestication du feu (il y a 400 000 ans), l'invention de l'art (il y a 30 000 ans), les débuts de l'agriculture (5 000 ans avant J.C.), de la métallurgie (1 800 ans avant J.C.)...

Au sous-sol, salle d'histoire mentonnaise et d'art et traditions populaires.

ENVIRONS

★★ **Roquebrune-Cap-Martin.** – Menton et Roquebrune-Cap-Martin forment un tissu urbain continu. *Description p. 124.*

★ **L'Annonciade.** – *Circuit de 12 km – environ 3/4 h – schéma ci-dessous.*

Quitter Menton par l'avenue de Verdun (**Z 40**) *prolongée par l'avenue de Sospel. Laissant à gauche une petite route pour l'Annonciade, continuer tout droit et passer sous l'autoroute la Provençale. Après 2 virages en épingle à cheveux, laisser à droite la D 2566 qui mène à Sospel. Passer à nouveau sous l'autoroute et poursuivre jusqu'à l'auberge des Santons où s'amorce le chemin qui monte au monastère.*

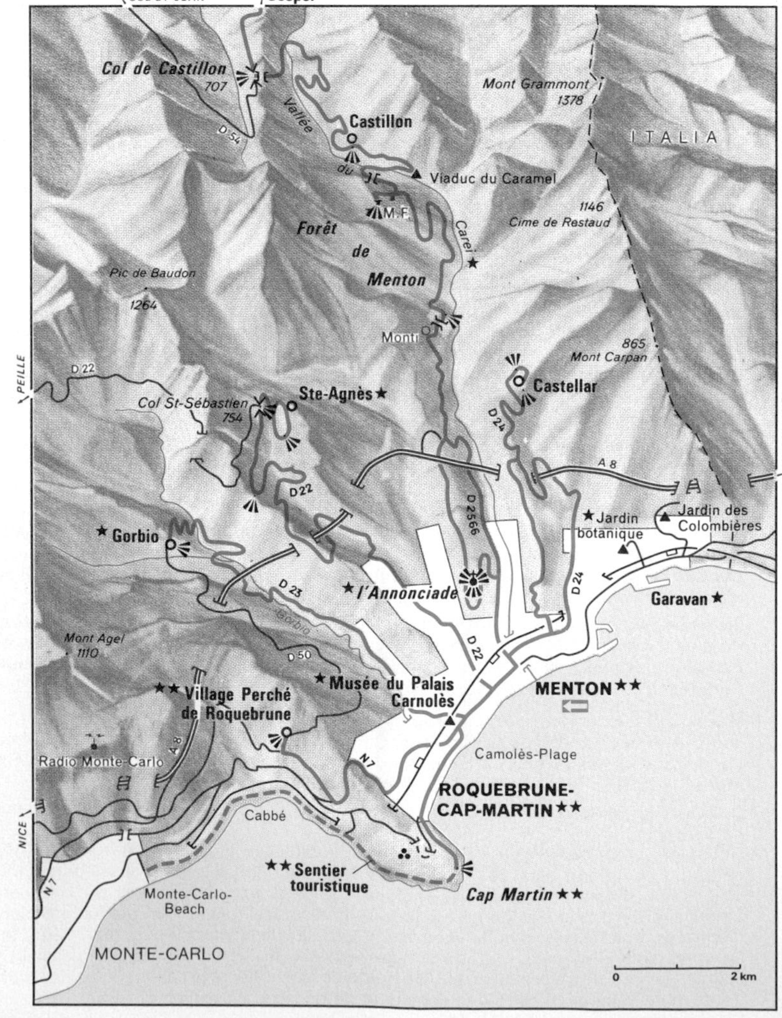

La **chapelle** est un centre de pèlerinage marial depuis le 11e s. L'édifice actuel date du début du 17e s. De la terrasse, à 225 m d'altitude, un **panorama**★ embrasse la côte, de la pointe de Bordighera au cap Martin et le cirque de montagnes qui encadre Menton.

Le retour s'effectue par une route pittoresque, en forte descente, très sinueuse sur les deux derniers kilomètres avant sa jonction avec l'avenue de Sospel à Menton.

Castellar. – 547 h. *Circuit de 13 km – environ 3/4 h – schéma ci-dessous. Quitter Menton au Nord par la route de Castellar* (**Y**). Cet agréable village perché, dont les vieilles rues parallèles sont reliées par des passages sous voûte, est un bon centre d'excursions pédestres. De la terrasse du Café des Alpes, place Clemenceau, on a une bonne vue sur la mer et les sommets environnants.

Au retour prendre, au bout de 2,5 km, le « chemin du Mont-Gros », sinueux, offrant de belles vues sur la côte et l'arrière-pays de Menton.

★ **Ste-Agnès.** – 455 h. *13 km – environ 3/4 h – schéma p. 98. Quitter Menton au Nord par l'avenue Carnot* (**Z 10**) *puis à droite le cours René-Coty, l'avenue des Alliés et la route des Castagnins, D 22.* La route, en montée continue, offre de belles vues sur le val de Gorbio. Au **col St-Sébastien** (alt. 754 m), d'où l'on jouit d'une **vue**★ particulièrement pittoresque sur le village de Ste-Agnès, prendre à droite.

Le village vaut surtout par son **site**★ : étendu au pied d'une haute falaise de calcaire gris-rose, il s'intègre harmonieusement dans le paysage. Le village se termine par une esplanade d'où la **vue**★★ est splendide (ouvrages d'art de l'autoroute la Provençale, Alpes mentonnaises et baie de Menton, mont Agel sur la droite).

Parcourir les rues pittoresques de Ste-Agnès, bordées de nombreuses boutiques d'artisanat ; la rue des Comtes-Léotardi, pavée de galets, est enjambée par des voûtes.

★ **Route du col de Castillon.** – *21 km – environ 1 h 1/2 – schéma p. 98. Quitter Menton par l'avenue de Verdun* (**Z 40**)*, prolongée par l'avenue de Sospel.*

La route du col de Castillon – appelé aussi col de la Garde – ouvre un passage dans une ligne de crêtes parallèle à la mer qui sépare le pays mentonnais du bassin de Sospel. De part et d'autre du col, le Carei, qui débouche dans la Méditerranée, et le torrent de Merlanson, affluent de la Bévéra, lui prêtent leurs vallées.

Après être passée sous l'autoroute, la D 2566, très sinueuse, remonte la ravissante **vallée du Carei**★ dont la rive gauche est dominée par les crêtes dénudées de la frontière franco-italienne toute proche. Les citronniers font place aux oliviers puis aux pins.

Au-delà du hameau de Monti, la route offre une jolie vue sur Menton, la mer et le village perché de Castellar, tandis qu'elle longe la forêt de Menton.

Forêt de Menton. – Cette belle forêt, aux essences variées, a été aménagée pour les promeneurs. Près d'une maison forestière, un chemin, à gauche *(1 h à pied AR)* conduit à une table d'orientation, d'où la **vue**★ s'étend largement sur la côte.

La route passe ensuite près du beau **viaduc** courbe du Caramel, emprunté jadis par le tramway Menton-Sospel.

Castillon. – 79 h. Sur la droite s'élève le village de Castillon, entièrement reconstruit par deux fois après le tremblement de terre de 1887 et de terribles bombardements en 1944. Dominé par son quartier d'artisans d'art *(parking à proximité),* le nouveau village, bâti à mi-pente en style provençal, constitue un modèle d'urbanisme rural. Du sommet, la **vue** donne sur la vallée du Carei et la mer au loin.

La route atteint bientôt le col.

Col de Castillon. – Alt. 707 m. La **vue** embrasse la vallée de la Bévéra avec, au loin, les cimes de Peïra-Cava et de l'Authion. A gauche, se détache la D 54, pittoresque, vers le col St-Jean. Puis commence la longue descente dans le verdoyant vallon du Merlanson. A mesure qu'on s'approche de Sospel, la forêt fait place aux oliviers et à la vigne en terrasses. La vue se porte d'abord sur le fort du mont Barbonnet, puis sur la ville de Sospel et les hauteurs qui l'encadrent.

★ **Sospel.** – *Page 139.*

★★ MERVEILLES (Vallée des)

Cartes Michelin n° 84 plis 9, 10, 19, 20, 195 plis 7, 8 ou 245 plis 25, 26 – Schéma p. 39.

A l'Ouest de Tende, des cirques, des vallées et des lacs glaciaires, des moraines cernent le **mont Bégo** (2 872 m) de leur monde minéral, isolé par l'absence de route et la rigueur du climat d'altitude. Si le vallon de la Minière, celui de Casterine et de Fontanalbe sont tapissés de mélèzes, la vallée des Merveilles, qui se fraye un passage entre le Grand Capelet et le mont Bégo, ne connaît pour toute végétation qu'un tapis d'herbe, fleurie pendant l'été. Le spectacle des cimes, des vallons et des lacs est grandiose : mais ce site du Parc national du Mercantour *(voir ci-dessous)* est surtout devenu célèbre par les milliers de gravures rupestres qu'on y a découvertes. On y accède par une vallée affluente de la Roya.

Parc national du Mercantour. – Ce beau domaine naturel, devenu Parc national en 1979, s'étend pour la zone centrale protégée, sur près de 70 000 ha entre les Alpes-Maritimes et les Alpes-de-Haute-Provence *(voir le guide Vert Michelin Alpes du Sud)* et s'adosse à la section piémontaise du Parc naturel de l'Argentera. La partie comprise dans les limites de ce guide est une zone de haute montagne, à proximité de la Méditerranée, qui présente un relief contrasté de cirques et de vallons glaciaires parsemés de lacs. Peuplé de chamois, bouquetins, mouflons, marmottes, perdrix, lièvres blancs, il possède une flore riche en couleurs et espèces rares comme la « saxifraga florulenta » qui tapisse ses rochers et est devenu l'emblème du parc.

Dans sa partie Est et Sud, le parc est traversé par le sentier de grande randonnée n° 52 ; le GR 52A, sentier panoramique du Mercantour, le longe dans sa partie Sud et Ouest. Des promenades accompagnées par le personnel du parc permettent de découvrir la nature pendant l'été.

VISITE

Un ou deux jours au départ de St-Dalmas de Tende (p. 128).

Accès en voiture particulière. – Deux excursions sont possibles.

Vallée des Merveilles. – *10 km au départ de St-Dalmas-de-Tende par la D 91 – compter 2 jours. Par le vallon de la Minière, gagner le lac des Mesches, où laisser la voiture.* Gagner à pied *(3 h)* par le lac Long Inférieur le **refuge** des Merveilles où passer la nuit. Le lendemain, parcourir la vallée des Merveilles jusqu'à la baisse de Valmasque et regagner les Mesches dans l'après-midi. Les touristes entraînés pourront poursuivre jusqu'à la baisse de Fontanalbe et, de là, marcher plein Est *(pas de sentier sur plus de 2 km)* vers les gravures qui s'étendent près du refuge de Fontanalbe. Ils regagneront les Mesches par le vallon de Fontanalbe et le vallon de Casterine.

Fontanalbe. – *12 km au départ de St-Dalmas-de-Tende par la D 91 – compter 1 jour.* Aller en voiture jusqu'au lieu-dit Ste-Madeleine par le beau vallon de Casterine. Poursuivre à pied par le vallon de Fontanalbe jusqu'aux gravures rupestres situées à proximité du refuge de Fontanalbe.

Accès en jeep. – *1 journée.* A Tende comme à St-Dalmas, différentes entreprises organisent des excursions qui mènent les touristes en jeep soit au refuge des Merveilles, soit à proximité des gravures de Fontanalbe.

Lac des Trécoulpes.

100 000 gravures rupestres. – Les environs du mont Bégo *(1)* constituent un musée préhistorique en pleine nature ; plus de 100 000 gravures y ont été recensées : c'est dans la vallée des Merveilles qu'est la concentration la plus forte, mais il s'en trouve aussi dans le vallon de Fontanalbe, dans celui de Vallaurette et au col du Sabion. Elles sont inscrites sur des pans de roches lissées, il y a 15 000 ans, par l'érosion glaciaire. Il faut mettre à part les gravures linéaires dont les plus anciennes datent de l'époque gallo-romaine et se prolongent à travers le Moyen Age jusqu'à nos jours. Les gravures qui intéressent surtout les archéologues sont antérieures : les plus nombreuses datent de l'âge du bronze ancien (vers 1800 à 1500 avant J.-C.). La technique est celle du piquetage : les contours et les surfaces sont obtenus par juxtaposition de petites cupules de 1 à 5 mm de diamètre creusées à l'aide d'outils de silex ou de quartz.

La montagne magique. – Sans valeur artistique manifeste, ces gravures témoignent des préoccupations des peuplades ligures des basses vallées qui auraient fait un lieu de pèlerinage des pentes du mont Bégo divinisé : puissance à la fois tutélaire en raison des eaux qui en descendent, et redoutable par ses orages fréquents et violents. Ici comme ailleurs, le culte de la montagne aurait été associé à celui du taureau : les dessins de bovidés, les symboles cornus constituent le thème de la moitié des gravures. La présence d'araires ou de herses attelées parfois aux animaux atteste la pratique de l'agriculture ; des dessins réticulés évoquent des enclos ou des parcelles de champs. Par ailleurs, un grand nombre d'armes sont représentées, qui correspondent assez bien à celles découvertes dans des sites archéologiques contemporains. Enfin, les figures anthropomorphes sont peu nombreuses ; les plus connues ont été baptisées : le Sorcier, le Christ, le Chef de tribu, la Danseuse...

(1) Pour plus de détails, lire : « Les gravures préhistoriques du mont Bégo » par M. Louis et G. Isetti (Institut International d'Études Ligures, 164 av. des Arènes, 06100 Nice) ; « La Vallée des Merveilles et sa région » par J. de la Hogue (Solar, Alp'Azur Diffusion, 1990 route de Grasse, 06600 Antibes).

★★★ MONACO (Principauté) 27 063 h. (les Monégasques)

Carte Michelin n° 84 plis 19, 20, 195 plis 27, 28 ou 245 pli 38 – Schéma p. 123.
Plan d'agglomération dans le guide Rouge Michelin France.

La principauté de Monaco est un État souverain de 192 ha de superficie (55 fois moins étendu que Paris). Elle comprend : le Rocher de Monaco, la vieille ville ; Monte-Carlo, la ville neuve ; la Condamine, quartier du port, qui les relie, et le quartier de Fontvieille. Elle reçoit chaque année plusieurs millions de visiteurs.
Les Monégasques ne paient pas d'impôts directs et ne font pas de service militaire.

Les Grimaldi. – Habité dès les temps préhistoriques, fondation phocéenne puis port romain, c'est avec la dynastie des Grimaldi que Monaco prend véritablement sa place dans l'histoire. Cette famille compte de nombreuses branches : à Cagnes et à Beuil, à Gênes et à Naples : cent dix représentants mâles sont dénombrés en 1333. Dans le cadre de la lutte des Guelfes contre les Gibelins, François Grimaldi, expulsé de Gênes s'empara de Monaco en 1297, déguisé en moine ainsi que ses hommes (d'où son surnom de « la Malice », et les deux moines armés qui figurent sur le blason des Grimaldi). Mais il ne put s'y maintenir. Un Grimaldi acheta aux Génois la seigneurie de Monaco en 1308 et, depuis, le nom et les armes des Grimaldi furent toujours portés par les héritiers du titre, que ceux-ci aient appartenu à la maison de Goyon-Matignon (1731-1949) ou, cas actuel, à la maison de Polignac. Trois princes, de nos jours, ont servi dans les rangs français : Albert, comme officier de marine en 1870 ; Louis, comme général de brigade en 1914-1918 ; Rainier, comme capitaine au cours de la dernière guerre.

Une histoire agitée. – Drames de famille : au 16e s., Jean II est tué par son frère Lucien ; Lucien est, à son tour, assassiné par son neveu. Conflits politiques : en 1604, Honoré Ier est jeté à la mer par ses sujets. Occupations étrangères : espagnole de 1524 à 1641 – c'est du roi d'Espagne que les Grimaldi tiennent le titre de prince –, française de 1641 à 1814. En 1815, la principauté passe sous le protectorat de la Sardaigne. Menton et Roquebrune, qui appartiennent à la principauté, sont achetées en 1861 par Napoléon III, lors de l'annexion du comté de Nice.

La naissance de Monte-Carlo. – En 1856, le prince de Monaco, pour se créer des ressources, autorise l'ouverture d'une maison de jeux. Celle-ci s'installe chichement à Monaco même, modeste et unique agglomération de la principauté. En 1862 seulement, on élève à Monte-Carlo, pour les jeux, une humble bâtisse qui reste isolée, nul ne voulant acheter aux alentours un terrain avec obligation de construire.
Mais tout va changer quand **François Blanc**, le directeur du casino de Bad Homburg, ville d'eaux de la Hesse, devient concessionnaire. Grâce à ses talents et à ses capitaux, il réussit là où ses prédécesseurs s'étaient ruinés : en peu d'années, la vogue est acquise et une ville de luxe couvre bientôt le plateau de ses constructions somptueuses ; la fameuse Société des Bains de Mer, animée par François Blanc, en est en grande partie propriétaire. Toute l'aristocratie d'Europe en villégiature défile dans les palaces et le casino de Monte-Carlo.

Un urbanisme acharné. – Les recettes fournies par le jeu et le tourisme, attirant sur son sol des sociétés étrangères en quête de privilèges fiscaux, Monaco n'a cessé de construire... jusqu'à occuper tout l'espace disponible. Qu'à cela ne tienne ! la fin de la dernière guerre vit naître les gratte-ciel tandis qu'on enterrait la voie ferrée à Monte-Carlo, creusait des tunnels routiers et, surtout, qu'on remblayait la côte : 22 % du territoire ont été gagnés sur la mer.
Le tourisme reste la grande activité de Monaco où la Société des Bains de Mer fait figure de géant. Mais sans négliger la clientèle traditionnelle, on s'oriente vers le tourisme d'affaires et de congrès : à preuve, le complexe résidentiel et hôtelier (Loews Hotel) des Spélugues, construit sur pilotis en contrebas du casino, qui comporte un Centre de Congrès-Auditorium doté des perfectionnements les plus modernes et d'une salle polyvalente pouvant recevoir 1 100 personnes. Aujourd'hui la capacité d'accueil de Monte-Carlo est considérable, rivalisant avec ses concurrentes Nice et Cannes.
L'industrie, cependant, n'est pas négligée ; elle anime le quartier de Fontvieille qui voit se développer, outre le bâtiment, des industries légères : habillement, imprimerie, édition, produits pharmaceutiques et matières plastiques, mécanique de précision, parfumerie, industries alimentaires... Au large de ce quartier, une véritable presqu'île a été gagnée sur la mer et est en cours d'aménagement.

Un festival permanent. – Tout le monde connaît le Rallye Automobile de Monte-Carlo qui a lieu chaque année depuis 1911, vers la fin janvier ainsi que le Grand Prix Automobile de Monaco qui, en mai, se déroule dans les rues de la principauté sur un circuit sinueux de 3,145 km. Il faut signaler en outre la fête de sainte Dévote (le 27 janvier), le Festival international de Télévision (février), le Printemps des Arts et les Championnats internationaux de Tennis (avril), le Concours international de Bouquets (mai), le Monte-Carlo Golf Open (juin) sur les pentes du mont Agel ; les concerts dans la cour d'honneur du palais et le Festival de Feux d'artifice (juillet-août) ; la Fête nationale monégasque (19 novembre), le Festival international du Cirque (décembre)... On sait enfin la réputation de l'Opéra – où se sont illustrés les plus grands chorégraphes – et de l'Orchestre Philharmonique de Monte-Carlo.

Musée national de Monte-Carlo.
Le Pierrot aux chiens par Vichy, 1865.

MONACO (Principauté)

★★★ MONACO

Monaco, capitale de la principauté, est pittoresquement bâtie au sommet d'un rocher de 300 m de large, coupé à pic sur presque tout son pourtour, qui s'avance à 800 m en mer. Sa partie supérieure, haute de 60 m au-dessus du niveau de la Méditerranée, forme une terrasse, couverte entièrement par la vieille ville administrative, le palais du prince, la cathédrale, les jardins et le musée océanographique.
A l'Ouest, au-delà d'une dépression empruntée par le chemin de fer et la Corniche Inférieure, le célèbre jardin exotique occupe de hautes falaises abruptes percées de grottes.
Précédant le jardin exotique, le quartier de Fontvieille, jusqu'ici industriel, est en pleine transformation, grâce à l'aménagement de zones résidentielles et récréatives sur les terre-pleins gagnés sur la mer *(travaux en cours).*

★★ Le quartier du jardin exotique et de Fontvieille

visite : 2 h 1/2

★★ **Jardin exotique** (AZ). – Grâce à un microclimat exceptionnel, ce jardin, merveilleusement suspendu le long d'une falaise rocheuse dominant la Méditerranée, possède une remarquable collection de cactées (dont plusieurs sont centenaires) et autres plantes « succulentes », notamment parmi les arborescentes : grandes euphorbes en forme de candélabres, aloès géants, « coussins de belle-mère », figuiers de Barbarie. On se sent tout à fait dépaysé au milieu de ces formes insolites, de leurs fleurs étranges aux couleurs éclatantes. 6 000 variétés de la flore semi-désertique y sont représentées ; beaucoup sont originaires du Mexique ou de l'Afrique australe. En outre, le jardin offre de ses belvédères de magnifiques **vues★** sur le rocher de Monaco, le port, Monte-Carlo, le cap Martin et la Riviera italienne *(table d'orientation).*

★ **Grotte de l'Observatoire** (AZ B). – *558 marches AR.* Bien aménagée, elle s'ouvre dans le jardin exotique, à une centaine de mètres d'altitude. Au cours du trajet, on traverse plusieurs salles superposées ornées de stalactites, de stalagmites et de riches concrétions délicates et très variées. Elle est creusée dans des calcaires dolomitiques.
Dans la salle d'entrée, des fouilles ont révélé la présence de l'homme (outillage), il y a environ 200 000 ans, et livré des ossements d'animaux préhistoriques : ces objets sont exposés dans le musée voisin.

★ **Musée d'Anthropologie préhistorique** (AZ M[1]). – *Accès par le jardin exotique.* Par sa richesse, sa diversité et une présentation particulièrement soignée, ce musée intéressera même les profanes.
La salle de droite présente des ossements d'animaux et des outils de pierre. Le visiteur constatera que la Côte d'Azur, en raison des variations climatiques, a été fréquentée par le renne, le mammouth, l'ours des cavernes, aussi bien que par l'éléphant ou l'hippopotame. Collections impressionnantes de squelettes d'Homo Sapiens : négroïdes de Grimaldi, grands corps du type Cro-Magnon, sépulture collective, etc.
Dans l'autre salle, on peut comparer des crânes et autres ossements des ancêtres de l'homme. Une vitrine est consacrée à de précieuses figurines préhistoriques – mammouth, cheval –, une autre à l'âge du bronze.

Église St-Martin (AZ). – Inaugurée en 1976, sur l'emplacement d'une ancienne chapelle de carmélites, cette église est l'œuvre de l'architecte monégasque P. Ravarino. Elle est incluse dans les immeubles de l'avenue Crovetto-Frères.

Gagner directement la terrasse.

De la terrasse, belle **vue★** sur Monte-Carlo et le cap Martin à gauche, sur le Rocher en face et le quartier de Fontvieille à droite.

Entrer dans l'église par le niveau supérieur.

La nef unique, en plan incliné, débouche sur le chœur où l'autel reçoit une coulée de lumière par un cylindre de béton creux suspendu au plafond. Les vitraux aux tons chauds sont tous l'œuvre de Frédérique Duran : on reconnaît, sur le mur de droite, saint Martin, saint Joseph, sainte Rita et saint Antoine. Au fond de la nef, un saisissant tableau de Marcel de Paredes (1974) évoque la Crucifixion et la Résurrection. Dans la chapelle du Saint-Esprit, au niveau inférieur, remarquer le tabernacle suspendu en forme de colombe.

Parc paysager de Fontvieille. – *En cours d'aménagement. Accès par l'avenue des Papalins* (AZ). Autour d'une charmante pièce d'eau, il regroupe des espèces végétales provenant du monde entier. Dans la roseraie « Princesse Grace » attenante prospèrent quelque 3 500 espèces de rosiers, dont une partie sont l'œuvre de célèbres jardiniers ; la statue représentant la princesse Grace a été réalisée en 1983 par Kees Verkade. Derrière le parc, le stade Louis-II est un nouveau complexe sportif conçu selon les normes parasismiques sur les plans de l'architecte H. Pottier.

★★ Le Rocher *visite : environ 3 h*

Laisser la voiture au parking des Pêcheurs (**CZ**) *et prendre l'ascenseur.*

★★ **Musée océanographique** (CZ M^{2}). – Également institut de recherches scientifiques, le musée a été inauguré en 1910 par le prince Albert Ier. Passionné d'océanographie, le fondateur l'a consacré aux sciences de la mer. C'est un majestueux et vaste édifice, construit en à-pic au-dessus de la Méditerranée.

Sous-sol. - L'aquarium★★ est l'un des plus beaux d'Europe. 4 500 poissons de 50 espèces différentes sont présentés dans leur milieu reconstitué : des spécimens curieux, somptueux ou rares, tropicaux (de mer et d'eau douce) et méditerranéens.

Rez-de-chaussée. – Dans le salon d'honneur sont exposés des engins d'exploration sous-marine. A gauche, la **salle d'océanographie zoologique★** contient des squelettes de grands mammifères marins : baleine de 20 m échouée sur la bordure méditerranéenne italienne en 1896, orque, cachalot, lamantin, narval, ainsi que des animaux marins naturalisés : crabe géant du Japon (2 m d'envergure), tortue de 200 kg... Cette pièce comporte aussi un grand nombre de spécimens de la faune marine recueillis au cours des campagnes scientifiques du prince Albert Ier et de ses successeurs.

Premier étage. – La salle centrale évoque les croisières du prince Albert Ier : sa baleinière, maquettes de ses yachts, laboratoire de son dernier bateau, l'Hirondelle II. L'exposition « Découverte de la mer » explique certains phénomènes proprement marins : vagues, marées, courants, salinité de l'eau... A droite de la salle centrale, enfin, s'ouvre la salle d'océanographie appliquée ; dans les vitrines sont classées plus de 10 000 espèces de coquillages, perles, nacres, écailles et coraux ; nombreux animaux naturalisés, dont des ours et des phoques des régions arctiques ; reproduction grandeur nature d'un calmar géant de 13 m de long pêché dans les eaux de Terre-Neuve : cette espèce se bat avec les cachalots qui s'en nourrissent.

Terrasse. – Au 2e étage *(ascenseur)*, la terrasse surplombant la mer offre une **vue★★** étendue allant de l'Esterel à la Riviera italienne ; à l'arrière de la principauté, on reconnaît la Tête de Chien et le mont Agel.

★ **Jardins St-Martin** (CZ). – Des allées ombragées offrent de belles échappées sur la mer à travers une étonnante végétation africaine. Statue du prince Albert Ier par François Cogné (1951). Les fragments de colonnes et de chapiteaux disséminés dans les jardins proviennent de l'église St-Nicolas qui précéda l'actuelle cathédrale.

Cathédrale (BZ). – Construite sur les ruines de l'église St-Nicolas, c'est un édifice de style néo-roman en pierre blanche de la Turbie. Le maître-autel, le buffet d'orgue et le trône épiscopal sont de marbre blanc incrusté de mosaïques et de motifs de cuivre. Remarquer dans la chapelle du croisillon droit un bel autel sculpté rouge et or, de style Renaissance espagnole.
L'intérêt se porte surtout sur un remarquable ensemble de **primitifs niçois★★** *(voir p. 28)*. A l'entrée gauche du déambulatoire, où se trouvent les tombeaux des princes, on peut admirer, encadré de somptueux rinceaux Renaissance et de dauphins affrontés, le grand **retable de saint Nicolas** de Louis Bréa : 18 compartiments aux couleurs rutilantes dont saint Nicolas occupe le centre sur son trône épiscopal vert ; la plupart des panneaux portent le nom des personnages, traités sur fond d'or : ainsi sainte Dévote, patronne de Monaco, qui apparaît dans un petit tableau en bas à gauche ; remarquer à droite l'admirable sainte Madeleine ; en haut à droite, sainte Anne tient curieusement dans ses bras à la fois la Vierge enfant et Jésus. Trois autres panneaux de l'école niçoise retiennent l'attention dans le déambulatoire : Saint Roch, Saint Antoine et le Rosaire. Derrière le maître-autel, la Pietà des Pénitents Blancs a une prédelle charmante.
Dans le croisillon droit, au-dessus de la porte de la sacristie, se trouve un très beau retable de Louis Bréa, dit **Pietà du curé Teste** (en raison du donateur qui y figure), sur fond de paysage (Monaco).

Vieille ville. – Entre la cathédrale et le palais de justice (construit en 1930 dans le style des palais gothiques italiens) se serrent les rues étroites de la vieille ville, coupées de placettes ombragées. Par la rue Comte-Félix-Gastaldi (**BCZ 10**) (remarquer les portails Renaissance), gagner la rue Princesse-Marie-de-Lorraine (**CZ 54**).

Chapelle de la Miséricorde (CZ D). – Face à la mairie, elle dresse sa façade classique, rose et blanche. Édifiée en 1646 par la confrérie des Pénitents Noirs, elle abrite, dans une niche à droite, un **Christ gisant★** du Monégasque Bosio ; cette statue est portée solennellement le Vendredi saint dans les rues de la vieille ville.

En sortant prendre à droite la pittoresque rue Basse (**BZ 3**).

Historial des Princes de Monaco (BZ M^{3}). – Dans une belle suite de locaux voûtés, des vitrines présentent en 24 scènes l'histoire de la famille des Grimaldi – depuis François « la Malice » jusqu'au prince régnant Rainier III et sa famille. Les 40 personnages de cire sont grandeur nature.

★ **Place du Palais** (BZ 35). – Ornée de canons et de boulets offerts par Louis XIV, elle se termine au Nord-Est par un parapet crénelé, d'où la **vue** s'étend sur le port, Monte-Carlo et la côte jusqu'à la pointe de Bordighera en Italie. Le côté Sud-Ouest de la place est bordé par la **promenade Ste-Barbe**, avec vue sur la côte du cap d'Ail.
La relève de la garde du palais a lieu quelques minutes avant midi.

★ **Palais du Prince** (BZ). – Du château médiéval (13e s.) subsistent quelques tours crénelées et une partie de l'enceinte agrandie et renforcée par les ingénieurs de Vauban : ces murailles se soudent au rocher à pic et forment un ensemble hardi. Les constructions Sud sont de style Renaissance ou classique. Par un portail monumental aux armes des Grimaldi, on entre dans la belle **cour d'honneur** entourée de galeries à arcades. Un escalier de marbre blanc à double révolution mène à la galerie d'Hercule, décorée de fresques des 16e et 17e s. – notamment de Ferrari. La salle du Trône et les grands appartements où ont lieu les réceptions officielles sont ornés de tapis et de meubles précieux, ainsi que de portraits intéressants signés Rigaud, Champaigne, J.-B. Van Loo.

★ **Musée napoléonien et des archives du palais** (**BZ M**[4]). – Installé dans une aile du palais, ce musée passionnera tous ceux qui s'intéressent à l'Empereur. Il convient de rappeler que la famille princière de Monaco est apparentée à celle des Bonaparte. Un millier de souvenirs et de documents sont ici rassemblés. On remarque surtout des objets personnels : lorgnettes, montre, tabatière, écharpe tricolore, chapeau du « petit caporal », vêtements du roi de Rome, etc. Nombreuses monnaies, médailles, figurines, armes, uniformes et insignes militaires, drapeau des grenadiers de l'île d'Elbe. Parmi les sculptures : des bustes de Napoléon par Canova et par Houdon ; buste de Joséphine par Bosio. Au mur, arbres généalogiques de la famille Bonaparte, originaire de Florence, et des princes de Monaco.

A part un grand portrait de Napoléon par Gérard, l'étage est consacré à des documents sur l'histoire de Monaco : charte de Louis XII reconnaissant l'indépendance de la principauté, autographes de Charles Quint et de Louis XIV, monnaies, médailles, collection de timbres, imagerie de Monaco. Dans une vitrine est exposé un fragment de pierre lunaire rapporté par les cosmonautes américains.

Passer sous la voûte, à droite du palais.

Rampe Major (**BZ 27**). – Cette rampe en escalier descend vers la place d'Armes en passant sous de vieilles portes des 16ᵉ, 17ᵉ et 18ᵉ s. Elle domine le port et le quartier de la Condamine.

Centre d'acclimatation zoologique (**ABZ E**). – Disposé en terrasses sur le flanc Sud-Ouest du Rocher, il présente une grande variété de mammifères, de reptiles et d'oiseaux. Les singes sont particulièrement nombreux. Belle vue sur la mer et le cap d'Ail.

LA CONDAMINE *visite : 1/2 h*

Ce terme désignait, au Moyen Age, les terres cultivables au pied d'un village ou d'un château. C'est maintenant le quartier commerçant entre le rocher de Monaco et Monte-Carlo.

Port (**BCYZ**). – Bordé par une promenade, il fut aménagé par le prince Albert Iᵉʳ ; le prince Rainier III y a ajouté une piscine olympique. Les yachts les plus luxueux s'y amarrent.

A l'extrémité Nord du boulevard Albert Iᵉʳ, un vallon sépare la Condamine de Monte-Carlo. Au fond de ce vallon que franchit un viaduc se trouve l'église Ste-Dévote.

Église Ste-Dévote (**BY**). – Édifiée en 1870 sur les ruines d'une très ancienne fondation, elle possède un bel autel de marbre du 18ᵉ s.

Sainte Dévote fut martyrisée en Corse au 3ᵉ s. ; suivant la tradition, l'esquif transportant son corps, pris dans la tempête, fut guidé par une colombe et aborda à Monaco. Au Moyen Age, les reliques de la sainte furent volées et emportées en barque. Mais, les malfaiteurs ayant été rejoints, leur embarcation fut brûlée. C'est l'origine de la cérémonie qui se célèbre chaque année le soir du 26 janvier et au cours de laquelle on brûle une barque sur le parvis de l'église. Le lendemain se déroule une grande procession.

Rue Grimaldi (**BYZ**). – Elle s'embranche sur la place Ste-Dévote. Très commerçante et très vivante, elle est bordée d'orangers, ce qui lui donne une note d'exotisme.

MONACO
MONTE-CARLO

Albert-Iᵉʳ (Bd)	BYZ	
Grimaldi (R.)	BYZ	
Moulins (Bd des)	CX	32
Ostende (Av. d')	CY	34
Princesse Caroline (R.)	BZ	48
Princesse Charlotte (Bd)	BCX	49
Armes (Pl. d')	BZ	2
Basse (R.)	BZ	3
Bellando-de-Castro (R. du Colonel)	BZ	7
Comte-Félix-Gastaldi (R.)	BCZ	10
Kennedy (Av. J.-F.)	CY	23
Larvotto (Bd du)	CX	25
Major (Rampe)	BZ	27
Palais (Pl. du)	BZ	35
Pêcheurs (Chemin des)	CZ	37
Princesse Grace (Av.)	CX	52
Princesse Marie-de-Lorraine (R.)	CZ	54
Suffren-Reymond (R.)	BZ	64

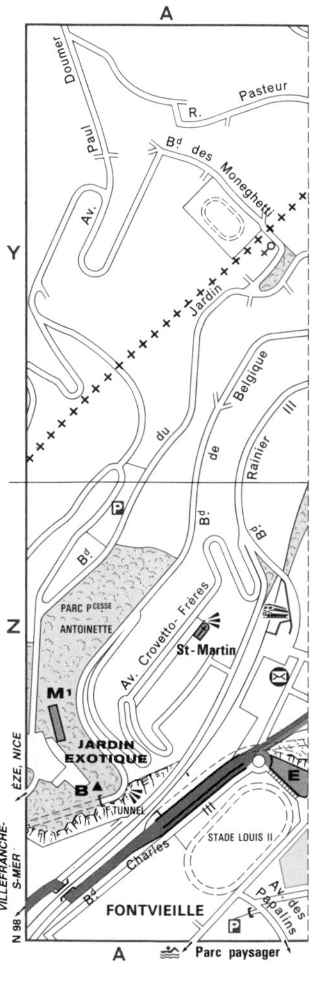

★★★ MONTE-CARLO *visite : 1 h 1/4* – Lieu de séjour.

Ce nom, fameux dans le monde entier, évoque le jeu, les caprices de la fortune et aussi un cadre majestueux avec ses palaces, ses casinos, ses riches villas, ses magasins luxueux, ses terrasses fleuries, ses arbres et ses plantes rares. Monte-Carlo offre à ses visiteurs des attractions de toutes sortes.

A l'Est de la principauté, les installations de grand luxe du Larvotto, tirant parti du terrain gagné sur la mer, offrent leurs plages artificielles, leurs piscines, leurs palaces, leurs complexes balnéaires ultra-modernes comme le Monte-Carlo Sporting Club. Elles sont complétées, au-delà de la frontière, par celles, plus anciennes, de Monte-Carlo Beach et reliées au complexe immobilier des Spélugues par l'avenante avenue Princesse-Grace (**CX 52**), bordée de jardins.

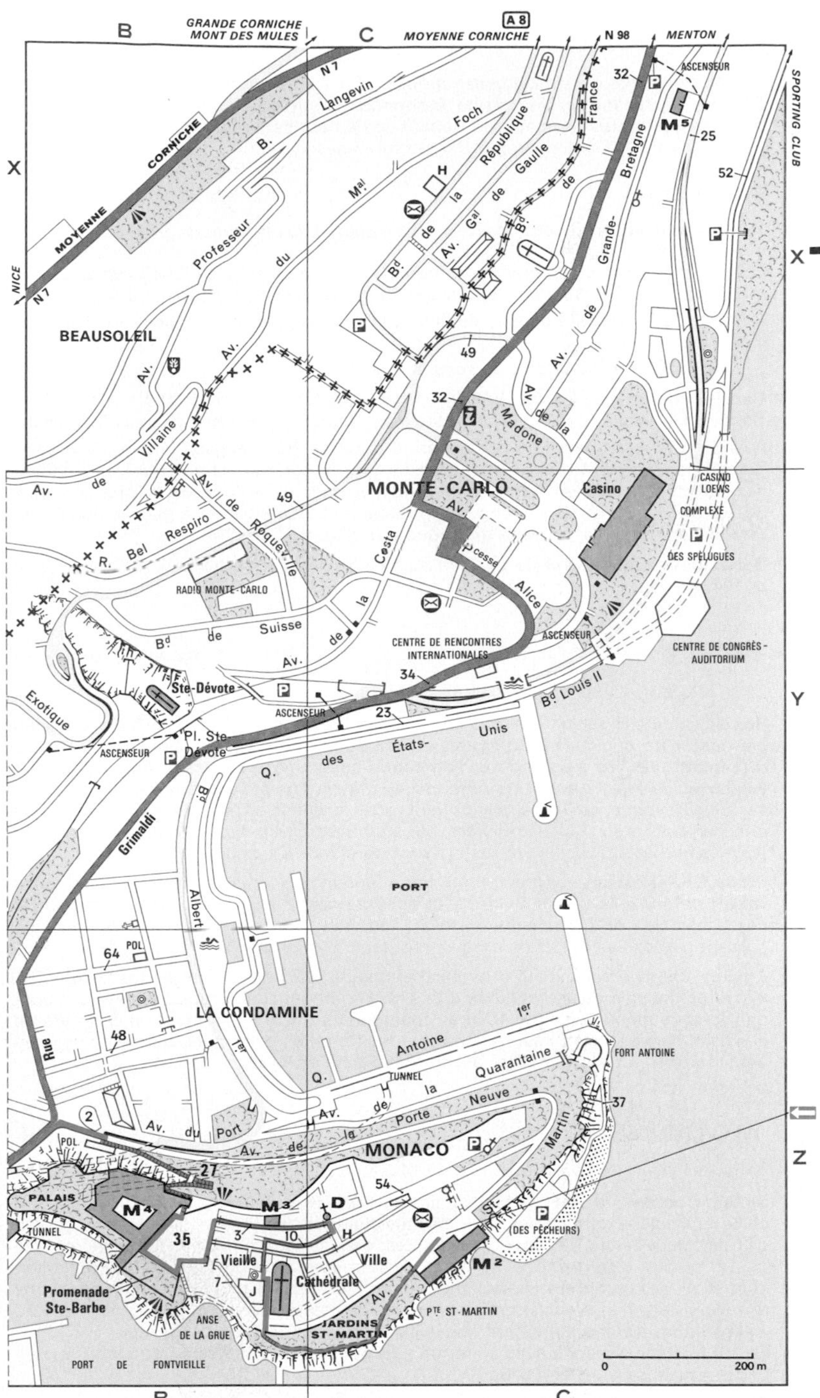

Ⓥ **Casino** (CY). – Le casino, entouré de très beaux jardins, occupe une remarquable **terrasse**★★, d'où la vue s'étend de Monaco à la pointe de Bordighera. Elle se trouve considérablement agrandie par les toitures du complexe des Spélugues, transformées en agréables promenades et agrémentées d'une œuvre géométrique de Vasarely en lave émaillée multicolore intitulée « Hexa Grace ».
Le bâtiment comprend plusieurs corps : le plus ancien (à l'Ouest), construit en 1878 par Charles Garnier, dresse sa façade du côté de la mer. Le plus récent date de 1910. En pénétrant dans le vaste hall central, on a en face de soi le théâtre et sur la gauche les salles de jeux, somptueusement décorées. On voit d'abord les salles publiques : salon de style Renaissance, grand salon de l'Europe, salle des Amériques, salon des Grâces. Puis les salles du Cercle privé : les deux salles Touzet et la vaste et riche salle François-Médecin. Un escalier monumental descend à la salle Ganne, aménagée en night-club. Enfin, on voit la salle du Théâtre, due à Charles Garnier.

★ **Musée de Poupées et Automates** (**Musée national**) (CX M⁵). – Il est installé dans une Ⓥ charmante villa construite par Charles Garnier ; on y accède par une remarquable roseraie agrémentée de sculptures – notamment un Jeune faune de Carpeaux. Une centaine d'automates du 19ᵉ s. et 400 poupées du 18ᵉ s. à nos jours sont présentés dans un décor pittoresque et instructif *(illustration p. 101)*. On peut même voir les « entrailles » d'un automate, mécanisme d'une étonnante complexité. On fait fonctionner les automates plusieurs fois par jour. Retient également l'attention une immense crèche napolitaine du 18e s. qui compte 250 personnages.

ENVIRONS

★★ **Sentier touristique du cap Martin.** – *3 h à pied AR (à effectuer de préférence l'après-midi) – schémas p. 98 et 123.*
Les touristes désirant abréger la promenade peuvent aller en voiture jusqu'à la gare de Roquebrune-Cap-Martin : ils retrouveront le sentier en contrebas de celle-ci.

A Monte-Carlo Beach, à gauche de l'hôtel Old Beach, prendre un petit escalier situé entre deux villas.

La promenade est décrite en sens inverse p. 126.

★ **Sentier touristique du cap d'Ail.** – *1 h à pied AR – schéma p. 123.*
Gagner, à l'Ouest de Fontvieille, la petite plage Marquet ; laisser la voiture à proximité.

Près du café-restaurant « La Brise Marine », un sentier s'engage le long de la mer. Bientôt le rocher de Monaco disparaît tandis que l'on contourne le cap d'Ail, en longeant des rochers furieusement battus par les eaux écumantes. A l'horizon, se profilent alors Beaulieu et le cap Ferrat. On aboutit au restaurant « La Pinède » à gauche duquel un escalier débouche sur la route qui mène à la gare de Cap-d'Ail.

★ **Beausoleil ; mont des Mules.** – *3 km puis 1/4 h à pied AR – schéma p. 123. Description p. 124.*

★ MONS

296 h. (les Monsois)

Carte Michelin n° 84 pli 8, 195 pli 22 ou 245 pli 36.

Belvédère perché sur un éperon rocheux des Préalpes de Grasse, ce village ancien (vestiges d'un oppidum celto-ligure) et isolé occupe un **site**★ sauvage et ensoleillé présentant tous les étages de la végétation subalpine provençale. Après plusieurs épidémies de peste, il aurait été repeuplé au Moyen Age par des familles de « Figons » venant de la région de Gênes qui auraient rebâti le village de main de maître et auraient remis en culture son terroir : oliviers, blé, herbages. Ses petites rues pittoresques, ses placettes ornées de vieilles fontaines sont agréables à parcourir.

Place St-Sébastien. – Agrémentée d'une fontaine du 18e s., sa terrasse domine les vallées de la Siagne et de la Siagnole et offre une **vue**★★ exceptionnelle qui peut porter par temps clair du Coudon (près de Toulon) aux Alpes de la frontière italienne en passant par les îles de Lérins et la Corse *(table d'orientation).*

⊙ **Église.** – De style roman haut-provençal à l'origine, elle fut transformée aux 15e et 17e s. Elle renferme un mobilier religieux d'une rare homogénéité : 5 retables baroques dont un triptyque monumental de 1680 au maître-autel dédié à l'Assomption de la Vierge et à saint Pierre et saint Paul. A droite du maître-autel, belle croix processionnelle en argent (15e s.). Le clocher carré abrite une cloche de 1438.

MOUGINS

10 197 h. (les Mouginois)

Carte Michelin n° 84 pli 9, 195 Sud du pli 24 ou 245 pli 37 – Lieu de séjour.

Mougins occupe un **site**★ extraordinaire de verdure et de fleurs. Le vieux village qui coiffe une colline enroule ses rues étroites aux maisons bien restaurées ; ancien fief de l'abbaye de Lérins, il a conservé quelques vestiges des remparts et une porte romane du 12e s., dite « sarrasine ». La place de la mairie a un petit air de fête avec son animation, ses nombreux restaurants, un vieil ormeau et une fontaine, et son hôtel de ville installé dans l'ancienne chapelle des Pénitents Blancs. De plusieurs points du village, la **vue** s'étend largement sur la campagne entre Grasse et la mer.
En 1961, **Picasso** s'installa avec sa femme Jacqueline au mas Notre-Dame-de-Vie où il vécut jusqu'à sa mort en 1973.

⊙ **Musée de la Photographie.** – Derrière l'église, jouxtant la Porte Sarrasine, le musée de la photographie présente une collection d'anciens appareils et de nombreuses photographies de Picasso et de sa famille par son ami André Villers et de grands photographes tels Doisneau, Lartigue, Clergue, Brassaï, le reporter Ralph Gatti...
Des expositions temporaires y sont également organisées.

ENVIRONS

⊙ **Ermitage N.-D.-de-Vie.** – *Circuit de 6 km – environ 3/4 h. Quitter Mougins au Nord-Ouest par la D 235, puis prendre à droite la D 35 ; 2 km plus loin se trouve, à droite, une route signalée pour N.-D.-de-Vie.*
La beauté du **site**★ est frappante ; l'ermitage se dresse au sommet d'une longue prairie bornée par deux rangées de gigantesques cyprès (à droite, sous les arbres, belle croix de pierre du 15e s.). La **vue**★ porte sur Mougins et un paysage qui évoque la Toscane. On comprend que Picasso ait choisi ce lieu pour y vivre ses dernières années ; sa propriété, bien protégée par la verdure, jouxte l'ermitage, à droite, en contrebas.
La **chapelle** date du 17e s. ; sa tour est surmontée d'un clocheton de tuiles vernissées. A l'intérieur, on peut voir une stèle avec inscription gallo-romaine ; deux autres inscriptions de même époque sont visibles. Sur le mur de gauche se trouve une collection d'ex-voto naïfs. Le maître-autel comporte un beau retable de l'Assomption, sculpté bleu et or.

N.-D.-de-Vie était un « sanctuaire de répit » : on y amenait, parfois de fort loin, des enfants mort-nés : pendant la messe, ceux-ci étaient censés ressusciter quelques instants, mis à profit pour les baptiser.

Un chemin carrossable rejoint la D3 d'où l'on peut regagner Mougins.

★ **Musée de l'Automobiliste.** – *5 km. 772, chemin de Font-de-Currault. Le musée est situé sur l'aire Nord des Bréguières de l'autoroute A 8 dans le sens Nice – Cannes. Possibilité d'accès à pied par une passerelle au départ de l'aire Sud.*
On peut aussi gagner le musée au départ du Cannet (voir p. 57) ou de Vallauris (voir p. 154).

Quitter Mougins au Nord-Ouest par la D 235, puis gagner la route de Cannes, D 3, que l'on quitte peu avant le passage sur l'autoroute pour prendre à gauche le chemin du Belvédère, prolongé par le chemin des Collines. A la 2e intersection, prendre à gauche le chemin de Ferrandou, puis à gauche encore pour passer au-dessus de l'autoroute. Le chemin de Font-de-Currault, à droite, mène au parking du musée.

Mougins, musée de l'Automobiliste. – Delage D 8 SS, 1930.

Le bâtiment futuriste, qui s'élève en bordure de l'autoroute, présente une façade de béton et de verre évoquant une calandre. Trois passionnés de l'automobile, Adrien Maeght, André Binda et Antoine Raffaelli, ont rassemblé dans ce lieu, avec l'aide de la société d'autoroute ESCOTA, des automobiles de collection exposées par roulement (environ 70 à la fois).
Parmi les modèles rutilants, remarquablement présentés et tous en état de marche, on relève les noms prestigieux de Benz (1er véhicule construit en série, 1894), Bugatti (57 S, type Atalante, 1938), Ferrari (type 512 S, 1969), Hispano-Suiza, Delage, Rolls-Royce, Rosengart, etc. A l'étage consacré aux voitures de compétition, dont quelques-unes ont remporté des prix, on remarque une série de Matra des années 1967 à 1974. Chaque année, deux expositions thématiques soulignent un aspect particulier de l'automobile. En saison, un film de 30 mn évoque l'histoire de l'automobile et la part qu'y a prise chaque marque.
Diverses manifestations (bourses d'échange, ventes aux enchères publiques, concours d'élégance), organisées au cours de l'année sur le parvis, rendent la visite encore plus attrayante pour les amateurs de voitures anciennes.

★ La NAPOULE

Carte Michelin n° 84 pli 8, 195 plis 34 et 37 ou 245 pli 37 – Schéma p. 67 – Lieu de séjour.

Faisant partie de la commune de Mandelieu-la-Napoule *(p. 140)*, la station est groupée au pied de la colline de San Peyré (St-Pierre) ; elle possède trois plages de sable qui s'étendent au fond d'un golfe d'où la vue est fort belle, et un important port de plaisance.

Château-musée. – Deux tours massives subsistent du puissant château fort du 14e s., restauré et transformé par le sculpteur américain Henry Clews (1876-1937) avec l'aide de sa femme qui était architecte. Tel qu'il est, le château, bénéficiant d'un **site**★ admirable, est un curieux mélange de roman, de gothique et de motifs orientalisants. On visite les jardins, les salons, le cloître, l'atelier du sculpteur.
Les **sculptures** d'Henry Clews ne se rattachent à aucune école. Il aime modeler des personnages ou des animaux fabuleux ; il sait rendre la grâce et la spiritualité mais fait aussi des portraits d'un réalisme atroce. Son œuvre relève d'un romantisme fantastique.
Des expositions d'art et des concerts ont lieu en été dans le cadre du château.

★ **Point de vue de San Peyré.** – *Accès au départ de la poste par la rue des Hautes-Roches, puis 3/4 h à pied AR par chemin fléché.*
Du sommet de la colline, la vue s'étend sur le Tanneron, le golfe de la Napoule et Cannes, le cap d'Antibes.

★★★ NICE

338 486 h. (les Niçois)

Carte Michelin n° 84 plis 9, 10, 19, 195 pli 26 ou 245 pli 38 – Schémas p. 38 et 122 – Lieu de séjour.
Plan d'agglomération dans le guide Rouge Michelin France.

Capitale de la Côte d'Azur, reine de la Riviera, les titres de prestige ne manquent pas à cette station hivernale et estivale, qui est aussi un centre de tourisme privilégié. Située au fond de la baie des Anges, elle est abritée par un amphithéâtre de collines. Son succès vient du charme de son **site★★**, de son heureux climat, de ses richesses artistiques et des distractions innombrables qu'elle offre aux touristes et aux séjournants.
De plus, la proximité des champs de ski – accessibles en une ou deux heures d'auto – est, pour une nombreuse clientèle, un des attraits de Nice.
Le torrent du Paillon, recouvert en partie d'esplanades et sur lequel ont été construits le théâtre, le Palais Acropolis et le Palais des Expositions, divise la ville en deux : à l'Ouest, la ville moderne ; à l'Est, la vieille ville et le port, dominés par la colline de l'ancien château.

Nice. – Corso fleuri.

Les fêtes à Nice. – Le **Carnaval de Nice★★★** est célèbre. L'entrée de Sa Majesté Carnaval a lieu au moins trois semaines avant le Mardi gras ; il est brûlé en effigie ce jour-là ; les samedis et dimanches qui s'intercalent entre ces dates comportent des réjouissances : cortèges, batailles de confettis, feux d'artifice, bals masqués (« veglioni »), etc. Les chars qui défilent, accompagnés de nombreux personnages costumés, à pied ou à cheval ainsi que les batailles de fleurs, les mercredis, offrent un spectacle qui attire chaque année une foule trépidante, enchantée par les coloris des fruits et des fleurs.
La saison d'été prolonge l'animation hivernale. De grandes fêtes populaires (fête des Mais à Cimiez) et mondaines, courses hippiques (sur l'hippodrome de Cagnes), batailles de fleurs, théâtre de plein air, jeux nautiques, attirent un très grand nombre d'estivants. La « Grande parade du Jazz » se tient en juillet dans les jardins des Arènes de Cimiez où se produisent les plus grandes vedettes de cet art. En juillet, également, a lieu le Festival international du Folklore.

UN PEU D'HISTOIRE

Des Grecs à la Maison de Savoie. – Le sol de Nice a révélé, à Terra Amata *(p. 118)*, une occupation humaine vieille de 400 millénaires. Citadelle ligure à l'aube de l'Histoire, elle devient – au plus tard au 4e s. avant J.-C. – un comptoir des Grecs de Marseille sous le nom de Nikaia. Les Romains, eux, portent leur effort colonisateur sur la colline de Cimiez où ils bâtissent Cemenelum, qui écrase de sa richesse la petite bourgade massaliote, acropole située à l'Est du Paillon et dont le port se trouve à l'extrémité Est de l'actuel quai des États-Unis.
Revirement de l'histoire, les invasions barbares et sarrasines réduisent Cimiez à peu de chose et c'est Nice, l'ancienne Nikaia, qui, à partir du 10e s., reprend prééminence sous les comtes de Provence.
Au 14e s., l'histoire de Nice est marquée par un événement capital. Louis d'Anjou et son ambitieux cousin, Charles de Durazzo, prince de Naples, font valoir leurs droits sur la Provence, à la mort de la **reine Jeanne** de Sicile, comtesse de Provence, qui les avait adoptés. Très belle, aimée des Provençaux chez qui elle ne séjourna guère, cette princesse connut un destin tragique : elle fut trois fois veuve et mourut étouffée (1382) sur ordre de Durazzo, après une existence romanesque, qui devint légendaire.
Amédée VII, comte de Savoie, guette le moment favorable et profite des troubles qui divisent le pays pour s'installer en Provence. En 1388, coup de théâtre : secrètement travaillés par le comte de Savoie, qui s'était assuré la trahison du gouverneur de la ville, Jean Grimaldi, Nice et son arrière-pays se donnent à la Savoie. Amédée VII fait son entrée dans la cité au milieu de la joie populaire. Sur le trajet du cortège, des tapisseries décorent les maisons, des fleurs couvrent le sol ; on danse autour des feux

de joie ; des chanteurs, d'une chaude voix méridionale, célèbrent l'événement ; des marchands ont dressé leurs tables dans les rues : on boit sec et l'on s'empiffre en l'honneur du nouveau souverain. Quand Amédée passe, à cheval, des angelots, tirés par des cordes, s'élèvent en l'air en agitant des palmes.
Sauf quelques interruptions, Nice appartiendra aux ducs de Savoie (devenus princes de Piémont puis roi de Sardaigne) jusqu'en 1860, date de son rattachement à la France.

Catherine Ségurane. – Au 16e s., Nice subit le contrecoup de la rivalité des maisons de France et d'Autriche : François Ier et ses alliés turcs entreprennent des opérations contre le comté de Nice, qui appartient à la Maison de Savoie, alliée de Charles Quint. En 1543, les troupes françaises et les Turcs du redoutable marin qu'est Barberousse assiègent Nice : de la mer, quarante galiotes la bombardent.
C'est alors que s'illustre une femme du peuple, Catherine Ségurane. Comme elle vient d'apporter à manger à un soldat, sur le rempart, l'assaut est donné : des Turcs apparaissent en haut de la muraille. La robuste Catherine se précipite, le couteau au poing, rejette dans le fossé plusieurs assaillants, arrache un étendard et galvanise les Niçois : l'attaque est repoussée. Cependant, du rempart, Catherine, en signe de mépris, tourne le dos aux Turcs et trousse hardiment ses jupes.
D'autres assauts sont plus heureux et la ville est prise après plus de vingt jours de siège ; mais les défenseurs se réfugient au château dont la résistance contraint les assiégeants à se retirer. Un monument *(p. 112)* a été élevé à la Jeanne Hachette niçoise.

Bonaparte à Nice. – Le comté de Nice, qui devient sous la Convention le département des Alpes-Maritimes, avait été occupé en 1792 par les troupes françaises et rattaché à la France l'année suivante.
En 1794, Bonaparte, général d'artillerie de l'armée qui lutte contre les Sardes et les Autrichiens dans le comté de Nice, habite au n° 6 de la rue qui porte aujourd'hui son nom (à l'arrière du port) et ébauche un projet de mariage avec la fille de son hôte. C'est là qu'il est aux arrêts après la chute de Robespierre : Bonaparte a été en relation avec le conventionnel et surtout avec son frère, représentant du peuple à l'armée de Toulon. Sa détention sera courte car il présente habilement sa justification.
En 1796, nouveau séjour pour prendre le commandement en chef de l'armée d'Italie. La maison où il est descendu se trouve dans la rue St-François-de-Paule, devant l'Opéra. Il s'est marié avec Joséphine quelques jours auparavant. C'est de Nice qu'il lui écrit cette étonnante lettre : « Mon adorable, je souffre de m'éloigner avec la vitesse du Rhône... mes sentiments sont aussi volcaniques que le tonnerre... je voudrais hacher mon cœur avec mes dents... »
A la chute de l'Empire, en 1814, le traité de Paris rend Nice et son arrière-pays au roi de Sardaigne (Maison de Savoie).

Deux Niçois : Masséna et Garibaldi. – Fils d'un marchand de vin, **Masséna** (1758-1817) navigue jusqu'à 17 ans puis entre au service de la France dans le Royal-Italien. Nommé adjudant, il attend pendant quatorze ans le galon de sous-lieutenant et, déçu, quitte l'armée. A la Révolution, il reprend du service à Antibes où il s'est retiré et il est élu, en 1792, chef du bataillon des volontaires du Var. En 1793, il est général de division. Napoléon l'appelle « l'enfant chéri de la Victoire » ; il le fait maréchal de France, duc de Rivoli, prince d'Essling. Son génie militaire s'accompagne d'une âpreté au gain qui, parfois, fait scandale. Il aura successivement, au cours de sa carrière, crié : « Vive la Nation ! Vive l'Empereur ! Vive le roi ! »
Giuseppe **Garibaldi** (1807-1882), l'un des principaux auteurs de la Révolution italienne de 1860, a une vie politique et militaire extraordinairement agitée, en Europe et en Amérique du Sud. Grand ami de la France, il sert dans nos rangs en 1870, avec ses deux fils, et commande une brigade dans les Vosges. En 1914-1918, d'autres Garibaldi se battront en Argonne à la tête de volontaires italiens.

Le plébiscite. – En vertu de l'alliance signée en 1859 entre la France et la Sardaigne, Napoléon III devait aider le royaume sarde à chasser les Autrichiens des provinces du Nord de l'Italie, et recevoir Nice et la Savoie en contrepartie.
Mais la paix de Villafranca, signée prématurément par l'empereur, laisse la Vénétie à l'Autriche, ne réalisant qu'imparfaitement les objectifs de l'alliance ; la cession de Nice et de la Savoie à la France est d'autant plus compromise qu'elle rencontre l'hostilité de l'Angleterre.
Le traité de Turin (1860), entre Napoléon III et le roi de Sardaigne Victor-Emmanuel II, stipule le retour de Nice à la France « sans nulle contrainte de la volonté des habitants ». Le plébiscite est triomphal : 25 743 oui et 260 non.
L'entrée des troupes françaises et la cérémonie de l'annexion ont lieu le 14 juin 1860. Le 12 septembre, l'empereur et l'impératrice Eugénie reçoivent des mains du maire de Nice, sur l'actuelle place Garibaldi, les clés de vermeil de la ville, déposées aujourd'hui au musée Masséna.
La région de Tende et de la Brigue devait demeurer territoire italien pendant encore 87 ans ; le traité du 10 février 1947 a permis le retour complet de la France sur ses frontières naturelles dans la chaîne des Alpes.

Aujourd'hui. – Depuis 1860, le développement de Nice, qui comptait alors 40 000 habitants, a été prodigieux ; c'est aujourd'hui, après Marseille, la deuxième ville de notre Midi méditerranéen et la cinquième de France. L'industrie tient une place non négligeable. Centre administratif, Nice a aussi vocation culturelle par son Université, un Centre Universitaire Méditerranéen, une École Nationale des Arts Décoratifs, un Conservatoire de Musique, un Centre National d'Art Contemporain et des musées prestigieux. Mais avec son Palais des Expositions, son tout nouveau Palais Acropolis ainsi qu'avec son équipement hôtelier hors de pair, Nice reste avant tout l'un des hauts lieux du tourisme en France et trouve là sa principale raison d'être.

Visite. – *Une journée est nécessaire à la visite de Nice. Consacrer la matinée au Front de Mer et au Vieux Nice ; l'après-midi sera réservée à Cimiez. Les visiteurs disposant de plus de temps verront au moins le musée des Beaux-Arts (p. 116).*

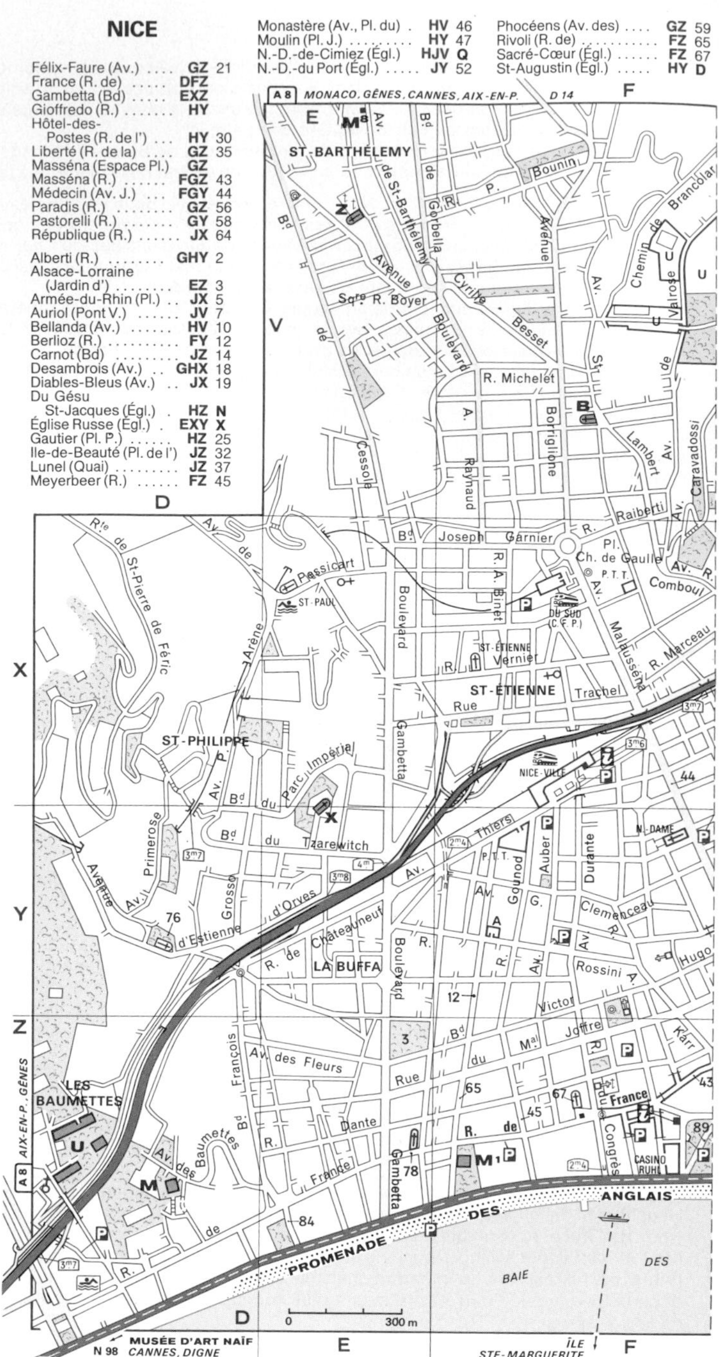

★★ LE FRONT DE MER *visite : 3/4 h*

Place et Espace Masséna (KQR). – Construite à partir de 1815 dans le style turinois, elle forme un bel ensemble architectural d'immeubles à arcades colorés d'ocre rouge ; une jolie fontaine s'élève au Sud : chevaux de bronze surgissant d'une vasque.

Au Nord, elle s'ouvre sur l'avenue Jean-Médecin (ancienne avenue de la Victoire), toujours très animée, bordée de grands magasins. A l'Ouest, s'étend ce que les Anglais du 18e s. avaient nommé Newborough (quartier neuf). La rue Masséna et la rue de France, qui la prolonge, sont deux artères piétonnes agréables à parcourir : cafés, restaurants, cinémas, commerces de toutes sortes y abondent.

Par l'avenue de Verdun, on longe l'agréable **jardin Albert-Ier (GZ)** qui comporte un théâtre de verdure et une fontaine ornée d'un groupe sculpté de Volti : Les trois grâces. C'est aussi le point de départ de deux petits **trains touristiques.**

★★ **Promenade des Anglais** (EFZ). – Cette large et magnifique avenue, exposée en plein Midi, longe la mer et offre sur la baie des Anges, qui s'étend du cap de Nice au fort Carré d'Antibes, des vues magnifiques. Jusqu'en 1820, la côte, à cet endroit, était d'accès difficile. La colonie anglaise, nombreuse depuis le 18e s., prit alors à sa charge l'établissement du chemin riverain qui a donné son nom à la voie actuelle. La célèbre Promenade a gardé une espèce de splendeur en dépit de l'intense circulation automobile qui s'en est emparée. Rendez-vous des touristes, elle est bordée par les

St-Barthélemy (Égl.) .... EV Z	Ste-Jeanne-d'Arc (Égl.) .... FV B	Saleya (Cours) ..... HZ 82
St-J. Baptiste (Av. Égl.) . HY 73	Ste-Réparate (Cath. Égl.) .... HZ L	Sauvan (R. H.) ...... EZ 84
St-Philippe (Égl.) ...... DY 76		Verdun (Av. de) .... FGZ 89
St-Pierre-d'Arène (Égl.) EZ 78		Wilson (Pl.) .... HY 92

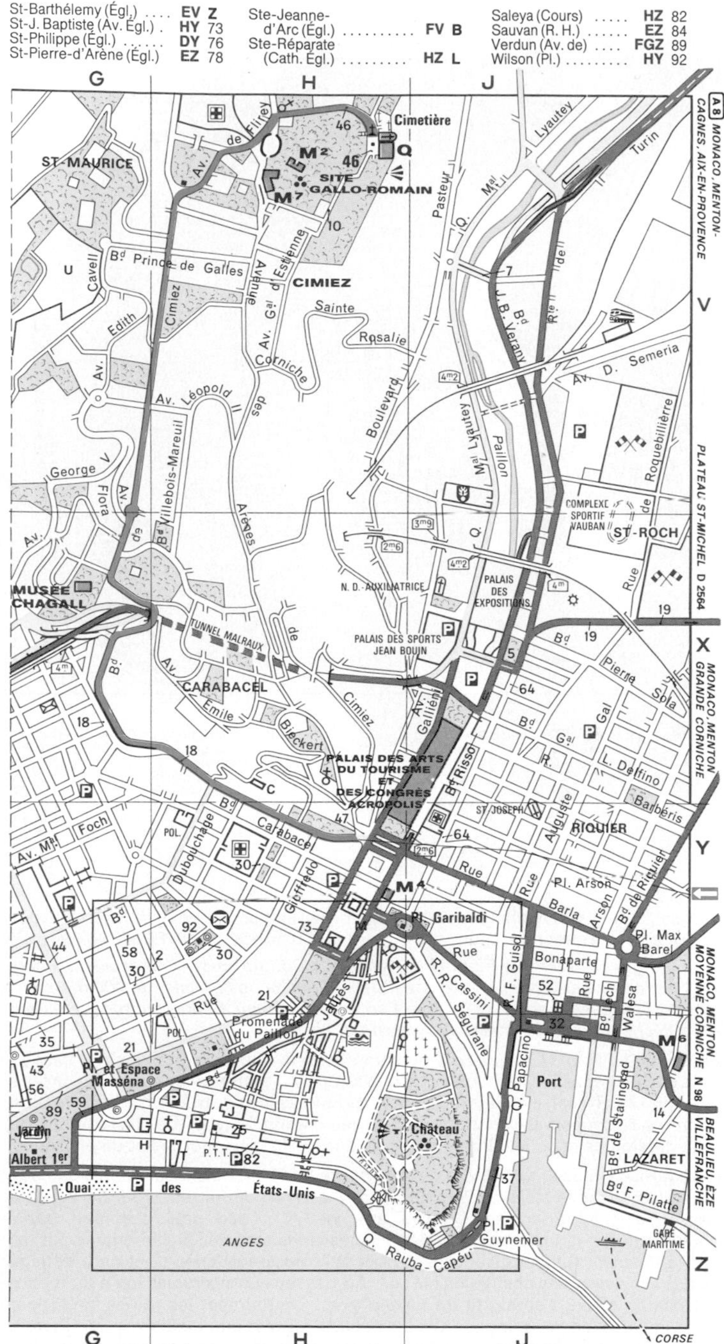

façades blanches ou de verre des plus somptueux palaces : le casino Ruhl et l'hôtel Méridien (1973), le palais de la Méditerranée, beau morceau d'architecture des années 30, le Négresco, baroque de la Belle Époque, le musée Masséna. On aperçoit également, se dissimulant dans la façade latérale de l'Élysée Palace (rue Honoré-Sauvan – **EZ 84**), la Vénus de bronze du sculpteur niçois Sacha Sosno (1989), œuvre monumentale de 26 m de haut.

Quai des États-Unis (GHZ). – Il fait suite, à l'Est, à la Promenade des Anglais, longeant la **Galerie des Ponchettes** (**KR Y**) et la **Galerie d'Art contemporain** (**KLR X**) qui présentent d'intéressantes expositions temporaires.

★ LE VIEUX NICE *visite : 3 h*

Le Château, la place Garibaldi, le Paillon, couvert de jardins suspendus dans ce secteur, constituent les limites de la vieille ville. Elle s'entasse sur les dernières pentes du rocher du Château en un lacis de voies tortueuses et d'escaliers : rues toujours fraîches entre les hautes murailles des immeubles qui les bordent.
Une animation intense y règne toute la journée et certaines rues – surtout celles qui avoisinent le boulevard Jean-Jaurès – regorgent de commerçants, de bistrots, de petits restaurants qui sentent la cuisine du pays. Les fenêtres sont égayées par des fleurs ou les taches colorées du linge à sécher.

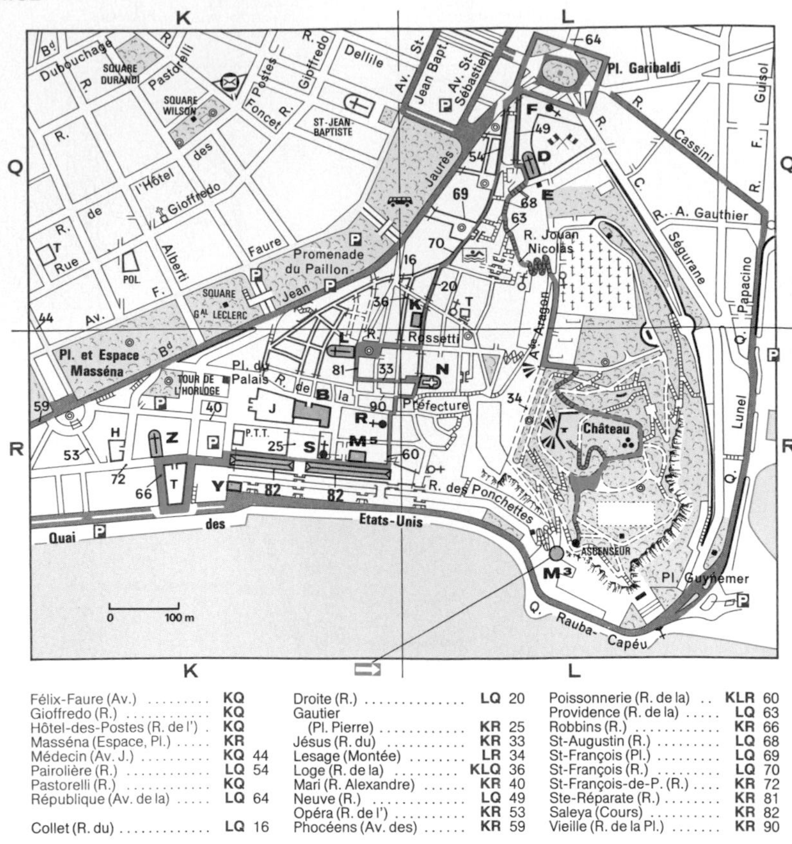

Félix-Faure (Av.)	KQ	
Gioffredo (R.)	KQ	
Hôtel-des-Postes (R. de l')	KQ	
Masséna (Espace, Pl.)	KR	
Médecin (Av. J.)	KQ	44
Pairolière (R.)	LQ	54
Pastorelli (R.)	KQ	
République (Av. de la)	LQ	64
Collet (R. du)	LQ	16
Droite (R.)	LQ	20
Gautier (Pl. Pierre)	KR	25
Jésus (R. du)	KR	33
Lesage (Montée)	LR	34
Loge (R. de la)	KLQ	36
Mari (R. Alexandre)	KR	40
Neuve (R.)	LQ	49
Opéra (R. de l')	KR	53
Phocéens (Av. des)	KR	59
Poissonnerie (R. de la)	KLR	60
Providence (R. de la)	LQ	63
Robbins (R.)	KR	66
St-Augustin (R.)	LQ	68
St-François (Pl.)	LQ	69
St-François (R.)	LQ	70
St-François-de-P. (R.)	KR	72
Ste-Réparate (R.)	KR	81
Saleya (Cours)	KR	82
Vieille (R. de la Pl.)	KR	90

Vers l'Ouest, autour de l'ancien Palais du Gouvernement et de l'hôtel de ville, les rues s'élargissent et se coupent à angle droit ; ce quartier fut percé au 17e s.

A l'extrémité du quai des États-Unis, laisser la voiture pour monter au Château. Prendre l'ascenseur dont l'entrée est située à gauche de l'escalier de 400 marches, (montée Lesage) qui donne également accès au Château. Redescendre légèrement (allée fléchée) pour se rendre au musée naval.

Musée naval (**LR M³**). – Il est installé au sommet de la tour Bellanda, énorme bastion circulaire du 16e s., que Berlioz habita quelque temps. A l'entrée, deux canons de bronze portugais du 17e s. Il renferme des maquettes de navires, des instruments de navigation et des armes anciennes. Les murs sont décorés d'antiques vues de Nice ; maquette du port à différentes époques. Partie réservée à la navigation sportive et de plaisance.

Château (**LR**). – On désigne ainsi la colline, haute de 92 m, aménagée en promenade ombragée, sur laquelle s'élevait le château fort de Nice détruit en 1706. De la vaste plate-forme établie au sommet, on a une **vue★★** à peu près circulaire *(table d'orientation).* Sous la terrasse jaillissent les cascades artificielles alimentées par les eaux de la Vésubie. A l'Est, gisent les **vestiges de l'ancienne cathédrale,** dont on a dégagé la base des absides et des absidioles (11e s.). Au-dessous de ces ruines, on a pu mettre en évidence un niveau romain et un niveau grec. Contournant les ruines, se diriger vers le Nord-Ouest de la colline *(suivre les flèches « Cimetière, Vieille ville »).* Chemin faisant, on a des **vues plongeantes** sur les toits de la vieille ville et la baie des Anges. Descendre à gauche les escaliers qu'on trouve au niveau d'une chapelle.

Église St-Martin-St-Augustin (**LQ D**). – C'est la plus ancienne paroisse de Nice. Luther, moine augustin, y aurait célébré la messe en 1510 et Garibaldi y fut baptisé (une photocopie de son acte de baptême est apposée près des fonts, à gauche en entrant). L'**intérieur★** forme un bel ensemble baroque. Dans le chœur, à gauche, on peut admirer une Pietà, panneau central d'un retable de Louis Bréa.
En sortant de l'église, remarquer, de l'autre côté de la rue, le **monument de Catherine Ségurane** (**LQ E**), « eroïna nissarda » *(p. 109),* bas-relief sculpté en 1933.

Place Garibaldi (**LQ**). – Cette agréable place à la mode piémontaise, de couleur ocre jaune, fut construite à la fin du 18e s. C'était alors la limite Nord de la ville. Aux confins du vieux Nice et de la ville nouvelle, elle voit déambuler sous ses arcades la foule des Niçois qui ont pour elle un attachement sentimental. Au centre des massifs de verdure et de jets d'eau, la statue de Garibaldi est fièrement campée. Sur le côté Sud, la **chapelle du Saint Sépulcre** (**LQ F**) (18e s.), propriété de l'archiconfrérie des Pénitents Bleus, présente un décor baroque aux tonalités bleues.

La rue Pairolière, très commerçante, laisse apercevoir à droite le clocher St-François, tour baroque de l'ancien couvent des franciscains transféré au 16e s. à Cimiez.

Place St-François (**LQ 69**). – Elle est animée le matin par un marché aux poissons, qui se tient autour d'une jolie fontaine ; à droite, on remarque la façade classique de l'ancienne maison communale, aujourd'hui Bourse du Travail.

A l'angle de la rue Droite et de la rue de la Loge, remarquer un boulet de canon fixé sur une maison : il date du siège de Nice par les Turcs, alliés de François Ier (1543).

Palais Lascaris (LQ K). – Ce palais de style génois, influencé par les traditions locales, fut construit de 1643 à 1650 par un comte de Vintimille dont la dynastie se prévalait d'une alliance antique avec les empereurs byzantins Lascaris qui régnèrent au 13e s. à Nicée, en Asie Mineure, lorsque Constantinople fut occupée par les croisés. Sa façade s'orne de balcons sur consoles et pilastres avec chapiteaux à guirlandes de fleurs ; un fronton brisé à volutes surmonte la porte.
Au rez-de-chaussée, une pharmacie, créée en 1738 à Besançon, a été reconstituée avec sa belle collection de vases et de chevrettes (récipients à bec).
Par un **escalier monumental★** à balustres, dont la cage est ornée de peintures du 17e s., de niches à décor rocaille et de statues de Mars et de Vénus du 18e s., on accède à l'« étage noble » (2e étage). Le grand salon est décoré de tapisseries flamandes ; au plafond, fresque en trompe-l'œil : La chute de Phaéton, réalisée par des spécialistes génois de la « quadrature » *(voir p. 26)* : elle est à rapprocher de celle de Cagnes *(p. 53)*.
Dans la salle voisine, deux tapisseries flamandes d'après des cartons de Rubens. La chambre d'apparat est séparée de son antichambre par une cloison de bois ajourée, traitée à la façon d'un portail à cariatides.
De l'autre côté, les appartements privés offrent des plafonds du 18e s. et des médaillons peints cernés de gypseries ; on remarque les boiseries d'époque Louis XV incrustées à la feuille d'argent et surmontées de dessus-de-porte à paysages.

Cathédrale Ste-Réparate (KR L). – Dédiée à la patronne de la ville, martyrisée en Asie Mineure à l'âge de 15 ans, elle fut construite en 1650 par l'architecte niçois J.-A. Guiberto. Dans sa façade bien équilibrée, rehaussée de couleurs, l'esprit baroque est surtout sensible du sol à la première corniche, avec les arcatures élégantes du portail, le décor des niches et des médaillons. A sa droite, s'élève un clocher du 18e s. L'église elle-même est coiffée d'un magnifique dôme à tuiles vernissées.
C'est à l'**intérieur★** que le baroque déploie toute sa fantaisie dans le stuc et le marbre. Le maître-autel et la balustrade du chœur, en marbre, sont armoriés. La frise et la corniche sont particulièrement pittoresques. Dans la sacristie se trouvent de belles boiseries du 17e s.

★ **Église St-Jacques** (LR N). – C'est l'ancienne chapelle d'un collège élevé au début du 17e s., inspirée du Gesù de Rome. A l'intérieur, des pilastres cannelés et accouplés soutiennent la voûte en plein cintre sur laquelle s'ouvrent des chapelles latérales comprenant des loggias pour les familles de haute noblesse. L'aspect général offre une surcharge majestueuse et théâtrale d'ornements et de dorures (on compte 164 angelots peints et 48 sculptés). La voûte est peinte de scènes de la vie de saint Jacques. Tableaux anciens offerts par différentes confréries ; à droite, belle Pietà du 16e s.
Ne pas manquer de visiter la **sacristie** – ancienne salle de réunion des religieux – où l'on peut admirer 14 placards de noyer massif (1696) ; quelques-uns d'entre eux présentent le trésor de l'église : ciboires, ostensoirs, reliquaires et ornements.

Par la rue Droite et la rue de la Place-Vieille, gagner la rue de la Poissonnerie.

Chapelle de l'Annonciation (KR R). – Anciennement consacrée à saint Giaume (saint Jacques apôtre), la chapelle est connue de tous les Niçois sous le nom de Ste-Rita, car cette sainte italienne y fait encore l'objet d'un culte dont témoignent les brassées de fleurs et l'amoncellement de cierges autour de son autel (à gauche en entrant) et dans la sacristie. Dans toute la chapelle, le baroque niçois s'épanouit en une profusion de **décors★** : autels et balustrades ornés de marqueterie de marbre, retables somptueux (remarquer celui de la chapelle du Carmel, ornée d'une Vierge en marbre du 16e s.), voûtes ornées de peintures et de caissons, belles boiseries d'époque. A l'extérieur, observer la belle porte sculptée.

Cours Saleya (KR 82). – C'était une promenade élégante de l'ancien Nice. Animé de boutiques et de restaurants, il est devenu un pittoresque quartier populaire où se tient le célèbre **marché aux fleurs.**

Du cours Saleya, la vue se porte sur **l'ancien Palais du Gouvernement** (KR B). Son élégante façade (18e s.) offre des colonnes doriques et corinthiennes alternées ; l'ensemble est couronné d'une balustrade.
A gauche de la place du Palais, se profile la tour de l'Horloge (18e s.).

★★ CIMIEZ (HV) *visite : 3 h 1/2*

La colline de Cimiez porte le quartier aristocratique de Nice. Les villas y abondent. Au bout du boulevard de Cimiez, la statue de la reine Victoria rappelle que Cimiez fut jadis la résidence des rois.

Partir de la place Jean-Moulin, derrière le théâtre, emprunter le boulevard Carabacel et suivre l'itinéraire tracé sur le plan.

★★ **Musée Marc-Chagall** (GX). – Aboutissement d'une donation faite à l'État par le peintre, ce musée national contient la plus imposante collection permanente d'œuvres de Chagall jamais réunie. Construit en 1972 par l'architecte A. Hermant, le bâtiment a été conçu spécialement pour abriter le « Message Biblique ». Une série de décrochements des murs et des baies vitrées prenant toute la hauteur de l'édifice ménagent habilement la lumière méditerranéenne qui met admirablement les toiles en valeur.
Dans le hall d'entrée, une tapisserie multicolore (1971) introduit au monde merveilleux et sacré dans lequel le visiteur va pénétrer. L'attirance de Chagall pour l'Écriture sainte remonte à son enfance russe et israélite ; il est né à Vitebsk, au Nord-Ouest de la Russie, en 1887, et mort à St-Paul en 1985.
La poésie inonde les **17 grandes toiles** qui constituent le « Message Biblique », œuvre d'un même souffle bien que sa réalisation ait demandé treize ans (1954-1967). Disposés dans une vaste salle, douze tableaux évoquent la Création de l'Homme, le Paradis terrestre,

l'histoire de Noé, d'Abraham, de Jacob et de Moïse ; débauche de couleurs d'un lyrisme puissant, la gravité des sujets traités n'excluant pas la naïve féerie chère à l'artiste. Dans une salle attenante, cinq toiles illustrent le Cantique des Cantiques ; des créatures de rêve voguent dans un rougeoiement somptueux au-dessus de villes endormies.
Remarquer quelques sculptures du maître et la vaste **mosaïque** extérieure (1970) qui se reflète dans un bassin : elle représente le prophète Élie enlevé au ciel sur un char de feu, entouré des signes du Zodiaque *(se placer près de la porte de la bibliothèque).*
On visite la belle salle circulaire de musique et de conférences, baignée dans la lueur bleutée de trois grands vitraux composés sur le thème de la Création du monde.
Les autres pièces sont occupées par des expositions temporaires ou consacrées à la présentation de l'œuvre qui a abouti au « Message Biblique ». On peut voir une suite de 39 gouaches peintes par Chagall en 1931 à son retour de Palestine ; il est intéressant de les comparer aux grandes toiles. On admire également une partie des 105 planches gravées à l'eau-forte pour la Bible éditée par Tériade en 1956, ainsi que quelques-uns de leurs cuivres. Plus de 200 esquisses (huiles, pastels, gouaches, dessins) réalisées en vue des 17 grands tableaux montrent les cheminements de l'artiste dans sa recherche. Des lithographies religieuses complètent cette très riche collection.

Place du Monastère (HV **46**). – Le **calvaire** de Cimiez est une colonne torse en marbre blanc portant une croix tréflée datant de 1477. D'un côté, remarquer le séraphin crucifié qui apparut à saint François et imprima sur son corps les stigmates de la Passion ; de l'autre sainte Claire et saint François d'Assise de part et d'autre de la Vierge.
A côté, s'étend le **cimetière** (HV) de Cimiez. Parmi les sépultures de vieilles familles niçoises, on remarque la tombe de Raoul Dufy et celle de Roger Martin du Gard ; Henri Matisse est inhumé au Nord de l'enceinte, dans une olivaie.

Musée d'Art naïf de Nice. – Le monastère de Cimiez par Léon Markarian.

★ **Monastère** (HV **Q**). – Les franciscains, qui occupèrent au 16e s. les bâtiments d'un ancien couvent bénédictin du 9e s., restaurèrent et agrandirent l'église à plusieurs reprises. Ils assurent la charge de la paroisse de Cimiez.

Église N.-D.-de-l'Assomption. – L'église possède trois œuvres maîtresses de **primitifs niçois**★★ *(voir p. 28).* A droite en entrant, une **Pietà** datée de 1475, œuvre de jeunesse de Louis Bréa et pourtant l'une des plus parfaites. Composition horizontale sévèrement marquée par les bras de la croix et le corps raidi du Christ ; un paysage s'esquisse à la base du fond d'or guilloché de rinceaux. En dépit des angelots pleureurs qui voltigent autour de la croix, Marie apparaît, son fils sur les genoux, étrangement seule. Le panneau est entouré de deux volets ; celui de gauche représente saint Martin, jeune cavalier partageant son manteau écarlate ; remarquer le mouvement légèrement incurvé qui donne une rare élégance à la composition *(illustration p. 28).*
Très différente mais aussi belle est la **Crucifixion** du même auteur, qui figure à gauche du chœur. Plus tardive (1512), elle n'a plus rien de gothique ; le fond doré a fait place à un paysage très fouillé, où la perspective s'affirme. La prédelle offre une savante mise en scène : remarquer, soulignée par les lances, la composition rayonnante de l'Arrestation de Jésus et la composition oblique du Portement de croix.
Dans la seconde chapelle de gauche, se trouve un émouvant Christ gisant, sculpture de bois du 18e s.
Au fond et à droite (3e chapelle), la **Déposition** est attribuée à Louis Bréa, peut-être aidé de son frère Antoine. Moins savante que la Crucifixion (qu'elle semble compléter), elle marque également l'assimilation des données picturales de la Renaissance ; ici la disposition des personnages est oblique, s'alignant sur celle du corps de Jésus, l'équilibre étant rétabli par les verticales du paysage.
Un monumental retable de bois sculpté mi-Renaissance mi-baroque, doré à la feuille, sépare le chœur des fidèles de celui des moines où se trouvent 40 stalles et un lutrin à 3 pans, beau travail de noyer au 17e s.

Bâtiments conventuels. – Dans le petit cloître du 16e s., sur voûtes d'arêtes, sont exposées d'anciennes gravures d'art populaire et des eaux-fortes du 17e s. Le grand cloître, où se donnent des concerts pendant l'été, s'ouvre par une belle grille sur les jardins de Cimiez. On pénètre ensuite dans la sacristie et l'oratoire voisin. Les **peintures ésotériques★**, qui en ornent les voûtes, sont une curiosité remarquable (17e s.) : dans un foisonnement de décor végétal, elles présentent des images à caractère symbolique dans un contexte à la fois biblique et alchimique, qui surprend dans un couvent. On peut aussi admirer dans la sacristie les belles boiseries surmontées de peintures sur toile, et dans l'oratoire un Christ en bois peint du 14e s., un haut-relief de bois sculpté – la Stigmatisation de saint François (17e s.) – et de magnifiques antiphonaires de même époque.

Musée franciscain. – Évocation des franciscains à Nice, du 13e s. à nos jours. Grâce à un grand nombre de documents et d'œuvres d'art (fresques, gravures, sculptures), on a tenté ici, dans une partie du monastère restauré, de reconstituer le message spirituel et social du franciscanisme.

Jardins. – De jolis jardins en terrasses s'étendent au Sud du monastère, plantés de citronniers et de parterres de fleurs ; ils dominent la vallée du Paillon et constituent un **point de vue** sur Nice, le Château et la mer, le mont Boron, l'Observatoire.

★ **Musée Matisse** (HV M²). – Installé dans la Villa des Arènes, bel édifice italien du 17e s. construit sur le site de la ville antique de Cemenelum, ce musée présente les divers aspects de l'art d'Henri Matisse (1869-1954) à travers des œuvres provenant de son atelier de Cimiez.

Une trentaine de **toiles** significatives retracent l'itinéraire du peintre depuis les timides essais de 1890 (Nature morte aux livres) jusqu'à l'épanouissement du Fauteuil de rocaille (1947). Chemin faisant, on passe d'une palette assez sombre à des toiles éclairées par la découverte de la lumière méditerranéenne. On relève au passage l'influence de Cézanne (Nature morte à l'harmonium) puis celle de Signac (Jeune femme à l'ombrelle). A partir de 1916 (Portrait de Laurette), on assiste au déploiement de la couleur pure : Odalisque au coffret rouge (1926), Fenêtre à Tahiti (1935), Nu dans un fauteuil (1937), Lectrice à la table jaune (1944), Nature morte aux grenades (1947) – sans compter le « bleu absolu » du Nu bleu de 1952 (gouache découpée).

Le musée est riche en **dessins** de toutes les périodes. Parmi eux, figurent, sur un tourniquet à volets mobiles, 30 esquisses de la fameuse composition murale La Danse (1933). Matisse a aussi été un merveilleux illustrateur de livres : de nombreuses gravures en témoignent.

Le sculpteur est très largement représenté par une cinquantaine de **bronzes.** On remarque le Serf (vers 1900), l'extrême élégance de la Serpentine (1909). La forme devient de plus en plus abstraite avec la série des Jeannette, des Nus, des Henriette (1927), et aboutit à la sculpture monumentale des Nus vus de dos (1913 et 1916).

Deux salles montrent les esquisses et maquettes pour la chapelle de Vence *(p. 157).*
On voit également les projets pour la Mer et le Ciel, célèbres tapisseries de 1947, et une immense **tapisserie** de Beauvais : la Polynésie. Une grande composition de gouaches découpées, Fleurs et fruits, est la dernière œuvre du maître (1953).

Des meubles et des objets d'art ainsi que des objets familiers ayant appartenu à l'artiste – et qui figurent souvent sur ses toiles – sont répartis dans le musée.

Musée archéologique (HV M⁷). – Il regroupe les résultats des fouilles faites à Cimiez et dans les environs de Nice ainsi que des donations.

Le rez-de-chaussée présente sur la droite de la céramique et des bronzes des grandes civilisations méditerranéennes (Grèce, Étrurie, Afrique romaine...) ; certains proviennent d'épaves de navires de fret (magnifique **masque de Silène★**).

Sur la gauche est évoqué le monde ligure puis romain dans ce qui devint en 14 avant J.-C. la province des Alpes Maritimes : objets de l'âge du bronze (statuette archaïque du Guerrier du mont Bégo) ; matériels des habitats perchés (oppida) de l'âge du fer ; bornes millières de la via Julia Augusta (1er s.) ; témoignages de la vie domestique (céramiques, verres, statuettes, bijoux, monnaies...) et municipale (inscriptions) à l'époque romaine, évocation du cadre architectural de Cimiez, manifestations de la présence romaine à travers des statues de la famille impériale (Antonia, nièce d'Auguste) et l'adoption des cultes romains.

Au sous-sol, sont présentés les usages funéraires retrouvés à Cimiez : incinération aux 1er et 2e s. (stèles) et inhumation à partir du 3e s. (sarcophages), puis les témoignages d'époque paléochrétienne (4e-5e s.) : céramiques, inscriptions...

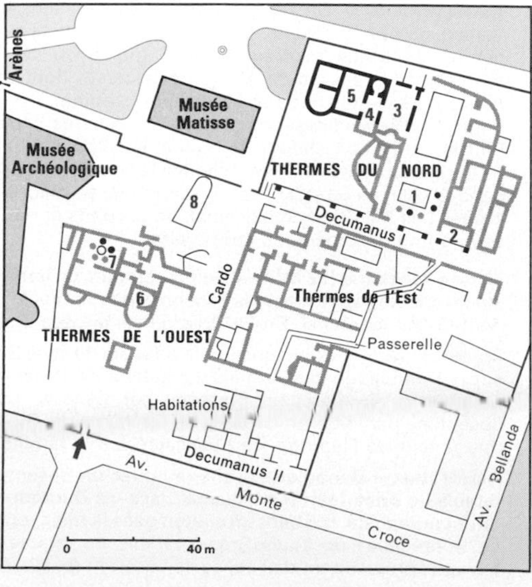

★ **Site archéologique gallo-romain** (HV). – On évalue à 20 000 h., à la fin du 2e s. après J.-C., la population de Cemenelum, siège du Procurateur de la province impériale des Alpes Maritimes.

Quartier des thermes. – On reconnaît, à gauche le decumanus I *(voir p. 25)* avec son collecteur central et ses boutiques. A gauche, s'étendent les **thermes du Nord,** réservés au Procurateur et aux notables. On voit la piscine d'été (**1**) qu'un péristyle à chapiteaux corinthiens entourait (quelques colonnes ont été reconstituées) et dont le bassin était couvert de marbre.
Plus loin, on reconnaît les latrines (**2**). L'édifice qui s'élève au Nord de la piscine est le **frigidarium** (**3**), salle de bains froids ; elle était voûtée, et ses dimensions (10 m de hauteur, 9 m de largeur) donnent une idée des proportions monumentales des thermes du Nord. Traversant cette salle vers la gauche, on accède à la salle tiède (**4**) puis aux salles chaudes (**5**), bâties sur un **hypocauste** *(voir p. 25)* partiellement mis au jour.
De l'autre côté du decumanus I, franchissant des restes d'habitations, une passerelle permet d'avoir une vue d'ensemble des thermes de l'Est : il s'agit de bains populaires, qui sont plus modestes dans leur décor, mais semblables aux autres dans leur équipement et la proportion de leurs salles. Au Sud des thermes, on reconnaît tout un quartier d'habitations limité par un decumanus secondaire (Decumanus II) dont le dallage a été en grande partie restauré (boutiques en bordure).
En empruntant cette rue à droite, on aboutit à une voie Nord-Sud (cardo) qui se dirige vers la villa des Arènes. A gauche de cette voie, se trouvent les **thermes de l'Ouest,** réservés aux femmes. Le dispositif en est assez bien conservé quoiqu'il ait été utilisé au 5e s. pour l'installation d'une cathédrale ; le chœur (**6**), dans le frigidarium, offre un banc de pierre semi-circulaire et les traces d'un autel. Au Nord de celle-ci, au centre d'une salle formant rotonde, apparaît le **baptistère** (**7**). Remontant vers le musée Matisse, on aboutit à une terrasse (**8**) où sont exposés des sarcophages antiques.

Arènes. – De proportions modestes, elles forment une ellipse de 67 m sur 56 et pouvaient recevoir 4 000 spectateurs. On aperçoit quelques vestiges des couloirs d'accès et les consoles de la façade extérieure, destinées à porter les mâts soutenant la toile qui protégeait du soleil. Cet amphithéâtre était destiné à des jeux de lance, des luttes de gladiateurs, à l'exclusion des combats d'animaux.
L'été, on y donne des spectacles.

AUTRES CURIOSITÉS

★★ **Musée des Beaux-Arts (Jules Chéret)** (**DZ M**). – Cette ancienne demeure, construite à partir de 1878 par la princesse ukrainienne Kotschoubey dans le style de la Renaissance italienne, abrite une riche collection d'art, qui s'est constituée, peu à peu, autour d'un noyau d'œuvres envoyées par Napoléon III à Nice au lendemain de la réunification du comté de Nice à la France.

Rez-de-chaussée. – Dans la salle des Primitifs italiens, on admire, entre autres, un tableau de Lorenzo Monaco. Dans la 2e salle, consacrée au 18e s., remarquer le Portrait de vieillard par J.-H. Fragonard, les Gorges d'Ollioules par Hubert Robert, un Natoire et un Joseph Vernet. La 3e salle est dévolue à l'importante dynastie des **Van Loo** ; de Carle, né à Nice en 1705, Thésée, vainqueur du taureau de Marathon, Neptune et Amymone ; de Jean-Baptiste, les célèbres portraits de Louis XV jeune et de Marie Leszczyńska. La grande galerie et la salle, qui donne accès au patio, sont ornées de grandes compositions comme Thamar par Cabanel et de somptueux portraits, surtout féminins. Le patio abrite également l'Age d'airain de Rodin et un remarquable Bonnard : Fenêtre ouverte sur la Seine à Vernonnet. Les deux petites salles du fond offrent une partie de l'importante collection d'œuvres de **Jules Chéret,** mort à Nice en 1932.

Étage. – L'escalier d'honneur et le hall du 1er étage sont garnis d'autres œuvres de Jules Chéret et d'orientalistes comme Trouillebert avec la Servante de harem et Merson avec le Repos en Égypte. La galerie du 1er étage présente l'évolution du paysage en France depuis Courdouan jusqu'à Boudin (la Rade de Villefranche), Monet (Falaises en Normandie), Guillaumin (Moulins en Hollande) et Sisley (Allée de peupliers).
Dans la 2e salle de façade, on admire de Renoir une seconde version des Grandes baigneuses, les Cariatides et une gourmande Nature morte aux pommes. La 3e salle permet de découvrir le monde étrange et fascinant du peintre symboliste **Gustave-Adolphe Mossa** (1883-1971). Un riche ensemble de paysages de Félix Ziem, dont des Vues de Venise, occupe la 4e salle. Dans les petits cabinets à l'extrémité de la galerie, tous les genres chers aux maîtres de la 2e moitié du 19e s. et de la Belle Époque sont représentés : œuvres de Marie Bashkirtseff, dont un poétique Autoportrait, Louise Breslau, Bastien-Lepage et Marcellin Desboutin.
Enfin, la **salle Van Dongen** rassemble des œuvres capitales de l'artiste : Chimère pie, Portrait de l'ambassadeur de Haïti et le célèbre Tango de l'Archange. Des sculptures de Carpeaux dont le Jeune pêcheur à la coquille, de Rodin et de Rude sont disséminées dans la villa. La **collection Dufy** composée de paysages (Grand arbre à Ste-Maxime), de scènes (les Musiciens mexicains), de portraits et de nus est présentée par roulement sous forme d'expositions temporaires.

★ **Musée Masséna** (**FZ M**[1]). – L'édifice, entouré de jardins, a été construit à la fin du 19e s. sur le modèle des résidences italiennes du Premier Empire par Victor Masséna, arrière-petit-fils du maréchal. En 1919, le prince le céda à la ville.

Rez-de-chaussée. – C'est un ensemble de **salons** de style Empire ; les baies vitrées s'ouvrent sur la Promenade des Anglais. La galerie est ornée de statues et de tableaux (buste en marbre du maréchal Masséna par Canova, portrait en pied de l'impératrice Joséphine par le baron Gros) et de torchères de Thomyre. Dans l'escalier, deux toiles marouflées de Flameng sont consacrées à la famille Masséna.

Premier étage. – Dans l'aile droite, admirer un ensemble de **primitifs niçois** *(voir p. 28)* : retable de saint Jean-Baptiste, par Jacques Durandi – remarquer l'intensité du visage de Jean-Baptiste, qui tient un chaton dans la main, et les détails minutieusement peints de la prédelle ; de Louis Bréa, prédelle du retable de sainte Marguerite. Tous ces tableaux proviennent de l'église de Lucéram *(p. 89)*. Au centre de la salle, un reliquaire

appelé « Baiser de Paix », magnifique pièce d'orfèvrerie de la Renaissance italienne (argent et émaux). Vierge en pierre venant de la vallée de la Roya (14e s.). Des primitifs italiens ornent les murs de la pièce contiguë.
Dans l'aile gauche se trouve une belle collection d'objets religieux régionaux. Plusieurs salles retracent l'histoire de Nice, des origines à la Révolution et l'Empire (manteau brodé d'or porté par Joséphine), et celle de la famille Masséna.
Dans l'escalier, remarquer les relevés à l'aquarelle, exécutés par le peintre G.-A. Mossa, des fresques décorant les chapelles de l'arrière-pays niçois.

Deuxième étage. – Il est surtout consacré au folklore niçois et à l'histoire de la ville (maquettes et affiches du Carnaval de Nice). On y relève une belle collection de céramiques provençales, d'armes et d'armures, d'admirables bijoux de toutes provenances et une châsse du 13e s. ornée d'émaux de Limoges.

★ **Musée d'Art naïf** (DZ). – *Avenue du Val-Marie. Quitter le centre-ville par la Promenade* ⊙ *des Anglais.* Le château Ste-Hélène abrite la riche donation d'Anatole Jakovsky. 600 toiles, dont la moitié est exposée, témoignent de l'étonnant pouvoir d'invention des « peintres de l'éternel dimanche » de très nombreux pays.
Une place particulière est faite aux Yougoslaves, maîtres du genre, groupés pour la plupart au 1er étage : Generalic, Rabuzin, Kovacic, Petrovic (Le retour au village). La France est abondamment représentée, notamment par Bauchant, Vivin, Vieillard, les Niçois Restivo et Crociani (Fête de nuit à Nice) et des peintures proches du surréalisme de Vercruyce ou Lefranc (l'Horloge). Mais les Italiens pleins de fraîcheur, les Suisses (Ulysse et les Sirènes), les Belges apportent une large contribution, sans compter les États-Unis (O'Brady) et l'Amérique latine – le Brésil surtout.
Un coin est réservé à une série de savoureux portraits d'A. Jakovsky, et une salle est consacrée aux anonymes anciens (17e au 19e s.).

⊙ **Cathédrale orthodoxe russe** (EXY X). – Faite de brique ocre rose, de marbre gris clair et de céramiques aux couleurs vives, couronnée de 6 coupoles à bulbe, elle jette dans le ciel de Nice une touche d'exotisme. Due surtout à la munificence du tsar Nicolas II et de sa mère, elle fut inaugurée en 1912. L'intérieur a la forme d'une croix grecque et sa décoration de fresques, de boiseries et d'icônes relevées d'orfèvreries est d'une richesse extraordinaire. La somptueuse iconostase occupe l'entrée du chœur ; à droite du chœur, l'icône de **N.-D. de Kazan,** peinte sur bois, est rehaussée d'argent ciselé et semé de pierreries.

⊙ **Église Ste-Jeanne d'Arc** (FV B). – Cette église moderne en béton due à l'architecte Jacques Droz apparaît toute blanche et dresse à 65 m son clocher formé de flammes torsadées. Elle est coiffée de trois coupoles surhaussées ; un porche ellipsoïdal forme portique. A l'intérieur, on est frappé par le bel élan des voûtes. Chemin de croix peint à fresque par Klementief (1934).

⊙ **Prieuré du Vieux-Logis** (EV M8). – Aménagé dans une ferme du 16e s., ce musée est la reconstitution d'un prieuré, extrêmement riche en œuvres d'art, mobilier du 14e au 17e s., ustensiles de la vie quotidienne (remarquable cuisine). Nombreuses statues parmi lesquelles une Pietà franc-comtoise du 15e s.

⊙ **Église St-Barthélemy** (EV Z). – Elle présente une façade Renaissance refaite au 19e s. et un clocher moderne dans le style des beffrois italiens du Quattrocento. Au fond du bas-côté droit, beau triptyque de François Bréa : Vierge en majesté entre saint Jean-Baptiste et saint Sébastien.

⊙ **Faculté de droit** (DZ U). – Au premier étage, dans le hall, Chagall a réalisé une admirable **mosaïque★** de grandes dimensions qui couvre toute la surface d'un mur : Ulysse, triomphant de toutes ses épreuves retrouve la paix auprès de Pénélope à Ithaque.

⊙ **Muséum d'histoire naturelle** (HJY M4). – Le musée, auquel est adjoint un laboratoire, présente une collection de 7 000 moulages de champignons, une salle de minéralogie, une salle de stratigraphie relatant l'histoire de la terre à l'aide des fossiles et des phénomènes géologiques.

★ **Palais des Arts, du Tourisme et des Congrès (Acropolis)** (HJY). – Bâti tout en longueur ⊙ (338 m) entre l'avenue Gallieni et le boulevard Risso, il évoque un majestueux vaisseau ancré sur cinq puissantes voûtes recouvrant le Paillon. Cette réalisation qui porte des noms empruntés à l'Antiquité grecque est due à un groupe d'architectes niçois.
Ses 55 000 m^2 répartis sur cinq niveaux s'articulent autour de l'agora, vaste hall d'accueil flanqué d'immenses verrières et coiffé d'un toit métallique ouvrant ; au Sud, le grand auditorium Apollon (2 500 places) à l'acoustique exceptionnellement soignée ; au Nord, la partie réservée aux congrès avec l'auditorium Athena (750 places), l'espace Méditerranée, des salles de conférences et de réceptions, des studios de radio et de télévision, etc.
A l'intérieur comme à l'extérieur du palais, dans les bordures latérales et sur l'esplanade Kennedy au Sud, sont disposées des œuvres d'artistes contemporains qui s'harmonisent parfaitement avec l'architecture. Ces sculptures, peintures et tapisseries sont signées Volti (Nikaia), Vasarely, Arman (Music power), César, Paul Belmondo, Moretti (Louis Armstrong), Cyril de la Patellière (Hommage à la Méditerranée), etc.

⊙ **Galerie de malacologie** (KR M5). – Annexe du Muséum d'histoire naturelle, elle possède une collection de coquillages du monde entier, très agréablement présentée. Des espèces rarissimes de mollusques retiennent l'attention pour leur forme ou leurs coloris. Des aquariums présentent des poissons, mollusques et végétaux de la Méditerranée et de la mer Rouge.

★ **Chapelle de la Miséricorde** (KR S). – Propriété de la Confrérie des Pénitents Noirs, ⊙ cette chapelle (1740) est un petit chef-d'œuvre du baroque niçois. Elle fut édifiée d'après les plans de Guarino Guarini, célèbre architecte italien du 17e s. L'extérieur présente une façade courbe, des guirlandes, des oculi et lucarnes ovoïdes manifestant la recherche de l'arrondi.

A l'intérieur, le recoupement complexe des travées et des voûtes, l'association harmonieuse des stucs-marbre et des ors révèlent la virtuosité de l'architecte.
La sacristie associe deux **retables★** de primitifs niçois dont le sujet est le même : une Vierge de Miséricorde. Mais alors que l'œuvre de Jean Mirailhet appartient encore tout entière au gothique, le panneau de Louis Bréa, réalisé 80 ans plus tard, trahit l'influence de la Renaissance italienne et fait apparaître le paysage de Nice.

⊙ **Église St-François-de-Paule** (KR Z). – Bel exemple de baroque niçois, le sanctuaire, qui date de 1750, porte un campanile coiffé de tuiles polychromes ; à gauche, au-dessus de la porte d'entrée des dominicains, joli bas-relief : la Vierge à l'Enfant.
L'intérieur a l'aspect théâtral cher à l'art baroque. Le chœur est entouré de « loges d'avant-scène » grillagées sur 2 étages. A l'entrée de l'église, à droite, la Communion de saint Benoît est attribuée à Carle Van Loo. A gauche, entre les 2 chapelles, belle statue (1949) de saint Dominique, en bois d'olivier, réalisée par Henri Blattes.

Le port (JZ). – Deux millénaires durant, les bateaux abordant à Nice venaient simplement accoster, au gré du vent dominant, de part et d'autre du rocher du château, formant abri. Le creusement d'un véritable port en eau profonde fut ordonné en 1750 par Charles-Emmanuel III, duc de Savoie, dans les terrains marécageux de Lympia. Après 1870 et en 1904, des travaux d'extension et d'approfondissement furent entrepris ; un avant-port, protégé par deux jetées, fut créé. En raison de la faible industrialisation de l'arrière-pays, le plus gros du trafic commercial revient à l'exportation du ciment fabriqué dans la région niçoise. Bateaux marchands, paquebots de Corse, bateaux de pêche, de plaisance et de louage entretiennent dans le port une constante activité. Un aménagement de l'avant-port permet la réception des nouveaux car-ferries de Corse, en attendant la construction d'un nouveau port.

⊙ **Musée de Terra Amata** (JZ **M⁶**). – Une dune de sable découverte sur une plage fossile située à 26 m au-dessus du niveau actuel de la mer, sur les pentes occidentales du mont Boron, est reproduite en moulage au rez-de-chaussée, sur les lieux mêmes du site, avec ses foyers aménagés et la trace d'un pied humain sur une surface calcaire consolidée. Des ossements, des outils de pierre, des traces de feu ont permis d'identifier ici l'un des plus anciens habitats connus en Europe. Des objets, dessins, cartes, reconstitutions (hutte de branchages grandeur nature) illustrent la vie de ce groupe de chasseurs acheuléens (paléolithique inférieur), vieux de 400 millénaires.

⊙ **Parc des Miniatures.** – *De la Promenade des Anglais, suivre vers l'Ouest direction Fabron, puis le fléchage du parc.* Installé sur une hauteur d'où s'étend une large vue sur Nice et la baie des Anges, le parc présente sur plus de 3 ha des centaines de miniatures de sites, jardins et monuments de la région niçoise datant de l'Antiquité à nos jours. S'y ajoute la reconstitution d'activités humaines à différentes époques : travaux de la campagne et métiers de la ville, échoppes et boutiques...

⊙ PROMENADES EN BATEAU

En saison, les bateaux « Gallus » assurent un service d'excursions et de croisières le long de la Riviera.

ENVIRONS

★★ **Les deux monts.** – *Circuit de 11 km – environ 3/4 h – schéma p. 122.*

Quitter Nice à l'Est par la place Max-Barel et la Moyenne Corniche (N 7). Au bout de 2,5 km, tourner à droite à angle aigu dans une route forestière. 1 km plus loin, tourner à gauche à angle aigu dans un chemin qui conduit au fort du mont Alban.

★★ **Mont Alban.** – Alt. 222 m. Un sentier fait le tour de la hauteur. **Vue★★** splendide sur la côte : à l'Est, le cap Ferrat, le cap d'Ail, la pointe de Bordighera et les hauteurs calcaires de la Tête de Chien ; à l'Ouest, la baie des Anges et la Garoupe. On peut faire à pied le tour du fort, ouvrage massif du 16e s., avec bastions et échauguettes.

Revenir à la précédente bifurcation et suivre tout droit vers le mont Boron.

★ **Mont Boron.** – Alt. 178 m. **Vues★** étendues sur la rade de Villefranche et la côte jusqu'au cap d'Antibes. A l'horizon, les montagnes de Grasse et l'Esterel.

Rentrer à Nice par la Corniche Inférieure.

★★ **Plateau St-Michel.** – *Circuit de 19 km – environ 1 h – schéma p. 122.*

Quitter Nice à l'Est par l'avenue des Diables-Bleus et la Grande Corniche (D 2564).

La route offre, à l'arrière, des vues sur Nice et la baie des Anges, puis sur le cap d'Antibes, l'Esterel, le bassin du Paillon ; en avant, sur le fort de la Drète au premier plan, celui du mont Agel au fond.

⊙ **Observatoire.** – A droite, se détache la route privée de l'Observatoire de Nice, centre international de recherche astronomique, bâti sur le mont Gros par Charles Garnier.

Après le col des 4-Chemins, on voit se dégager la presqu'île du cap Ferrat, puis la rade de Villefranche-sur-Mer.

Prendre à droite la D 34 ; 500 m plus loin, laisser la voiture à une plate-forme de stationnement.

★★ **Point de vue du plateau St-Michel.** – Une table d'orientation permet de situer tous les points où porte la vue, du cap d'Ail à l'Esterel.

La D 34 rejoint la Moyenne Corniche (N 7) qu'on prend à gauche. Peu après un long tunnel, **vue★** merveilleuse sur Beaulieu, le cap Ferrat, Villefranche-sur-Mer, Nice et le cap d'Antibes. La route contourne la rade de Villefranche. Passé le col de Villefranche, le regard se porte sur Nice avec la colline du Château, le port et la baie des Anges ; à l'horizon se profilent l'Esterel et les montagnes calcaires de Grasse.

Rentrer à Nice par la place Max-Barel.

★★ NOTRE-DAME-DES-FONTAINES (Chapelle)

Carte Michelin n° 195 pli 9 ou 84 pli 10 ou 245 pli 26 – Schéma p. 39.

Isolée dans le vallon du Mont Noir, non loin du fascinant mont Bégo *(voir p. 100)*, et dominant l'un des nombreux torrents de la région, N.-D.-des-Fontaines succède à une première chapelle construite au 2e ou 3e s. à l'emplacement d'un ancien sanctuaire des eaux ; elle demeure du reste un but de pèlerinages très suivis dans la région. La chapelle actuelle fut bâtie en deux temps : le chœur au 12e s., puis la nef au 14e s. (elle-même surélevée au 18e s., afin d'être dotée de sept fenêtres hautes). Si l'extérieur reste très modeste, l'intérieur surprend par la riche décoration de ses murs entièrement recouverts de **fresques**★★.

Les panneaux du chœur (très abîmés) représentent sur la voûte les quatre évangélistes ; sur les murs, ils évoquent la Résurrection du Christ et l'Assomption de Marie. Découvertes sous un badigeon vers 1950, ces fresques aux personnages délicats et dansants, exécutées vers 1451, sont l'œuvre de **Jean Baleison,** meilleur artiste représentatif du gothique dans cette région des Alpes. La nef, en revanche, fut décorée par le primitif renaissant **Jean Canavesio** (1420-début du 16e s.), dont l'art exubérant, d'inspiration toujours gothique, s'affirme dans un dessin plus nerveux et un meilleur sens de l'espace. D'après le thème et la facture des fresques, il semble qu'il ait peint l'arc triomphal (scènes de la vie de la Vierge et de Jésus enfant) à la même époque que Baleison le chœur.

N.-D.-des-Fontaines. – La Flagellation par J. Canavesio.

Les fresques du revers de la façade et des murs latéraux portent la date du 12 octobre 1492 et décrivent le Jugement dernier et la Passion *(voir plan ci-dessous)*. Les compositions souvent assez complexes semblent, par des détails ponctuels, vouloir révéler différents niveaux de lecture ou proposer une certaine interprétation du texte biblique *(1)*. Par exemple, Simon-Pierre est représenté brandissant un grand couteau lors de la Cène (**2**) et un cimeterre lors de l'arrestation de Jésus (**6**) ; il dort allongé (et non assis) au jardin des Oliviers (**5**) et est surpris se réchauffant la plante des pieds lors du reniement (**10**) ; enfin dans la scène (**3**), ses pieds restent curieusement à la surface de l'eau alors que Jésus s'apprête à les lui laver. Ces anomalies dissimulent peut-être une critique pré-réformiste de la papauté, avide de pouvoir politique et temporel (le couteau), attachée à son confort physique et peu soucieuse de purification (symbolisée par l'eau).

En revanche, dans la même scène **3**, Judas est le seul à ôter ses sandales, comme désireux d'être lavé de ses péchés ; il marche du reste pieds nus quand il est pris de remords (scène **17**). Son corps pendu et éventré – unissant dans une même image les deux versions de sa mort – exhibe des viscères dédoublés (deux cœurs, deux foies, deux intestins) traduisant peut-être son double destin de traître nécessaire à l'accomplissement des Écritures et de pécheur repenti.

1. Entrée de Jésus à Jérusalem
2. La Cène
3. Le lavement des pieds
4. La trahison de Judas
5. L'agonie à Gethsemani
6. L'arrestation de Jésus
7. Jésus devant le grand prêtre Anne
8. Jésus devant Caïphe
9. La flagellation
10. Le reniement de saint Pierre
11. Jésus devant Pilate
12. Outrage par les soldats de Pilate
13. Jésus devant Hérode
14. Le Christ humilié par Hérode
15. Le couronnement d'épines
16. Ecce Homo
17. Les remords de Judas
18. Le lavement des mains
19. Le portement de croix
20. La mise en croix
21. Jésus meurt sur la croix
22. La descente de croix
23. La mise au tombeau
24. La résurrection du Christ
25. La descente aux Enfers

CHŒUR
Paroi nord
Paroi sud
la Passion de Jésus-Crist
NEF
Judas pendu
le Jugement dernier

---

(1) Pour une présentation complète de la chapelle et des différents niveaux de lecture du cycle de Canavesio, lire : « Notre-Dame-des-Fontaines, la chapelle Sixtine des Alpes méridionales », par le père Benoît Avena (éd. Martini, Borgo San Dalmazzo, Cuneo - Italie).

★ PEILLE

1 745 h. (les Peillasques)

Carte Michelin n° 84 pli 19, 195 Nord du pli 27 ou 245 pli 38 – Schéma p. 39.

Le village occupe un **site** sauvage sur un versant du Faquin, près des ruines du château des comtes de Provence ; il est cerné d'un côté par le mont Agel et le pic de Baudon, de l'autre par la cime de Rastel. Il a gardé son caractère médiéval.

Laisser la voiture à hauteur de l'église qui se trouve au Nord du village ; monter par la rampe qui contourne l'hospice.

Église. – Flanquée d'un élégant clocher lombard pyramidal, l'église (12e-13e s.) est formée de deux chapelles accolées. Un autel appuyé au mur, à gauche en entrant, est décoré d'un retable (1579) à quinze compartiments d'Honoré Bertone ; malheureusement la Vierge au Rosaire qui en occupait le centre a été découpée et remplacée par une statue. Un tableau, à droite, représente Peille tel qu'il était au Moyen Age. Une peinture murale du 14e s. représente sainte Anne, la Vierge et l'Enfant.

★ **Le bourg.** – *Reprendre la voiture et la laisser en bordure de la D 53, place de la Tour.* De là, descendre quelques marches qui conduisent à la rue de la Sauterie, rocailleuse, coupée d'escaliers et de passages voûtés, en pente vers la place A.-Laugier.
Prendre, à droite, la rue Centrale qui mène à l'ancienne chapelle St-Sébastien (13e s.) couronnée d'un dôme : restaurée, elle abrite aujourd'hui la mairie. Tourner deux fois à gauche pour emprunter la rue St-Sébastien ; au premier carrefour se dresse, à gauche, l'ancien hôtel de la Gabelle.
On débouche à nouveau place A.-Laugier le long de l'ancien hôtel des consuls – appelé aussi palais du juge Mage – qui présente des portails anciens et des fenêtres géminées. Derrière une fontaine gothique, sous une maison, deux demi-arches s'appuient sur un pilier roman ; passer sous celle de droite et prendre la rue Lascaris puis, à gauche, la rue Mary-Garden, en montée, qui aboutit au monument aux Morts.

★ **Point de vue.** – Du monument aux Morts, on voit au Nord les jardins étagés de Peille, le ravin du Faquin et l'église avec le pic de Baudon au loin ; au Sud, la cime de Rastel et, par la vallée du Paillon, une échappée sur Nice et la baie des Anges.

★★ PEILLON

1 038 h. (les Peillonnais)

Carte Michelin n° 84 pli 19, 195 pli 27 ou 245 pli 38 – Schéma p. 38 – Lieu de séjour.

Nid d'aigle juché sur un éperon étroit et abrupt, un peu en retrait de la vallée du Paillon, Peillon est l'un des villages les plus spectaculaires de la Côte d'Azur. Une rigoureuse unité architecturale, imposée par le site et les nécessités de la défense, en compose harmonieusement les formes jusqu'au sommet occupé par l'église.

Chapelle des Pénitents Blancs. – L'intérêt de cette chapelle réside dans les **fresques★** de Jean Canavesio. Au fond, la Crucifixion, avec les portraits de saint Antoine et de sainte Pétronille. Sur les murs et les voûtes sont peintes des scènes de la Passion, remarquables par la vigueur de leur mouvement (voir notamment la Flagellation et le Baiser de Judas) et le goût de l'anecdote. La parenté avec les fresques de N.-D.-des-Fontaines *(p. 119)* est évidente. Sur l'autel, remarquer une belle Pietà de bois polychrome.

★ **Village.** – Il a gardé intégralement son aspect médiéval. Peu de rues : partout des escaliers en calades qui serpentent parmi les maisons entassées et fleuries, avec de nombreux passages voûtés. L'église a été bâtie au 18e s. ; surmontée d'une lanterne octogonale, elle abrite des toiles du 17e et 18e s. ainsi qu'un Christ en bois du 18e s.

Peillon. – Détail de la Passion par J. Canavesio.

★ PORT-GRIMAUD

Carte Michelin n° 84 pli 17 ou 245 plis 48, 49 – Schéma p. 93.

Accès : suivre Port-Grimaud (Nord) – et non Port-Grimaud Sud – pour accéder au parking visiteurs ; seuls les résidents peuvent pénétrer en voiture dans la ville.

Aussi discutée que Marina Baie des Anges *(p. 162),* dont elle constitue en quelque sorte l'antithèse, cette réalisation de l'architecte François Spoerry ne manque pas de charme. Située au fond du golfe de St-Tropez, elle évoque un village méditerranéen de pêcheurs. C'est en réalité un ensemble résidentiel raffiné, possédant un port de plaisance bien équipé et une belle plage ; il offre toute une gamme de loisirs.
Il est agréable de flâner dans ce village très vivant, aux maisons colorées couvertes de tuiles romaines, séparées par des canaux, des ruelles, des placettes ombragées et des petits ponts. Des « coches d'eau », transports en commun, permettent de circuler dans la lagune.

Port-Grimaud.

Église œcuménique St-François-d'Assise. – Conçue dans le plan d'ensemble de la cité, elle est résolument moderne tout en s'inspirant du roman provençal. Intérieur très sobre, avec charpente de bois apparente. Les vitraux ont été dessinés par Vasarely. ⌚ On peut monter à la tour d'où la **vue★** embrasse la cité des eaux, le golfe de St-Tropez et le massif des Maures.

★ RAMATUELLE 1 766 h. (les Ramatuellois)

Carte Michelin n° 84 pli 17 ou 245 pli 49 – Schéma p. 93 – Lieu de séjour.

Le village, perché sur une colline fleurie au milieu des vignobles, présente l'aspect des vieux bourgs provençaux : ruelles sinueuses, étroites, enjambées de voûtes et d'arceaux, maisons restaurées et serrées dans l'ancienne enceinte autour de l'église. L'immense plage de **Pampelonne,** à l'Est, qui s'étend sur 5 km de sable fin, et celle de **Tahiti,** bien abritée, qui la prolonge au Nord, font partie de la commune. Au cimetière repose le comédien Gérard Philipe, né à Cannes (1922-1959).

Église. – Cette église romane à chevet plat s'ouvre par un portail en serpentine datant de 1620. Elle contient deux retables baroques du 17ᵉ s. aux splendides boiseries dorées.

Monument à la Résistance. – Face au cimetière, un monument aux morts des Services spéciaux de la Défense Nationale rappelle que, pendant la Seconde Guerre mondiale, c'est sur la côte toute proche (à la Roche Escudelier) que venaient accoster les sous-marins, qui assuraient la liaison avec la Résistance de la France occupée.

ENVIRONS

Circuit de 24 km. – *Environ 1 h. Quitter Ramatuelle au Sud par la D 89 qui franchit le col de Paillas. L'itinéraire par les moulins de Paillas, Gassin et la Croix-Valmer est décrit en sens inverse p. 91. Retour à Ramatuelle par le col de Collebasse, D 93.*

★★★ La RIVIERA (Corniches)

Carte Michelin n° 84 plis 19, 20, 195 plis 26, 27, 28 ou 245 plis 38, 39.

Entre Nice et Menton, la montagne plonge brusquement dans la mer. Les plages sont immédiatement dominées par les hauteurs sur lesquelles s'étagent trois routes célèbres. La première offre les plus belles vues ; culminant à 450 m, elle permet de découvrir des panoramas saisissants. La deuxième offre de jolies perspectives sur le rivage. La troisième fait visiter toutes les stations de la côte.
Les incendies particulièrement dévastateurs de l'été 1986 ont défiguré cette région qui ne retrouvera pas son aspect habituel avant de nombreuses années.

Visite. – *Dans le temps global estimé pour effectuer les itinéraires décrits ci-dessous, la visite de Nice et de Menton n'est pas incluse.*

★★★ GRANDE CORNICHE

1 De Menton à Nice *31 km – environ 3 h – schéma p. 122 et 123*

Construite par Napoléon Iᵉʳ, utilisant en partie le tracé de l'antique via Julia Augusta *(détails p. 149)*, la Grande Corniche, la plus élevée, passe à la Turbie où elle domine de 450 m la principauté de Monaco. Elle offre des vues d'une ampleur saisissante et permet la visite du village perché de Roquebrune.

★★ **Menton.** – *Page 95. Visite : 3 h.*

Quitter Menton par l'avenue Carnot et l'avenue de la Madone (N 7).

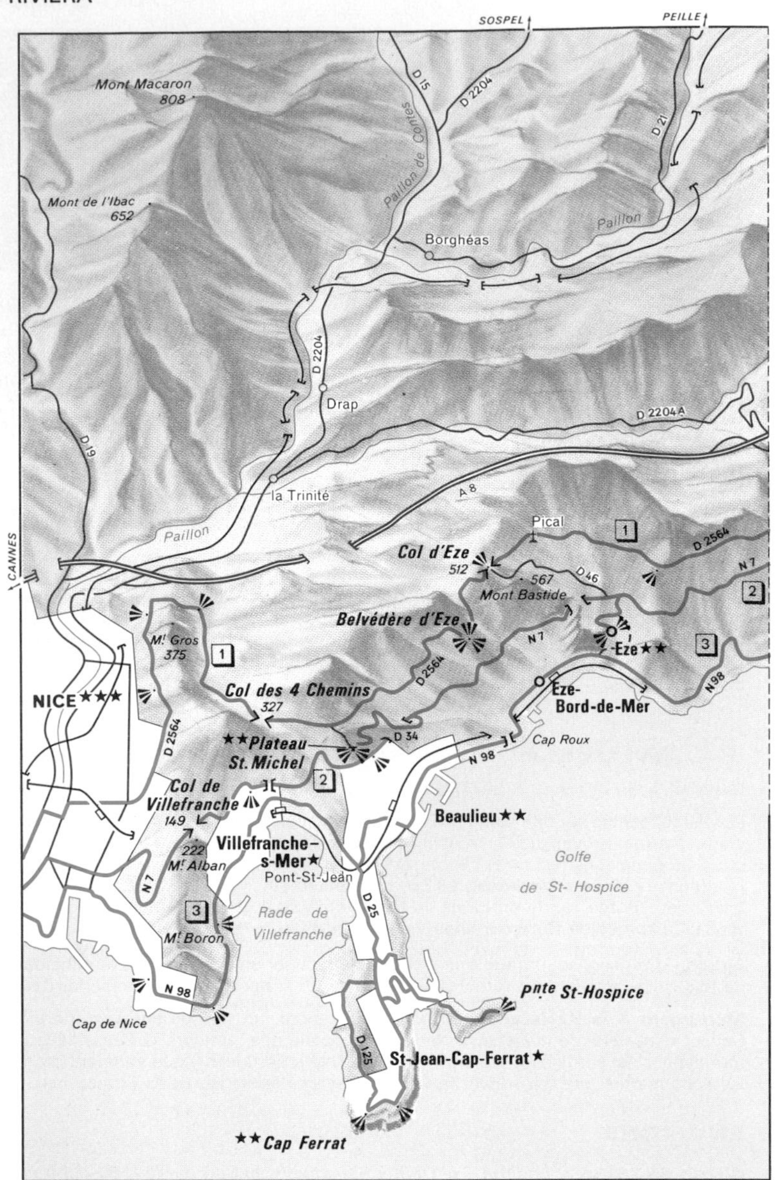

Laissant à gauche la Moyenne Corniche, la route (la D 2564) s'élève au-dessus de la ville et du cap Martin. 400 m après la plaque d'entrée de Roquebrune-Cap-Martin, prendre à droite, à angle aigu, une petite route pour le village perché.

★★ **Roquebrune-Cap-Martin.** – *Page 124.*

Revenir à la D 2564.

★★ **Le Vistaëro.** – A hauteur de l'hôtel du Vistaëro, situé à 300 m au-dessus de la mer, la **vue**★★ s'étend, merveilleuse, sur la pointe de Bordighera, le cap Mortola, Menton, le cap Martin, Roquebrune et, immédiatement en contrebas, Monte-Carlo Beach ; à droite, sur toute la principauté de Monaco, sur Beausoleil, la Tête de Chien qui les domine et, tout à fait à droite, sur la Turbie et le Trophée des Alpes.

★ **La Turbie.** – *Page 149.*

La Grande Corniche révèle de jolies **vues** sur le cap Ferrat, puis sur le village d'Èze. On atteint le point le plus élevé de la route (près de 550 m). Au lieu-dit Pical, une croix de pierre, à gauche, commémore le passage du pape Pie VII, de retour d'exil en 1814.

Col d'Èze. – Alt. 512 m. **Vue** étendue vers le Nord sur les montagnes des hautes vallées de la Vésubie et du Var. A gauche, le mont Bastide fut un oppidum celto-ligure puis un castrum romain occupant un point stratégique.

Belvédère d'Èze. – 1 200 m après le col, dans un virage à droite, à hauteur d'une buvette dénommée « Belvédère », **vue**★★ panoramique ; on distingue la Tête de Chien, Èze et la « Mer d'Èze », la presqu'île du cap Ferrat, le mont Boron, le cap d'Antibes, les îles de Lérins, la chaîne de l'Esterel avec le sommet du Cap Roux et les Alpes françaises et italiennes.

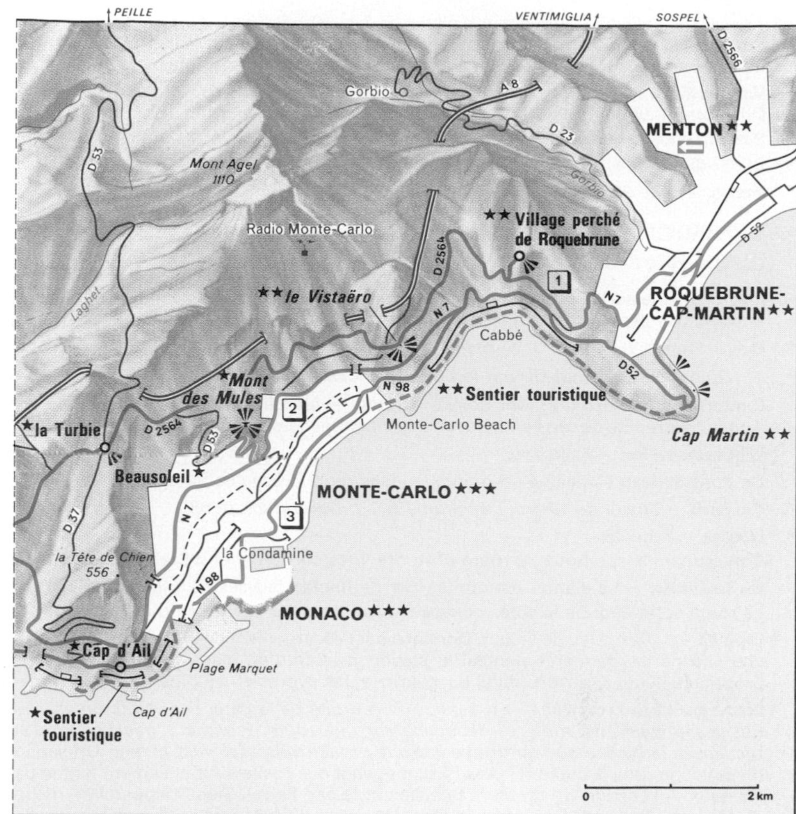

Col des 4-Chemins. – Peu après le col (alt. 327 m), par l'échancrure de la vallée du Paillon, on découvre les Alpes.

Bientôt, la route en forte descente offre des **vues★** sur les Préalpes, puis sur Nice et la colline du Château, le port, la baie des Anges, le cap d'Antibes, l'Esterel.
La nuit, le paysage illuminé est féerique.

On pénètre à Nice par l'Est, avenue des Diables-Bleus.

★★★ **Nice.** – *Page 108. Visite : 1 journée.*

★★ MOYENNE CORNICHE

2 De Nice à Menton *31 km – environ 2 h – schéma p. 122 et 123*

La Moyenne Corniche est une très belle route, large et bien tracée à flanc de montagne. Elle franchit les arêtes rocheuses les plus importantes en tunnel et déroule ses courbes dans les riants paysages méditerranéens. Elle offre sur la côte et les stations, qui la jalonnent, de belles perspectives et permet de visiter l'étonnant village d'Èze.

Beaucoup de vues sont masquées, du côté de la mer, par un parapet. Des parcs de stationnement permettent de s'arrêter pour jouir des vues les plus belles.

★★★ **Nice.** – *Page 108. Visite : 1 journée.*

Quitter Nice à l'Est par la place Max-Barel et la N 7.

Au départ, le regard s'étend sur la ville, la colline de l'ancien château, le port et la baie des Anges ; à l'horizon, se profilent l'Esterel et les montagnes calcaires de Grasse.

Col de Villefranche. – Alt. 149 m. Dans un coude de la route, peu après le col, la vue se dégage sur la rade de Villefranche-sur-Mer et le cap Ferrat.

Juste avant un tunnel long de 180 m, on jouit d'une **vue★★** merveilleuse sur Beaulieu, le cap Ferrat, Villefranche-sur-Mer, Nice et le cap d'Antibes. A la sortie, le vieux village d'Èze apparaît soudain, perché sur son rocher. Légèrement à droite, on aperçoit la Tête de Chien, promontoire massif dominant le cap d'Ail et Monaco.

★★ **Plateau St-Michel.** – *2 km au départ de la N 7.* Après le tunnel, prendre à droite la D 34, étroit. A 2 km, à une plate-forme de stationnement, laisser la voiture et gagner la table d'orientation, au bord du plateau (alt. 371 m). La **vue★★** s'étend de la pointe du cap d'Ail jusqu'à l'Esterel.

★★ **Èze.** – *Page 68.*

Au-delà d'Èze, la Moyenne Corniche contourne les escarpements de la Tête de Chien et offre de nouveaux horizons vers le cap Martin et la longue pointe de Bordighera. En contrebas, s'étend la principauté de Monaco. A l'entrée de cette ville, prendre la route de gauche *(N 7)* qui, contournant la principauté, offre des **vues★** remarquables sur Monaco, le cap Martin, la côte italienne et les montagnes du littoral.

★ **Beausoleil.** – 11 664 h. Cette station, située en territoire français, ne forme avec Monte-Carlo qu'une seule agglomération. C'est un véritable balcon sur la mer ; elle étage ses maisons et ses rues en escaliers sur les pentes du mont des Mules.

★ **Mont des Mules.** – *Accès par le D 53. 1 km puis 1/2 h à pied AR par un sentier signalisé.* Du sommet, on jouit d'un beau **panorama**★ *(table d'orientation).*

Passant sous le belvédère du Vistaëro, la route rejoint à Cabbé la Corniche Inférieure.

★★ **Cap Martin.** – *Page 126.*

★★ **Menton.** – *Page 95. Visite : 3 h.*

★★ CORNICHE INFÉRIEURE

3 De Nice à Menton *33 km – environ 6 h – schéma ci-dessus et p. 123*

Elle fut établie au 18e s. par un prince de Monaco. Suivant tous les contours du littoral, au pied des pentes, la Corniche Inférieure dessert toutes les stations de la Riviera.

★★★ **Nice.** – *Page 108. Visite : 1 journée.*

Quitter Nice au Sud-Est par le boulevard Carnot (N 98).

Contournant la base du mont Boron, la route révèle de jolies **vues**★, sur la baie des Anges, l'extrémité du cap Ferrat, la rade de Villefranche-sur-Mer, Èze et la Tête de Chien.

★ **Villefranche-sur-Mer.** – *Page 160.*

De Pont St-Jean s'effectue en pointe la visite de la presqu'île du cap Ferrat.

★★ **Cap Ferrat.** – *Circuit de 10 km – environ 2 h 1/2. Description p. 58.*

★★ **Beaulieu.** – *Page 45.*

Contournant le cap Roux, la route offre des vues sur la « mer d'Èze » et le cap d'Ail.

Èze-Bord-de-Mer. – La station est abritée par de hautes falaises et le nid d'aigle d'Èze.

La route serre de près la côte rocheuse, avec des vues sur le cap d'Ail.

★ **Cap-d'Ail.** – 4 402 h. Lieu de séjour. Dominée par l'escarpement de la Tête de Chien, dont elle occupe les dernières pentes, la station de Cap-d'Ail étage jusqu'à la mer ses propriétés fleuries, noyées dans les palmiers, les cyprès et les pins.

★ **Sentier touristique du cap d'Ail.** – *1 h à pied AR. A droite de la gare, descendre un escalier qui passe sous une voûte et débouche sur une route. Prendre à gauche jusqu'au restaurant la Pinède où l'on trouve à droite un autre escalier vers la mer.* Un sentier revêtu contourne le cap d'Ail vers l'Est, longeant des rochers furieusement battus par les eaux. A l'horizon, se profilent Beaulieu et le cap Ferrat. Bientôt apparaît le rocher de Monaco. Le sentier aboutit à la plage Marquet d'où l'on peut revenir sur ses pas ou rejoindre Monaco par la route.

★★★ **Principauté de Monaco.** – *Page 101.*

Près de la plage de Cabbé, la route rejoint la Moyenne Corniche.

★★ **Cap Martin.** – *Page 126.*

★★ **Menton.** – *Page 95. Visite : 3 h.*

ROQUEBILLIÈRE

1 654 h. (les Roquebilliérois)

Carte Michelin n° 84 pli 19, 195 pli 16 ou 245 pli 25 – Schéma p. 38.

Ce bourg important a été reconstruit six fois depuis le 6e s., par suite d'éboulements ou d'inondations. Le dernier glissement de terrain en 1926 a laissé subsister une partie du vieux village aux hautes maisons sévères, mais a contraint de rebâtir sur la rive droite de la Vésubie où se trouvait déjà l'église du 15e s.

Église St-Michel-du-Gast. – *Dans le nouveau village.* L'église est un exemple, fréquent en Provence, de prolongement tardif d'éléments romans et gothiques associés. Le clocher roman à flèche de pierre est malencontreusement défiguré par une horloge. L'édifice compte trois nefs gothiques soutenues par des piliers romans trapus. On remarque surtout un **retable** de l'école niçoise voué à saint Antoine, avec scènes de sa légende sur la prédelle. La cuve baptismale en pierre volcanique, sculptée d'une croix de Malte, atteste l'origine hospitalière de l'église. A la sacristie, on peut admirer une collection de vêtements sacerdotaux des 17e et 18e s.

ENVIRONS

★★ **Vallon de la Gordolasque.** – *19 km – environ 3/4 h – schéma p. 38. A la sortie de Roquebillière-Vieux, prendre à droite la petite route de Belvédère. Description p. 160.*

★★ ROQUEBRUNE-CAP-MARTIN

12 578 h. (les Roquebrunois)

Carte Michelin n° 84 pli 10 ou 20, 195 pli 28 ou 245 pli 39 – Schémas p. 98 et 123 – Lieu de séjour.

Cette vaste commune couvre la totalité du cap Martin et s'étend le long de la mer entre Monte-Carlo et Menton. Elle est dominée par son vieux village perché et le donjon de son château. L'ensemble de Roquebrune constitue le seul spécimen en France des châteaux carolingiens, embryons de ceux élevés deux siècles plus tard et qui marquèrent l'apogée de la féodalité.

Le château fut édifié, à la fin du 10e s., par Conrad Ier, comte de Vintimille, pour empêcher les Sarrasins de s'établir à nouveau dans la région. Il appartint pendant plusieurs siècles aux Grimaldi *(voir p. 101)* qui remanièrent les constructions et introduisirent l'artillerie dans la défense.

A l'origine, le château était une forteresse réunissant dans une même enceinte, percée de six portes fortifiées, le donjon et le village. Au 15e s., le donjon prenait la dénomination de château et le reste de la forteresse devint le village qui, jusqu'à aujourd'hui, a conservé intact son caractère médiéval.

Cortèges traditionnels. – Depuis plus de cinq siècles a lieu, dans l'après-midi du 5 août, une procession représentant les principales scènes de la Passion. Exécutée telle qu'elle fut conçue à son origine par les auteurs du vœu prononcé en 1467 durant une épidémie de peste, elle se déroule pendant environ deux heures.
Dans la nuit du Vendredi saint, à 21 h, a lieu la Procession du Christ Mort, représentant la Mise au tombeau, instituée par la Confrérie des Pénitents Blancs, aujourd'hui disparue. Un cortège composé d'une soixantaine de personnages – centurions et légionnaires romains, disciples transportant la statue du Christ, saintes femmes – parcourt les rues du village ornées de motifs lumineux rappelant les symboles de la Passion et éclairées par une multitude de lumignons formés de coquillages et de coquilles d'escargots.

★★ LE VILLAGE PERCHÉ *visite : 1 h*

Le site remarquable et le donjon médiéval de Roquebrune ne sont pas les seuls attraits de ce village. Il faut, pour en saisir tout le charme, flâner dans ses ruelles couvertes, en pente raide ou en escalier, qui ont conservé leur physionomie ancienne malgré les galeries, ateliers d'artisanat et magasins de souvenirs installés entre les commerces locaux.

Laisser la voiture place de la République.

Cette place est l'ancienne barbacane (défense avancée du donjon).

★ **Rue Moncollet.** – Gagner la place des Deux-Frères, où prendre la rue Grimaldi. Tourner à gauche dans la rue Moncollet, très curieuse et pittoresque avec ses longs passages voûtés, étroits et coupés d'escaliers. Sur cette rue, taillée dans la roche, s'ouvrent les demeures médiévales aux fenêtres à barreaux, où résidaient jadis les invités de la cour seigneuriale. La rue Moncollet conduit à la rue du Château que l'on prend à gauche.

★ **Donjon.** – Après avoir traversé l' « enceinte fleurie », on pénètre dans l'ancien donjon, à la silhouette puissante et austère. Il domine de 26 m, par la façade opposée, les maisons de la rue Moncollet. Les murailles, qui ont de 2 à 4 m d'épaisseur, offrent tous les éléments de défense : mâchicoulis, meurtrières, créneaux, archières, etc.
Par une série de vingt marches, on accède, au 1er étage, à la salle des Cérémonies féodales. Remarquer l'emplacement d'un cachot muré et une citerne de forme cubique ; la fenêtre à meneaux, du 15e s., remplace les regards de 20 cm de côté qui donnaient jour. En contrebas de cette salle se trouve le magasin aux vivres, creusé dans le roc. Au 2e étage, on traverse la petite salle des Gardes ; à droite, une confortable prison, plus loin, le dortoir des Archers. Au 3e étage, est la demeure seigneuriale, meublée : salle à manger, cuisine primitive avec four à pain, chambre à coucher abritant quelques armes anciennes. Le 4e étage représente la plate-forme supérieure d'artillerie, offrant un **panorama**★★ sur les toitures pittoresques du village, la mer, le cap Martin, la principauté de Monaco, le mont Agel (antenne de Radio-Monte-Carlo).
On descend par le chemin de ronde et la tour dite de l'Anglais, maladroitement restaurée. On peut encore visiter la plate-forme légère d'artillerie et le poste des guetteurs.

Olivier millénaire. – *Traverser la place William-Ingram et tourner à droite dans la rue du Château.* A hauteur d'un magasin d'artisan, juste avant la poste, prendre à gauche la rue de la Fontaine, chemin de Menton, qui, 200 m après la sortie du village, côtoie un olivier qui passe pour l'un des plus vieux du monde.

Revenir à la rue du Château qui, à gauche, conduit à l'église.

Église Ste-Marguerite. – Construite au 12e s. mais profondément remaniée depuis, elle présente une façade baroque assez sobre. A l'intérieur, décoré de stucs polychromes, on peut voir (2e autel) une Crucifixion et (au-dessus de la porte) une Pietà : ces deux peintures sont d'un Roquebrunois du 17e s., Marc-Antoine Otto.

Prendre à droite la rue Grimaldi qui ramène à la place des Deux-Frères par laquelle on rejoint la place de la République.

★★ LE CAP MARTIN

Avec ses magnifiques propriétés fleuries, la presqu'île du cap Martin est l'annexe aristocratique de Menton. Elle est desservie par des routes odorantes qui traversent des bois de pins et des olivettes, des bouquets de cyprès et des massifs de mimosa. Au milieu de la presqu'île, s'élève une tour massive à l'aspect féodal : c'est le sémaphore, devenu relais de la TDF. A ses pieds, se trouvent les ruines, datant du 11e s., de la basilique St-Martin ; quelques murs sont les seuls restes d'un ancien prieuré détruit par les pirates vers 1400.
Une tradition locale rapporte ainsi l'événement : une nuit, le prieur, voulant éprouver la vigilance des habitants de Roquebrune qui doivent venir au secours des moines en cas d'attaque, fait sonner la cloche d'alarme. Les Roquebrunois accourent, pestent d'avoir été dérangés pour rien et regagnent leur lit, jurant qu'on ne les y reprendrait plus. A quelque temps de là, les pirates débarquent réellement : la cloche sonne à toute volée mais personne ne bouge à Roquebrune. Les moines sont égorgés et le couvent est incendié.

Rive Est. – La route longeant la rive Est du cap Martin offre une **vue**★★ merveilleuse sur Menton, son cadre de montagnes et la rive italienne jusqu'à Bordighera.

★ **Station de Roquebrune-Cap-Martin.** – Dominée par le vieux village, cette station balnéaire comporte plusieurs plages, notamment les deux plages de Cabbé et la plage de Carnolès qui jouxte celle de Menton.

★★ **Sentier touristique.** – *Du cap Martin à Monte-Carlo Beach : 3 h à pied AR (de préférence l'après-midi). Laisser la voiture au parking, avenue Winston-Churchill, à la pointe du cap. Près d'un restaurant s'amorce le sentier signalisé : promenade Le Corbusier.* Le sentier contourne le cap vers l'Ouest, à travers les rochers. Après quelques minutes de marche par une suite de rampes et d'escaliers, on circule à travers une végétation luxuriante et sauvage, on longe de belles propriétés. De différents points qui culminent, on découvre peu à peu tout l'amphithéâtre de Monaco, et la pointe du cap Ferrat, la Tête de Chien, le mont Agel, la Turbie, et le vieux village de Roquebrune avec son château.

Un escalier, à droite, franchit la voie ferrée et permet d'abréger la promenade en gagnant par la mairie, la plage de Carnolès.

Puis le sentier côtoie la voie ferrée, surplombant la mer par un à-pic impressionnant, et gagne la gare de Roquebrune. Longeant les plages de Cabbé et les rochers de Bon Voyage, le sentier continue en direction de Monte-Carlo (vues à l'arrière sur le cap Martin), passe derrière la pointe de la Veille et débouche, par un escalier, près de l'hôtel Old Beach, à Monte-Carlo Beach.

Des trains fréquents permettent, aux touristes qui le désirent, de rejoindre la gare de Carnolès à partir de Monte-Carlo ou de Roquebrune.

Gorbio.

ENVIRONS

★ **Gorbio.** – 658 h. *9 km – environ 3/4 h. Quitter Roquebrune-Cap-Martin au Nord par la D 23, route de Gorbio, étroite et tortueuse, où le croisement est souvent difficile.* Par le val de Gorbio, très fleuri, bordé de luxueuses résidences, d'oliviers et de pins, on apprécie l'apparition de Gorbio, village perché dans un **site★** rocheux et sauvage. Les ruelles, pavées de galets, sont très pittoresques. A l'entrée de l'agglomération, la vieille fontaine Malaussène agrémente une rue voûtée. Sur la place, se trouve un orme planté en 1713. En contournant l'église par la rue Garibaldi, on jouit d'un beau **point de vue** sur la mer vers la pointe de Bordighera.

ROQUEBRUNE-SUR-ARGENS 6 316 h. (les Roquebrunois)

Carte Michelin n° 84 Sud du pli 7 ou 245 pli 36.

La petite ville est accrochée à une pente rocheuse au pied de la montagne de Roquebrune. Base fortifiée au 16e s., il reste de ce passé quelques remparts et des maisons à arcades.

Église. – Construite au 16e s. dans le style gothique, elle conserve (côté gauche) deux chapelles couvertes d'épaisses croisées d'ogives à section rectangulaire, restes de l'église primitive du 12e s. L'une de ces chapelles contient un retable en bois de 1557 avec un Jean-Baptiste en haut-relief, l'autre un retable de même époque figurant le Jugement dernier. Dans la nef, à droite en entrant, un autre retable du 16e s. comprend 6 petits panneaux sculptés représentant des scènes de la Passion qui entourent un grand Christ en croix. Deux autres panneaux peints au 16e s. occupent la tribune.

ENVIRONS

★ **La montagne de Roquebrune.** – *Circuit de 14 km – environ 1 h, ascension non comprise.* Elle forme, avec sa fière silhouette en avant-garde des Maures un petit massif isolé, dont les rochers déchiquetés de grès rouge s'apparentent plutôt à l'Esterel et qui dominent de façon spectaculaire la vallée de l'Argens. Elle est partiellement couverte de chênes-lièges et de résineux.

Quitter Roquebrune-sur-Argens par la petite route au Sud.

N.-D.-de-Pitié. – La chapelle couronne l'une des premières éminences des Maures parmi les eucalyptus et les pins. A travers la grille, on aperçoit au maître-autel un retable du 17e s., qui encadre une Pietà apparentée à une œuvre d'Annibal Carrache (collections du Louvre). Des abords de la chapelle, **vue★** sur la plaine de l'Argens, Fréjus, St-Raphaël et le massif de l'Esterel.

Revenir à Roquebrune où tourner à gauche dans la D 7. Au bout de 500 m, tourner à gauche. 1 km plus loin, tourner encore à gauche dans la route forestière. Après 2 km, laisser la voiture à hauteur d'un sentier à droite, après un radier.

★ **Sommet de Roquebrune.** – *2 h à pied AR de marche pénible ; ne pas s'écarter du chemin.* Ce sentier permet d'atteindre le point culminant (alt. 372 m). De là, on jouit d'une **vue★** étendue sur la plaine du bas Argens, le golfe de Fréjus, l'Esterel et, à l'horizon, les Alpes.

Contourner par le Sud la montagne de Roquebrune. Tourner à droite dans la D 25 que l'on emprunte pendant 1 km (vue sur l'Argens) *et la quitter pour passer, à droite, au pied du versant Nord de la montagne.*

La route suit de près l'autoroute la Provençale. Dépasser le hameau de la Roquette.

N.-D.-de-la-Roquette. – *1/2 h à pied AR. Garer sur un parking aménagé au bord de la route et prendre le sentier à droite.* La chapelle jouit d'un joli **site★** d'arbres et de grès rouges, rendez-vous des promeneurs et antique lieu de pèlerinage. De la terrasse, à 143 m d'altitude, la **vue** porte sur la vallée du bas Argens et les Plans de Provence.

Regagner la route et prendre à droite pour rejoindre la D 7 et Roquebrune.

★★ ROUTE NAPOLÉON

Cartes Michelin nos 195, 84, 81 et 77 ou 245 et 244.

La Route Napoléon, reconstitution du trajet suivi par l'Empereur à son retour de l'île d'Elbe, depuis son débarquement à Golfe-Juan jusqu'à son arrivée à Grenoble, a été inaugurée en 1932. Sur les plaques commémoratives et les monuments du parcours, figurent des aigles aux ailes déployées dont le symbole est inspiré des paroles de Napoléon : « L'Aigle volera de clocher en clocher jusqu'aux tours de Notre-Dame. »

UN PEU D'HISTOIRE

Débarqués à Golfe-Juan, le 1er mars 1815, Napoléon et sa petite troupe, précédés d'une avant-garde, gagnent Cannes où ils arrivent tard et d'où ils repartent tôt le lendemain. Voulant éviter la voie du Rhône qu'il sait hostile, Napoléon fait prendre alors la route de Grasse pour gagner, par les Alpes, la vallée de la Durance.

Au-delà de Grasse, la colonne s'engage dans de mauvais chemins muletiers : elle s'arrête à St-Vallier, Escragnolles, Séranon d'où, après une nuit de repos, elle gagne Castellane (3 mars) ; dans l'après-midi, elle atteint Barrême. Le lendemain (4 mars), elle déjeune à Digne ; Napoléon fait étape le soir au château de Malijai, attendant avec impatience des nouvelles de Sisteron dont la citadelle, commandant le passage étroit de la Durance, peut lui barrer la route.

Sisteron n'est pas gardée, Napoléon y déjeune (5 mars), puis quitte la localité dans une atmosphère de sympathie naissante. Ayant rejoint la route carrossable, il arrive le soir à Gap et y reçoit un accueil enthousiaste. Le 6 mars, il va coucher à Corps. Le 7, il gagne la Mure, puis trouve en face de lui, à Laffrey, des troupes envoyées de Grenoble. C'est ici que se situe l'épisode fameux – commémoré par un monument – qui retourne la situation en sa faveur. Le soir même, Napoléon fait son entrée à Grenoble aux cris de « Vive l'Empereur ».

Nous décrivons, ci-dessous, l'itinéraire suivi par l'Empereur jusqu'au col de Valferrière. La seconde partie de la route se trouve décrite dans les guides Verts Michelin Alpes du Nord et Alpes du Sud.

Débarquement de Napoléon au Golfe-Juan au retour de l'île d'Elbe le 1er mars 1815.

DE GOLFE-JUAN AU COL DE VALFERRIÈRE

57 km – compter 1/2 journée

★ **Golfe-Juan.** – *Page 74.*

Quitter Golfe-Juan par la N 7.

La route contourne la colline de Super-Cannes tandis qu'à l'horizon se détachent les îles de Lérins et l'Esterel ; la vue prend toute sa valeur au coucher du soleil.

★★★ **Cannes.** – *Page 54.*

Quitter Cannes par ④ du plan.

La N 85 s'élève au-dessus de la ville et de la mer tandis qu'à droite se détache le village perché de Mougins *(p. 106).* Traversant Mouans-Sartoux et longeant son château, on arrive en vue de Grasse qui s'étale largement à flanc de montagne.

★★ **Grasse.** – *Page 75.*

Quitter Grasse par ④ du plan.

On longe le « plateau Napoléon » où l'Empereur, évitant la ville, fit halte le 2 mars. On traverse les Plans de Provence puis les Préalpes de Grasse, montagnes calcaires. La route franchit successivement trois cols : col du Pilon (782 m), Pas de la Faye (981 m), col de Valferrière (1 169 m), offrant des vues admirables à l'arrière.

Col du Pilon. – Des pentes Sud de ce col, **vue**★★ magnifique vers le golfe de la Napoule et les îles de Lérins, Grasse, le lac de St-Cassien, les massifs de l'Esterel et des Maures.

St-Vallier-de-Thiey. – Ancienne place forte romaine située au milieu d'un plateau verdoyant, St-Vallier est une villégiature traditionnelle des Grassois. Son église romane du début du 12e s., contre laquelle s'appuie l'ancien château seigneurial (mairie), abrite deux retables baroques. Sur la place, une colonne portant le buste de Napoléon rappelle le passage de l'Empereur le 2 mars.

La montée au Pas de la Faye offre encore de très belles **vues**★.

★★ **Pas de la Faye.** – De ce col, on jouit d'une **vue**★★ analogue à celle du Pilon. Elle apporte aux touristes qui suivent la route en sens inverse un premier aperçu de la Méditerranée et la magnifique révélation de la Côte d'Azur.

La route traverse un paysage aride, dominé par les montagnes de l'Audibergue et de Bleine à droite, par la montagne de Lachens à gauche, avec de nombreuses **vues** en direction du Sud. 1 km avant Escragnolles, au niveau d'une station Total, s'embranche à gauche une route pour le belvédère de Baou Mourine.

★ **Belvédère de Baou Mourine.** – *1 km puis 1/2 h à pied AR. Chemin fléché (marques rouges).* On arrive à une terrasse d'où se découvre un beau **point de vue**★ sur la vallée de la Siagne, le golfe de la Napoule, l'Esterel et les Maures.

Après Escragnolles, où Napoléon fit une courte halte, la route offre encore des vues vers le Sud.

Possibilité de retour à Cannes par Grasse, en empruntant, dans le sens inverse, l'itinéraire décrit p. 78 et 79 sous le titre « Confins Sud des Préalpes de Grasse ».

★★ La ROYA (Haute vallée)

Carte Michelin n° 84 plis 10, 20, 195 plis 8, 9, 18 ou 245 pli 26 – Schéma p. 39.

Lorsque le comté de Nice fut rattaché à la France, le ministre italien Cavour obtint de garder une partie du versant des Alpes Maritimes, la haute vallée de la Roya, pour permettre au souverain du nouveau royaume d'Italie de conserver ses terrains de chasse, situés dans la région du Mercantour. Le traité de paix avec l'Italie, confirmé le 12 octobre 1947 par un plébiscite, mit un terme à cette anomalie : la haute vallée de la Roya et les hautes vallées voisines de la Tinée et de la Vésubie ont été rattachées à la France, faisant ainsi coïncider la frontière et la ligne de partage des eaux.
Les usines hydro-électriques et les exploitations forestières sont les principales ressources de cette région sauvage.
Une vallée affluente donne accès au site préhistorique de la vallée des Merveilles *(p. 99).*

DE BREIL-SUR-ROYA A TENDE *39 km – environ 4 h – schéma p. 39*

Breil-sur-Roya. – *Page 48.*

Quitter Breil-sur-Roya au Nord par la N 204.

On laisse à gauche la route du col de Brouis *(p. 139).*

La Giandola. – Riant hameau dans un beau paysage de montagne ; le clocher de l'église est Renaissance.

Après la Giandola, la route remonte la vallée de la Roya, qui se resserre de plus en plus.

★★ **Gorges de Saorge.** – La route longe le torrent et s'engage, en corniche étroite, sous des rochers surplombants. La voie ferrée de Nice à Cuneo *(voir p. 11 et 163)* se fraye également un passage dans ces gorges au prix de nombreux ouvrages d'art. A la sortie des gorges apparaît, entre deux falaises rocheuses, le **site**★★ extraordinaire de Saorge, étagé en amphithéâtre, à mi-pente d'un versant boisé d'oliviers.

★★ **Saorge.** – *Page 137.*

★ **Gorges de Bergue.** – Après Fontan, la route suit les gorges creusées dans les schistes ; la roche apparaît, feuilletée et colorée de rouge.

La vallée s'élargit dans le bassin de St-Dalmas.

St-Dalmas-de-Tende. – Lieu de séjour. Agréable petite station, entourée d'une forêt de châtaigniers. Centre d'excursions et, notamment, l'un des points de départ pour la vallée des Merveilles *(p. 99).*

La Brigue. – *2,5 km à l'Est de St-Dalmas par le vallon verdoyant de la Levense. Description p. 50.*

★★ **N.-D.-des-Fontaines.** – *4 km à l'Est de la Brigue par les D 43 et 143. Description p. 119.*

Retourner à St-Dalmas et continuer à remonter la vallée.

Les prairies, où croissent les pommiers, forment contraste avec la rocaille et les oliviers des régions de Sospel et de Breil. Dans un virage apparaît le site de Tende.

Tende. – *Page 141.*

★ ST-MARTIN-VÉSUBIE

1 156 h. (les St-Martinois)

Carte Michelin n° 84 pli 19, 195 pli 6 ou 245 pli 25 – Schéma p. 38 – Lieu de séjour.

Allongée sur une arête rocheuse séparant les torrents du Boréon et de la Madone de Fenestre, entourée de hauts sommets, St-Martin devient en été un grand centre d'**alpinisme** et, pour sa fraîcheur, un séjour très apprécié.

CURIOSITÉS

Partir de la belle place ombragée de platanes qui borde les allées de Verdun.

Rue du Docteur-Cagnoli. – Cette voie étroite, bordée de maisons gothiques avec beaux porches et linteaux, traverse la ville du Nord au Sud ; un petit canal ou « gargouille » coule en son milieu.

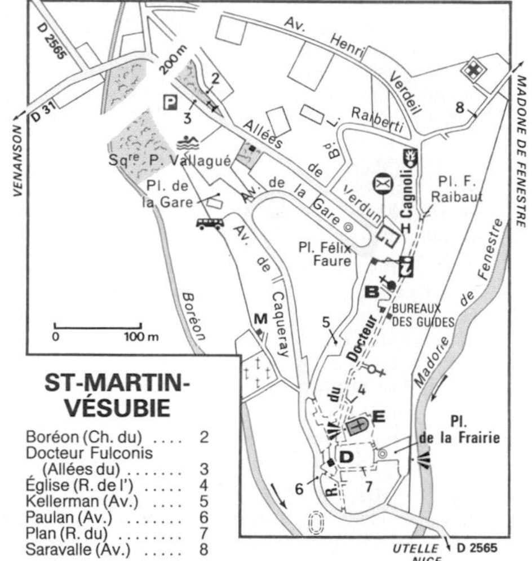

Chapelle des Pénitents Blancs (B). – On remarque son joli clocher à bulbe, sa façade ornée de bas-reliefs. Sous l'autel, statue du Christ gisant avec des angelots aux quatre coins tenant les instruments de la Passion.

Maison des Gubernatis (D). – Descendre la rue jusqu'en bas où se trouve, au n° 25, la maison à arcades des comtes de Gubernatis.

Place de la Frairie. – Par la rue du Plan, gagner la place de la Frairie, ornée d'une fontaine. En terrasse au-dessus du torrent de la Madone, elle offre une **vue** sur cette abondante rivière et sur les montagnes voisines (Cime de la Palu, Cime du Piagu). Gagner l'église derrière la place.

Église (E). – Dans cet édifice, qui a gardé sa belle décoration du 17e s., se trouve, à droite du chœur, la statue de N.-D.-de-Fenestre, Vierge assise en bois polychrome, du 12e s. Le dernier samedi de juin, on la transporte en procession dans son sanctuaire montagnard *(voir ci-dessous)*, où elle demeure jusqu'au 2e dimanche de septembre.

Dans la 2e chapelle du bas-côté gauche, on peut voir deux panneaux de retable attribués à Louis Bréa : à gauche saint Pierre et saint Martin, à droite saint Jean et sainte Pétronille. Dans la 3e chapelle, bel autel du Rosaire, en bois sculpté et doré : Vierge à l'Enfant entourée de scènes de la vie du Christ (17e s.).

De la terrasse devant l'église, **vue** partielle sur la vallée du Boréon et le village de Venanson dominé par la Tête du Siruol, ronde et boisée.

ENVIRONS

★★ **Le Boréon.** – *8 km. Quitter St-Martin-Vésubie au Nord par la D 2565, qui suit la rive droite du Boréon.* Cette petite station de montagne occupe, à 1 500 m d'altitude et juste à la limite du Parc national du Mercantour *(p. 99)*, un site superbe où tombe, de 40 m de hauteur, dans une gorge étroite, la **cascade★** du Boréon ; un petit lac de retenue ajoute sa note de beauté au paysage extraordinairement vert de pâturages et de bois.

Le Boréon est le point de départ de promenades à pied dans la forêt, vers les sommets et les lacs de montagne. On peut aller en voiture, à l'Est, jusqu'à la Vacherie du Boréon *(2,5 km)*, où se détache la silhouette si particulière de la Cougourde. A l'Ouest, longeant le Parc, une route permet de remonter sur 4 km le vallon de Salèse.

★★ **Route de Valdeblore.** – *29 km – environ 1 h 1/2. Description p. 153.*

★ **Vallon de la Madone de Fenestre.** – *12 km à l'Est – environ 1/2 h. Quitter St-Martin par l'avenue de Saravalle (Nord-Est du plan).* La D 94 suit le vallon de la Madone en s'élevant rapidement entre la Cime du Piagu et la Cime de la Palu, traversant plusieurs fois le torrent. Une belle forêt de sapins et mélèzes montre d'admirables sous-bois. Puis, c'est au milieu des alpages, un parcours pittoresque de haute montagne.

Madone de Fenestre. – La route se termine dans un **cirque★★** sauvage fort apprécié des alpinistes. Tout près, massif et pointu se dresse Cayre de la Madone ; la Cime du Gélas (3 143 m), aux pentes couvertes de névés, ferme l'horizon vers l'Italie.

La chapelle est un lieu de pèlerinage (dernier samedi de juin, 26 juillet, 15 août et 8 septembre) ; elle abrite pendant l'été la statue de N.-D.-de-Fenestre qui est descendue solennellement à St-Martin-Vésubie mi-septembre.

★ **Venanson.** – 106 h. *4,5 km. Quitter St-Martin-Vésubie par le pont sur le Boréon et la D 31.* De la place du village, bâti sur un piton rocheux triangulaire, on découvre une belle **vue**★ sur St-Martin, la vallée de Vésubie et son cadre de montagnes.

Chapelle St-Sébastien. – L'intérieur est orné de **fresques**★ par Baleison. Au fond, sous une Crucifixion, saint Sébastien percé de flèches ; sur les murs latéraux et les voûtes, épisodes de la vie du saint inspirés par la Légende Dorée. Dans un autre panneau, on retrouve le thème de la Bonne et de la Mauvaise prière. Les sentiments des orants sont matérialisés par des lignes partant de leur visage : le personnage de gauche ne voit que les plaies du Christ qu'il adore alors que les pensées du personnage de droite vont vers sa maison et ses richesses qui sont figurées derrière lui.

Église paroissiale. – En entrant, à gauche, un triptyque représente une Vierge à l'Enfant, entourée de saint Jean-Baptiste et de sainte Pétronille. Au maître-autel, dans un retable baroque, une grande toile de 1645 évoque le Couronnement de la Vierge où figure le donateur. A droite, retable du Rosaire.

★★ ST-PAUL 2 565 h. (les St-Paulois)

Carte Michelin n° 84 pli 9 ou 18, 195 pli 25 ou 245 pli 37 – Lieu de séjour.

Sa silhouette effilée apparaît de loin au milieu des paisibles collines et des riches vallons du pays de Vence qui lui composent un **site**★ plein de charme. C'est le type de ces cités fortifiées qui gardaient la frontière du Var. L'un des villages les plus visités de France, il a su conserver, derrière ses remparts presque intacts, un aspect féodal.
Cité prospère au Moyen Age, le village avait décliné au siècle dernier au profit de Vence et de Cagnes. Après un siècle d'oubli, il fut « découvert » dans les années 20 par des peintres comme Signac, Modigliani, Bonnard, Soutine, qui se retrouvaient dans une guinguette devenue depuis la somptueuse auberge de la Colombe d'Or, dont les murs constituent une véritable galerie de tableaux. Bien d'autres suivirent : peintres, sculpteurs, gens de lettres et du spectacle, qui ont fait à St-Paul sa notoriété d'aujourd'hui.

CURIOSITÉS

Laisser la voiture avant de passer sous la porte Nord, où l'on remarque la bouche d'un canon pris à la bataille de Cérisoles (1544). Une tour carrée à mâchicoulis abrite, outre le syndicat d'initiative, une exposition permanente de peinture moderne.

Rue Grande. – C'est la principale artère du village, qu'elle traverse de bout en bout ; elle est réservée aux piétons. Bordée de maisons blasonnées, à arcades et loggias, datées des 16ᵉ et 17ᵉ s., elle rassemble bon nombre d'ateliers d'artistes, de boutiques d'antiquaires, de galeries d'art et d'artisanat.
La célèbre **fontaine** en forme d'urne et son lavoir voûté donnent beaucoup de cachet à la petite place.

Monter la ruelle en escaliers, tourner dans la première ruelle à droite et enfin dans la première à gauche pour atteindre l'église.

Église. – De cet édifice gothique des 12ᵉ et 13ᵉ s., on a refait les voûtes au 17ᵉ s. et rebâti le clocher au 18ᵉ s. L'intérieur à 3 nefs, soutenues par des piliers massifs, renferme de belles œuvres d'art. Au fond de la nef latérale gauche, un tableau attribué au Tintoret représente sainte Catherine d'Alexandrie couronnée, dans un somptueux manteau rouge, une épée à la main.
Le chœur possède de belles stalles de noyer, sculptées au 17ᵉ s.
A droite, une chapelle latérale formant transept attire l'attention par la richesse de sa décoration en stuc ; le devant d'autel est un bas-relief figurant le martyre de saint Clément. Au-dessus de l'autel, belle toile de l'école italienne du 17ᵉ s. : saint Charles Borromée offrant ses œuvres à la Vierge ; à gauche, Assomption de l'école de Murillo.
La chapelle suivante est ornée d'une Madone du Rosaire de 1588, où l'on reconnaît dans la foule des fidèles le visage de Catherine de Médicis. Le Chemin de croix, peint suivant une technique du 16ᵉ s., la détrempe à la colle, est moderne.
Le **trésor** est riche en pièces du 12ᵉ au 15ᵉ s. Des statuettes, un ciboire, une croix processionnelle et des reliquaires témoignent du talent des orfèvres provençaux, en particulier une belle Vierge à l'Enfant en vermeil (13ᵉ s.).

Donjon. – En face de l'église, l'ancien donjon seigneurial abrite la mairie.

Revenir sur ses pas jusqu'à la rue Grande et pousser jusqu'à la porte du Sud.

★ **Remparts.** – Près de la porte du Sud, un bastion dominant le cimetière procure une **vue** remarquable sur les Alpes, la mer (cap d'Antibes) et l'Esterel.
Les remparts n'ont guère subi d'altération depuis François Iᵉʳ, qui les fit élever comme réplique à la citadelle de Nice de 1537 à 1547. A partir du bastion Sud, suivre le rempart Est ; on peut par endroits emprunter l'ancien chemin de ronde. Cette promenade offre à la vue les orangers et les cultures florales de la vallée ainsi que les montagnes et collines de l'intérieur.

★★ **Fondation Maeght.** – Au Nord-Ouest de St-Paul, sur la colline des Gardettes, dans un site admirable, la Fondation est consacrée à l'art moderne.
Par l'association du béton blanc et des briques roses, l'architecte José Luis Sert a su imprégner les bâtiments du caractère méditerranéen.
A cet ensemble architectural s'intègrent des œuvres monumentales. Un parc accueille le visiteur avec, entre autres, une mosaïque de Tal-Coat sur le mur d'enceinte, un stabile géant de Calder, des mobiles, un bronze de Zadkine, le « Pépin géant » d'Arp, une fontaine mobile de Pol-Bury. A droite, la chapelle St-Bernard est éclairée par des vitraux d'Ubac et de Braque et décorée d'un Chemin de croix d'Ubac. Dans le petit jardin, des sculptures et céramiques de Miró peuplent le Labyrinthe. Une mosaïque de Braque constitue le fond d'une pièce d'eau tandis qu'une autre de Chagall décore le mur extérieur de la salle des ventes.

Le **musée** proprement dit se compose de deux bâtiments séparés par la cour Giacometti, où sont disposées des sculptures de l'artiste. Plusieurs salles, spécialement conçues pour la présentation d'œuvres d'art moderne, exposent par roulement un fond important de toiles, de sculptures, de céramiques et de dessins, où l'on relève les noms de Braque, Chagall, Léger, Kandinsky, Miró, Giacometti, Bonnard, Derain, Matisse, Bazaine, Hartung, Tapiès, etc., mais aussi des artistes marquants de la jeune génération (Adami, Garache, Messagier, Viallat, ...). Chaque année, la Fondation est le cadre d'importantes expositions, soit thématiques, soit consacrées à l'œuvre de maîtres contemporains ou à celle d'écrivains ayant joué un rôle déterminant dans le domaine de l'art. Ce fut le cas en 1973 pour l'exposition organisée autour du « Musée imaginaire » d'André Malraux, qui connut un retentissement international.

St-Paul. – Fondation Maeght.

★ ST-RAPHAËL

24 310 h. (les Raphaëlois)

Carte Michelin n° 84 pli 8, 195 pli 33 ou 245 pli 36 – Schémas p. 66 et 93 – Lieu de séjour.
Plan d'agglomération dans le guide Rouge Michelin France.

St-Raphaël est une station d'hiver et d'été au bord du golfe de Fréjus, au pied de l'Esterel qui abrite sa plage. Au fond de sa rade qui permet l'accès des navires de guerre, l'ancien port se consacre surtout à la pêche et au commerce, tandis qu'au Sud-Est de la ville, le double port de plaisance peut accueillir jusqu'à 1 800 bateaux.

UN PEU D'HISTOIRE

Origines. – St-Raphaël, comme Fréjus, est fille de Rome. Une villégiature gallo-romaine est installée sur l'emplacement occupé aujourd'hui par le casino. Elle est bâtie en terrasse décorée de mosaïques, possède ses thermes et son vivier. A cette époque, les riches familles de Fréjus, viennent y faire des cures d'air.
Au Moyen Age, les villas sont ravagées par les pirates sarrasins. Après leur expulsion (fin 10e s.), le comte de Provence abandonne ces territoires déserts aux abbayes de Lérins et de St-Victor de Marseille. Les moines créent un village autour de l'église. Au 12e s., on en confie la garde aux templiers. Au 18e s., les pêcheurs et les paysans, qui vivent à St-Raphaël, occupent les vieux quartiers actuels. Le paludisme y anémie les habitants : on leur donne le nom de « visages pâles ».

Bonaparte à St-Raphaël. – Le 9 octobre 1799, le village passe au premier plan de l'actualité. Bonaparte y débarque, de retour d'Égypte, après quarante-huit jours de voyage (un obélisque, élevé à l'angle Nord-Est du port, commémore l'événement). En 1814, le 28 avril, St-Raphaël revoit Napoléon, vaincu, partant pour l'île d'Elbe, son nouveau et minuscule domaine.

Alphonse Karr à l'origine de la station. – Le village fut découvert par Alphonse Karr (1808-1890), journaliste et pamphlétaire. Il fait à ses amis des descriptions enthousiastes. « Quitte Paris, écrit-il à l'un d'eux, plante ta canne dans mon jardin ; le lendemain à ton réveil, tu verras qu'il a poussé sur elle des roses. » Des écrivains, des artistes, des musiciens répondent à son appel. Alexandre Dumas, Maupassant, Jean Aicard, Berlioz y séjournent. Gounod y compose « Roméo et Juliette » en 1866.

CURIOSITÉS

Le bord de mer. – Bordant le vieux port, le cours Jean-Bart et le quai Albert-Ier connaissent une grande animation sur leurs larges trottoirs où se pressent commerces et restaurants.
A l'angle du casino s'élève une statue offerte par la ville de Gand, copie du « Communier » (homme de la milice), qui orne le beffroi de cette ville.
La promenade René-Coty et le boulevard Général-de-Gaulle, plantés de platanes et de palmiers, offrent une belle **vue** sur la mer et les rochers jumeaux rouges appelés : le Lion de terre et le Lion de mer. Ils mènent au port de plaisance, bordé de terrasses, de restaurants, de boutiques.

Musée archéologique (Y M). – Il sert essentiellement de dépôt aux trouvailles des clubs de plongée sous-marine voisins et comporte un laboratoire de recherche. La 1re salle offre une riche **collection d'amphores★** classées par dates, du 5e s. avant J.-C. au 5e s. après J.-C. Dans le jardin, remarquer une borne milliaire de la voie aurélienne *(p. 64)* trouvée dans l'Esterel où elle avait été érigée sous Auguste.
Les autres salles présentent une reconstitution d'un chargement d'amphores sur un navire romain, une collection de flacons, de lampes, de bouchons d'amphores en liège. A l'étage, on voit du matériel de plongée sous-marine ; des vitrines montrent le

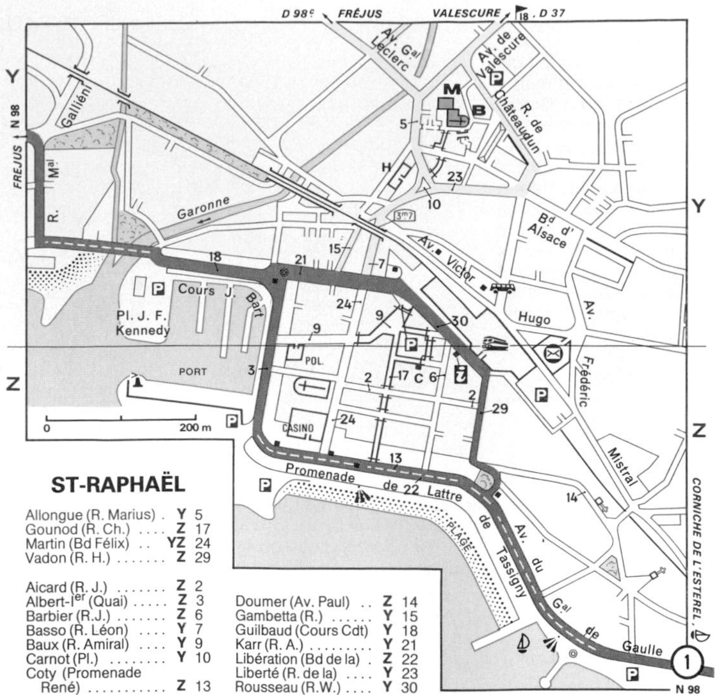

traitement et la conservation des bois antiques immergés. Une salle est réservée à l'évocation du passé de St-Raphaël (photos anciennes, souvenirs d'Alphonse Karr, dessins, bas-reliefs du 13e s.).
Au 2e étage, une salle est réservée à la préhistoire (néolithique et âge du bronze).

Église St-Raphaël (**Y B**). – Cette église à nef unique, construite au 12e s. dans le style roman provençal, servait de forteresse et de refuge pour la population en cas d'attaque des pirates. La tour de guet qui remplace l'une des absidioles rappelle les constructions militaires des templiers.
Une chapelle latérale contient un monolithe de grès rouge, ancien autel païen qui sert de support à la table de l'autel. On voit également un buste de saint Pierre en bois doré ; il est porté en procession au mois d'août jusqu'au Lion de mer par des pêcheurs. Près de l'église, subsiste un fragment d'aqueduc romain.

★★ ST-TROPEZ

6 248 h. (les Tropéziens)

Carte Michelin n° 84 pli 17 ou 245 pli 49 – Schéma p. 93 – Lieu de séjour.

Sur la rive Sud d'un des plus beaux golfes de la Côte d'Azur, face à Ste-Maxime, séparé, à l'Est, de la gracieuse baie des Cannébiers par un promontoire que couronne sa citadelle, le petit port de St-Tropez (prononcer « St-Tropé ») est devenu une station dont le monde de la presse, des lettres et des arts a fait l'un des carrefours d'été de l'Europe.

UN PEU D'HISTOIRE

La légende de saint Tropez. – Tropez (Torpes), le centurion chrétien décapité par ordre de l'empereur Néron, fut mis dans une barque et livré aux flots avec un coq et un chien. Ceux-ci, qui auraient dû le dévorer, laissèrent son corps intact. La barque aurait alors abordé à l'emplacement de la côte, qui est aujourd'hui St-Tropez.

La république de St-Tropez (15e-17e s.). – En 1470, le grand sénéchal de Provence accepte l'offre d'un gentilhomme génois qui s'installe avec soixante familles génoises dans St-Tropez détruit depuis la fin du 14e s. Il s'engage à relever la ville et à la défendre, à condition d'être affranchi de toute taxe ou charge. La renaissance est rapide.
St-Tropez devient une sorte de petite république qu'administrent l'assemblée des pères de famille et, plus tard, les deux consuls et les douze conseillers qu'elle élit.

Le bailli de Suffren (18e s.). – Pierre-André de Suffren de St-Tropez est né en 1729 à St-Cannat entre Aix et Salon-de-Provence. Il sert d'abord dans l'ordre de Malte et y gagne son titre de bailli, puis dans la marine royale. Son avancement est lent : à 55 ans, il est toujours capitaine de vaisseau. Désigné, à ce moment (1781), pour commander cinq vaisseaux envoyés en renfort aux Indes, Suffren appareille à Brest avec le comte de Grasse, son compatriote provençal *(voir p. 45)*, qu'il quitte aux Açores. Alors commence une prodigieuse campagne qui se déroule pendant deux ans, des îles du Cap-Vert au cap de Bonne-Espérance, de la Réunion à Ceylan, de Sumatra à Madras. Mais la paix de Versailles est signée et Suffren, devenu amiral, doit prendre le chemin du retour. Il meurt en 1788, à 59 ans, d'une saignée malencontreuse. Une statue lui a été élevée sur le quai qui porte son nom.

Les Bravades. – Deux « bravades » ont lieu chaque année. La première était à l'origine une simple procession religieuse ayant pour but d'honorer saint Tropez. Aujourd'hui, et ce depuis la fin du 15e s., les 16, 17 et 18 mai, un buste de saint Tropez est porté à travers la ville, escorté du capitaine de ville élu par le conseil municipal, et du corps de Bravade. Les étrangers assistent en foule à ce spectacle pittoresque.
La seconde manifestation a pour origine une page d'histoire locale. Le 15 juin 1637, vingt-deux galères espagnoles, qui tentent de surprendre la ville et d'enlever quatre vaisseaux du roi mouillés dans le port, sont forcées de prendre la fuite grâce à la défense énergique de la milice tropézienne.

La notoriété. – A la fin du 19e s., St-Tropez était une charmante petite ville ignorée des touristes, mal desservie par un chemin de fer à voie étroite. Dans le port à côté des barques de pêche, se balançaient les tartanes chargées de sable et de vin. C'est alors que Maupassant la découvrit.
Mais ce sont surtout les peintres qui, à la suite de Paul Signac, firent connaître St-Tropez *(voir ci-dessous).* Entre les deux guerres, Colette, qui y séjournait l'hiver dans sa villa de la Treille muscate (titre de l'un de ses livres), contribua à sa notoriété ; on y voyait aussi des personnalités politiques, Paul Poiret, le fastueux couturier, et, plus tard, Jean Cocteau. A partir des années 50, St-Tropez connut l'engouement des milieux littéraires de St-Germain-des-Prés, puis du monde du cinéma – et de leur public de curieux –, ce qui lui valut désormais une célébrité internationale.

CURIOSITÉS

★★ **Musée de l'Annonciade** (Z). – La chapelle de l'Annonciade, bâtie en 1510 et désaffectée à la Révolution, fut divisée en deux niveaux au début du 19e s. et aménagée en musée à partir de 1937. La donation Georges-Grammont réunit une dizaine de sculptures et une centaine de peintures – de 1890 à 1940 – témoignant du rôle important joué par St-Tropez dans l'art post-impressionniste.
En 1892, **Paul Signac** débarqua à St-Tropez. Séduit par le site, il s'y arrêta pour peindre puis s'y fixa. Il attira autour de lui nombre de peintres qui firent des séjours plus ou moins prolongés tels Matisse, Bonnard, Marquet, Camoin, Dunoyer de Segonzac. Fascinés par la lumière exceptionnelle de la région, ceux-ci entreprirent diverses recherches esthétiques centrées sur la couleur, enrichissant ou donnant naissance aux grands mouvements de la fin du 19e s. et du début du 20e s. tels que le pointillisme *(voir p. 28)*, le fauvisme, le nabisme et l'expressionnisme.

Visite. – Parmi les pointillistes, Signac est représenté par différentes toiles et aquarelles exposées par roulement. Il est entouré de ses disciples H.-E. Cross (Plage de St-Clair), T. van Rysselberghe, Maximilien Luce et de quelques adeptes momentanés du mouvement comme Derain (toiles londoniennes) et Picabia.
Le fauvisme, qui simplifie les formes et les transfigure par la couleur, s'exprime avec Matisse (la Gitane), Braque (l'Estaque), Manguin, Kees Van Dongen, Dufy.
Rejetant le réalisme tridimensionnel, la peinture nabie aux couleurs franches et figures plates, est présente grâce aux œuvres de Bonnard, Vuillard (Deux femmes sous la lampe), Vlaminck, Félix Vallotton (Misia à son bureau)...
Enfin, Rouault, Chabaud (Hôtel-Hôtel), Utrillo, Suzanne Valadon font partie de ses peintres dits expressionnistes, pour qui la peinture permettait d'exprimer l'intensité de leurs sentiments ou angoisses, souvent avec des traits appuyés et exagérés.
Le Rameur, toile cubiste de Roger de La Fresnaye, et de nombreux paysages et vues de ports (Camoin, Bonnard, Marquet) complètent cet ensemble prestigieux, dont les différents courants demeurèrent résolumment figuratifs. Les sculptures de Maillol (Nymphe) et Despiau et les vases de grès d'E. Decœur datent de la même époque.

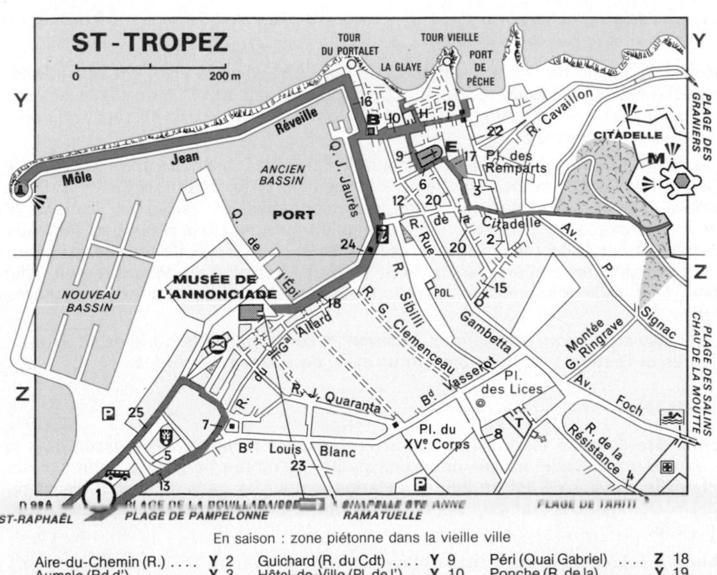

En saison : zone piétonne dans la vieille ville

Aire-du-Chemin (R.)	Y 2	Guichard (R. du Cdt)	Y 9	Péri (Quai Gabriel)	Z 18
Aumale (Bd d')	Y 3	Hôtel-de-Ville (Pl. de l')	Y 10	Ponche (R. de la)	Y 19
Belle-Isnarde (R. de la)	Z 4	Laugier (R. V.)	Y 12	Portail-Neuf (R. du)	YZ 20
Blanqui (Pl. Auguste)	Z 5	Leclerc (Av. Maréchal)	Z 13	Remparts (R. des)	Y 22
Clocher (R. du)	Y 6	Misécorde (R.)	Z 15	Roussel (Av. Paul)	Z 23
Croix-de-Fer (Pl. de la)	Z 7	Mistral (Quai Frédéric)	Y 16	Suffren (Quai)	Y 24
Grangeon (Av.)	Z 8	Ormeau (Pl. de l')	Y 17	11-Novembre (Av. du)	Z 25

St-Tropez. – Le port.

★ **Port** (YZ). – C'est le centre grouillant de la vie tropézienne. Là, auprès des petits bâtiments de pêche, de commerce ou d'excursion, s'alignent une foule de yachts – des plus modestes aux plus rutilants. Sur les quais et dans les rues voisines, les murs roses et jaunes des maisons d'autrefois abritent les grands cafés et pâtissiers, les cabarets, les restaurants, les commerces de luxe, les galeries, les antiquaires. Dans ce quartier extraordinairement animé en saison, à l'ombre de la gloire du bailli de Suffren immortalisé dans le bronze, flâne une pittoresque population cosmopolite.

Môle Jean-Réveille (Y). – Belle **vue**★ sur St-Tropez (la tour du Portalet, le port, la ville, et la citadelle qui les domine), le fond du golfe, Grimaud et les ruines de son château, Beauvallon, Ste-Maxime, le cap des Sardinaux, la pointe des Issambres, le Dramont, l'Esterel avec le sommet du Cap Roux, les Alpes par temps clair.

Quartier de la Ponche. – Du quai J.-Jaurès, gagner la place de l'Hôtel-de-Ville où se trouve, à gauche, le massif **château de Suffren** (Y **B**). En prenant à gauche après l'hôtel de ville, on arrive à l'anse de la Glaye ; la rue de la Ponche, passant sous une porte ancienne, mène à une grève dominée par la tour Vieille près de laquelle flottent des barques de pêcheurs. Ces deux coins typiques ont toujours attiré les peintres.

Revenir sur ses pas et prendre à gauche la rue du Commandant-Guichard.

Église (Y **E**). – Du début du 19e s., elle est de style baroque italien ; un campanile de fer forgé la couronne. Elle abrite de belles boiseries sculptées datant de la Restauration. Dans la chapelle de gauche, un buste de saint Tropez, haut en couleur, est entouré de vieux tromblons éclatés pendant la bravade sans blesser personne et déposés en ex-voto. A Noël, très belle crèche provençale du 19e s.

Dans la rue du Clocher, prendre à droite vers la place de l'Ormeau, et à droite, de nouveau vers la rue de la Citadelle.

★ **Citadelle** (Y). – Elle est située sur un mamelon, à l'Est de la ville. Un beau **donjon** hexagonal renforcé de 3 tours rondes en constitue le noyau du 16e s. Au siècle suivant, on ajoute une enceinte bastionnée. Du pied des remparts, **vue**★ sur St-Tropez, son golfe, Ste-Maxime et les Maures.

Ⓥ **Musée naval** (**M**). – Ce musée – annexe de celui du Palais de Chaillot à Paris – est installé dans le donjon. Dans la cour, deux beaux canons de bronze espagnols du 16e s. Dans les salles, réaménagées, sont exposés des maquettes de vaisseaux anciens et modernes (remarquable reconstitution d'une galère grecque), des estampes, tableaux et objets illustrant l'histoire et les activités de St-Tropez. Coupe de torpille grandeur nature (provenant des ateliers navals de St-Tropez). Évocation du débarquement allié de 1944. Une salle d'expositions temporaires présente chaque année un thème différent.

De la terrasse du donjon, magnifique **panorama**★★ sur la ville et le golfe de St-Tropez, les Maures et l'Esterel ; au loin, par temps clair, on aperçoit les Alpes.

ENVIRONS

Chapelle Ste-Anne. – *0,7 km. Quitter St-Tropez par l'avenue Paul-Roussel, puis la route de Ste-Anne.* Bâtie sur un piton volcanique à l'ombre de grands arbres, cette jolie chapelle provençale est un lieu de pèlerinage pour les gens de mer et les « bravadeurs ». Dominant la mer de tous côtés, elle offre une **vue**★ étendue sur St-Tropez et son golfe.

★ **Les plages.** – La plus proche est la plage de la Bouillabaisse *(1 km par ① du plan).* A l'Est, la plage des **Graniers** *(accès par la rue Cavaillon)* est située dans la baie qui sépare la citadelle du cap St-Pierre. Plus à l'Est encore, se trouve la plage des **Salins** *(accès par l'avenue Foch).* Au Sud, les plages de **Tahiti** *(accès par la rue de la Belle-Isnarde)* et de **Pampelonne** font partie de la commune de Ramatuelle *(p. 121).*

Château de la Moutte. – *4 km. Quitter St-Tropez par l'avenue Foch en direction des Salins.* Ce petit castel provençal doublé d'une bastide, au centre d'un grand parc ombragé d'arbres séculaires, fut achetée en 1860 par Émile Ollivier, ex-ministre de Napoléon III. Après la guerre de 1870, l'homme d'État et académicien y vécut retiré et écrivit de nombreux ouvrages dont le monumental « Empire libéral ». Il décéda en 1913 et fut enterré face à la mer, à l'extrémité de la plage des Salins (sobre tombeau en granit). Le décor intérieur de sa demeure n'a pas changé depuis un siècle : on peut y admirer de nombreux souvenirs personnels et du Second Empire.

★ **Presqu'île de St-Tropez.** – *Circuit de 35 km – environ 2 h 1/2 – schéma p. 93. Quitter St-Tropez par ① du plan, D 98 A, et prendre à gauche à la Foux la N 559 jusqu'à la Croix-Valmer. La suite de l'excursion est décrite p. 91.*

★ **Route des sommets.** – *Circuit de 103 km – 1/2 journée – schéma p. 92 et 93. Quitter St-Tropez par ① du plan D 98^A. Description p. 94 et 95.*

PROMENADES EN BATEAU

En saison, des vedettes permettent d'effectuer la traversée ou le tour du golfe de St-Tropez, et desservent aussi Port-Grimaud, Ste-Maxime, les Issambres, St-Raphaël, Port-Cros et les îles de Lérins.

★ STE-MAXIME

7 364 h. (les Maximois)

Carte Michelin n° 84 plis 17, 18 ou 245 pli 49 – Schéma p. 93 – Lieu de séjour. Plan dans le guide Rouge Michelin France.

Cette station mondaine borde la rive Nord du golfe de St-Tropez. Protégée du mistral par des collines boisées, elle s'ouvre au Midi. Le site est fort joli. Port de pêche, elle dispose également d'un port de plaisance bien aménagé et d'une belle plage de sable fin. En été, la vieille ville, récemment restaurée, est réservée aux piétons.

Église. – Le portail est décoré d'un tympan moderne en céramique. A l'intérieur, bel autel baroque en marbres ocre et vert provenant de la chartreuse de la Verne (17e s.) et stalles du 15e s.

Tour carrée des Dames. – *En face de l'église, sur le port.* Tour défensive érigée au 16e s. par les moines de Lérins, elle servit par la suite aux audiences de justice et abrite aujourd'hui le **musée des Traditions locales :** la nature, l'histoire et les traditions de Ste-Maxime et de sa région y sont évoquées (la mer, l'artisanat, les costumes provençaux...).

Place Victor-Hugo. – Ombragée de platanes magnifiques, elle se prolonge par l'avenue Charles-de-Gaulle, agréable promenade bordée d'arbres. Près du syndicat d'initiative, sur la promenade Simon-Lorière, est érigée la borne n° 1 de la « voie libératrice » Ste-Maxime-Langres.

ENVIRONS

Parc de St-Donat. – *10 km au Nord – environ 1 h. Quitter Ste-Maxime au Nord par le boulevard G.-Clemenceau, D 25.* Entre le col de Gratteloup et la chapelle de St-Donat, la forêt a été aménagée en un petit parc de loisirs. Le musée du Phonographe et de la Musique mécanique en constitue la principale attraction.

Musée du Phonographe et de la Musique mécanique. – Installé dans un bâtiment dont la façade évoque un limonaire des années 1900, il présente une étonnante collection de 350 instruments de musique et appareils à reproduire le son. Mélophone (1780, ancêtre de l'accordéon), boîtes à musique de toutes époques, orgues de Barbarie et pianolas, série de phonographes de 1878 (Édison) à nos jours, un dictaphone de 1903, un Pathégraphe pour l'étude des langues étrangères (premier appareil audio-visuel) et même un oiseau chanteur (Bontemps, 1860) constituent autant de pièces rares.

★ STE-ROSELINE (Chapelle)

Carte Michelin n° 84 Sud du pli 7 ou 245 pli 35 (4 km au Nord-Est des Arcs).

Dans la paisible campagne, plantée de vignobles, qui environne les Arcs *(p. 37)*, la chapelle Ste-Roseline est celle de l'ancienne abbaye de la Celle-Roubaud, fondée au 11e s. et occupée par les chartreuses à partir du 13e s. C'est avec le priorat de **Roseline de Villeneuve,** de 1300 à 1328, que le monastère atteint son apogée. Il n'en subsiste que le cloître du 12e s. et la chapelle, de style roman provençal.

★ **Intérieur.** – A droite de la nef, la châsse de sainte Roseline – dont le corps est étonnamment conservé – est l'objet de pèlerinages qui ont lieu trois fois par an, les plus fréquentés se situant le dimanche de la Trinité et le 1er dimanche d'août (collection d'ex-voto). Au maître-autel, un superbe retable baroque encadre une Descente de croix, de la fin du 15e s. ; de chaque côté s'élèvent des stalles finement sculptées (17e s.) que sépare de la nef une clôture de chœur Renaissance. A droite du chœur, un autel porte un retable Renaissance : la Nativité ; à gauche du chœur est accrochée une précieuse prédelle du 13e s. Parmi les œuvres d'art contemporain, remarquer, inscrite dans une ogive du bas-côté droit, une grande mosaïque de Chagall, le Repas des Anges (allusion à la légende de sainte Roseline) ; on voit aussi, du frère de Giacometti, un bas-relief en bronze retraçant la vie de sainte Roseline et un lutrin en forme d'arbuste ; un vitrail de Bazaine, aux tons chatoyants (pétales de roses), et d'autres d'Ubac éclairent la chapelle.

★ SANARY-SUR-MER

11 689 h. (les Sanaryens)

Carte Michelin nº 84 pli 14 ou 245 pli 46 – Schéma ci-dessous – Lieu de séjour. Plan dans le guide Rouge Michelin France.

Le mot Sanary est la déformation de saint Nazaire (San Nary), lequel est vénéré dans l'église paroissiale. Villégiature charmante, toute rose et blanche, station fréquentée en toutes saisons, Sanary est animée en outre par son coquet petit port, à la fois de pêche et de plaisance, bordé de palmiers. La ville et la baie sont assez bien protégées du mistral par les collines boisées que domine le Gros Cerveau ; elles offrent plusieurs plages de sable fin.

Chapelle N.-D.-de-Pitié. – *Accès par le boulevard Courbet.* Du chemin coupé de marches et bordé d'oratoires qui y conduit, on découvre une jolie **vue★** sur la baie de Sanary avec à l'arrière-plan les collines de Toulon et la côte jusqu'à l'archipel des Embiez, derrière lequel se dressent les hauteurs du cap Sicié. La chapelle fut bâtie en 1560 sur une butte à l'Ouest de la ville ; ses murs sont couverts d'ex-voto, peintures naïves pour la plupart.

ENVIRONS

★★ 1 **Le Gros Cerveau.** – *13 km au Nord – environ 1 h 1/4 – schéma ci-dessous.*

Quitter Sanary à l'Est par l'avenue de l'Europe-Unie.

La D 11 traverse un bassin fertile où sont cultivés surtout les fleurs et les arbres fruitiers ainsi que la vigne.

A l'entrée d'Ollioules, prendre à gauche la D 20.

Au début du parcours à travers les cultures en terrasses, la vue porte alternativement sur la butte que couronne le fort de Six-Fours *(voir p. 138)* et sur la Petite Rade de Toulon dominée par le mont Faron. A mesure que l'on monte, le panorama s'étend vers le Sud-Est sur Toulon et la presqu'île du cap Sicié. La route en corniche est impressionnante.

Plus loin la **vue★** est magnifique, à droite, sur le Grès de Ste-Anne – énormes rochers percés de grottes –, la plaine du Beausset, le massif de la Ste-Baume, les collines d'Évenos et les gorges d'Ollioules. Puis la vue s'étend à nouveau sur la côte.

8 km après Ollioules, un panneau invite à faire demi-tour (plate-forme).

Faire quelques pas pour jouir d'une **vue★★** merveilleuse sur la côte, depuis la presqu'île de Giens jusqu'à l'île Verte au Sud de la Ciotat.

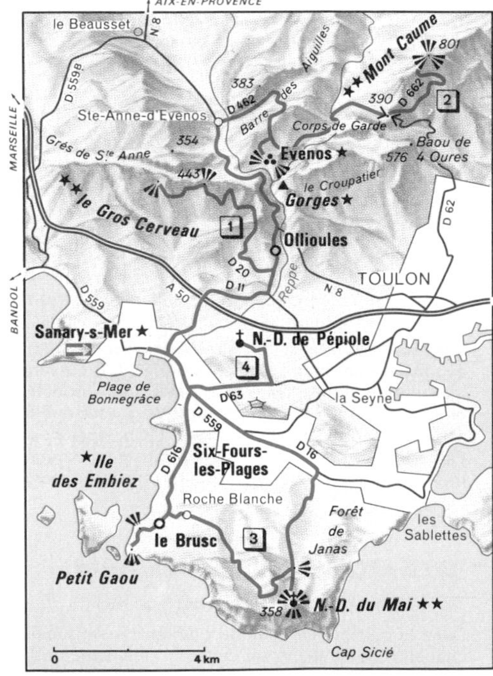

★★ 2 **Le mont Caume.** – *23 km au Nord-Est – environ 2 h – schéma ci-contre.*

Quitter Sanary à l'Est par l'avenue de l'Europe-Unie et suivre la D 11 jusqu'à Ollioules.

Ollioules. – 9 243 h. Bâtie au pied d'un château du 13ᵉ s., la ville a des rues bordées de vieilles maisons à arcades et une église de style roman provençal. Elle est le siège d'un marché de fleurs coupées qui expédie dans toute l'Europe.

A la sortie d'Ollioules, prendre à gauche la N 8 qui s'enfonce dans des gorges.

★ **Gorges d'Ollioules.** – Arides et sinueuses, elles ont été creusées par la Reppe qui se jette dans la baie de Sanary. Quand la route s'en dégage, la vue se porte sur les rochers appelés Grès de Ste-Anne, tout crevassés de marmites d'érosion.

A Ste-Anne-d'Évenos, tourner à droite dans la D 462.

On remonte un ravin encaissé, dominé à gauche par l'abrupte Barre des Aiguilles.

Prendre à droite vers Évenos et laisser la voiture à hauteur d'un rocher surmonté d'une croix.

★ **Évenos.** – 1 054 h. *1/4 h à pied AR.* « Cité de basalte qui meurt autour de son donjon », curieusement perché sur des pentes escarpées, le village est fait d'un chaos de maisons presque toutes ruinées ou abandonnées entre lesquelles s'insinuent des calades *(voir p. 30)*. L'église du 13ᵉ s. présente un clocher à 2 baies. Le tout est dominé par les ruines d'un vieux château du 16ᵉ s. ; son donjon, construit comme les maisons en pierre basaltique, s'élève sur un volcan dont on peut encore voir les scories. De la plate-forme, la **vue** s'étend sur les gorges du Destel et le Croupatier tout proches, le cap Sicié, les gorges d'Ollioules et le Gros Cerveau, la Ste-Baume à l'horizon.

Reprendre la voiture et emprunter la D 62. Au col du Corps de Garde, prendre à gauche la D 662.

Le mont Caume culmine à 801 m d'altitude. La route, en rude montée, offre de beaux points de vue et, à l'endroit où elle se termine (monter sur la butte), un magnifique **panorama**★★ sur la côte, du cap Bénat à la baie de la Ciotat et, à l'intérieur, sur la Ste-Baume.

★ 3 **Presqu'île du Cap Sicié.** – *Circuit de 25 km – environ 2 h (île des Embiez non comprise) – schéma p. 136.*

Quitter Sanary par l'avenue d'Estienne-d'Orves.

Après avoir longé la plage de Bonnegrâce, la route passe à la racine de la Pointe Nègre, puis offre de jolies vues sur la baie de Sanary et Bandol.

Le Brusc. – Village de pêcheurs et station bien située qui possède un petit port d'où l'on s'embarque pour l'île des Embiez.

★ **Ile des Embiez.** – *Page 63.*

Petit Gaou. – C'est une ancienne île maintenant rattachée à la côte et dont les rivages rocheux, furieusement battus par la mer, ont des airs de paysage breton. De la pointe, la **vue** s'étend largement sur la côte et l'archipel des Embiez.

Revenir au Brusc et sortir vers Six-Fours par la D 16 qu'on laisse à gauche au lieu-dit « Roche-Blanche ».

Suivre la route tracée à 1 km environ en retrait du littoral mais offrant quelques belles échappées sur la Ciotat, Bandol, Sanary. Cette route débouche sur celle de N.-D.-du-Mai : la **vue**★★ porte sur la rade de Toulon, le cap Cépet, la presqu'île de Giens et les îles d'Hyères.

Tourner à droite et aller jusqu'au parc de stationnement de la T.D.F.

★★ **N.-D.-du-Mai.** – *Gagner la chapelle en contournant les installations de la T.D.F.*

Des abords de la chapelle, à-pic vertigineux du cap Sicié sur la mer et splendide **panorama**★★ sur la côte, des îles d'Hyères aux calanques de la région marseillaise. La **chapelle** est un lieu de pèlerinage (14 septembre), aussi appelé N.-D.-de-Bonne-Garde ; elle contient de nombreux ex-voto.

Faire demi-tour ; au carrefour d'accès, continuer tout droit.

La route, étroite, traverse la belle **forêt de Janas,** plantée de résineux, et rejoint la D 16 qu'on prend à gauche.

Six-Fours-les-Plages. – *Page 138.*

Rentrer à Sanary par la D 559.

4 **N.-D.-de-Pépiole.** – *5 km – environ 1 h – schéma p. 136.*

Quitter Sanary à l'Est par l'avenue d'Estienne-d'Orves, longer la plage de Bonnegrâce, puis prendre à gauche, direction Toulon. Peu après, on trouve, à gauche, une petite route balisée par des panneaux des Monuments historiques. Laisser la voiture sur une terrasse, à 100 m de la chapelle.

On appréciera le **site**★ de la chapelle : paysage composé de pins, de cyprès, d'oliviers, de vigne et de genêts, sur fond de montagne (les hauteurs de Toulon). L'édifice est fait d'un petit appareil de pierres roses, jaunes et grises et surmonté de deux charmants campaniles.

Conservée sous d'épaisses couches d'enduits qui l'on fait méconnaître pendant des siècles, la **chapelle N.-D.-de-Pépiole,** bâtie aux 5e-6e s., est l'un des plus antiques monuments paléochrétiens de France.

Primitivement faite de trois chapelles indépendantes, elle a été réorganisée plus tard comme unique lieu de culte par le percement de grandes arcades latérales de pierre bleue. Dans la chapelle de gauche, on peut voir une statue du 17e s. de Notre-Dame-de-Pépiole.

★★ SAORGE — 323 h. (les Saorgins)

Carte Michelin n° 84 pli 20, 195 pli 18 ou 245 pli 26 – Schéma p. 39.

Dans un **site**★★ sauvage, Saorge étage ses maisons aux toits de lauzes, les fiers clochers de son église et de ses chapelles, le tout agrippé en amphithéâtre dont les pentes dominent un léger élargissement de la Roya.

Ancienne ville des Ligures, puis colonie romaine, son importance stratégique (elle verrouille la haute vallée de la Roya) en fit au Moyen Age une place forte réputée imprenable *(1).* Elle céda pourtant aux Français commandés par Masséna en 1794, et une deuxième fois au cours des opérations d'avril 1945.

Vieux village. – *Laisser la voiture à l'entrée Nord du village.*

Ses ruelles en dédale, presque toujours en escalier, souvent voûtées, sont curieuses à parcourir. Nombreuses sont les maisons du 15e s. avec leurs portes intéressantes et leurs linteaux sculptés. En prenant en avant et à droite à l'extrémité de la place puis encore à droite, on atteint une terrasse offrant une belle **vue**★ sur le fond des gorges de la Roya.

---

(1) Pour plus de détails, lire : « Histoire de Saorge », par F. Gaziello, 20, boulevard de Cessole, 06100 Nice.

Église St-Sauveur. – Construite au 16ᵉ s. et revoûtée au 18ᵉ, elle est composée de trois nefs séparées par des colonnes à chapiteaux corinthiens dorés et décorées de nombreux retables.
L'**orgue,** fabriqué en 1847 par les Lingiardi, facteurs à Pavie, fut transporté de Gênes à Nice par mer et, de ce port à Saorge, à dos de mulet ! On remarque en outre, dans la nef droite, une toile du 18ᵉ s. : saint Éloi avec la Vierge et l'Enfant ; un beau tabernacle Renaissance, des fonts baptismaux du 15ᵉ s., surmontés d'un petit tableau peint en 1532 par un notable saorgin, une Vierge en bois doré avec baldaquin (1708) ; à gauche, un primitif du 16ᵉ s. sur l'autel de l'Annonciation.

Traverser le village vers le Sud. A une bifurcation, prendre le chemin de droite.

★ **Madonna del Poggio.** – Contournant cet édifice d'un art roman primitif, on admirera tout d'abord le **clocher** élancé à six étages de bandes lombardes et le chevet. Les trois nefs sont portées par des colonnes dont les chapiteaux ont un beau décor végétal stylisé. Dans l'abside apparaissent des fresques, partiellement effacées, attribuées à Baleison. La chapelle est décorée de plusieurs retables du 15ᵉ s. dont une belle Pietà. Sur la poutre de gloire aux armes de la Maison de Savoie, crucifix du 15ᵉ s. entre saint Jean et la Vierge.
Le chemin de retour offre un beau **point de vue** sur Saorge et ses terrasses d'oliviers.

A la bifurcation, prendre à droite à angle aigu vers le monastère.

Couvent des Franciscains. – Il date du 17ᵉ s. et fut réoccupé en 1969 après une longue vacance. Dans un bel environnement d'oliviers, il domine au Sud le village. L'église, de style baroque italien, possède un porche surmonté de balustres et un clocher à bulbe couvert de tuiles polychromes.
On visite un petit **cloître** décoré de jolies peintures aussi rustiques que pieuses.
De la terrasse, la **vue**★★ porte sur Saorge, la Roya et ses gorges.

★ SEILLANS

1 609 h. (les Seillanais)

Carte Michelin nº 84 pli 7 ou 245 pli 36 – Lieu de séjour.

Fréquenté par Gounod et Alphonse Karr, élu par le peintre Max Ernst pour y vivre ses dernières années, ce village, haut perché, offre des maisons blondes et roses, échelonnées en gradins sur la forte pente du Plan de Canjuers. On se plaît à parcourir ses ruelles riantes et fleuries, pavées de galets, montant vers l'église et le vieux château près duquel se voient les restes des remparts et une jolie fontaine. Le village s'occupe notamment de fabrication de matières aromatiques et produit un miel apprécié.

Église. – Rebâtie en 1477, elle a gardé quelques parties du 11ᵉ s. Elle abrite, sur le côté droit, deux beaux triptyques dont un Couronnement de la Vierge, peint sur bois au 15ᵉ s., et un bénitier en marbre de 1491. Les environs de l'église offrent des vues sur la plaine de Fayence et le Tanneron.

N.-D.-de-l'Ormeau. – *1 km au Sud-Est sur la route de Fayence.* Cette chapelle romane est flanquée d'un clocher en pierre de taille mais malheureusement déparée par un porche construit ultérieurement, ouvert de trois côtés.
Elle abrite un étonnant **retable**★★, sculpté et peint, au 16ᵉ s., par un moine italien. Au centre, quantité de personnages escaladent l'arbre de Jessé. A gauche est figurée une Adoration des Bergers, à droite une Adoration des Mages, toutes deux d'un expressionnisme frappant. La prédelle, abritée sous un petit péristyle de bois, évoque, de gauche à droite la vie de sainte Anne, la naissance de la Vierge et son mariage, l'Annonciation.
A gauche du retable, on peut voir un beau bas-relief de l'Assomption (17ᵉ s.) ; à droite du chœur, dans une niche, statue primitive de Notre-Dame-de-l'Ormeau.
A l'entrée de la chapelle, à gauche : pierre tombale romaine avec inscription. De nombreux ex-voto de l'époque 1800, naïfs et touchants, ornent les murs.

SIX-FOURS-LES-PLAGES

25 577 h. (les Six-Fournais)

Carte Michelin nº 84 pli 14 ou 245 pli 46 – Schéma p. 136 – Lieu de séjour.

Cette commune très étendue ne compte pas moins de 125 hameaux et quartiers résidentiels. Son territoire comprend plusieurs plages ; la plus proche et la plus vaste – 2 km de sable – est celle de Bonnegrâce qui jouxte Sanary.

Le Vieux Six-Fours. – *Accès par l'avenue du Maréchal-Juin ; prendre à gauche la petite route du fort.*
La montée, très raide, présente alternativement des perspectives sur la baie de Sanary et sur la rade de Toulon.

★ **Fort de Six-Fours.** – Alt. 210 m. De la plate-forme qui s'étend devant l'entrée du fort, on découvre un **panorama**★ sur la rade de Toulon, la presqu'île de St-Mandrier, le cap Sicié, la baie de Sanary, le Brusc et l'archipel des Embiez.

Collégiale St-Pierre. – Au pied de la forteresse, l'église du village abandonné du Vieux Six-Fours présente la particularité d'avoir deux nefs qui se recoupent à angle droit, un vaisseau de style gothique ayant été construit au 17ᵉ s. par l'architecte marseillais Guillaume Borelli, pour agrandir le sanctuaire. La partie romane, bien conservée, contient un polyptyque qu'on peut attribuer à Louis Bréa. Dans les chapelles de la partie gothique se trouvent une Descente de croix de l'école flamande (fin 16ᵉ s.) et une Vierge attribuée à Pierre Puget.

★ SOSPEL

2 278 h. (les Sospellois)

Carte Michelin n° 84 pli 20, 195 Ouest du pli 18 ou 245 plis 25, 26 – Schéma p. 39 – Lieu de séjour.

Sospel, fraîche station alpestre, allonge de façon pittoresque ses vieilles maisons sur les deux rives de la Bévéra. Elle est située dans un bassin cultivé (oliviers), entouré de hautes montagnes. Ville-carrefour, au confluent du Merlanson et de la Bévéra, où se croisent les routes de Menton à la Haute Vésubie et de Nice à Turin par le col de Tende, c'est un bon centre d'excursions.

CURIOSITÉS

Rive droite. – La charmante place de la Cathédrale forme, avec l'église et les maisons à arcades, un ensemble très agréable. La plus vieille maison (palais Ricci) à droite de l'église porte une plaque rappelant que le pape Pie VII y logea en 1809 lorsque, sur l'ordre de Napoléon, il fut éloigné des États pontificaux et amené en France.

Église St-Michel. – Elle fut cathédrale au temps du Grand Schisme. Elle a conservé son clocher roman, à bandes lombardes, à côté d'une façade baroque. L'intérieur est décoré dans le goût baroque : autel à baldaquin, retables monumentaux, fresques en trompe l'œil, dorures : une corniche denticulée court le long des murs de la nef. Dans l'absidiole de gauche, le retable de la Vierge de Pitié semble étranger à l'école niçoise ; on y voit aussi l'une des meilleures œuvres de François Bréa, la **Vierge immaculée★** ; retable où la Vierge se détache sur un charmant paysage peuplé d'angelots.

Sospel. – Le pont.

Vieux pont. – Daté du 11ᵉ s., il unit les deux quartiers. Sa tour à péage, démolie pendant la guerre de 1939-45, a été reconstituée.

Rive gauche. – Franchissant le pont, voir la place St-Nicolas, ses maisons et son pavage. Sous les arcades de l'ancienne Maison communale, fontaine du 15ᵉ s.

Fort St-Roch. – *A 1 km du village, sur la route de Nice, D 2204.* Cet ouvrage militaire, conçu pour verrouiller la vallée de la Bévéra et couvrir le col de Braus, a été achevé en 1932. On visite les trois blocs de combat, les casernements, l'usine électrique, le poste central de tir, etc.

ENVIRONS

★ **Route du col de Brouis.** – *21 km – environ 3/4 h – schéma p. 39.*
Prolongement de la route du col de Braus *(p. 152)* vers Turin, elle met en relation la vallée de la Bévéra *(p. 152)* avec celle de la Roya.

Quitter Sospel à l'Est par la D 2204.

La vue s'étend à l'arrière sur le site de Sospel que commande le fort du Barbonnet.

Col du Pérus. – Alt. 654 m. La route y domine le profond ravin de la Bassera.

★ **Col de Brouis.** – Alt. 879 m. Une **vue★** étendue se dégage sur les crêtes de la rive gauche de la Roya.

Une forte pente puis une descente sinueuse vers la vallée encaissée de la Roya conduit au hameau de la Giandola.

La Giandola. – *Page 128.*

★ Le TANNERON (Massif)

Carte Michelin n° 84 plis 8, 9, 195 Nord des plis 33, 34 ou 245 plis 36, 37.

Ce petit massif primaire est le prolongement septentrional de l'Esterel dont il est séparé par une faible dépression empruntée par la N 7 et l'autoroute la Provençale ; cependant par ses formes lourdes et arrondies et par la nature de ses roches (gneiss), il s'apparente davantage aux Maures.

Un bouquet de mimosa. – Le Tanneron est connu pour son mimosa qui lui donne pendant l'hiver une parure d'un jaune éclatant sous le ciel particulièrement pur à cette époque. Le mimosa a beaucoup souffert des chutes de neige et des fortes gelées des hivers 1985 et 1986.
Jadis le massif était couvert essentiellement de pins maritimes et de châtaigniers. Mais la forêt a considérablement reculé sous la triple agression des hommes (un « droit d'usage à culture » existe depuis le Moyen Age), de la cochenille (insecte parasite, ennemi mortel du pin maritime) et des incendies. C'est à partir de 1839 que le mimosa a été importé d'Australie en Europe méditerranéenne ; on signale sa présence autour de Cannes dès 1864. Depuis, il est parti à l'assaut des pentes du Tanneron abandonnées par la forêt ; à l'aube du 20e s., il faisait la fortune de la région.
Le mimosa appartient botaniquement au genre acacia (ne pas confondre avec l'acacia commun ou robinier, qui est un « faux acacia »). Il existe de nombreuses espèces de mimosas qui se présentent sous forme d'arbustes ou d'arbres pouvant atteindre 12 m de hauteur, et qui fleurissent à des époques différentes entre novembre et mars ; le mimosa dit « des 4 saisons » fleurit même toute l'année. Le mimosa le plus répandu vit pratiquement à l'état sauvage par massifs étendus. On peut avancer ou améliorer la floraison par la technique du forçage : les branches coupées prématurément sont enfermées dans une chambre close où elles passent 2 à 3 jours dans l'obscurité, à une température de 22 à 25°, avec une hygrométrie très forte.
Les rameaux de mimosa peuvent être aussi coupés en boutons et expédiés non fleuris avec une poudre spéciale qui, additionnée d'eau chaude, provoque l'éclosion. Des milliers de tonnes de fleurs coupées du Tanneron sont expédiées annuellement en France et à l'étranger.

CIRCUIT AU DÉPART DE CANNES *56 km – 1/2 journée*

★★★ **Cannes.** – *Page 54.*

Quitter Cannes par ③ du plan, N 7. Jusqu'au carrefour du Logis-de-Paris, le parcours est décrit p. 68.

Prendre ensuite à droite la D 237 qui offre des **échappées** sur le golfe de la Napoule et le mont Vinaigre. Après les Adrets-de-l'Esterel, la vue porte à l'avant sur les Préalpes de Grasse. On traverse le bois de Montauroux et on passe au-dessus de l'autoroute la Provençale avant de longer le lac de St-Cassien.

Lac de St-Cassien. – *Page 70.*

Laisser le pont de Pré Claou et tourner à droite dans la D 38.

Il s'élève dans un bois de pins, offrant d'agréables **coups d'œil** sur le lac, le barrage, et sur les crêtes à l'horizon.

Autour du hameau des Marjoris, le parcours sinueux s'effectue sur les versants chargés de mimosas du vallon de la Verrerie.

Avant l'entrée du village de Tanneron, prendre à droite une route étroite en forte montée.

★ **N.-D.-de-Peygros.** – Alt. 412 m. De la terrasse de cette petite chapelle romane, on jouit d'un beau **panorama**★ sur le lac de St-Cassien, la vallée de la Siagne et Grasse ; on distingue, à l'Est, le mont Agel et les Alpes franco-italiennes ; au Sud, la vue porte sur l'Esterel et les Maures.

Traverser le village de Tanneron et poursuivre jusqu'au carrefour de Val-Cros.

Au cours de la descente, de belles **vues** se révèlent sur Auribeau et ses abords, Grasse et la vaste dépression de la Siagne.

★ **Auribeau-sur-Siagne.** – 1 154 h. *7 km au départ du carrefour de Val-Cros (cote 296).* Le village fut construit en 1490 par une colonie génoise. On y accède par une route étroite et sinueuse, noyée dans les mimosas. Le village, perché sur une colline au bord de la Siagne, est charmant.
La porte Soubran, c'est-à-dire supérieure (16e s.), permet d'accéder aux ruelles en escalier, parfois sinueuses, qu'il faut prendre le temps de parcourir. Les vieilles maisons ⌚ restaurées se groupent autour de l'**église,** où l'on peut voir un reliquaire du 15e s. en vermeil avec émaux et un calice du 16e s.
De la place de l'église, la **vue** porte sur les collines boisées de la Siagne, la ville de Grasse et ses montagnes, le pic de Courmettes et le plateau de Valbonne.
En revenant devant l'église, les degrés de l'église, puis les degrés Soubran conduisent en direction de la porte Soutran, c'est-à-dire inférieure, porte fortifiée en plein cintre (15e s.) élevée au tournant d'une rue.

Au carrefour de Val-Cros, abandonner la D 38 et continuer tout droit en direction de Mandelieu-la-Napoule.

★★ **Route de Mandelieu.** – La D 92 grimpe sur les pentes du massif occupées par un maquis. La descente rapide sur Mandelieu-la-Napoule, parmi les mimosas, est merveilleuse, offrant à plusieurs reprises des **vues**★★ sur l'Esterel, la ville et son aérodrome, le golfe de la Napoule, Cannes et les îles de Lérins, la vallée de la Siagne, Grasse et les Préalpes ; au loin les cimes des Alpes franco-italiennes.

Mandelieu-la-Napoule. – 14 333 h. Lieu de séjour. Capitale du mimosa, en bordure de la Siagne.

Retour à Cannes par le bord de mer (D 92 puis N 98).

★ TENDE

2 045 h. (les Tendasques)

Carte Michelin n° 84 pli 10, 195 pli 8 ou 245 pli 26 – Schéma p. 39.

Avec ses hautes maisons sombres aux toits de lauzes, qui semblent se superposer, Tende constitue, dans un paysage alpestre, un **site** surprenant au bord de la Roya, dominé par l'abrupt rocheux de la Ripe de Bernou. A 816 m d'altitude, elle commande l'accès au col et à l'Italie. Un pan de mur aigu de 20 m de haut est le dernier vestige de la grandeur des Lascaris dont le château fut démantelé par les Français au cours de la guerre de la Ligue d'Augsbourg (1692). Près des ruines, un curieux cimetière étagé ajoute une note d'étrangeté. Tende est avec St-Dalmas un point de départ des excursions à la vallée des Merveilles *(p. 99).*

Vieille ville. – Schistes verts et violets de la région sont les matériaux de beaucoup de demeures dont certaines datent du 15ᵉ s. Dans un lacis de rues étroites, remarquer de nombreux linteaux armoriés ou historiés ; larges toits débordants, balcons à tous les étages. On voit, au passage, les clochers Renaissance des chapelles des Pénitents Noirs et des Pénitents Blancs.
En haut de la ville, à l'emplacement de l'ancien château, la **vue★** s'étend sur l'ensemble des maisons et leurs toits de lauzes d'où émergent les clochers.

Collégiale N.-D.-de-l'Assomption. – Construite en schiste vert, elle date du début du 16ᵉ s., à l'exception d'une tour lombarde antérieure coiffée d'une petite coupole. Le **portail** au décor Renaissance est constitué de deux colonnes doriques reposant sur deux lions d'inspiration romane ; l'entablement est orné des statuettes du Christ et des apôtres ; il est couronné par un tympan semi-circulaire où l'Assomption se détache en bas-relief. L'intérieur, qui conserve les restes des seigneurs Lascaris, est divisé en trois nefs par de grosses colonnes en schiste vert de la Roya.
Le plafond de la sacristie est décoré de fresques et de stucs du 17ᵉ s.

★★ Le THORONET (Abbaye)

Carte Michelin n° 84 pli 6 ou 245 pli 34 – Schéma p. 50.

Le Thoronet, la plus ancienne des trois abbayes cisterciennes de Provence *(voir Sénanque et Silvacane dans le guide Vert Provence),* se cache au milieu de collines boisées dans un site isolé qui s'accorde bien avec la règle rigide de l'ordre de Cîteaux.

Des origines à nos jours. – D'abord installés en 1136 dans la vallée de la Florège, près de Tourtour, des moines venus de l'abbaye de Mazan (Haut-Vivarais) s'établirent définitivement au Thoronet, près de Lorgues, sur un domaine que leur céda Raymond-Bérenger, comte de Barcelone et marquis de Provence. L'abbaye ne tarda pas à connaître la prospérité, à la suite des nombreuses donations qui affluèrent, notamment de la part des seigneurs de Castellane. L'église, le cloître et les bâtiments monastiques virent le jour entre 1160 et 1190.
Quelque temps plus tard, entra dans l'histoire de l'abbaye le plus célèbre de ses abbés en la personne de **Folquet** (ou Foulques) **de Marseille.** Originaire d'une famille génoise, il délaissa le métier de commerçant pour s'adonner à la poésie. Devenu un troubadour célèbre, cité par Dante, il décida en 1196 d'entrer dans l'ordre de Cîteaux. En 1201, il devint abbé du Thoronet, puis évêque de Toulouse en 1205.
Au 14ᵉ s., le Thoronet, comme bien d'autres abbayes cisterciennes, connut peu à peu le déclin. Les révoltes internes, puis plus tard les guerres de Religion entraînèrent l'abandon de l'abbaye qui, en 1787, fut rattachée à l'évêché de Digne. Vendue à la Révolution, puis de nouveau délaissée, elle fut rachetée par l'État en 1854. Grâce à l'intervention de Prosper Mérimée, elle échappa à la ruine.
Depuis, les travaux de consolidation et de restauration se sont succédé. Ils sont devenus d'autant plus indispensables aujourd'hui que l'abbaye souffre de l'exploitation de la bauxite à proximité et de glissements de terrains dus aux intempéries.

VISITE *1 h*

La qualité de l'ensemble conservé (église et cloître) ainsi que la recherche de simplicité et de rigueur dont elle témoigne, valent à l'abbaye du Thoronet d'être considérée comme l'un des joyaux de l'architecture cistercienne.

★**Église.** – Elle appartient à l'école romane provençale.

Extérieur. – L'édifice paraît trapu, austère et d'une rigueur géométrique. Son plan ressemble étonnamment à celui de l'église abbatiale de Sénanque. L'agencement des pierres finement taillées et assemblées à joints vifs est remarquable. La présence d'un petit clocher carré en pierre constitue une exception dans les prescriptions architecturales de l'ordre qui ne tolérait que de modestes ouvrages en bois. Il est justifié ici par la violence des vents et les risques d'incendie.
La façade occidentale est ajourée de deux baies et d'un oculus. Elle n'a pas de portail central mais deux portes latérales, qui donnent sur les bas-côtés et sont surmontées chacune d'une petite baie légèrement décentrée vers l'extérieur. Les frères convers entraient dans l'église par la porte de gauche.
Sur le flanc de l'église opposé aux bâtiments claustraux, on voit un des rares enfeus (**1**) extérieurs de Provence : il s'agit d'un « dépositoire » pour les morts du village.

Intérieur. – La nef, couverte en berceau légèrement brisé sous-tendu par trois arcs doubleaux, comporte trois travées, continuées par une quatrième de même hauteur au droit du transept : seuls des arcs surélevés marquent la présence de deux croisillons qui sont voûtés comme la nef et flanqués à l'Est de deux chapelles chacun. Comme à Sénanque, celles-ci sont semi-circulaires à l'intérieur et comprises dans un massif rectangulaire à l'extérieur.
Le chœur, en cul-de-four comme à Sénanque et percé de trois baies, est précédé d'une courte travée, marquée par un arc triomphal que surmonte un oculus. Les collatéraux sont plus bas que la nef et couverts de berceaux rampants brisés sur doubleaux.

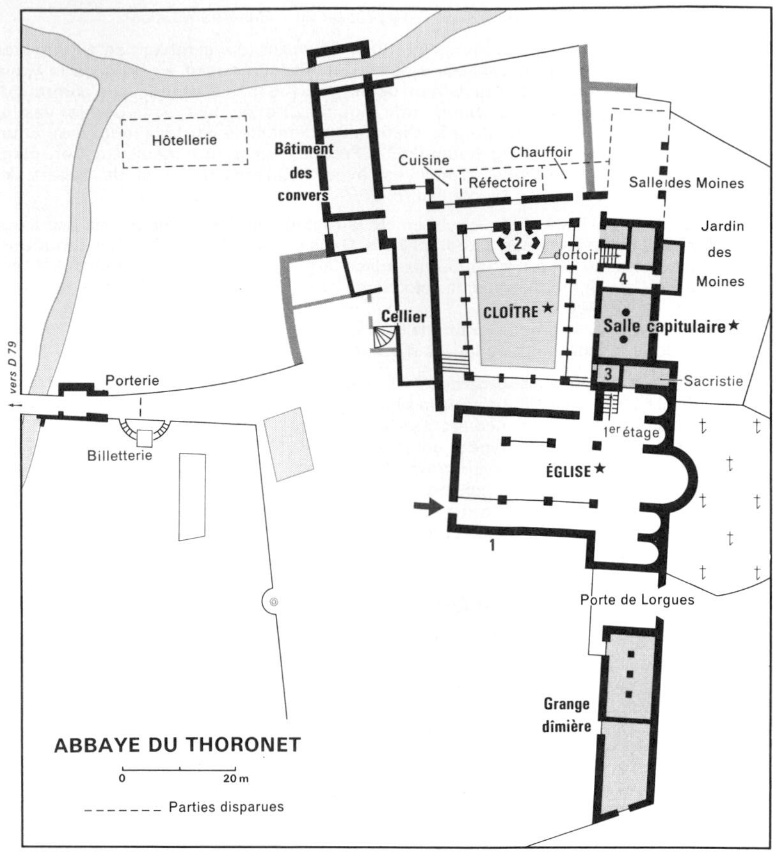

Le décor sculpté est quasiment absent dans l'église, ce qui souligne la majesté et la pureté des lignes. On remarque simplement l'arrondi des impostes des piliers et celui des demi-colonnes qui reçoivent les doubleaux et s'interrompent à 2,90 m du sol selon l'usage adopté par les cisterciens.
L'acoustique de l'église, favorisant la résonance de la voix, est propice à l'exécution du chant grégorien.

★ **Cloître.** – Adossée au flanc Nord de l'église, c'est une construction austère aux proportions puissantes en forme de trapèze. Seule la galerie Sud est à peu près au niveau du sol de l'église ; les autres galeries, Ouest, Nord et Est (qui comportait autrefois un étage couvert en charpente) sont en contrebas, en raison du dénivelé du terrain qui a été compensé par sept marches au total. Elles sont voûtées en berceaux sur doubleaux. Les massives arcades en plein cintre, qui s'ouvrent sur le préau (occupé aujourd'hui par un jardin), sont divisées chacune en deux baies retombant sur une robuste colonne ; le tympan est percé d'un oculus.
Face à la porte du réfectoire et empiétant sur le préau, se trouve le **lavabo** ou fontaine (**2**) abritée par une construction hexagonale, restaurée. La vasque qui surmonte le bassin est creusée de lobes percés de trous, d'où l'eau est distribuée par des becs.

Bâtiments conventuels. – Ils s'ouvrent au Nord de l'église.
Au rez-de-chaussée, on trouve l'**armarium** ou bibliothèque (**3**) dont la porte est surmontée d'un linteau en bâtière. La **salle capitulaire**★ date de la première époque gothique ; ses voûtes d'ogives, dont les nervures se déploient en palmier, sont supportées par deux colonnes aux chapiteaux rudement taillés, ornés de feuilles d'eau, de pommes de pin, de branches de palmiers et d'une main refermée sur une crosse. Ce sont les seules sculptures de l'abbaye. On a restitué les banquettes de pierre tout autour de la salle.
Près de la salle capitulaire, le **parloir** (**4**) forme passage entre le cloître et le jardin extérieur. Situé au-dessus de la salle capitulaire, le **dortoir** est desservi par un escalier voûté ; il est couvert d'un berceau brisé sur doubleaux ; les dix-huit baies, à double ébrasement, qui percent ses murs, ont été regarnies de vitraux. A l'extrémité Sud, en saillie au-dessus du cloître, la chambre de l'abbé occupe un angle du jardin.
Les portes, qui s'ouvraient dans la galerie Nord, donnaient sur la salle des moines, le chauffoir, le réfectoire et la cuisine, aujourd'hui disparus.
Situé à l'Ouest du cloître, le **cellier** possède une voûte en berceau brisé. On peut y voir des cuves à vin et à huile d'olive du 18e s. ainsi que des vestiges de pressoir.
Le **bâtiment des frères convers** ou « lais » (qui déchargeaient les moines de chœur des travaux manuels les plus contraignants mais suivaient une règle de vie plus souple que ces derniers) est situé à l'angle Nord-Ouest du cellier ; en partie restauré, il comprend le réfectoire au rez-de-chaussée et le dortoir au 1er étage.

Bâtiments annexes. – En bordure du torrent, les bases de l'ancienne **hôtellerie** ont été dégagées. Dans la **grange dîmière,** située au Sud de l'église et convertie plus tard en moulin à huile, on peut voir des meules et un mortier.

★★ TOULON

181 405 h. (les Toulonnais)

Carte Michelin n° 84 pli 15 ou 245 pli 46 – Schéma p. 147.
Plan d'agglomération dans le guide Rouge Michelin France.

Au fond de sa **rade★★**, l'une des plus belles et des plus sûres de la Méditerranée, entouré de hautes collines que couronnent les forts, s'abrite le second port de guerre français. Ses faubourgs s'étagent au bord de la mer ou sur les pentes ensoleillées des hauteurs qui l'encadrent.

UN PEU D'HISTOIRE

Toulon. – Vieux port.

La pourpre toulonnaise. – Aux temps romains, Toulon est célèbre par sa manufacture impériale de pourpre. Sur la côte abondent les coquillages à conques garnies de pointes (murex) dont on extrait ce précieux produit. On les brise pour en retirer la glande que l'on fait macérer dans du sel porté à ébullition pendant dix jours dans des bassins de plomb. Avec la pourpre obtenue, on teint les étoffes de laine et de soie. Cette couleur somptueuse a d'abord été réservée aux empereurs, puis l'usage s'en est répandu et le trésor impérial s'en est réservé le monopole de fabrication. On a retrouvé les fondations de la teinturerie toulonnaise au cours de travaux effectués dans l'arsenal.

Au temps des galères (17e-18e s.). – L'attraction, pour les voyageurs, aux 17e et 18e s., c'est la visite aux galères amarrées dans la Vieille Darse.

Elles comportent un seul étage de rameurs ; vingt-cinq ou vingt-six avirons de chaque bord, longs de 16 m, maniés chacun par quatre hommes ; les voiles sont triangulaires ; l'artillerie est née. Il faut des milliers de galériens. Les malfaiteurs et les braconniers n'étant pas assez nombreux, on ajoute des condamnés pour raisons politiques ou religieuses ; on achète des Turcs ; il y a même des volontaires ! Tous ces hommes, pieds nus, portent la casaque rouge et le bonnet rouge ou vert ; joues et crânes sont rasés ; on laisse aux Turcs une houppette de cheveux et aux volontaires la moustache. A bord, les galériens rament, un pied rivé au banc et le poignet enchaîné à l'aviron, ils mangent et dorment sans quitter leur place ; le garde-chiourme circule entre les deux files de rameurs et stimule leur zèle à coups de nerf de bœuf.

Les sorties sont permises, les hommes étant enchaînés deux à deux. Parmi eux, les joueurs d'instruments sont très recherchés : dans les noces, ils font souvent danser. En 1748, les galères sont supprimées. Des bagnes les remplacent. En 1854, ceux-ci disparaissent à leur tour et le régime de la transportation leur succède.

Les premières armes de Bonaparte. – Le 27 août 1793, Toulon est livrée par les royalistes à une flotte anglo-espagnole. Une armée républicaine accourt. L'artillerie est sous les ordres d'un petit capitaine au nom obscur de Bonaparte. Entre la Seyne et Tamaris, les Anglais construisent un ouvrage, si puissant qu'on lui donne le nom de « petit Gibraltar », où s'élève aujourd'hui le fort Carré ou Napoléon.

Une batterie est installée face au fort anglais. Elle subit un feu terrible et ses servants fléchissent. Le jeune Corse fait planter un écriteau sur lequel on peut lire : « Batterie des hommes sans peur ». Aussitôt, les volontaires affluent. Bonaparte donne l'exemple : il pointe et manie l'écouvillon. C'est là que le sergent Junot se fait remarquer. Comme il écrit un ordre que dicte Bonaparte, un obus éclate et les couvre de terre : « Parfait ! dit Junot en s'époussetant, je n'aurai pas besoin de sable pour sécher l'encre. » Le petit Gibraltar est pris le 17 décembre. La flotte étrangère s'enfuit après avoir incendié les navires français, l'arsenal, les magasins de vivres et embarqué une partie de la population. Tandis que Bonaparte est fait général de brigade, Toulon frise la destruction. La Convention renonce, au dernier moment, à ce projet.

La guerre de 1939. – En novembre 1942, pour riposter au débarquement des Alliés en Afrique du Nord, Hitler décide d'envahir en France la « zone libre ». Surprise par l'occupation de Toulon, hors d'état d'appareiller, la flotte française, pour ne pas tomber aux mains des Allemands, n'a d'autre ressource que de se saborder : le 27, soixante navires sombrent dans la rade ; seuls quelques sous-marins parviennent à s'échapper.

Le 19 août 1944, quatre jours après le débarquement des Alliés sur les plages des Maures, les troupes françaises attaquent les défenses de Toulon dont le plan avait été communiqué en 1942 par des marins de la Résistance. La ville est libérée le 26 ; le 13 septembre, une partie de la flotte française, qui a participé à la libération, rentre dans la rade, encore encombrée par les épaves des navires sabordés.

L'après guerre. – Après avoir pansé ses plaies, Toulon s'est efforcée d'échapper à sa trop grande dépendance de la marine de guerre et à son isolement dû aux contraintes du relief. Les activités de l'Arsenal ont été diversifiées, le port de commerce agrandi, de nouvelles industries ont été créées.

L'amélioration des voies de communication a contribué au désenclavement de la ville. En 1974 la préfecture du Var y a été transférée. Enfin le rayonnement de Toulon s'affirme avec sa vocation touristique, l'implantation d'un Centre universitaire, le succès du Centre culturel de **Châteauvallon** *(voir p. 166)*.

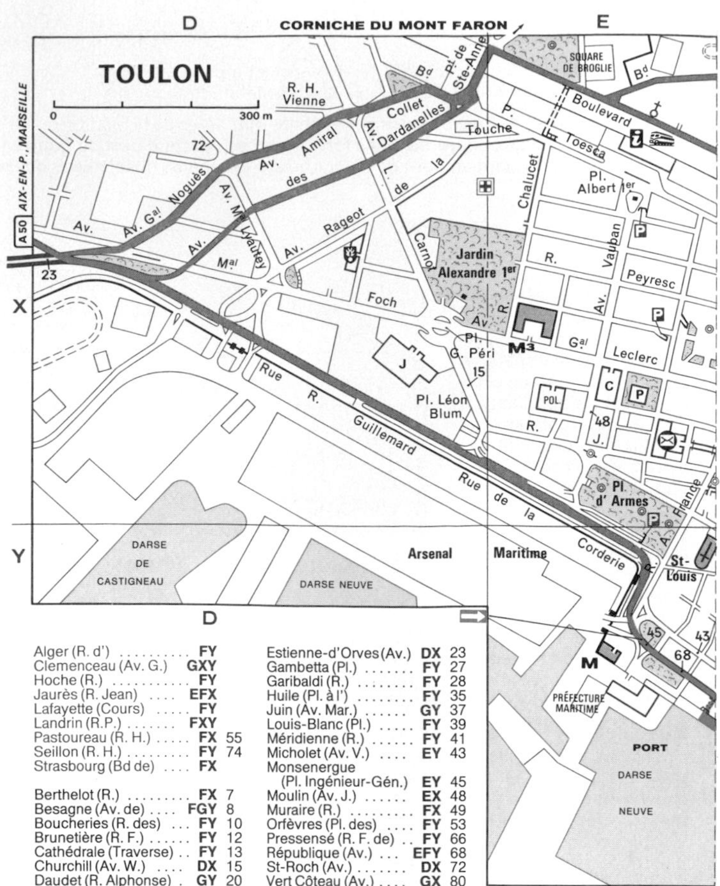

★★ LA CORNICHE DU MONT FARON *visite : 1/2 h en auto*

Plan d'agglomération dans le guide Michelin France – schéma p. 147

On prend un premier contact avec Toulon en empruntant la Corniche du mont Faron. L'éclairage le plus favorable est celui de fin d'après-midi.

Gagner la Corniche par le pont de Ste-Anne (**DX**), *l'avenue de la Victoire et le boulevard Ste-Anne à gauche.*

La promenade sur la magnifique corniche Marius-Escartefigue, sur les pentes du mont Faron, offre des vues sur Toulon et ses abords. La vieille ville apparaît agglomérée auprès du port, tandis que les faubourgs s'adossent à la bordure montagneuse.
La **vue★** sur les rades est très belle : la Petite Rade entre le Mourillon et la Seyne derrière laquelle se profilent les falaises du cap Sicié ; la Grande Rade, limitée au Sud par la presqu'île de St-Mandrier et son isthme bas et étroit, et à l'Est par le cap Carqueiranne ; plus loin encore, on aperçoit le golfe et la presqu'île de Giens.

Avant la Valette, tourner à droite à angle aigu dans le D 246 (avenue Anatole-France) et rentrer en ville par la N 97 (avenue Colonel-Picot, boulevard Maréchal-Joffre, avenue F.-Cuzin).

★ LA VIEILLE VILLE *visite : 1 h 3/4*

Partir de la place Ingénieur-Général-Monsenergue et suivre l'itinéraire indiqué sur le plan.

★ **Musée naval** (**EY M**). – Une porte monumentale du 18e s. sert d'entrée au musée. Quatre colonnes de marbre en supportent le fronton ; à gauche, statue de Mars, à droite, celle de Bellone.
A l'entrée, le visiteur pénètre de plain-pied sur le quai de l'Artillerie et du vieil arsenal, reproduit sur fond de ciel doré à la feuille tel que Joseph Vernet l'a peint au 18e s. Au rez-de-chaussée, on admire surtout les maquettes géantes de la frégate La Sultane et du vaisseau Duquesne (18e s.). Des statues de bois des grands amiraux du 17e s., sculptées par des élèves de Puget, et une magnifique figure de proue représentant Neptune sont réparties dans la salle. De belles peintures d'élèves de Vernet, des dessins et objets divers évoquent les souvenirs maritimes de Toulon et de son bagne. Remarquer dans l'escalier une figure de proue en bois polychrome de la « Bellone » (1807). A l'étage, abondante collection de très intéressantes maquettes de bâtiments de surface et de sous-marins, du 19e s. à nos jours.

Quai Stalingrad (**EFY**). – Les hauts immeubles modernes, aux fenêtres colorées, forment un rideau qui cache la vieille ville. Des cafés, des magasins, une foule de promeneurs animent ce coin du port. Seul rappel du passé, les célèbres **Atlantes★** (**FY F**) de Pierre Puget *(illustration p. 163)* soutiennent le balcon d'honneur de l'ancien hôtel de ville.

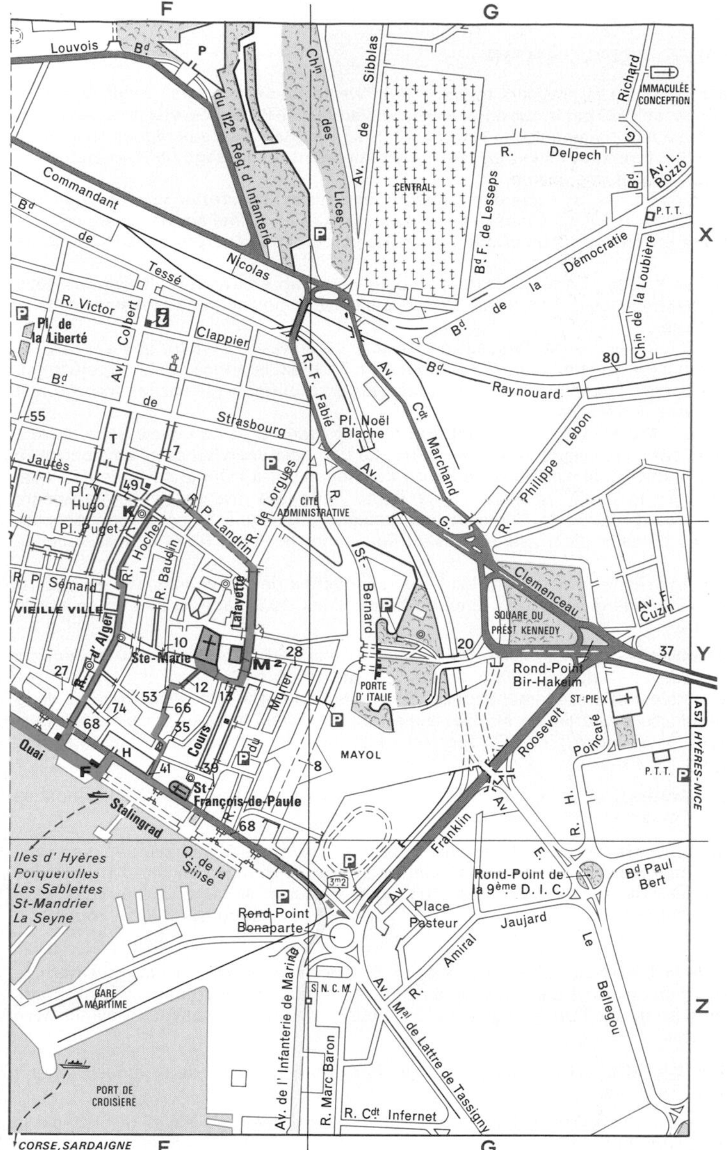

Église St-François-de-Paule (FY). – Ce petit édifice, construit en 1744 par les Récollets, s'apparente au baroque niçois par sa façade doublement cintrée et son clocher génois ; il offre trois nefs séparées par des colonnes accouplées et des tribunes à balustres, et se dilate en rotonde au-dessus du chœur.
Au fond du collatéral droit, statue de N.-D.-de-la-Paix sculptée dans le bois par un élève de Puget, à l'occasion de la Paix des Pyrénées.

Cathédrale Ste-Marie (FY). – Construite au 11e s., elle fut restaurée au 12e s. et agrandie au 17e s. ; de cette dernière époque date la belle façade classique flanquée d'un clocher massif de 1740. L'intérieur, assez sombre, offre une association de roman et de gothique, les architectes du 17e s. ayant voulu respecter les dispositions générales de l'édifice primitif.
L'église abrite plusieurs œuvres intéressantes : dans le bas-côté gauche, une Annonciation de Pierre Puget; dans le bas-côté droit, une toile de J.-B. Van Loo : le Triomphe de l'Eucharistie, une autre de Pierre Puget : Vision de saint Félix de Cantalice, et un autel baroque de marbre et de stuc sculpté par un élève de P. Puget.

Cours Lafayette (FY). – On l'appelait jadis le « pavé d'amour » parce que les jeunes gens y venaient conter fleurette. Le matin, sous les platanes, se tient un de ces « marchés de Provence », chantés par Gilbert Bécaud, natif de Toulon.

Musée du Vieux Toulon (FY M²). – Une salle présente des souvenirs des libérateurs de Toulon : Bonaparte et de Lattre de Tassigny. La salle des portraits et des paysages permet de suivre quelques épisodes d'histoire locale et régionale.

Fontaine des Trois Dauphins (FX K). – Cette curieuse fontaine donne son caractère à la place Puget : sculptée en 1782, la végétation s'en est emparée et les dépôts calcaires ont formé rocaille.

Rue d'Alger (FY). – Rue piétonne et commerçante, c'est la principale artère de la vieille ville et la promenade favorite du 5 à 7 toulonnais. Elle débouche sur la Vieille Darse.

AUTRES CURIOSITÉS

★ **Le port** (DEY). – Les premiers travaux de la Vieille Darse, ou darse Henri IV, furent commencés en 1589 par le duc d'Épernon, gouverneur de Provence, aux frais de Toulon qui affecta à leur paiement une taxe de 25 % sur l'huile. Les deux digues fermant la darse au Sud furent terminées en 1610 ; elles laissaient un passage de 30 m en travers duquel on tendait une chaîne.

Le roi n'a pas, alors, de flotte personnelle : les navires, construits par des seigneurs ou des capitaines, lui sont loués tout armés et équipés. Richelieu fait cesser cet état de choses en créant l'arsenal militaire qui construira et réparera les bâtiments de guerre.

Sous Louis XIV, le port est devenu trop petit : Vauban creuse vers l'Ouest, de 1680 à 1700, la Darse Neuve. Elle forme le port militaire, le port marchand restant dans la Vieille Darse.

Au 19e s., les besoins de l'arsenal ne cessent de croître. En 1836, une annexe est installée, qui fonctionne toujours, au Mourillon. En 1852, le prince Louis-Napoléon fait établir la darse de Castigneau. Dix ans après, le port étouffe de plus belle : Napoléon III crée la darse de Missiessy.

Aujourd'hui Toulon, tout en gardant son rang de grand port de guerre, joue un rôle important dans la navigation de commerce. Le trafic des marchandises est concentré dans les nouvelles installations de l'anse de Brégaillon, à l'Ouest de la Petite Rade, abandonnant la partie orientale de la Petite Rade aux transports de voyageurs pour les îles d'Hyères, la Corse et la Sardaigne ainsi qu'à la navigation de plaisance. Les bateaux de croisière utilisent également la Petite Rade tout au long de l'année.

L'activité qui règne dans le port, les belles silhouettes de ses voiliers, de ses yachts, de ses navires de guerre, dans le cadre harmonieux de la rade, créent un spectacle permanent.

Arsenal maritime (DEY). – L'arsenal, comparable à celui de Brest, couvre 240 ha répartis dans la rade de Toulon et n'emploie pas loin de 10 000 civils.

Son activité est essentiellement consacrée au soutien logistique des bâtiments de la marine nationale opérant en Méditerranée : porte-avions, frégates, escorteurs, sous-marins et chasseurs de mines. On aperçoit les darses et les bassins de radoubs (certains datent du 17e s.).

Place d'Armes (EX). – Elle est bordée par l'Arsenal, ensemble d'une belle ordonnance créé par Colbert en 1683, avec jardin à la française.

Église St-Louis (EY). – C'est un très bel exemple d'architecture néo-classique. Construite à la fin du 18e s., elle emprunte la forme d'un temple grec. Elle comporte 3 nefs séparées par des architraves reposant sur une double colonnade dorique. Dans le chœur, dix colonnes corinthiennes supportent une coupole à lanternon.

Place de la Liberté (EFX). – C'est le cœur de la ville moderne ; de part et d'autre, le boulevard de Strasbourg et l'avenue du Général-Leclerc en constituent l'axe principal, sur lequel se trouve l'Opéra municipal de 1862, la plus grande salle de province avec 1 800 places.

Musées (EX M3). – Un édifice de style Renaissance abrite deux musées municipaux.

Muséum. – A droite au rez-de-chaussée, le muséum occupe deux salles réservées à la zoologie : nombreux oiseaux, mammifères, primates... ; on remarque deux grandes mâchoires de cachalot.

Musée d'Art. – Dans la partie gauche du bâtiment, le musée d'art présente des tableaux des écoles flamande, hollandaise, italienne et française (16e-18e s.), auxquels s'ajoute un fonds d'œuvres du 19e s. où figurent de nombreux peintres provençaux comme le paysagiste toulonnais Vincent Courdouan.

Il offre également un choix très éclectique de peintures et de sculptures contemporaines exposées par roulement.

Jardin Alexandre Ier (DEX). – Belle collection d'arbres : magnolias, palmiers, cèdres. Buste de Pierre Puget par Injalbert et beau monument aux Morts de la guerre 1914-1918 par Honoré Sausse.

PROMENADES EN VEDETTE

Le long du quai Stalingrad se trouvent les embarcadères pour la visite de la Petite Rade et de la Rade Extérieure. De ce quai, départ des services pour :

★★★ **Les îles d'Hyères.** – *Description p. 82.*

La Seyne-sur-Mer. – *Description p. 148.*

Les Sablettes. – *Description p. 148.*

St-Mandrier-sur-Mer. – *Description p. 148.*

ENVIRONS

Les routes parcourues au cours de ces excursions desservent des ouvrages militaires, mais sont classées dans le réseau vicinal ; la circulation y est donc libre. Par contre, il est interdit de franchir les limites du terrain militaire (signalisées) ; en particulier, aux abords immédiats des forts de la Croix-Faron, du Lieutenant-Girardon et du cap Brun.

★★★ [1] **Mont Faron.** – *Circuit de 18 km – environ 1 h 1/2 – schéma ci-dessous.*

Quitter le centre-ville par l'avenue St-Roch (**DX 72**) *puis la rue du Dr-Fontan, l'avenue Gal-Gouraud et l'avenue des Moulins où prendre à droite le chemin du fort Rouge.*

Le mont Faron (point culminant : 584 m) est le petit massif calcaire, délimité par de profonds vallons, qui domine immédiatement Toulon. Des bois de pins, sur les pentes, rendent le parcours agréable en été. La montée offre de très belles **vues**★ sur la ville, la Petite et la Grande Rade, la presqu'île de St-Mandrier, celle du cap Sicié et Bandol.

★ **Musée-mémorial du Débarquement en Provence.** – Installé dans la tour Beaumont, à gauche de la route, il est destiné à commémorer la libération du Sud-Est de la France par les armées alliées en août 1944. La première partie du bâtiment est réservée aux nombreux souvenirs évoquant la mémoire des Anglais, Américains, Canadiens, Français. La deuxième partie comporte un diorama électronique *(12 mn)*, présentant la libération de Toulon et de Marseille, et une salle de cinéma dans laquelle sont projetés des documents filmés lors du débarquement *(15 mn)*.
De la terrasse, magnifique **tour d'horizon**★★★ *(trois tables d'orientation)* sur Toulon, la rade, la Méditerranée, les îles et les montagnes entourant Toulon.

Zoo. – Riche en fauves – lions, tigres, jaguars – il possède également de nombreux singes. C'est un centre de reproduction et d'élevage.

La route court maintenant sur le plateau boisé terminé au Nord par une pente abrupte, puis gagne le fort de la Croix-Faron, d'où la **vue**★ est très belle sur la côte, de la presqu'île de Giens à Bandol. S'avancer à pied, une centaine de mètres au Nord du fort, pour jouir d'une vue sur les Alpes de Provence.

Rentrer à Toulon par le chemin du Faron, puis à droite par le boulevard du Faron.

★★ [2] **Baou de 4 Oures.** – *11 km au Nord-Ouest – environ 1 h – schéma ci-dessous.*

Quitter Toulon par l'avenue St-Roch (**DX 72**), *la rue Dr-Fontan, l'avenue Gal-Gouraud, puis à gauche l'avenue des Routes et la place Macé où prendre à droite, la D 62 (avenue Clovis).*

A 4 km, prendre à gauche la D 262.

Après avoir fait 3 km, on arrive à une plate-forme d'où se révèle une **vue**★★ magnifique sur Toulon et sa rade ainsi que sur la côte.

Au-delà, la route étroite qui conduit au sommet (4 km) traverse un champ de tir.

Du sommet, on découvre un beau **panorama**★★ sur la côte, du cap Bénat à la Ciotat, et sur l'intérieur, de la Ste-Baume aux Maures.

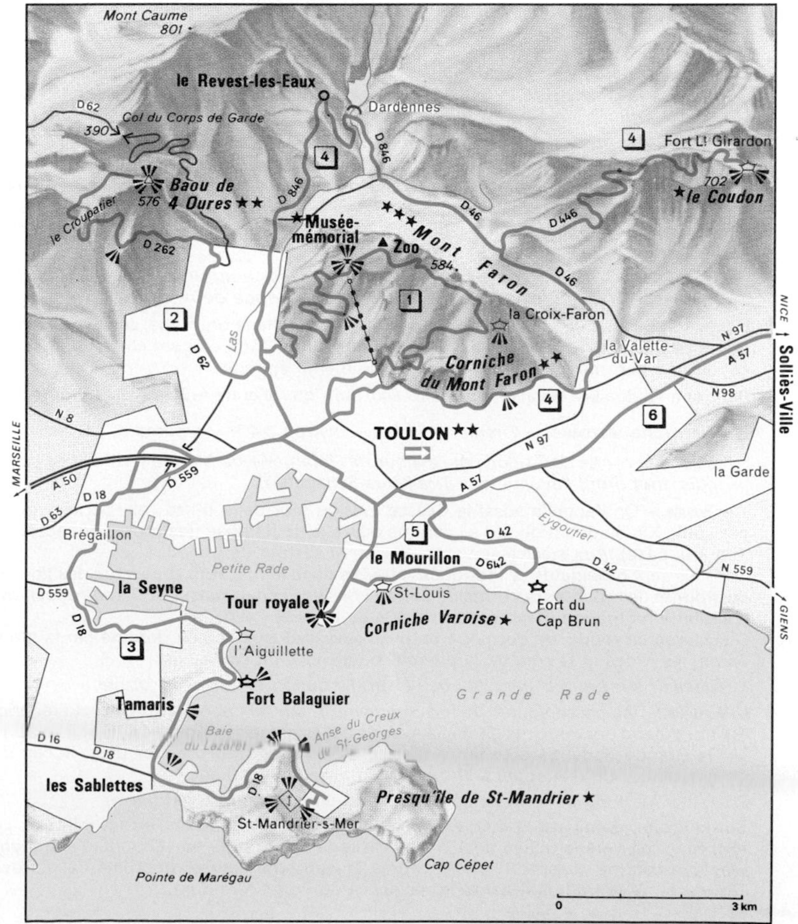

★★ 3 **Le tour de la rade.** – *17 km au Sud – environ 1 h 1/2 – schéma p. 147.*

Sortir de Toulon par ③ (D 559).

La route longe le port marchand de Brégaillon.

Prendre à gauche vers la Seyne.

La Seyne. – 58 146 h. Ouverte à l'Est sur la Petite Rade, port de pêche et de plaisance, la Seyne est surtout connue comme ville industrielle qu'animent les Constructions Navales et Industrielles de la Méditerranée. Ces chantiers, créés en 1856, construisent des bâtiments pour la marine marchande, fabriquent des chaudières, des turbines, des escalators et des usines d'incinération et de dessalement.

La route borde ensuite la petite baie limitée par les forts de l'Aiguillette et de Balaguier, ouvrages construits au 17e s. pour verrouiller, avec la tour Royale *(voir ci-dessous)* l'entrée de la Petite Rade. Elle offre une vue d'ensemble sur la Petite Rade, Toulon, le Faron et le Coudon. Au premier plan, parcs à moules et bateaux anciens (goélettes) au mouillage.

Fort Balaguier. – Installé dans les salles rondes aux murs épais de 4 m du fort Balaguier – repris aux Anglais en 1793 grâce à l'action menée par le jeune commandant Bonaparte –, un **musée naval** présente une intéressante collection de maquettes de vaisseaux et de souvenirs de l'épopée napoléonienne ; les murs s'ornent de « marines » et de peintures de la région toulonnaise. La chapelle (17e s.) abrite de nombreux documents du bagne et des galères de Toulon : registres, fers, dessins et objets d'art réalisés par les bagnards. De la terrasse surplombant le jardin du fort et sa volière, **vue**★ remarquable sur la côte, de Toulon à l'île du Levant.

Tamaris. – Dans cette petite station ombragée, étalée au flanc d'une colline, George Sand écrivit plusieurs romans. La vue est belle sur la presqu'île de St-Mandrier.

Le long de la baie du Lazaret, de petites cabanes sur pilotis jalonnent les parcs à moules.

Les Sablettes. – Longue plage de sable fin, ouverte sur le large. Les maisons ont été reconstruites, après la dernière guerre, en style néo-provençal par F. Pouillon.

Passer le mince pédoncule sablonneux qui relie la presqu'île au continent ; de cet isthme étroit, Toulon apparaît dans un superbe cadre de montagnes.

★ **Presqu'île de St-Mandrier.** – La route offre une **vue**★ d'ensemble sur la rade de Toulon, la ville et son site. Elle longe ensuite le creux de St-Georges qui, outre une base aéronavale, abrite le petit port de pêche et de plaisance de **St-Mandrier-sur-Mer** (7 126 h). A l'entrée de cette ville, une route à droite et en forte montée atteint un petit cimetière, d'où le **panorama**★★ s'étend vers Toulon, le cap Sicié, les îles d'Hyères.

★ 4 **Le Coudon.** – *Circuit de 36 km – environ 1 h 1/2 – schéma p. 147*

Quitter Toulon par le pont de Ste-Anne (**DX**), *l'avenue de la Victoire et le boulevard Ste-Anne à gauche, puis le boulevard Escartefigue à droite.*

★★ **Corniche du mont Faron.** – *Description p. 144.*

Au bout du boulevard Escartefigue, prendre à gauche l'avenue de la Canaillette qui mène à la D 46 que l'on emprunte jusqu'à son intersection avec la D 446, route du Coudon, étroite et en forte montée.

★ **Le Coudon.** – Alt. 702 m. Au début de la montée, le Coudon apparaît tout entier, ainsi que la plaine qui s'étend autour de la Crau et qu'il domine. La route, après avoir traversé une pinède puis une région plantée d'oliviers, atteint la garrigue peuplée de chênes verts ; la **vue**★ ne cesse de s'élargir jusqu'à l'entrée du fort du Lieutenant-Girardon d'où l'on embrasse du regard toute la côte, de la presqu'île de Giens à l'ancienne île de Gaou près du Brusc.

Revenir à la D 46 et prendre à droite. 2,5 km plus loin, emprunter la D 846 qui atteint le Revest-les-Eaux, en passant à hauteur d'un barrage de retenue.

Le Revest-les-Eaux. – 2 055 h. C'est un vieux et charmant village ombragé, construit au pied du mont Caume et dominé par une « tour sarrasine ». Son élégant château du 17e s. est occupé par une auberge. L'église est de même époque.

Rentrer à Toulon par le vallon du Las *(D 846)* qui s'ouvre entre le Faron et le Croupatier.

★ 5 **Corniche varoise.** – *Circuit de 11 km – environ 3/4 h – schéma p. 147.*

Quitter le centre de Toulon par l'avenue de l'Infanterie-de-Marine (Sud-Est du plan), puis, tout droit, l'avenue des Tirailleurs-Sénégalais.

Tour Royale. – On l'appelle aussi la Grosse tour ou tour de la Mitre ; elle fut construite par Louis XII, au début du 16e s., comme ouvrage de défense (les murs sont épais de 7 m à la base). Aux siècles suivants, elle servit surtout de prison.
Dans les sept casemates cylindriques creusées dans le roc, sont présentés des figures de proue et des atlantes qui ornaient autrefois les vaisseaux, ainsi que d'anciens canons d'artillerie de marine (beau canon chinois en bronze).
Du chemin de ronde, on découvre un beau **panorama**★ sur Toulon dominé par le mont Faron, les rades et la côte de la presqu'île de Giens au cap Sicié.

Revenir sur ses pas jusqu'au boulevard Dr-Cunéo et tourner à droite.

Le Mourillon. – On passe auprès du fort St-Louis (17e s.). Aux abords du Littoral Frédéric-Mistral s'étend une zone résidentielle avec de belles plages aménagées. La vue se porte sur la Grande Rade. La côte lance deux promontoires : au premier plan, le cap de Carqueiranne. On distingue, à l'horizon, la presqu'île de Giens.

Poursuivre le long de la route côtière (D 642) dite « Corniche varoise ».

Sur la droite, dominant la mer, s'élève le **fort du cap Brun.** Situé en terrain militaire, ce fort, construit vers le milieu du 19e s., a été cédé à la Marine en 1880, qui l'a d'abord employé comme caserne. Il devint après la Seconde Guerre mondiale l'école des Timoniers. Aujourd'hui, il abrite la résidence du Préfet Maritime.

Rentrer à Toulon par la D 42.

6 **Solliès-Ville.** – *15 km au Nord-Est – environ 1/h 1/2 – schéma p. 147.*

Quitter Toulon par ①, autoroute A 57. A l'échangeur « la Farlède », prendre la direction de la Farlède et gagner Solliès-Ville par la D 67.

Le vieux bourg de Solliès-Ville est perché sur une colline dominant la riche plaine du Gapeau ; en contrebas, Solliès-Pont, bourg de plaine, est un marché actif dans une région célèbre pour ses cerisiers et ses arbres fruitiers.

Église. – Ce curieux édifice à deux nefs associe des survivances romanes à des voûtes d'ogives. Au maître-autel, remarquer le monolithe, véritable dentelle de pierre avec incrustations de verre coloré, qu'on suppose être un ciborium (15e s.). La façade du buffet d'orgues en noyer sculpté date de 1499. A gauche, on voit un beau retable du 17e s. et, entre celui-ci et la chaire, un autre retable du 16e s.
On remarque aussi, fixé au premier pilastre, un crucifix en bois du 13e s.
Dans la crypte, sépulture des seigneurs de Solliès.

Maison Jean-Aicard. – Cette maison de l'écrivain Jean Aicard (1848-1921), aménagée en petit musée, constitue un lieu de pèlerinage pour les fervents de l'auteur de « Maurin des Maures ».

Esplanade de la Montjoie. – Elle supporte les ruines du château des Forbin, seigneurs de Solliès. La **vue**★ est belle sur la vallée du Gapeau et les Maures.

★ TOURRETTES-SUR-LOUP

2 727 h. (les Tourrettans)

Carte Michelin n° 84 pli 9 ou 18, 195 pli 25 (à l'Ouest de Vence) ou 245 pli 37 – Lieu de séjour.

C'est le pays des violettes, cultivées sur les « planches » d'oliviers. Ce curieux village fortifié, dont les maisons extérieures forment rempart, est situé sur un plateau rocheux tombant à pic ; la route des Quenières, qui prolonge la route de St-Jean, en offre la meilleure vue. Tisserands, potiers, sculpteurs, graveurs, peintres y ont élu domicile et en ont fait un centre artistique et artisanal.

Église. – Sa nef du 15e s. abrite *(à droite en entrant)* un triptyque de l'école des Bréa : saint Antoine entouré de saint Pancrace et de saint Claude. Dans le chœur, à droite, un beau retable en bois sculpté encadre des scènes de la vie de la Vierge. D'autres retables ornent les transepts, ainsi que des reliquaires et des bustes des 15e, 16e et 17e s. Derrière le maître-autel, on voit un autel gallo-romain autrefois dédié à Mercure.

★ **Vieux village.** – Il offre un ensemble médiéval presque intact. On en aura un bon aperçu en passant, à l'angle Sud de la place, sous la porte à beffroi et en suivant la Grande-Rue : celle-ci est semi-circulaire et ramène à la place par une autre porte.

Chapelle St-Jean. – Elle a été décorée en 1959 de charmantes **fresques** naïves par Ralph Souplaut. Sur le mur du fond, les deux saints Jean (le Baptiste et l'Apôtre), représentés autour de la croix, symbolisent la convergence de l'Ancien et du Nouveau Testament.

Les corniches de la Riviera entre Nice et Menton, les pentes du mont Férion dans l'arrière-pays niçois, la région de Grasse à Mandelieu, particulièrement touchées par les graves incendies survenus durant l'été 1986, ne retrouveront pas leur aspect habituel avant de nombreuses années.

★ La TURBIE

1 969 h. (les Turbiasques)

Carte Michelin n° 84 pli 10 ou 19, 195 pli 27 ou 245 pli 38 – Schéma p. 39 et 123 – Lieu de séjour.

Ce village s'élève sur la Grande Corniche, à 480 m d'altitude, au passage du col, de part et d'autre de la Via Julia Augusta qui conduisait de Gênes à Cimiez, à la racine du puissant promontoire de la Tête de Chien. Célèbre par son Trophée des Alpes qui fut un chef-d'œuvre de l'art romain, il offre en outre de splendides panoramas sur la côte. Le soir, Monaco et Monte-Carlo illuminés offrent un spectacle magnifique.

UN PEU D'HISTOIRE

A la mort de César, la plus grande partie des Alpes échappait à la domination romaine. La Gaule et l'Espagne étaient conquises, mais, entre elles et l'Italie, des peuplades insoumises menaçaient constamment les communications de Rome avec ses possessions transalpines.
Auguste entreprit de mettre fin à cette situation et d'étendre l'autorité de Rome sur les Alpes. Il lui fallut pour cela de nombreuses campagnes, de 25 à 14 avant J.-C. ; il est probable qu'il participa personnellement à plusieurs d'entre elles, aidé notamment de Drusus et de Tibère. De nouvelles provinces constituèrent une liaison entre l'Italie, la Gaule et la Germanie : parmi elles, les « Alpes Maritimes » avec Cimiez pour capitale. Pour commémorer ces conquêtes décisives, le Sénat et le peuple romain décrétèrent, en 6 avant J.-C., l'érection d'un important trophée ; on le plaça au pied du mont Agel, au point où la Via Julia Augusta, créée durant les opérations, domine largement la côte méditerranéenne. C'est le seul trophée qui subsiste encore du monde romain, avec celui d'Adam-Klissi qui s'élève en Roumanie, à 150 km de Bucarest.
Vénéré pendant les années de paix romaine, le monument donna son nom à la localité qui s'édifia auprès de lui : Tropea Augusti, d'où, par déformations successives, la Turbie.

CURIOSITÉS

Partir de l'avenue Général-de-Gaulle et suivre l'itinéraire indiqué sur le plan ci-dessous.

Fontaine (B). – Construite au 19e s., elle est le point d'aboutissement de l'aqueduc romain remis en service à la même époque.

Place Neuve. – Au Sud-Ouest de cette place, on découvre une belle **vue★** sur tout le littoral jusqu'aux monts des Maures.

Rue Comte-de-Cessole (3). – C'est l'ancienne Via Julia Augusta vers la Gaule, qui passe sous le portail de l'Ouest et monte vers le trophée ; elle est bordée de demeures médiévales. A droite, sur une pierre d'angle de maison, sont gravés les vers que Dante consacra à la Turbie. Une autre inscription signale que la ville figurait sur l'itinéraire d'Antonin (sorte de répertoire donnant, pour l'Empire romain, la liste des étapes situées sur les grandes routes et la distance entre elles). En fin de montée, beau coup d'œil sur le trophée.

LA TURBIE

Banville (Pl. Th. de) 2
Cessole (R. Comte de) Via Julia Augusta vers la Gaule 3
Guet (R. du) 4
Incalat (R.) Via Julia Augusta vers l'Italie 5
Philippe-Casimir (R.) 6
Tête de Chien (Rte de la) 7

Église St-Michel-Archange (E). – Légèrement en retrait de la rue Comte-de-Cessole, c'est un bel exemple de style baroque niçois. Élevée au 18e s., sur plan ellipsoïdal, elle est ornée extérieurement d'une noble façade légèrement concave, à deux étages surmontés d'un fronton triangulaire, et d'un clocher à coupole couvert de tuiles vernissées.

★ **Intérieur.** – *Faire le tour de gauche à droite.*
La nef et les chapelles, dont les voûtes en berceau, reposant sur de hauts pilastres, sont peintes à fresque ou enjolivées de stucs, constituent un bel ensemble de décoration baroque.
On voit deux peintures de J.-B. Van Loo : saint Charles Borromée et sainte Madeleine ; une copie du saint Michel de Raphaël qui est au Louvre. Dans la chapelle à gauche du chœur, belle Pietà de l'école des Bréa et un Saint Marc écrivant l'Évangile, attribué à Véronèse. La table de communion (17e s.) est en onyx et agate. Le maître-autel en marbre polychrome provient de l'abbaye de St-Pons à Nice et servit, sous la Révolution, au culte de la Raison célébré dans cette ville ; il est surmonté d'un Christ en bois peint, du 18e s. Dans le chœur, deux intéressants triptyques de la même époque : celui de droite figure le Christ entouré de l'Église, sous la forme d'une reine à robe blanche, et de la Synagogue personnifiée, détournant la tête pour ne pas voir la Vérité.
Dans la 1re chapelle de droite, on peut voir une toile attribuée à Ribera (sainte Dévote) et une belle Vierge à l'Enfant du 15e s. Dans la 2e chapelle, Marie Médiatrice, de l'école de Murillo, et une Flagellation, dans la manière de Rembrandt ; plus loin, par un élève de Raphaël, sainte Catherine de Sienne.

★ **Trophée des Alpes.** – Il mesurait 50 m de hauteur et 38 m de côté et comprenait : un soubassement carré, dont une face portait une immense dédicace à Auguste et l'énumération des quarante-quatre peuples soumis ; un étage en retrait, puis un autre étage – circulaire celui-là –, orné d'une vaste colonnade dorique avec des niches pour les statues des généraux ayant pris part aux campagnes ; enfin une coupole conique à degrés servant de base à une colossale statue d'Auguste, flanquée de deux captifs. Des escaliers permettaient d'accéder à tous les niveaux.
Le monument fut construit en majeure partie en belle pierre blanche de la Turbie. Mutilé à la fin de l'Antiquité, il fut transformé en ouvrage défensif à l'époque féodale (les arcatures aveugles qu'on aperçoit au sommet datent de cette époque), ce qui para-

La Turbie. – Le Trophée des Alpes.

doxalement lui valut une relative conservation ; miné par ordre de Louis XIV, il résista à cette tentative de destruction ; exploité ensuite comme carrière, il servit notamment à l'édification de l'église St-Michel-Archange. Il nous est parvenu sous la forme d'une tour ruinée qui émergeait d'un cône de décombres.
La savante et patiente restauration, exécutée grâce au généreux concours de l'Américain E. Tuck, fut dirigée par Jules Formigé. Le Trophée n'a été remonté que jusqu'à 35 m de hauteur et une grande partie de la ruine a été laissée intacte. L'inscription reconstituée – grâce à la citation que Pline en avait faite – a repris la place qu'elle occupait ; c'est la plus grande inscription que nous ait léguée l'antiquité romaine. Le monument, occupant une position dominante, est visible de loin.

Musée (M). – Par des plans, des dessins, des photos, il retrace l'histoire du Trophée et de sa restauration (maquette reconstituée). Bornes milliaires, inscriptions, fragments du Trophée, moulages et documents sur les autres monuments romains en Europe.

Terrasses. – De ces terrasses élevées, un splendide **panorama**★★★ s'étend sur la côte italienne, le cap Martin, la principauté de Monaco que l'on domine de plus de 450 m, Èze, le cap Ferrat, l'Esterel, les hauteurs de la Corniche, le vallon du Laghet, le mont Agel.
Revenir par l'avenue Prince-Albert-Ier-de-Monaco puis, à gauche, la rue Droite qui passe sous le portail Est. Cette rue emprunte une partie du tracé de l'ancienne Via Julia Augusta vers l'Italie qui, plus loin, tourne à gauche et porte le nom de rue Incalat.

★★ TURINI (Forêt)

Carte Michelin n° 84 plis 19, 20, 195 plis 17, 18 ou 245 pli 25 – Schéma p. 38 et 39.

Pour les habitants de la côte, de Nice à Menton, la forêt de Turini évoque la fraîcheur et le dépaysement. En effet, cet arrière-pays méditerranéen, à 25 km de la mer, est un massif forestier étonnant par le caractère septentrional de sa végétation. Si les pentes les plus basses sont couvertes de pins maritimes et de chênes pubescents, on rencontre, à mesure qu'on s'élève, châtaigniers, érables et hêtres, mais surtout de magnifiques sapins et épicéas dont certains, sur les versants Nord, dépassent 35 m de hauteur. Entre 1 500 et 2 000 mètres règne le mélèze. L'ensemble constitue une forêt de 3 500 ha située entre les vallées de la Vésubie et de la Bévéra.
Plusieurs routes se rejoignent au **col de Turini,** invitant à rayonner dans cette belle région.

★★ L'AUTHION

Circuit au départ du col de Turini

18 km – environ 3/4 h – schéma p. 38 et 39

Les routes sont généralement obstruées par la neige en hiver et même parfois tard dans le printemps. Un circuit d'interprétation est aménagé, qui facilite une meilleure compréhension des paysages traversés.

Au col de Turini s'embranche la route de l'Authion (D 68). Tracée au milieu des sapins et des mélèzes, elle parcourt un paysage de montagnes qui se fait de plus en plus grandiose à mesure qu'on s'élève. A 4 km du col se dresse un monument aux Morts de 1793 et 1945.

Monument aux Morts. – Le massif de l'Authion fut à deux reprises le théâtre d'opérations militaires. En 1793, les troupes de la Convention s'y battirent contre les Austro-Sardes. En avril 1945, la 1re D.F.L. y livra de durs combats avant d'en déloger les Allemands. Du monument, on jouit d'un **panorama**★ étendu.

Près de là se rejoignent les extrémités de la boucle formée par la D 68.
Prendre à droite vers les Cabanes Vieilles, anciens casernements endommagés durant les combats de 1945. L'itinéraire procure ensuite de très belles **vues**★ sur la vallée de la Roya, tout en traversant les alpages des vacheries.

A la hauteur d'un monument, emprunter à droite une piste qui mène en 500 m à une plate-forme, où le demi-tour est facile.

★★ **Pointe des 3-Communes.** – A 2 082 m d'altitude, elle offre un merveilleux **panorama**★★ sur les cimes du Mercantour et les hauteurs des Préalpes de Nice.

Revenir à la D 68 et au monument aux Morts reprendre la route de l'aller.

★ VALLON DE STE-ÉLISABETH

Du col de Turini à la Vésubie

15 km – environ 1 h – schéma p. 38

La D 70 s'insinue entre la cime de la Calmette et la Tête du Scoubayoun, surplombant la petite rivière affluente de la Vésubie qui coule au fond du vallon de Ste-Élisabeth.

Gorges de Ste-Élisabeth. – Creusées dans des roches aux plis violemment redressés, elles sont très sauvages.

Peu après un tunnel, dans un coude de la route, s'arrêter près de la chapelle St-Honorat.

★ **Point de vue de la chapelle St-Honorat.** – De la terrasse, la vue s'étend sur le village perché de la Bollène, dont le **site** est mis en valeur de ce côté ; au-delà, sur la vallée de la Vésubie, de Lantosque à Roquebillière ; au Nord, sur les cimes du Mercantour.

La Bollène-Vésubie. – 262 h. Lieu de séjour. Cet agréable village est perché sur une colline, au milieu d'une belle forêt de châtaigniers, au pied de la cime des Vallières. Ses rues concentriques, entre de vieilles demeures du 18e s., montent vers l'église.

Par de nombreux lacets, on descend vers la vallée de la Vésubie *(p. 159)* sur laquelle on a de belles vues plongeantes.

★★ ROUTE DU COL DE BRAUS

Circuit au départ du col de Turini par Peïra-Cava et la vallée de la Bévéra *76 km – compter la journée – schéma p. 38 et 39*

Jusqu'à Peïra-Cava, la route traverse la partie la plus dense et la plus verte de la forêt de Turini. A flanc de pente, elle offre de belles **vues** sur la vallée de la Vésubie et son cadre de montagnes.

★★ **Cime de Peïra-Cava.** – *1,5 km puis 1/2 h à pied AR.* A l'entrée de Peïra-Cava, au niveau de la poste, prendre à gauche une route en montée ; à la bifurcation, prendre à droite. On arrive à une plate-forme, où garer la voiture. De là, on monte facilement jusqu'au sommet (suivre la remontée mécanique), d'où l'on a un **panorama★★**, d'un côté sur la vallée et les montagnes de la Vésubie, de l'autre sur la vallée de la Bévéra, le Mercantour et les grandes cimes de la frontière franco-italienne. Au-delà des Préalpes de Nice, on aperçoit la mer et même la Corse par temps clair.

★ **Peïra-Cava.** – Peïra-Cava, à 1 450 m d'altitude, est un centre de sports d'hiver et une charmante station d'été. Véritable belvédère sur une arête étroite entre les vallées de la Vésubie et de la Bévéra, il offre une vue quasi aérienne sur la région.

A la sortie de la station, une route à droite (à angle aigu) mène à une plate-forme de stationnement. De là faire 50 m à pied jusqu'à un escalier, à gauche.

★★ **Pierre Plate.** – De cette éminence, on jouit d'un **panorama★★** analogue à celui de la cime de Peïra-Cava *(table d'orientation).*

Revenir à la D 2566, toujours en forêt, que l'on quitte à la baisse de la Cabanette pour prendre la route de Lucéram (D 21) qui descend en lacets très serrés, offrant des **vues★** magnifiques de tous côtés. Laissant à gauche une route pittoresque qui rejoint le col de Braus par le col de l'Orme, la D 21 quitte la forêt pour atteindre Lucéram.

★ **Lucéram.** – *Page 89.*

A partir de Lucéram, la D 2566 descend la vallée du Paillon jusqu'à l'Escarène.

L'Escarène. – *Page 41.*

La D 2204 au Nord de l'Escarène remonte le torrent de Braus. Jusqu'à Sospel, il est caractérisé par cette suite d'étonnants lacets escaladant les Préalpes niçoises. La route du col de Braus, qui relie les vallées du Paillon et de la Bévéra, est un tronçon de l'ancienne route du Piémont, de Nice à Turin.

Touët-de-l'Escarène. – 173 h. Coquet petit village avec une église baroque.

On quitte les oliviers ; le paysage se dénude et fait place à une garrigue de genêts.

Clue de Braus. – Courte mais impressionnante, elle s'ouvre après le village de Touët. Du hameau de St-Laurent, on peut accéder à la cascade de Braus *(1/4 h AR)* après avoir laissé la voiture au parking du restaurant.
La D 2204 se poursuit par une série de 16 lacets répartis sur 3 km. Tandis que l'on s'élève, la **vue★** s'étend progressivement à l'Observatoire de Nice dont on aperçoit la coupole blanche au sommet du mont Gros et jusqu'à la mer dans laquelle se découpent le cap d'Antibes et le massif de l'Esterel.

Col de Braus. – Alt. 1 002 m. Il est curieux de voir d'en haut les lacets tourmentés qu'on vient de parcourir.

Le col franchi, la descente, continue (18 lacets), offre des **vues★★** étendues sur les montagnes du bassin de la Bévéra, notamment l'Authion et la cime du Diable.

La route contourne le mont Barbonnet et son fort ; au confluent du Merlanson et de la Bévéra, elle atteint Sospel.

★ **Sospel.** – *Page 139.*

Les oliviers font leur réapparition dans le large bassin de Sospel. Puis la D 2566 remonte, en forêt, la **vallée de la Bévéra★**. La rivière a creusé de profonds méandres très serrés bordés de hautes arêtes rocheuses et boisées. Jolie **cascade,** à droite.

★★ **Gorges du Piaon.** – Tracée en corniche et parfois surplombée par la roche, la route domine à pic le lit du torrent, encombré d'énormes blocs de rochers.

Chapelle N.-D.-de-la-Menour. – Du chemin qui y mène à droite (petit oratoire à l'entrée), on a un bon aperçu de la vallée et des gorges. Un escalier monumental donne accès à la chapelle qui offre une façade Renaissance à deux étages.

Moulinet. – 164 h. La route traverse ce charmant village établi dans un petit bassin, frais et verdoyant.

La route, en forêt, regagne le col de Turini.

★ UTELLE

398 h. (les Utellois)

Carte Michelin n° 84 pli 19, 195 pli 16 ou 245 pli 25 – Schéma p. 38.

A 800 m d'altitude, le village est un balcon au-dessus de la vallée de la Vésubie, face aux montagnes de la forêt de Turini et de la Gordolasque. Ce fut dans le passé un bourg important, véritable chef-lieu entre la Tinée et la Vésubie. A l'écart des voies modernes de communication, il a gardé beaucoup de caractère avec ses restes de fortifications, ses maisons anciennes et ses cadrans solaires. Une jolie fontaine orne la place.

Église St-Véran. – Bâtie au 14e s. sur plan basilical et remaniée au 17e s., elle s'ouvre par un élégant porche gothique ; les vantaux sculptés racontent en douze tableaux naïfs la légende de saint Véran.
A l'intérieur, on est surpris du contraste entre son architecture – voûtes d'arêtes ou en plein cintre reposant sur des colonnes et chapiteaux romans archaïsants – et son abondante décoration classique ou même baroque (stucs jusque sur les arcs). Derrière

le maître-autel, la statue de saint Véran se détache sur un grand **retable en bois sculpté★** représentant des scènes de la Passion. Au-dessus du premier autel du bas-côté gauche se trouve un retable de l'Annonciation, de l'école niçoise. Sous l'autel du bas-côté droit, un Christ gisant (13e s.) en bois polychrome. On remarque enfin les belles boiseries du 17e s. (chœur, chaire) et les fonts baptismaux de pierre et de bois sculptés (16e s.). Dans la sacristie, beaux ornements sacerdotaux en velours de Gênes et en soie.

⏲ **Chapelle des Pénitents Blancs.** – Près de l'église, elle abrite un retable en bois sculpté représentant la Descente de croix de Rubens et six grands tableaux du 18e s.

★★★ **Panorama de la Madone d'Utelle.** – *6 km au Sud-Ouest. Description p. 159.*

VALBONNE (Plateau)

Carte Michelin n° 84 pli 9, 195 Sud des plis 24, 25 ou 245 pli 37.

Dominant Cannes et Nice, le plateau valbonnais, dont l'altitude moyenne est de 200 m, s'incline doucement des Préalpes de Grasse vers le littoral. Il est couvert, sur plus de 2 000 ha, d'un manteau de pins et de chênes verts, et traversé par la Brague et son affluent la Valmasque.

Valbonne. – 4 032 h. La « vallée heureuse » (vallis bona) fut exploitée dès l'Antiquité. En 1199, l'ordre de Chalais y fondo une abbaye, passée ensuite dans l'obédience de Lérins avant de devenir **église** paroissiale. Cet édifice, en forme de croix latine et à chevet plat, a été maladroitement remanié à plusieurs reprises, mais il a gardé le caractère d'extrême dépouillement des constructions chalaisiennes.
Le village est curieusement dessiné au cordeau, pour avoir été reconstruit au 16e s. sous la direction des moines de Lérins. La **place centrale,** ombragée de vieux ormes, constitue un noble ensemble avec ses arcades du 15e et du 17e s. Tous les ans, autour de la St-Blaise (3 février), a lieu la Fête du Raisin « Servan » (raisin doré tardif).

Parc international d'Activités de Valbonne-Sophia-Antipolis. – Il s'agit de l'implantation sur le plateau au Sud-Est de Valbonne de zones d'activités, d'habitat, de services et de loisirs au milieu d'espaces verts auxquels est dévolue plus de la moitié de la superficie totale. Un plan en cours d'exécution y installe des usines légères, des centres d'informatique, des laboratoires de recherche, des établissements d'enseignement, des logements, des structures culturelles et sportives tout en respectant l'environnement naturel : une sorte de « cité internationale de la sagesse, des sciences et des techniques ». Bénéficiant d'une situation privilégiée, à proximité de l'aéroport international Nice-Côte d'Azur et de l'autoroute A 8, le parc abrite des constructions d'un modernisme décidé ; 130 entreprises françaises et étrangères y sont déjà implantées, parmi lesquelles le centre mondial de réservations d'Air France, certains départements du Centre National de la Recherche Scientifique et de l'École des Mines. D'autres réalisations viendront compléter ce programme, notamment sur les communes de Vallauris, Biot (l'Éganaude, St-Philippe, Funel) et d'Antibes.

★★ VALDEBLORE (Route)

Carte Michelin n° 84 plis 18, 19, 195 plis 5, 6 ou 245 plis 24, 25.

Une route permet de passer de la vallée de la haute Vésubie dans celle de la Tinée. Elle traverse le « val de Blore », commune très étendue (599 h. – lieu de séjour), qui couvre la plus grande partie de ce passage de ses verts pâturages et des pentes boisées de ses hautes montagnes. Le souvenir d'un des seigneurs du Valdeblore, sorte de Barbe-Bleue, transparaît dans les noms géographiques de la région. Les gémissements des épouses du monstre, enfermées et mourant de faim, ont donné naissance à Valdeblore (val des pleurs) et à Bramafan (crie la faim).

DE ST-MARTIN-VÉSUBIE A LA TINÉE *29 km – environ 2 h 1/4*

★ **St-Martin-Vésubie.** – *Page 129.*

Quitter St-Martin-Vésubie au Nord par la D 2565 qui s'élève en surplombant longuement la vallée et les villages de St-Martin et de Venanson. Juste avant le tunnel, la **vue★** est particulièrement belle, à gauche, sur la trouée de la Vésubie, St-Martin, le vallon de la Madone et, à l'extrême gauche, le cirque de montagnes du Boréon.

La Colmiane. – Station de sports d'hiver du col St-Martin (alt. 1 500 m), elle est faite de chalets et d'hôtels dispersés au milieu des mélèzes et des sapins.

Au col St-Martin, prendre à gauche la petite route qui mène au télésiège.

★★ **Pic de Colmiane.** – *Un télésiège atteint le sommet.* Du sommet, on découvre un immense
⏲ **panorama★★** : au Sud, sur le Tournairet et, au-delà de la Vésubie, sur les hauteurs de la forêt de Turini ; à l'Est, sur la chaîne du Mercantour ; au Nord et à l'Ouest, du Baus de la Frema jusqu'au mont Mounier avec tout le Valdeblore au premier plan.

Après le col, on débouche sur une cuvette verdoyante, partie haute du Valdeblore.

⏲ **St-Dalmas.** – D'époque romane, l'**église** retient surtout l'attention, avec son haut clocher pyramidal de type alpin à « pointes de diamant », ses puissants contreforts, les bandes lombardes de son chevet. L'édifice de plan basilical, à toit unique, a été construit sur une crypte préromane à voûtes d'arêtes ; l'intérieur a été voûté au 17e s. pour cacher la charpente primitive.
Au-dessus du maître-autel, on remarque un polyptyque de G. Planeta : saint Dalmas, saint Roch et les évangélistes ; sur la prédelle, Adoration des Bergers et des Mages. Dans le bas-côté gauche se trouve le retable de saint François, attribué à A. de Cella. Derrière un retable du Rosaire (17e s.), l'absidiole de droite montre des restes de fresques anciennes : histoire de saint Jean-Baptiste et Christ en majesté à la voûte.

La route domine le vallon de Bramafan et traverse le village de La Roche, au pied d'un éperon gris.

La Bolline. – Centre administratif de la commune de Valdeblore, c'est une agréable station d'été au cœur d'une claire châtaigneraie qui contraste avec le Bois Noir du versant opposé.

Après la Bolline, prendre à droite la D 66.

Rimplas. – 80 h. Le village frappe par son **site★** très curieux sur une arête rocheuse. Au pied du fort, les abords de la chapelle de la Madeleine offrent une **vue★** étendue sur la Tinée, le vallon de Bramafan, les villages du Valdeblore.

VALLAURIS

21 217 h. avec Golfe-Juan (les Vallauriens)

Carte n° 84 pli 9, 195 pli 39 ou 245 pli 37 – Plan d'agglomération de Cannes, p. 55.

Vallauris s'étend largement sur de molles collines couvertes d'orangers, de mimosas, à deux pas de la mer. Le centre présente un plan en damier : l'agglomération, rasée en 1390, fut repeuplée et reconstruite au 16e s. par des familles provenant de régions avoisinantes. Activité traditionnelle de la ville, la poterie connaissait le déclin lorsque Picasso lui infusa un sang nouveau *(détails p. 30)*. C'est aujourd'hui un grand centre français de céramique. La Biennale Internationale de la Céramique d'Art est une manifestation de haute tenue. Vallauris, enfin, vend des fleurs coupées, des plantes à parfum, ainsi que des parfums.

CURIOSITÉS

Château (V **D**). – C'est un ancien prieuré de Lérins qui fut reconstruit au 16e s. et reste l'un des rares exemples de l'architecture Renaissance en Provence. Il se présente extérieurement comme une bâtisse rectangulaire à deux étages, cantonnée de quatre tours rondes coiffées en poivrière. Il abrite deux musées.

★ **Musée National « La Guerre et la Paix ».** – Seule la chapelle romane avait échappé à la destruction du prieuré primitif. Désaffectée, elle a été décorée en 1952 par Picasso d'une grande composition sur la Guerre et la Paix. Cette œuvre évoque les horreurs de la guerre ; de noirs envahisseurs foulant aux pieds les symboles de la civilisation s'attaquent à un lumineux chevalier, juste (sa lance forme l'axe d'une balance) et pacifique (son bouclier est décoré d'une colombe). Sur la paroi opposée, les personnages s'adonnent aux travaux féconds et aux joies innocentes de la paix. Le panneau du fond symbolise la fraternité des races.

Musée municipal. – Les salles voûtées présentent des céramiques primées lors des Biennales Internationales de la Céramique d'Art.
Un bel escalier Renaissance à balustres mène, au 2e étage, aux deux salles consacrées aux céramiques de Picasso (assiettes, plats, vases décorés de façon amusante).
Six salles sont consacrées à la récente **donation Magnelli :** une quinzaine de toiles, des collages, des gouaches. Alberto Magnelli (1888-1971), né à Florence, a passé en France la plus grande partie de sa vie.
En parcourant les salles de gauche à droite, on est témoin de l'évolution du peintre : parti de larges à-plats figuratifs aux couleurs pures, il passe à l'abstraction (Explosion lyrique) qu'il abandonne dans les années 20 pour y revenir définitivement en 1931 (Attention naissante, Rien d'autre, Volontaire n° 3). Parmi les collages, on remarque surtout les Râteaux japonais.

Tarasque, 1952,
édition céramique de Pablo Picasso.

Place Paul-Isnard (V **56**). – Elle est le centre vivant de la cité, où se tient le marché au pied de la façade baroque de l'église et autour de l'Homme au mouton, statue de bronze offerte par Picasso à la ville dont il avait été fait citoyen d'honneur.

Avenue Georges-Clemenceau (V **25**). – Ce qui prime ici, comme dans les rues voisines (rue Sicard, rue du Plan), ce sont les boutiques et **ateliers** dont les céramiques s'étalent jusque sur les trottoirs ; le meilleur y côtoie le quelconque. L'atelier Madoura, outre sa propre production, édite les céramiques de Picasso.

Musée de la Poterie (V **M**). – *Rue Sicard.* Installé dans les locaux d'un atelier toujours en activité, le musée offre une rétrospective du travail de l'argile tel qu'il se pratiquait encore pendant la première moitié du siècle : sont présentés les techniques d'extraction de la terre, des machines à battre et à filtrer l'argile, à préparer les vernis, un four à bois, des collections de poteries anciennes... La visite de l'atelier actuel, ensuite, permet de mesurer l'évolution du métier.

ENVIRONS

★ **Musée de l'Automobiliste.** – *4 km – environ 1 h 1/2. Quitter Vallauris au Nord par la D 135. Après le passage sur l'autoroute, s'engager tout de suite à gauche sur le chemin de Font-de-Currault qui mène au parking du musée. Description p. 107.*

★ Le VAR (Basse vallée)

Carte Michelin n° 84 plis 18, 19, 195 plis 15, 16, 26 ou 245 plis 24, 25, 37, 38 – Schéma p. 38.

Le Var a toujours été, à partir des confins de la Provence orientale et du comté de Nice, l'une des deux grandes voies de pénétration vers les Alpes de Haute-Provence – l'autre étant celle qui fut, dans les temps modernes, baptisée Route Napoléon *(p. 126)*. Large dans son cours inférieur, sa vallée se prête à une intense circulation ; lorsqu'on la remonte, elle ne se rétrécit qu'à partir du confluent de la Vésubie.
Bien qu'en voie d'industrialisation et d'urbanisation, la basse vallée du Var a gardé beaucoup de charme.

DE NICE AU PONT DE LA MESCLA

66 km – environ 2 h 1/2, visite de Nice non comprise – schéma p. 38

★★★ **Nice.** – *Page 108. Visite : 1 journée.*

Quitter Nice par la Promenade des Anglais prolongée par la promenade Corniglion-Molinier, agréable parcours le long de la baie des Anges.

Emprunter, à droite, la voie d'accès à l'aéroport.

Aéroport Nice-Côte d'Azur. – Il a été aménagé sur la rive gauche de l'estuaire du Var. Deuxième de France pour l'importance du trafic, il a accueilli 5 043 000 passagers en 1988.
Pour répondre aux besoins sans cesse croissants, la plate-forme a été doublée par un gain de 200 ha sur la mer. Cette extension a permis la construction d'une nouvelle piste et la réalisation de l'aérogare n° 2 (1987).
De la terrasse, **vue** d'ensemble de la baie des Anges, du cap Ferrat au cap d'Antibes et sur l'arrière-pays niçois.

Rejoindre la N 98, puis prendre à droite vers Plan-du-Var.

La N 202 passe entre l'important marché aux fleurs de Nice et le Marché d'Intérêt National. Elle longe un peu plus loin les bâtiments imposants du Centre Administratif Départemental, les vastes aménagements modernes du Parc des Sports de l'Ouest et passe sous l'autoroute La Provençale qu'on voit filer vers l'Italie par les hauteurs de Nice, grâce à de nombreux ouvrages d'art. On rejoint ensuite la rive gauche du Var au cours capricieux.

Dans un décor de cultures florales et potagères, de vignobles et d'olivaies, apparaissent tour à tour les villages perchés de l'arrière-pays niçois et vençois. A gauche, au pied des Baous, Gattières, puis Carros et le Broc, à droite Aspremont et Castagniers au pied du mont Chauve, St-Martin-du-Var, la Roquette-sur-Var...
A l'horizon, la **vue**★ se porte sur les cimes enneigées des Alpes. A St-Martin-du-Var, l'Esteron se jette dans le Var.

Gagner la rive droite du Var par le pont Charles-Albert et prendre la D 17 en direction de Gilette.

On aperçoit le site de Bonson, village qui couronne un à-pic impressionnant au-dessus de la rivière, et bientôt le curieux site de Gilette, bâti dans une brèche.

Gilette. – 618 h. De la place de la Mairie, suivre le parcours fléché qui monte aux ruines du château, d'où la **vue**★ porte sur d'impressionnantes routes en corniche, la vallée du Var, son confluent avec l'Esteron, et les Préalpes de Nice. Une agréable allée-promenade, bordée de platanes et d'acacias, passe sous le château, livrant de belles vues sur les villages perchés de Bonson et de Tourette-du-Château ainsi que sur les Grandes Alpes au Nord.

Reprendre la D 17 au Nord de Gilette, qui remonte la vallée de l'Esteron, puis, 2 km après Vescous, s'engager à droite dans la petite route qui monte à Vieux-Pierrefeu.

Vieux-Pierrefeu. – 124 h. Ce village perché à 618 m d'altitude, dominant la vallée de l'Esteron, est un ancien poste romain (Petra Igniaria), maillon de la chaîne qui s'étirait depuis le Mur d'Hadrien, près de la frontière entre l'Angleterre et l'Écosse, jusqu'à Rome et servait à transmettre les messages optiques.
⏲ L'église a été transformée en **musée « Hors du temps »**, collection unique de peintures contemporaines sur le thème de la Genèse, où l'on relève, parmi les quelque quarante signatures, les noms de Brayer, Carzou, Folon, Erni, Vicari, Villemot et Moretti.

Reprendre la D 17 à gauche. Peu avant Gilette, prendre à gauche la D 227, puis tourner à angle aigu dans la D 27.

La descente offre des aperçus sur la vallée du Var tandis que se détache, perché sur son rocher, le village de Bonson.

Bonson. – 228 h. Bâti dans un **site**★ remarquable, au bord d'un à-pic sur la vallée du Var, Bonson offre de la terrasse de l'église une **vue**★★ exceptionnelle sur le confluent du Var et de la Vésubie, le défilé du Chaudan, les gorges de la Vésubie ; en bas coule le Var, au pied de nombreux villages perchés.
⏲ L'**église** renferme trois beaux primitifs niçois. Au revers de la façade, le **retable de saint Antoine** : parmi son entourage, on reconnaît sainte Gertrude – invoquée contre la peste – aux gros rats qui escaladent ses épaules ; cette œuvre présente quelque analogie avec les peintures de Durandi. Sur le bas-côté droit, le **retable de saint Jean-Baptiste** est attribué à Antoine Bréa (le panneau central présente des repeints fâcheux). Au maître-autel se trouve, enchâssé dans un retable Renaissance, le **retable de saint Benoît**★ ; on remarque sainte Agathe qui retient ses seins coupés ensanglantés.

Quitter Bonson par le Sud.

La D 27 descend par de grands lacets, offrant de belles **vues**★ sur la vallée du Var qu'on atteint au pont Charles-Albert.

Tourner à gauche dans la N 202.

Après Plan-du-Var, franchir la Vésubie à son confluent avec le Var. A droite s'ouvrent les gorges de la Vésubie *(p. 159)*.

★★ **Défilé du Chaudan.** – Jusqu'à proximité du pont de la Mescla, le Var développe ses méandres au fond d'une gorge étroite aux parois verticales. La route, contournant ces méandres, semble parfois sans issue, ceux-ci se retournant sur eux-mêmes. Serrée de près par le fleuve, elle passe sous quatre tunnels. Le défilé tire son nom du petit village du Chaudan.

Au pont de la Mescla, la Tinée se jette dans le Var.

★ VENCE

13 428 h. (les Vençois)

Carte Michelin n° 84 pli 9 ou 18, 195 pli 25 ou 245 pli 37 – Lieu de séjour.

Au pays des roses, des œillets, des violettes et des mimosas, entourée d'oliviers, d'orangers et de citronniers, Vence, à 10 km de la mer entre Nice et Antibes, est une charmante station hivernale et estivale, et aussi un centre artistique qu'animent de nombreuses galeries. C'est un vieux bourg pittoresque, posté sur un promontoire rocheux que cernent deux ravins, abrité des vents froids du Nord par les derniers contreforts alpins et les Baous. Les vins des coteaux pierreux environnants (La Gaude, St-Jeannet) sont estimés.

UN PEU D'HISTOIRE

Une ville épiscopale depuis le 4e s. – Fondée par les Ligures, cité romaine de Vintium, elle vit croître sa puissance avec le christianisme et devint une importante ville épiscopale. Parmi les évêques qui s'y succédèrent depuis l'an 374 jusqu'en 1790, on compte saint Véran (5e s.) et saint Lambert (12e s.), Alexandre Farnèse qui fut le pape Paul III (16e s.), Antoine Godeau *(voir ci-dessous)* et Surian (18e s.) « le second Massillon ».
Pendant les guerres de Religion, Vence soutint victorieusement le siège que lui infligea le huguenot Lesdiguières en 1592 ; chaque année, à Pâques, une fête commémore cet événement.

Les seigneurs de Vence. – Les évêques de Vence furent en lutte continuelle avec les barons de Villeneuve, coseigneurs de la ville.
Cette famille tirait son renom de **Romée de Villeneuve,** l'habile sénéchal d'origine catalane qui, au 13e s., rétablit les affaires du comte de Provence et de Forcalquier, Raymond-Bérenger V.
Le comte avait quatre filles à marier et un trésor à sec, et il en restait fort préoccupé. Mais Romée amena Blanche de Castille à demander l'aînée, Marguerite, pour le futur Saint Louis. Deux autres filles furent respectivement reine d'Angleterre et impératrice d'Allemagne.
Quant à la dernière, Béatrix, héritière de Provence, elle épousa en 1246 Charles d'Anjou, frère de Saint Louis, et devint reine de Naples.

L'évêque Godeau (17e s.). – Le souvenir d'Antoine Godeau est resté vivant dans le pays. Ses débuts ne semblaient pas devoir le conduire à l'épiscopat : il était l'oracle de l'hôtel de Rambouillet. Petit, maigrichon, noiraud, fort laid, il n'en fait pas moins fureur chez les précieuses par son esprit, sa parole facile et sa veine poétique coulante : on l'appelle le « nain de Julie » (Julie d'Angennes, fille de la marquise de Rambouillet) et aussi, par ironie, le « bijou des Grâces ». Sa réputation est inouïe. Quand on veut parler d'un texte qui bravera les siècles, on dit : « C'est du Godeau. » Richelieu en fait le premier membre de l'Académie française.
A 30 ans, Godeau, sans doute fatigué des petits vers, entre dans les ordres et, l'année suivante, est nommé évêque de Grasse et de Vence. Mais personne ne veut d'un pasteur commun : pendant plusieurs années, il reste ainsi entre deux mitres et finit par opter pour Vence.
L'ancien précieux, le petit maître habitué des ruelles, prend son rôle au sérieux ; il relève sa cathédrale qui tombe en ruine, introduit diverses industries : parfumerie, tannerie, poterie, et rend prospère son pauvre et rude diocèse. En 1672, à 67 ans, en toute humilité d'esprit, il rend son âme à Dieu.

Alsace-Lorr. (R.) . B 3
Évêché (R. de l') . B 5
Hôtel-de-Ville (R) B 6
Place-Vieille (R.) . B 14
Résistance (Av.) . . . . . . A, B 17
Juin (Pl. Mar.) . . . A 8
Marché (R. du) . . B 10
Meyère (Av. Col.) B 12
Peyra (Pl. du) . . . B 13
Poilus (Av. des) . A 15
Portail-Levis (R.) B 16
Rhin-et-Dan. (Bd) A 18
St-Lambert (R.) . B 19
Tuby (Bd) . . . . . . A 21

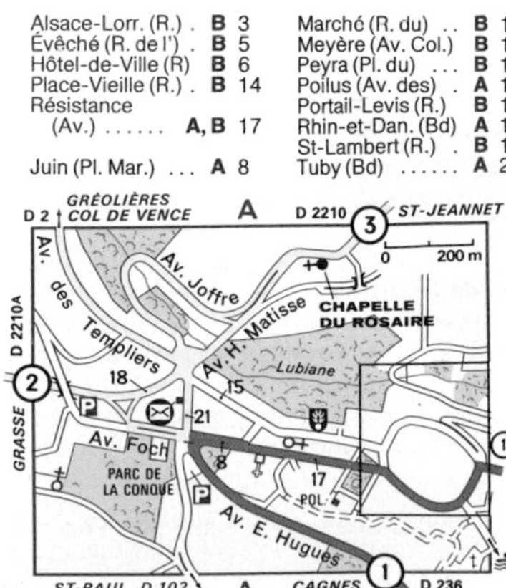

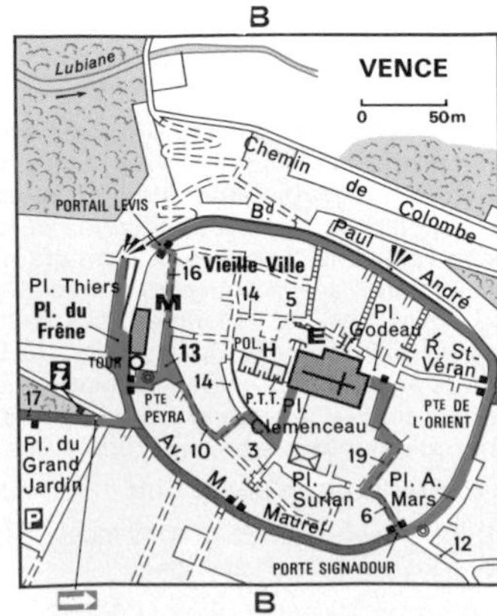

CURIOSITÉS

★ **Chapelle du Rosaire (chapelle Matisse)** (A). – « Je la considère, malgré toutes ses imperfections, comme mon chef-d'œuvre... un effort qui est le résultat de toute une vie consacrée à la recherche de la vérité. » Tel est le jugement porté par Henri Matisse sur la chapelle qu'il avait conçue et décorée de 1947 à 1951. La notoriété de l'artiste et la hardiesse de son initiative, renouvelant à notre époque le geste des maîtres médiévaux, ont provoqué autour de cet édifice un grand courant d'intérêt. Extérieurement, il pourrait passer pour une simple maison provençale dont les tuiles vernissées seraient surmontées d'une immense croix de fer forgé aux extrémités dorées.

A l'intérieur, la nef des religieuses et celle des fidèles se croisent au niveau de l'autel, placé de biais. Tout y est blanc – sol, plafond, murs de céramique – à l'exception des vitraux hauts et serrés qui forment un décor floral jaune citron, vert bouteille et bleu outremer. La décoration, le mobilier, les objets liturgiques, les vêtements sacerdotaux sont d'une simplicité extrême. Les compositions murales, le chemin de Croix et le Saint Dominique se réduisent à un jeu de lignes noires sur fond blanc. Les scènes du chemin de Croix sont même juxtaposées en désordre, ce qui ne manque pas de surprendre ; mais l'œuvre est en réalité soumise à un ordre plastique qui fait de tous les épisodes de la Passion une ascension vers le Calvaire qui occupe le sommet de la composition.

Terminer la visite par l'intéressante galerie où sont réunies des études faites par le maître pour la réalisation de la chapelle.

Place du Frêne (B). – Partir de la place du Grand-Jardin et gagner la place du Frêne, qui doit son nom à l'arbre gigantesque qui la domine. Ce dernier aurait été planté en souvenir de la visite à Vence de François Ier et du pape Paul III.

★ **Musée Carzou** (BM). – Installé dans l'ancien château des barons de Villeneuve (15e-17e s.), le musée est consacré au peintre d'origine arménienne Jean Carzou. Né en 1907 et élevé en Égypte, il s'intéressa d'abord à l'abstraction (peintures sombres et collages). Assez vite, son graphisme touffu aux nombreuses lignes enchevêtrées se détache sur des fonds plus riches à dominante bleue puis rouge orangé. Dans son œuvre figurative, souvent baignée de fantastique, deux périodes principales se distinguent : celle de la femme et de l'amour où l'homme est un amant, puis celle apocalyptique des guerriers, des machines agricoles, pylônes, etc.

Le premier étage du musée est consacré à quelques travaux de jeunesse et à son œuvre peint ; le rez-de-chaussée à sa production lithographique.

De la terrasse de la place Thiers qui fait suite à la place du Frêne au Nord, on découvre un beau **point de vue** sur la vallée de la Lubiane, la chapelle du Rosaire, les Baous.

Vieille ville (B). – La ville médiévale était entourée d'une enceinte elliptique, encore visible partiellement, et dont le nombre de portes passa de deux à cinq. Contourner la tour carrée du 15e s. accolée au château *(voir ci-dessus)* pour franchir la porte du Peyra (1441). Cette partie de la vieille ville est animée par quantité d'artistes, d'artisans et de boutiquiers.

★ **Place du Peyra** (B 13). – Avec sa tour carrée et sa fontaine en forme d'urne (1822), aux eaux fraîches et abondantes, elle forme un ensemble très pittoresque. C'est l'ancien forum de la ville romaine.

Prendre au Sud de la place la rue du Marché et tourner à gauche pour atteindre la place Clemenceau.

Vence. – Place du Peyra.

Ancienne cathédrale (B E). – Construite sur l'emplacement d'un temple de Mars puis d'une église mérovingienne, incorporée à d'autres bâtiments, elle surprend quelque peu par son caractère hétéroclite : commencée en style roman, elle a été plusieurs fois remaniée et agrandie.

Dans la façade baroque, on a encastré des inscriptions romaines – notamment celles dédiées aux empereurs Héliogabale et Gordien de part et d'autre de la porte.

L'intérieur est composé de cinq nefs. On peut y voir (2e chapelle de droite) la tombe de saint Lambert avec son épitaphe, un sarcophage romain du 5e s. (3e chapelle de droite) dit tombeau de saint Véran ; dans le bas-côté gauche, belle porte sculptée avec un décor de rosaces flamboyantes et, du même côté, retable des saints Anges, du 16e s. Dans plusieurs piliers sont encastrées des pierres à très beau décor carolingien. Dans le baptistère, une mosaïque de Chagall représente Moïse sauvé des eaux. La partie la plus curieuse est la **tribune** : admirer un lutrin et des **stalles**★ primitivement placées dans le chœur ; montants, accoudoirs et surtout miséricordes ont été traités avec une verve qui frôle parfois la grivoiserie par le sculpteur grassois Jacques Bellot, au 15e s.

Vers les remparts. – Sortant par la porte du chevet, on débouche place Godeau d'où l'on voit le clocher carré, couronné de merlons, et de vieilles maisons. Au centre de la place, colonne romaine élevée au dieu Mars vençois. Par la rue St-Lambert et la rue de l'Hôtel-de-Ville, gagner la porte de Signadour (13e s.) et tourner à gauche.

Poursuivant vers le Nord, on trouve, à gauche, la porte de l'Orient, ouverte au 18e s. (la date de 1592 gravée sur une pierre, en haut à gauche, est celle du siège de Lesdiguières). Le boulevard Paul-André, vers lequel dégringolent nombre de ruelles en escaliers, borde des vestiges importants des remparts ; il offre de belles **vues** sur les Baous et les derniers contreforts des Alpes. Franchir le portail Lévis (13e s.), à arcature gothique, et suivre la rue du Portail-Lévis (belles maisons anciennes) qui ramène à la place du Peyra.

ENVIRONS

Château N.-D.-des-Fleurs. – *3 km au Nord-Ouest par la D 2210A.*
Construit au 19e s. sur les vestiges d'une abbaye bénédictine du 11e s., N.-D.-des-Crottons (des Grottes), où habitèrent de 1638 à 1728 les évêques de Vence, le château fut baptisé N.-D.-des-Fleurs, du nom de la parfumerie grassoise de son acquéreur. Quelques salles abritent aujourd'hui un **musée du Parfum et de la Liqueur** qui présente d'anciens flacons, des savonnettes, du matériel d'usine et de laboratoire...
Au rez-de-chaussée, l'enfilade des cellules de moines ouvre sur la salle capitulaire (aménagée en restaurant) où est suspendu un grand manège à bougies du 11e s. De la terrasse ornée de plantes aromatiques, la **vue**★ s'étend du cap Ferrat à l'Esterel. A l'étage, la chapelle romane, antérieure au 10e s., a été restaurée en 1988 ; le chœur est orné d'un vitrail de Bernard Dhonneur sur le thème de la croix de cœur. A proximité, la chapelle privée des évêques de Vence renferme une Vierge du 6e s.

★★ **Vallée du Loup.** – *Circuit de 56 km – compter la journée. Description p. 88.*

★★ **Route des Crêtes.** – *Circuit de 59 km – compter une 1/2 journée. Quitter Vence au Nord par ③, route de St-Jeannet.*
La D 2210 longe les Baous des Blancs, des Noirs et le Baou de St-Jeannet ; elle permet également de contempler à loisir le **site**★ de St-Jeannet *(p. 53).*

Gattières. – 2 051 h. Village perché parmi les vignes et les oliviers d'où la vue porte sur la vallée du Var et les villages voisins. Sa charmante **église** romano-gothique renferme une sculpture naïve polychrome : saint Nicolas et les trois enfants (à droite du chœur) et un beau Christ moderne dans le chœur.

A la sortie Ouest de Gattières, prendre la D 2209.

La route en corniche contourne le rebord des Préalpes de Grasse en dominant le Var, et offre à l'arrière un joli coup d'œil sur Gattières.

Carros. – 8 457 h. Groupé autour de son château (13e-16e s.), le vieux village occupe un **site**★ remarquable. Un peu en dessous du village, un rocher que couronnent les vestiges d'un vieux moulin est aménagé en plate-forme : **panorama**★★ *(table d'orientation).*

La route de Carros au Broc procure des **vues**★ magnifiques sur le confluent de l'Esteron, la vallée du Var qui s'étire en de multiples bras sur son lit large, plat et encombré de galets d'un blanc éclatant, et sur de nombreux villages perchés.

Le Broc. – 422 h. Ce village perché est doté d'une jolie place dont les arcades entourent une fontaine (1812).
L'**église** du 16e s. a été décorée par le peintre moderne Guillonet. Du village, belles vues sur la vallée du Var.

La route domine le confluent de l'Esteron et du Var, puis le ravin du Bouyon.

Bouyon. – 229 h. Ce village constitue un véritable **belvédère**★ donnant sur le Cheiron, les vallées de l'Esteron et du Var, les Alpes franco-italiennes.

La D 8, au Sud de Bouyon, longe la montagne du Chiers et permet de gagner Coursegoules par Bézaudun-les-Alpes.

Coursegoules. – 201 h. Village juché sur un piton au pied du Cheiron et dont les maisons à la haute façade se dressent au-dessus du ravin de la Cagne naissante. Aller voir dans l'**église** le **retable** de Louis Bréa : saint Jean-Baptiste entre sainte Pétronille et saint Gothard ; remarquer la finesse des détails du personnage de saint Gothard.

Prendre la route de Vence.

La route, traversant un paysage désertique, domine la Cagne qui forme, en période d'orages, une belle cascade ; elle offre des vues intéressantes.

★★ **Col de Vence.** – Alt. 970 m. Peu après le col, on découvre, au Sud, un **panorama**★★ très étendu : les hauteurs, de la rive gauche du Var jusqu'au mont Agel ; la côte où se dessinent le cap Ferrat, la baie des Anges, le cap d'Antibes et l'île Ste-Marguerite, l'Esterel. La vue se dégage sur le Cheiron, dont la blancheur se détache violemment sur le ciel.

La route dégringole le rebord Sud des Préalpes de Grasse, garrigue calcaire dénudée.

Gréolières. – *47 km – environ 1 h 1/2. Quitter Vence au Nord-Est par la D 2. De Vence à Coursegoules, l'itinéraire est décrit dans le sens inverse, ci-dessus.*

Revenir à la D 2.

La route descend un vallon verdoyant pour déboucher brusquement sur la **haute vallée du Loup**★ dont le parcours est splendide. Elle offre de superbes perspectives avant et après Gréolières.

Gréolières. – 311 h. Village perché au pied des barres du Cheiron ; au Nord se voient les ruines importantes de Haut-Gréolières, tandis qu'au Sud des pans de murs sont les restes d'un important château fort.
L'**église,** à la façade romane et au clocher trapu, comporte un seul bas-côté. On remarque à gauche en entrant une croix processionnelle plaquée or et argent, du 15e s., et un fragment de retable du 16e s. (Saint Jean-Baptiste) ; en face, une Vierge à l'Enfant, en bois, du 14e s. ; la plus belle pièce est (en haut à droite) le **retable de saint Étienne**★, d'auteur inconnu, dont la prédelle figure le Christ et les apôtres (15e s.).

Après Gréolières, la route domine un moment le village puis, en corniche sinueuse, remonte la vallée taillée en gorge et traverse, sous de courts tunnels, de puissants éperons rocheux aux formes et dimensions fantastiques ; elle surplombe alors le Loup de plus de 400 m.

★ **Clue de Gréolières.** – Elle a été ouverte par un torrent affluent du Loup ; sur ses versants arides et troués de marmites de géants se dressent de curieux rochers dolomitiques.

La route se dégage de cette clue et débouche sur le Plan-du-Peyron, large plateau alluvionnaire.

A Plan-du-Peyron, prendre à droite la D 802, bonne route qui escalade les flancs de la montagne du Cheiron, livrant des **vues** intéressantes vers l'Ouest et le Nord.

Gréolières-les-Neiges. – A 1 450 m d'altitude, sur les pentes Nord du Cheiron. Bien équipée, facilement accessible, c'est la plus méridionale des stations alpines de sports d'hiver ; elle attire de nombreux skieurs de la région.

La VERNE (Chartreuse)

Carte Michelin n° 84 plis 16, 17 ou 245 pli 48 – Schéma p. 92.

Le monastère s'élève dans un **site★** sauvage près d'une source, sur le flanc d'une hauteur boisée des Maures, à l'écart des grandes voies de communication. La chartreuse fut fondée en 1170 ; reconstruite à plusieurs reprises elle subsista jusqu'à la Révolution puis fut désertée par ses moines. Depuis 1983, elle héberge une communauté monastique de Bethléem.
Les bâtiments du monastère sont faits de schiste brun des Maures, mais doivent leur caractère particulier à la serpentine (pierre polie aux reflets vert bleuté) qui apparaît dans les encadrements de portes, les arcades, les voûtes et différents motifs.

Porche. – Il s'ouvre par un portail monumental de serpentine : deux colonnes annelées flanquent la porte au fronton triangulaire reposant sur deux pilastres ; dans une niche, statue de la Vierge à l'Enfant.

Hôtellerie. – On y accède par la petite route à droite du porche. Après avoir traversé la salle d'accueil, on débouche sur la grande cour agrémentée d'une fontaine, sur laquelle donnent les bâtiments destinés autrefois aux hôtes et aux services. A gauche, on visite la boulangerie. En face, se déploie une façade de style classique présentant une porte aux vantaux Régence. Par le porche situé à gauche de cette porte, on pénètre par un petit couloir dans la souillarde et la **cuisine** du 12e s., voûtée d'arêtes.

Bâtiments claustraux. – Prendre l'escalier de bois dans la cour situé en deçà du porche qui donne accès à la cuisine et traverser ce qui reste du **petit cloître** : six baies de serpentine en plein cintre. L'ancien réfectoire des moines accueille des expositions. Les ruines de la chapelle romane donnent sur le petit cloître (remarquer une belle porte Renaissance à l'emplacement du chœur). Pénétrer dans le **grand cloître**, voûté d'arêtes surbaissées et décoré de serpentines. Sur ce cloître donnent les habitations des moines – quatre pièces et un jardin attenant ; l'un de ces ermitages a été reconstitué.

Point de vue. – Par une poterne romane ouvrant au fond du grand cloître, on gagne les vestiges d'un moulin à vent d'où l'on a une belle **vue** sur les Maures, couverts de châtaigniers et de chênes verts, et sur la vallée de la Verne et, par beau temps, sur les massifs montagneux de la Haute-Provence.

★★ La VÉSUBIE (Vallée)

Carte Michelin n° 84 plis 9, 19, 195 plis 6, 16, 17 ou 245 pli 25 – Schéma p. 38.

La Vésubie, affluent de la rive gauche du Var, est formée de deux torrents : la Madone de Fenestre et le Boréon, qui prennent tous deux leur source près de la frontière italienne. Née au milieu de montagnes atteignant 2 500 m, elle est alimentée par les neiges des derniers hauts massifs alpins.
Sa vallée, l'une des plus belles de l'arrière-pays de Nice, présente des aspects extrêmement différents. A la haute vallée, de physionomie alpestre, où se rencontrent pâturages verdoyants, forêts de sapins, cascades, hauts sommets, succède, entre Lantosque et St-Jean-la-Rivière, la vallée moyenne déjà soumise à l'influence méditerranéenne. Les versants les moins abrupts et les mieux exposés se couvrent de cultures en terrasses et sont plantés de vignes et d'oliviers.
Dans son cours inférieur, à partir de St-Jean-la-Rivière, le torrent a taillé des gorges aux parois verticales pour rejoindre le Var qui sort lui-même du défilé du Chaudan.

DE PLAN-DU-VAR A LA MADONE D'UTELLE

25 km – environ 1 h – schéma p. 38

La D 2565 suit le fond des **gorges de la Vésubie★★★**, étroites, sinueuses, abruptes, sauvages, aux parois de roches stratifiées de couleurs changeantes.

A St-Jean-la-Rivière, prendre à gauche la D 32 qui monte vers Utelle en ménageant de nombreuses **vues** sur les gorges de la Vésubie.

★ **Utelle.** – *Page 152.*

★★★ **Panorama de la Madone d'Utelle.** – Lieu de pèlerinage (en particulier le 15 août et le 8 septembre), le sanctuaire de la Madone d'Utelle, reconstruit en 1806, fut fondé en 850 par des marins espagnols qui en avaient fait le vœu un jour de tempête en mer. A peu de distance, sous un dôme, se trouve la table d'orientation (alt. 1 174 m), d'où l'on découvre un **panorama** inoubliable sur l'ensemble des Alpes-Maritimes et la mer.

DE ST-JEAN-LA-RIVIÈRE À ST-MARTIN-VÉSUBIE

97 km – environ 4 h – schéma p. 38

Après St-Jean-la-Rivière, des barres rocheuses bordent la vallée qui ne s'élargit quelque peu qu'au Suquet. La route est alors dominée à gauche par le Brec d'Utelle (1 606 m).

Lantosque. – 772 h. Village curieusement perché sur une arête de calcaire dur qui traverse la vallée.

Roquebillière. – *Page 124.*

A la sortie de Roquebillière-Vieux, prendre à droite la petite route de Belvédère.

Une route pittoresque remonte le **vallon de la Gordolasque**★★, qui s'insinue entre la Cime du Diable et la Cime de la Valette.

Belvédère. – 536 h. Charmant village, dont le **site**★ domine à la fois la Vésubie et la Gordolasque.
De la terrasse derrière la mairie, on a un bon **point de vue**★ sur l'aval de la Vésubie avec le mont Férion, la forêt de Turini à gauche, le Tourmairet à droite et Roquebillière-Vieux à ses pieds.

Suivre la D 171 en montée continue parmi les rochers grandioses et de jolies cascades.

★ **Cascade du Ray.** – Elle s'écoule abondamment en deux branches.

La route monte parallèlement à la vallée des Merveilles (p. 99) dont elle est séparée par la Cime du Diable.

Plus loin se profilent les rochers découpés du Grand Capelet.

★ **Cascade de l'Estrech.** – La route se termine à proximité de la belle cascade de l'Estrech qui descend d'un **cirque**★★ de hautes montagnes enneigées dominées par la Cime du Gélas et le mont Clapier qui dépassent tous les deux 3 000 m.

Revenir à la D 2565.

Berthemont-les-Bains. – *4 km au départ de la D 2565.* Cette station thermale occupe un site ombragé. L'eau sulfureuse, radioactive, était déjà connue des Romains. La grotte St-Julien recouvre une piscine romaine bien conservée.

La D 2565 remonte la vallée qui change de caractère à mesure qu'on s'élève : châtaigniers, sapins, verts pâturages justifient l'appellation de « Suisse niçoise », qu'on a donnée à la région de St-Martin-Vésubie. A gauche, on aperçoit le village perché de Venanson *(p. 129).*

★ **St-Martin-Vésubie.** – *Page 129.*

VILLECROZE

867 h. (les Villecroziens)

Carte Michelin n° 84 pli 6 (Nord-Est de Salernes) ou 245 pli 34.

C'est un ensemble de grottes en partie aménagées en habitat qui ont donné au village son nom de Villecroze, « ville creusée ». Bordé de vergers, de vignes et d'oliviers, il est adossé aux premiers contreforts des Plans de Provence, couverts de bois.

Vieux village. – Il a gardé un caractère médiéval. Passant sous la tour de l'Horloge, on ira voir notamment la rue des Arceaux. L'église est romane avec un clocher-mur.

Parc municipal. – *Accès par la route d'Aups, puis une petite route à droite au bout de laquelle se trouve un parking à l'entrée du jardin.*
Une belle cascade d'une quarantaine de mètres dévale de la falaise et coule en ruisseau dans une oasis de verdure. Un chemin fléché monte vers les grottes.

🕐 **Grottes.** – Ces grottes ont été partiellement transformées en repaire, au 16e s., par les seigneurs de Villecroze : de cette occupation, il subsiste des fenêtres à meneaux encastrées dans la roche. On visite plusieurs petites salles où les concrétions ont le plus joli effet.

Belvédère. – A 1 km du village, sur la route de Tourtour, un belvédère a été aménagé *(table d'orientation).* Le **panorama**★ s'étend aux Plans de Provence, Tourtour, Villecroze, Salernes, les deux Bessillon ; plus loin, les Maures et la Ste-Baume.

★ VILLEFRANCHE-SUR-MER

7 411 h. (les Villefranchois)

Carte Michelin n° 84 pli 10 ou 19, 195 pli 27 ou 245 pli 38 – Schéma p. 122 – Lieu de séjour.

Port de pêche et station balnéaire, port de relâche pour les paquebots et les bâtiments de guerre, Villefranche est connue pour sa célèbre **rade**★★, qu'encadrent des pentes boisées, l'une des plus belles de la Méditerranée. La baie, profonde, s'étend entre la presqu'île du Cap Ferrat et les hauteurs du mont Boron ; ses fonds varient entre 25 et 60 m ; elle peut accueillir une escadre entière.
Avec son port, sa citadelle, ses vieilles rues, Villefranche a conservé son cachet 17e s.

L'origine. – La ville doit son nom au comte de Provence, Charles II d'Anjou, neveu de Saint Louis, qui, l'ayant fondée au début du 14e s., lui accorda en même temps des franchises communales. Après sa cession à la Savoie, et jusqu'au creusement du port de Lympia à Nice (18e s.), Villefranche fut le grand port de l'État savoyard puis sarde.

Le congrès de Nice. – En 1538, lors du congrès de Nice réuni par le pape Paul III, ancien évêque de Vence, pour amener la paix entre François Ier et Charles Quint, ce dernier était installé à Villefranche, François Ier à Villeneuve-Loubet et le pape à Nice. Le roi et l'empereur rencontraient séparément le pape qui servait d'intermédiaire.
La reine de France rend visite à son frère Charles Quint dont la galère est amarrée dans le port de Villefranche. Charles, donnant la main à la reine, suivi du duc de Savoie, des dames et des seigneurs de la suite, s'avance majestueusement sur le pont de bois jeté entre la terre et la galère. Quand tout le brillant cortège est engagé, on entend un craquement : la passerelle cède sous la charge. Tout prestige disparu, l'empereur, la reine, le duc barbotent dans l'eau avant que, trempés, on les ait tirés de ce mauvais pas.
La paix de Nice ne durera que cinq ans.

VILLEFRANCHE-SUR-MER

Cauvin (Av.) 2
Corderie (Quai de la) 3
Corne-d'Or (Bd de la) 5
Courbet (Quai) 6
Église (R. de l') 7
Gallieni (Av. Général) 9
Gaulle (Av. Général de) 10
Grande-Bretagne (Av. de) 12
Joffre (Av. du Maréchal) ... 14
Leclerc (Av. Général) 15
Marinières (Promenade des) ... 16
May (R. de) 18
Obscure (R.) 19
Paix (Pl. de la) 20
Poilu (R. du) 22
Pollonais (Pl.) 24
Ponchardier (Quai Amiral) 25
Poullan (Pl.) 26
Sadi-Carnot (Av.) 28
Settimelli-Lazare (Bd) 30
Soleil d'Or (Av. du) 31
Verdun (Av. de) 32
Victoire (R. de la) 34
Wilson (Pl.) 35

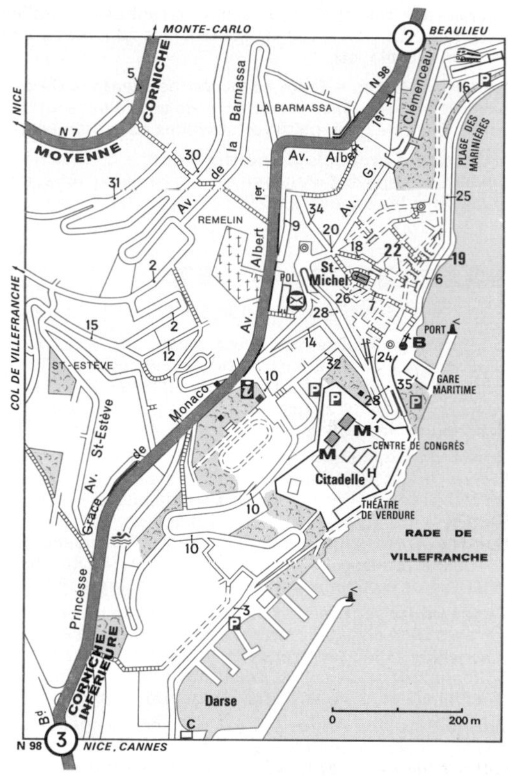

Vous cherchez un parking... les principaux sont indiqués sur les plans de ce guide.

CURIOSITÉS

★ **Vieille ville.** – Elle s'ouvre sur le charmant port de pêche par un front de hautes façades vivement colorées.
La rue du Poilu (**22**) forme l'artère principale d'un pittoresque enchevêtrement de rues étroites, parfois en escaliers ou voûtées, comme la curieuse **rue Obscure** (**19**), où la population cherchait refuge lors des bombardements.

Église St-Michel. – Discrètement baroque, elle abrite des retables du 18e s. A gauche, contre un pilier, statue en bois polychrome du 16e s., représentant saint Roch et son chien.
Dans le croisillon gauche, un Christ gisant, sculpté au 17e s. dans un tronc de figuier par un galérien, est d'un réalisme impressionnant.
Remarquer, à la tribune, les orgues typiquement françaises. Datées de 1790 et récemment restaurées, elles sont une œuvre des frères Grinda, facteurs niçois de grande réputation.

★ **Chapelle St-Pierre** (**B**). – Cette chapelle a été entièrement décorée en 1957 par Jean Cocteau. De part et d'autre de la porte peinte intérieurement, les flammes des chandeliers de l'Apocalypse – traités en céramique – sont des yeux grands ouverts. Dans les fresques s'affirme la primauté du dessin, ample et précis, qui cerne des images très figuratives que Cocteau a voulu populaires ; elles racontent la vie de saint Pierre, mais traitent aussi de sujets profanes comme l'Hommage aux demoiselles de Villefranche ou les Gitans. Un décor géométrique relie les différentes scènes.

Darse. – C'est l'ancien port militaire où se construisaient les galères et embarquaient les forçats ; là sont mouillés aujourd'hui les yachts et canots de plaisance.

Citadelle. – Élevée à la fin du 16e s. par le duc de Savoie pour protéger la rade, elle faisait l'admiration de Vauban et fut épargnée par Louis XIV avec le fort du mont Alban *(p. 118)* – lors de la destruction des défenses du comté de Nice.
Restaurée en 1981, elle abrite l'hôtel de ville, l'ancienne chapelle St-Elme, qui accueille des expositions temporaires, un auditorium de 200 places, un théâtre de verdure et, dans ses casemates, les musées Volti et Goetz-Boumeester, ainsi que des souvenirs du 24e Bataillon de Chasseurs Alpins, la collection Roux et celle d'archéologie sous-marine.

★ **Musée Volti** (M[1]). – Une grande cour de la citadelle et de dédale de casemates voûtées qui l'entourent mettent admirablement en valeur les sculptures de Volti, citoyen de Villefranche.
Résolument figuratif, Volti ne sculpte que des corps ; l'humour n'est pas exclu, comme dans les « Cavaliers du ciel », véritables hommes-cheminées en cuivre martelé, qu'on voit dans la cour. Mais il excelle dans la représentation inlassable de la femme : dressée avec la suprême élégance des « Parisiennes », couchée avec grâce (Nikaïa), noblement assise (Maternité de Cachan), parfois enroulée comme un œuf (Lotus).
Certaines des œuvres les plus récentes atteignent à une majesté monumentale (La reine, Minerve...). De très belles sanguines accompagnent, çà et là, les sculptures.

Musée Goetz-Boumeester (M). – Il abrite une centaine d'œuvres, données à la ville de Villefranche par le peintre-graveur Henri Goetz né en 1909 et son épouse Christine Boumeester (1904-1971), représentant 50 ans de recherches picturales allant du figuratif à l'abstrait. On remarque également des œuvres-souvenirs signées Picasso, Miró, Hartung, Picabia, etc.

Collection Roux. – Cette collection de figurines de céramique est présentée sous forme de petites scènes évoquant la vie quotidienne au Moyen Âge et à la Renaissance, réalisées d'après des traités et ouvrages datant de cette époque.

Collection d'archéologie sous-marine. – Le matériel archéologique rassemblé ici provient de l'épave d'un navire génois coulé au 16e s. dans la rade de Villefranche et fouillé dans les années 1980.

VILLENEUVE-LOUBET

8 210 h. (les Villeneuvois)

Carte n° 84 pli 9, 195 pli 25 ou 245 pli 37 – Lieu de séjour – Voir plan p. 52.

Le territoire de Villeneuve-Loubet, arrosé par le Loup, comporte une vaste plage. Le vieux village est dominé par le **château** médiéval des Villeneuve, restauré au 19e s. Le haut donjon pentagonal fut en partie édifié au 9e s. C'est dans ce château, où résidait François Ier, que fut signée, en 1538, la paix de Nice avec Charles Quint. Le village a maintenu la tradition sportive de la pelote provençale, qui se joue à main nue.

★ **Musée de l'Art culinaire** (Y M[2]). – Il est installé dans la maison natale d'**Auguste Escoffier** (1847-1935). Souvenirs du célèbre chef de cuisine qui s'illustra au Savoy et au Carlton de Londres (il créa notamment la pêche Melba), et qui fut un ambassadeur de la cuisine française. Riche documentation sur l'art culinaire ; incroyables pièces montées en sucre ou en pâte d'amandes. Traversant une pièce joliment réaménagée en cuisine provençale, on monte à la salle haute affectée à la présentation d'une collection de 5 000 menus, certains remontant à 1820.

Musée militaire (Y M[3]). – Il est consacré aux grands conflits de ce siècle dans lesquels la France a été engagée : les deux guerres mondiales (1914-1918, 1939-1945), la guerre d'Indochine (1945-1954) et celle d'Algérie (1954-1962) ; uniformes, armes, insignes régimentaires et médailles, drapeaux et fanions, affiches et photos évoquent l'armée, les combats et la vie en temps de guerre.

Marina Baie des Anges (Z). – *A Villeneuve-Loubet-Plage. Accès : par la D 2 gagner la N 7 – direction Antibes – et tourner à gauche après avoir franchi l'autoroute.* Dû à André Minangoy, ce complexe balnéaire de grand luxe est l'une des réalisations immobilières les plus prestigieuses de la Côte d'Azur. Ses quatre pyramides ondoyantes de béton imposent, du cap d'Antibes au cap Martin, leurs silhouettes contestées dans le site admirable de la baie des Anges. Les courbes des résidences, nanties d'un dégradé de terrasses et de balcons fleuris, cernent une plage, une piscine et un port de plaisance, animés par des cafés, des restaurants et des boutiques.

Villeneuve-Loubet. – Marina Baie des Anges.

Atlante de Pierre Puget (Toulon, ancien hôtel de ville).

AVANT DE PARTIR

LOISIRS

Sports nautiques. – Pour tous renseignements, s'adresser aux fédérations nationales ou départementales des sports concernés. Pour la pratique du motonautisme et du ski nautique, se renseigner sur place.

Voile. – La plupart des stations possèdent des écoles de voile qui proposent des stages. Il est possible de louer des bateaux, avec ou sans équipage, en saison. Fédération Française de Voile, 55, avenue Kléber, 75084 Paris Cedex 16, ☏ 45 53 68 00.

Canoë-kayak. – Fédération Française de Canoë-Kayak, 94, rue de la Marne, 94340 Joinville-le-Pont, ☏ 48 89 39 89.

Plongée sous-marine. – La Fédération Française d'Études et de Sports Sous-Marins (24, quai de Rive-Neuve, 13007 Marseille, ☏ 91 33 99 31) regroupe près de 1 500 clubs et publie un annuaire très complet sur les activités subaquatiques en France.
Comités régionaux de la F.F.E.S.S.M. :
— Comité Régional Côte d'Azur, Cap Blanc, Port de Bormes, 83230 Bormes-les-Mimosas, ☏ 94 71 63 43,
— Comité Régional de Provence, 38, avenue des Roches, 13007 Marseille, ☏ 91 52 55 20.

Promenades aériennes. – On peut survoler la côte en maints endroits : le golfe de St-Tropez, le massif de l'Esterel, les îles de Lérins, la principauté de Monaco, notamment. Renseignements auprès de la Compagnie T.A.M. (Transports Aériens Méditerranéens, ☏ 93 47 11 37 et 93 90 40 25) et de la Compagnie Air Nice (☏ 93 07 70 07), toutes deux basées à l'Aérodrome International de Cannes-Mandelieu, 06150 Cannes La Bocca.

Excursions en chemin de fer. – La ligne Nice-Coni/Cuneo dessert les gares de Peille, l'Escarène, Sospel, Breil-sur-Roya, Fontan-Saorge, St-Dalmas-de-Tende, Tende, Vievola et Limone-Piemonte ; quatre aller/retour quotidiens au départ ou à destination de la gare de Nice ville.
A Breil-sur-Roya elle rejoint la ligne Vintimille-Breil-Coni, mieux desservie. Renseignements au 93 87 50 50.
Pour la ligne Nice-Digne, s'adresser aux Chemins de fer de la Provence, Gare du Sud, 33, avenue Malausséna, 06000 Nice, ☏ 93 88 28 56 ou 93 84 89 71.

Pêche. – La pêche en mer se pratique sans autorisation à condition que ses produits soient réservés à la consommation personnelle. Pour la pêche dans les lacs (Carcès, St-Cassien) et les rivières (Gapeau, Real Martin, Argens), il convient d'observer la réglementation nationale et locale, de s'affilier pour l'année en cours dans le département de son choix à une association de pêche et de pisciculture agréée, d'acquitter les taxes afférentes au mode de pêche pratiqué ou, éventuellement, d'acheter une carte journalière.
La carte-dépliant commentée « Pêche en France » est publiée et diffusée par le Conseil Supérieur de la pêche, 10, rue Péclet, 75015 Paris, ☏ 48 42 10 00 *(en cours de réédition).*

Chasse. – Pour toute information concernant la chasse, se renseigner auprès du « St-Hubert Club de France », 10, rue de Lisbonne, 75008 Paris, ☏ 45 22 38 90, ou auprès des secrétariats des fédérations de chasse départementales.

Escalade, alpinisme. – Des sorties accompagnées par des moniteurs qualifiés sont organisées en escalade, alpinisme, randonnées pédestres, ski de piste, ski de randonnée, ski de fond par les sections du Club Alpin Français : 25, rue Victor-Clappier, 83000 Toulon, 14, avenue Mirabeau, 06000 Nice, ☏ 93 62 59 99, et par l'Association des guides et accompagnateurs des Alpes méridionales : Roquebillière, ☏ 93 03 44 30, St-Martin-Vésubie, ☏ 93 03 26 60, Tende, ☏ 93 04 69 22 ou 93 04 68 72.

Vol à voile. – Association aéronautique Provence-Côte d'Azur, 83440 Fayence, ☏ 94 76 00 68.

Randonnées pédestres. – Les topo-guides sont édités par la Fédération française de la Randonnée pédestre – Comité national des sentiers de Grandes Randonnées ; en vente 64, rue de Gergovie, 75014 Paris, ☏ 45 45 31 02.
Pour les sentiers de petite randonnée, se renseigner dans les syndicats d'initiative et offices de tourisme.

Randonnées équestres. – S'adresser à l'Association Régionale de Tourisme Équestre Provence-Côte d'Azur, 19, avenue Victor-Hugo, 06130 Grasse, au Comité départemental d'équitation de randonnées et de raids équestres des Alpes-Maritimes, Mas de la Jumenterie, route de St-Cézaire, 06460 St-Vallier-de-Thiey, ☏ 93 42 62 98, ou à l'Association Varoise de Développement du Tourisme de Randonnée (A.V.D.T.R.), Conseil Général du Var, 1, boulevard Foch, 83000 Draguignan, ☏ 94 68 97 66, qui édite la brochure « Guide Annuaire du Cavalier Varois ».

Spéléologie. – S'adresser aux sections « Spéléologie » du Club Alpin Français de Toulon et de Nice *(voir coordonnées ci-dessus sous la rubrique « escalade, alpinisme »)* ou aux Comités Départementaux de Spéléologie : M. Gilles Colin, 7, cours Voltaire, 83110 Ollioules, ☏ 94 63 39 22, et 130, boulevard de Cessole, 06100 Nice, ☏ 93 89 76 83 (le soir).
En cas d'accident, appeler le 93 86 72 00 (CODIS) 24 h/24 h.

Cyclotourisme. – Les listes de loueurs de cycles sont généralement fournies par les syndicats d'initiative et les offices de tourisme. Certaines gares S.N.C.F. : Antibes, Bandol, Cagnes-sur-Mer, Cannes, Hyères, Juan-les-Pins, St-Raphaël, proposent trois types de bicyclettes. En fonction de la durée de location, des tarifs dégressifs sont appliqués.

Fédération Française de Cyclotourisme, 8, rue Jean-Marie-Jégo, 75013 Paris, ☏ 45 80 30 21 ; sur place : Ligue Côte d'Azur de la F.F.C. : M. Coulomb, les Cardarines, 211, avenue de-Lattre-de-Tassigny, 83250 La Londe-Les-Maures, ☏ 94 66 62 90 ; Comité Départemental de Cyclotourisme, le Jura « A », 12, bd Henri-Sappia, 06100 Nice, ☏ 93 51 22 56.
L'Association Varoise de Développement du Tourisme de Randonnée (A.V.D.T.R.) *(voir coordonnées p. 163, sous la rubrique « randonnées équestres »)* édite la brochure « Topoguide de Cyclotourisme – Promenades et randonnées dans le Var ».

Artisanat. – De nombreux ateliers sont installés sur la côte et dans l'arrière-pays. Des tisserands, ferronniers, potiers... ouvrent leurs portes aux visiteurs en été. Pour les stages, s'adresser aux syndicats d'initiative ou aux offices de tourisme.

Visites des caves coopératives. – Une route des vins « Côtes de Provence » serpente à travers les domaines et des panneaux indiquent les caves vinicoles et les chais à visiter. Renseignements auprès du Comité Interprofessionnel des Vins Côtes de Provence, 3, avenue Jean-Jaurès, 83460 Les Arcs, ☏ 94 73 33 38.
Un circuit routier permet également de découvrir les crus des vins de Bandol. Renseignements auprès du Syndicat des Domaines en Appellation Bandol Contrôlée, « Les Domaines du Bandol », allées Vivien, 83150 Bandol, ☏ 94 29 45 03.

QUELQUES ADRESSES UTILES

Hébergement. - **Guide Michelin France** (hôtels et restaurants) et **guide Michelin Camping Caravaning France** : voir p. 10.
Pour les **randonneurs** (pédestres et équestres) : consulter le guide « Gîtes et refuges en France » par A. et S. Mouraret, Éditions CRÉER, 63340 Nonette, ☏ 73 96 14 07.

Hébergement rural. – S'adresser à la Maison des Gîtes de France, 35, rue Godot-de-Mauroy, 75009 Paris, ☏ 47 42 25 43, qui donne les adresses des comités locaux.

Comité Régional du Tourisme Provence-Alpes-Côte d'Azur. – 22A, rue Louis-Maurel, 13006 Marseille, ☏ 91 37 91 22.

Comité Régional du Tourisme Riviera-Côte d'Azur. – 55, promenade des Anglais, 06000 Nice, ☏ 93 44 50 59.

Comité Départemental de Tourisme du Var. – 1, boulevard Foch, 83300 Draguignan, ☏ 94 68 58 33.

Office de Tourisme et des Congrès de la Principauté de Monaco. – 9, rue de la Paix, 75002 Paris, ☏ 42 96 12 23.

Tourisme et handicapés. – Un certain nombre de curiosités décrites dans ce guide sont accessibles aux personnes handicapées. Pour les connaître, consulter l'ouvrage « Touristes quand même ! Promenades en France pour les voyageurs handicapés », édité par le Comité National Français de Liaison pour la Réadaptation des Handicapés (38, bd Raspail, 75007 Paris). Ce recueil fournit, par ailleurs, pour près de 90 villes en France, de très nombreux renseignements d'ordre pratique, facilitant le séjour aux personnes à mobilité réduite, déficients visuels et malentendants.
Les **guides Michelin France** et **Camping Caravaning France** indiquent respectivement les chambres accessibles aux handicapés physiques et les installations sanitaires aménagées.

Minitel 3615 code « A Nice ». – Pour **Nice** : renseignements détaillés sur les transports, locations de véhicules et de bateaux, prestataires de services, etc., adresses d'hôtels, meublés et location. Pour la **Côte d'Azur** : programmes et adresses des cinémas, manifestations, points d'intérêt culturel...

PASSAGE EN ITALIE

Pour un voyage n'excédant pas 3 mois, se munir de la carte nationale d'identité (validité : 10 ans) ou d'un passeport en cours de validité (ou périmé depuis moins de 5 ans).
Pour la voiture, il faut un permis de conduire français à 3 volets ou un permis de conduire international. Il est recommandé de se munir de la carte internationale d'assurance automobile, dite « carte verte ».
La réglementation concernant les devises exportées par les touristes français étant susceptible de modifications, s'informer avant le départ auprès des banques.

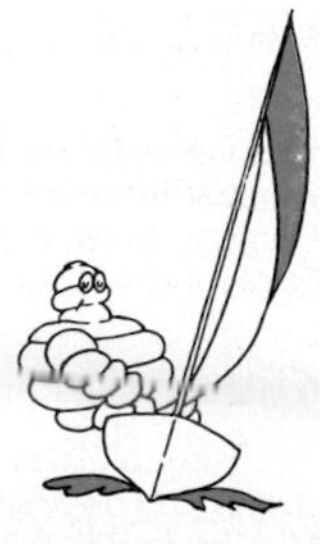

MANIFESTATIONS TOURISTIQUES

Semaine du 17 janvier

Barjols .... Fête de la Saint-Marcel *(voir p. 44)*.

Fin janvier

Monaco .... Rallye automobile de Monte-Carlo.

27 janvier

Monaco (à la Condamine) ... Fête de la Sainte-Dévote.

Dernier week-end de janvier et 1er week-end de février

Valbonne .... Fête du Raisin et de l'Olive.

Première quinzaine de février

Menton .... Fête du Citron, corso des Fruits d'Or.

3e dimanche de février

Bormes-les-Mimosas .... Corso du Mimosa.

2 semaines autour de Mardi gras

Nice .... Carnaval *(voir p. 108)*.

25 mars

Nice (à Cimiez) .... Festin des Cougourdons (courges séchées et peintes) ; spectacle folklorique. ☎ 93 87 16 28.

Nuit du Vendredi saint

Roquebrune-Cap-Martin .... Procession du Christ Mort *(voir p. 125)*.

Dimanche et lundi de Pâques

Vence .... Fête du Folklore provençal.

3e dimanche après Pâques

Fréjus .... Bravade St-François.

Fin mars ou avril

Hyères .... Corso fleuri.

Une semaine courant avril

Monaco .... Tournois internationaux open de tennis.
Nice .... Tournois internationaux open de tennis.

Mai

Cannes .... Festival international du Film.
Nice (à Cimiez) .... Fête des Mais le week-end.

2e week-end de mai

Grasse .... Fête de la Rose.

16, 17, 18 mai

St-Tropez .... Bravades *(voir p. 133)*.

Week-end de l'Ascension

Monaco .... Grand Prix Automobile de Formule 1.

Fin mai à mi-juillet

Toulon .... Festival de musique et concours international d'instruments à vent.

15 juin

St-Tropez .... Bravade des Espagnols *(voir p. 133)*.

Fin juin

St-Tropez .... Fête des Pêcheurs.

Fin juin à fin septembre

Peille .... Soirées musicales. ☎ 93 79 90 32.
Cagnes-sur-Mer .... Festival international de la Peinture.

Juillet et août

Brignoles .... Nuits d'été du Pont d'Olive (à 3 km au Sud-Est de Brignoles, sur la route de Camps-la-Source).

Début juillet à fin septembre (années paires)

Vallauris .... Biennale internationale de Céramique.

1er ou 2e dimanche de juillet

Cap d'Antibes (à la Garoupe) Fête des Marins *(voir p. 36)*.

Juillet

Hyères .... Festival de jazz et festival provençal (musique, théâtre).
Toulon (à Châteauvallon) ... Festival international de Danse.
Vence .... Festival de Musique classique.
Nice .... Festival du Folklore international. ☎ 93 87 16 28.

1re quinzaine de juillet

Nice (Arènes de Cimiez) ..... Grande parade du jazz. ☎ 93 87 16 28.

1er week-end de juillet

Le Beausset 84 pli 14 *(1)* ..... Grand Prix de France de Formule 1 (circuit Paul Ricard).
Cavalaire-sur-Mer .... Fête de la Saint-Pierre.
Villefranche-sur-mer .... Fête de la Saint-Pierre.

2e dimanche de juillet

Tende .... Fête de la Saint-Éloi, patron des muletiers.

Mi-juillet

Cannes ..... Nuits musicales du Suquet.
Le Cannet ..... Corso fleuri.

2e quinzaine de juillet

Juan-les-Pins-Antibes ..... Festival mondial du Jazz.

Juillet et août

Cannes ..... Festival américain. – Théâtre de la Mer : spectacles gratuits de jazz, variétés et théâtre.
St-Tropez ..... Nuits musicales.
Villefranche-sur-mer ..... Les Nuits de la Citadelle

Mi-juillet/mi-août

Cotignac ..... Festival du Théâtre de la Falaise.
Hyères ..... Foire aux santons.

Mi-juillet/fin août

Entrecasteaux ..... Festival de musique de chambre et de piano ; renseignements : ☏ 94 04 43 95.

Août

Menton ..... Festival de musique de chambre sur le parvis de l'église St-Michel (environ 13 concerts).

1er dimanche d'août

Grasse ..... Fête du Jasmin
Fréjus ..... Fête du Raisin.

5 août

Roquebrune-Cap-Martin ..... Procession de la Passion dans les rues du vieux village *(voir p. 125).*

15 août

Bendor ..... Fête des Pêcheurs.

Septembre

Cannes ..... Régates royales

1er dimanche de septembre

Peille ..... Festin des baguettes. Commémoration d'une pénurie d'eau qui prit fin grâce à l'intervention d'un jeune berger sourcier muni d'une baguette d'olivier.

3e week-end de septembre

Le Beausset 84 pli 14 *(1)* ..... Bol d'Or motocycliste (circuit Paul Ricard).

Novembre

Cannes ..... Festival de la Danse

19 novembre

Monaco ..... Manifestations de la fête nationale monégasque.

Décembre

Fréjus ..... Foire aux santons

1er dimanche de décembre

Bandol ..... Fête du vin.

24 décembre

Lucéram ..... Noël des Bergers *(voir p. 89).*

---

(1) Pour les localités non décrites, nous indiquons le n° de la carte Michelin et le n° du pli.

QUELQUES LIVRES

Les monographies relatives à une ville ou à une curiosité sont citées à l'article intéressé.

Ouvrages généraux – Tourisme

Pays et gens de Provence *(Paris, Larousse, Sélection du Reader's Digest).*
La Côte d'Azur *(Paris, Larousse, coll. « Beautés de la France »).*
Provence, Corse et Côte d'Azur *(Paris, Larousse, coll. « La France et ses trésors »).*
Côte d'Azur, par J. ROBICHON *(Paris, Sun, coll. « Voir en France »).*

Histoire – Art

Histoire de la Provence, par M. Agulhon et N. Coulet *(Paris, P.U.F., coll. « Que sais-je ? »).*
Provence romane, tome 2 *(Paris, coll. « Zodiaque », exclusivité Weber).*
Alpes romanes *(Paris, coll. « Zodiaque », exclusivité Weber).*
L'Art cistercien *(Paris, coll. « Zodiaque », exclusivité Weber).*

Gastronomie – Traditions

La Cuisine du Comté de Nice, par J. MÉDECIN *(Paris, Julliard).*
Cuisine de Provence, par H. PHILIPPON *(Paris, Albin Michel).*

Littérature

P. ARÈNE : Nombreux ouvrages dont l'action se passe en Provence.
J. CONRAD : **Le Frère de la Côte** *(Gallimard, Paris).* Étude d'un vieux marin provençal.
M. GALLO : **La Baie des Anges ; Le Palais des Fêtes ; La Promenade des Anglais :** 3 volumes ou un seul *(Robert Laffont, Paris).*
J. ROMAINS : **La Douceur de la vie,** tome 18 de la série « Les Hommes de bonne volonté » *(Livre de poche, Paris).* L'action se passe à Nice dans les années 20.

CONDITIONS DE VISITE

En raison de l'évolution incessante des horaires d'ouverture de la plupart des curiosités et des variations du coût de la vie, les informations ci-dessous, obtenues durant l'été 1989, ne sont données qu'à titre indicatif et sans engagement. Néanmoins quelques organismes ne nous ont pas communiqué leurs tarifs. Cette particularité, signalée, peut inciter nos lecteurs à s'informer eux-mêmes, par courrier ou par téléphone, avant de prévoir une visite.

Ces renseignements s'appliquent à des touristes voyageant isolément et ne bénéficiant pas de réduction. Pour les groupes constitués, il est généralement possible d'obtenir des conditions particulières concernant les horaires ou les tarifs, avec un accord préalable.

Les églises ne se visitent pas pendant les offices ; elles sont ordinairement fermées de 12 h à 14 h. Les conditions de visite en sont données si l'intérieur revêt un intérêt particulier. La visite de la plupart des chapelles ne peut se faire qu'accompagnée par la personne qui détient la clé. Une rétribution ou une offrande est de mise.

Les informations ci-dessous sont ordonnées comme le descriptif du guide.

A

ANTIBES

Visites guidées de la ville organisées par la maison du tourisme, ☏ 93 33 95 64.

Musée archéologique. – Visite (1/2 h) de 10 h à 12 h ; de 15 h à 19 h de juillet à septembre et de 10 h à 12 h et de 14 h à 18 h d'octobre à juin. Fermé le mardi, le 1er janvier, les lundis de Pâques et de Pentecôte, 1er mai, 15 août et du 1er novembre au 9 décembre. 20 F, entrée gratuite le mercredi pendant l'année scolaire. ☏ 93 34 48 01.

Château Grimaldi. – Visite (1 h) de juillet à septembre de 10 h à 12 h et de 15 h à 19 h ; d'octobre à juin de 10 h à 12 h et de 14 h à 18 h. Fermé le mardi, les 1er janvier, lundi de Pâques, 1er mai, Ascension, lundi de Pentecôte, 14 juillet, 15 août, du 1er novembre au 9 décembre et Noël. 20 F. ☏ 93 34 91 91.

Sanctuaire de la Garoupe. – Visite en été de 9 h 30 à 12 h et de 14 h 30 à 18 h, en hiver de 10 h à 12 h et de 14 h 30 à 17 h. Visite différée lors des offices.

Phare. – Visite accompagnée (1/4 h) de 14 h 30 à 17 h toute l'année ainsi que de 10 h 30 à 12 h en période de vacances scolaires. Fermé le dimanche matin et par mauvais temps. La rétribution du guide est laissée à l'appréciation des visiteurs. ☏ 93 61 57 63.

Jardin Thuret. – Visite (1 h) tous les jours sauf les samedis et dimanches de 8 h à 17 h 30. Entrée gratuite.

Musée naval et napoléonien. – Visite de 9 h à 12 h et de 14 h à 18 h (fermeture à 19 h en juillet et août). Fermé le mardi, en novembre, les 1er janvier, 1er mai et à Noël. 11 F. ☏ 93 61 45 32.

Environs

Marineland. – Visite toute l'année. Spectacles à 14 h 30 et 16 h 30. Spectacle supplémentaire à 18 h suivant la saison et nocturne à 21 h 45 en juillet et août. 78 F, enfants : 52 F. ☏ 93 33 49 49.

Les ARCS

Église. – Ouverte de 9 h 45 à 11 h 30 et de 14 h à 17 h. ☏ 94 73 30 13.

L'ARRIÈRE-PAYS NIÇOIS

Le tour du mont Chauve

Église d'Aspremont. – Ouverte le dimanche de 10 h 30 à 12 h (messe à 11 h) et de 15 h à 16 h. ☏ 93 08 00 01 et 93 08 00 23.

Église de Tourrette-Levens. – Ouverte tous les jours ; visite accompagnée sur demande au presbytère. ☏ 93 91 00 41.

Église de Falicon. – Ouverte uniquement le dimanche matin. ☏ 93 98 94 16.

Église St-Pons. – Il est préférable de téléphoner afin de faire ouvrir l'église (☏ 93 81 71 71 poste 3292), sinon sonner sous le portique à gauche en haut des deux escaliers courbes sur la place de l'église : visite de 9 h à 15 h.

Les Deux Paillons

Musée du sanctuaire de N.-D. de Laghet. – Visite toute l'année de 15 h à 17 h en semaine et de 15 h à 18 h les dimanches et jours fériés. Possibilité de visite en dehors de ces horaires sur demande adressée à M. le Recteur du Sanctuaire, Prieuré de N.-D. de Laghet, 06340 La Trinité.

AUPS

Collégiale St-Pancrace. – Visite de 9 h à 12 h et de 15 h 30 à 18 h.

Musée Simon-Segal. – Visite tous les jours du 15 juin au 15 septembre de 10 h 30 à 12 h et de 15 h à 18 h. 9 F. En dehors de cette période s'adresser à la mairie, place Frédéric-Mistral, ☏ 94 70 00 07.

Environs

Château d'Entrecasteaux. – Visite (3/4 h) tous les jours de 10 h à 19 h d'avril à septembre et de 10 h à 18 h d'octobre à mars. 20 F. ☏ 94 04 43 95.

B

BANDOL

Ile de Bendor. – **Accès :** Toutes les 1/2 heures de début juin à fin septembre, au départ de Bandol ; toutes les heures, le reste de l'année. Durée : 7 mn. 17 F. ☎ 94 29 44 34.

Exposition universelle des vins et spiritueux. – Visite toute l'année de 10 h à 12 h et de 14 h à 18 h. Fermée uniquement les mercredis. Entrée gratuite. ☎ 94 29 44 34.

Environs

Zoo-jardin exotique de Sanary-Bandol. – Visite (1 h 1/2) toute l'année de 8 h à 12 h et de 14 h à 18 h. Fermé le matin des dimanches et des jours fériés. Tarif non communiqué. ☎ 94 29 40 38.

Chapelle N.-D. du Beausset-Vieux. – Ouverte du 1er juin au 8 septembre le samedi et le dimanche de 14 h à 18 h. ☎ 94 98 61 53 (aux jours et heures d'ouverture). Pour les visites organisées, s'adresser à M. Sasselli, rue Vincent-Scotto, 83330 Le Beausset.

BARJOLS (Environs)

Église de Varages. – Ouverte le dimanche pour la messe de 9 h 30. Pour visiter un autre jour, demande préalable à M. le Curé de Barjols, ☎ 94 77 00 43.

BEAULIEU

Villa Kérylos. – Visite accompagnée (1 h) de 14 h à 18 h de septembre à juin et de 14 h 30 à 18 h 30 en juillet et août. Fermé le lundi, les 1er janvier, 1er mai, du 2 novembre au 10 décembre et à Noël. 15 F. ☎ 93 01 01 44.

BIOT

Musée Fernand-Léger. – Visite (1 h) de 10 h à 12 h et de 14 h à 18 h d'avril à septembre et de 10 h à 12 h et de 14 h à 17 h d'octobre à mars. Fermé le mardi, les 1er janvier, 1er mai et à Noël. 30 F. ☎ 93 65 63 61.

Verrerie de Biot. – Visite de 8 h 30 à 18 h en semaine, de 10 h 30 à 13 h et de 14 h à 18 h le dimanche ; en été, de 8 h 30 à 20 h en semaine, de 10 h à 13 h et de 15 h à 20 h le dimanche. Les jours fériés, horaires des dimanches. Fermée le 1er janvier et à Noël. ☎ 93 65 03 00.

Musée d'histoire locale. – Visite (3/4 h) de 14 h à 18 h tous les jours sauf le lundi du 15 juin au 15 octobre, et les jeudis, samedis et dimanches du 1er décembre au 14 juin. Fermé en novembre. 3 F. ☎ 93 65 11 79.

BORMES-LES-MIMOSAS

Musée « Arts et Histoire ». – Visite d'octobre à juin : le mercredi de 10 h à 12 h et de 15 h à 17 h, le dimanche de 10 h à 12 h ; de juillet à septembre : en semaine de 10 h à 12 h et de 16 h à 18 h, le dimanche de 10 h à 12 h, nocturne de 21 h à 23 h les mercredis, vendredis et samedis. 5 F.

BRIGNOLES

Musée du Pays brignolais. – Visite (1 h) du 16 octobre au 31 mars de 10 h à 12 h et de 14 h 30 à 17 h en semaine, de 10 h à 12 h et de 15 h à 17 h le dimanche ; du 1er avril au 16 septembre, de 9 h à 12 h et de 14 h 30 à 18 h en semaine, de 9 h à 12 h et de 15 h à 18 h le dimanche. Fermé les lundis et mardis et le 1er mai. Les jours fériés, horaire des dimanches. 7 F. ☎ 94 69 45 18.

Environs

Parc Mini-France. – Visite de 9 h à 19 h de septembre à juin et de 9 h à 24 h en juillet et août. Entrée 55 F. ☎ 94 69 26 00.

Abbaye de la Celle. – S'adresser au gardien, M. César Gianati, rue Cubert, ☎ 94 69 47 60.

La BRIGUE

Chapelle de l'Assomption. – S'adresser à la mairie (☎ 93 04 61 01) qui prête les clés contre remise d'une pièce d'identité.

Chapelle de l'Annonciation. – Mêmes conditions que la chapelle de l'Assomption.

C

CABASSE

Église St-Pons. – S'adresser au presbytère ou au bar-tabac, près de l'église (sauf le mercredi après-midi). ☎ 94 80 22 37.

Environs

Musée régional du Timbre et de la Philatélie du Luc. – Visite en semaine de 14 h 30 à 17 h 30, les samedis et dimanches de 10 h à 12 h et de 14 h 30 à 17 h 30. Fermeture à 18 h 30 de juin à août. Fermé le mardi. 5 F. ☎ 94 47 96 16.

CAGNES-SUR-MER

Des visites guidées du vieux bourg et du château-musée sont organisées tous les samedis après-midi de 17 h à 18 h 30 de juillet à septembre et de 15 h à 16 h 30 de décembre à juin. ☏ 93 20 85 57.

Église St-Pierre. – Visite tous les jours de 14 h à la tombée de la nuit. Fermée le mercredi et les jours de pluie. ☏ 93 20 67 14.

Chapelle N.-D.-de-Protection. – Visite en hiver de 14 h à 17 h, pendant les 10 jours des vacances de Pâques de 14 h à 18 h, en été de 14 h 30 à 18 h 30. Fermée les mardis et vendredis. ☏ 93 20 85 57.

Château-musée. – Visite (1 h) de 10 h à 12 h et de 14 h à 17 h du 16 novembre à Pâques, de 10 h à 12 h et de 14 h à 18 h de Pâques à juin, de 10 h à 12 h et de 14 h 30 à 19 h de juillet à fin septembre. Fermé le mardi, tous les jours du 10 au 30 juin et de début octobre à mi-novembre. 5 F (20 F pendant le **Festival international de la peinture** de juillet à septembre). ☏ 93 20 85 57.

Musée Renoir. – Visite de 10 h à 12 h et de 14 h à 18 h ; du 16 novembre au 31 mai fermeture à 17 h. Fermé le mardi, les 1er janvier, 1er mai, 15 août, du 15 octobre au 15 novembre et à Noël. Visites guidées le lundi de 15 h à 16 h 30 de décembre à juin et de 16 h à 17 h 30 de juillet à septembre. 20 F. ☏ 93 20 61 07.

CANNES

Musée de la Castre. – Visite (1 h 30) d'octobre à mars de 10 h à 12 h et de 14 h à 17 h, d'avril à juin de 10 h à 12 h et de 14 h à 18 h, de juillet à septembre de 10 h à 12 h et de 15 h à 19 h. Fermé le mardi et les jours fériés. 3 F. Entrée gratuite les mercredis et dimanches. ☏ 93 38 55 26.

Gare maritime. – Départ pour les îles de Lérins, voir p. 85.
Possibilité d'excursions d'1 h 1/2 en mer à bord du Nautilus, catamaran offrant une vision des fonds sous-marins depuis ses flotteurs (capacité de 160 places assises) ; S.C.M., ☏ 93 99 62 01.

CAP FERRAT

Fondation Ephrussi-de-Rothschild. – Visite accompagnée (1 h) : de décembre à juin à 14 h 30, 15 h 15, 16 h et 16 h 45 en période d'affluence, à 14 h 30, 15 h 40 et 16 h 45 en période creuse ; en juillet et août, visites à 15 h 30, 16 h 15, 17 h et 17 h 45. Les jardins peuvent se visiter librement également de 9 h à 12 h, sauf le dimanche. Fermée le lundi, les 1er janvier, 1er mai et Noël. 25 F ; les jardins seuls : 10 F. ☏ 93 01 33 09.

Zoo. – Visite de 9 h 30 à 19 h de début juin à mi-septembre et de 9 h 30 à 18 h de mi-septembre à fin mai. 35 F. ☏ 93 76 04 98.

Phare. – Visite tous les jours : de 9 h 30 à 12 h et de 15 h à 18 h d'avril à octobre et de 9 h 30 à 12 h et de 15 h à 16 h 30 de novembre à mars. Entrée gratuite. ☏ 93 76 08 36.

COARAZE

Église. – Visite de 9 h à 12 h et de 15 h à 18 h 30. Fermée le lundi et le dimanche matin.

N.-D.-de-la-Pitié. – Visite de 9 h à 12 h et de 15 h à 18 h 30. Fermée le lundi et le dimanche matin.

COGOLIN

« Les tapis et tissus de Cogolin ». – Visite (1/2 h) du lundi au vendredi de 8 h 30 à 12 h et de 14 h à 18 h, le samedi de 9 h à 12 h. Fermé les dimanches et jours fériés. Entrée gratuite. ☏ 94 54 66 17.

Espace Raimu. – Visite tous les jours d'octobre à Pâques de 10 h à 12 h 30 et de 15 h à 18 h, et de Pâques à septembre de 10 h à 12 h 30 et de 16 h à 20 h. 20 F. ☏ 94 54 18 00.

CONTES (Environs)

Église de la Madonne de Villevieille. – Visite (1 h) sur demande à 10 h et 15 h auprès de Mme Odette Diribarne, ☏ 93 79 23 76. Informations au 93 79 03 65.

D

DRAGUIGNAN

Musée. – Visite (1 h) de 9 h à 12 h et de 14 h à 18 h. Fermé le dimanche, le lundi matin et les jours fériés. Entrée gratuite. ☏ 94 47 28 80.

Musée des Arts et Traditions populaires de moyenne Provence. – Visite de 9 h à 12 h et de 14 h à 18 h. Fermé le lundi, le matin des dimanches et des jours fériés et le 1er mai toute la journée. 10 F. ☏ 94 47 05 72.

Cimetière américain et mémorial du Rhône. – Ouvert toute l'année sans interruption.

Musée du canon et des artilleurs. – Visite du 10 janvier au 15 décembre de 9 h à 11 h et de 14 h 30 à 17 h. Fermé les samedis, dimanches et jours fériés. Entrée gratuite. ☏ 94 68 54 57 poste 3570 ou 3572.

E

EMBIEZ (Ile)

Accès. – Embarquement au port du Brusc. De 17 à 23 traversées (12 mn) par jour dans les deux sens suivant la saison. 21 F AR.

Fondation Océanographique Ricard. – Visite (1 h) en juillet et août de 10 h à 12 h 30 et de 13 h 30 à 18 h 30, de septembre à juin de 10 h à 12 h et de 13 h 30 à 17 h 45. Fermée le 1er janvier, le mercredi matin de novembre à mars et les 25 et 26 décembre. 11 F. ☏ 94 34 02 49.

ÈZE

Chapelle des Pénitents Blancs. – A l'entrée, une grille en fer forgé permet d'admirer les œuvres d'art en permanence. Visite accompagnée en été de 14 h à 17 h. ☏ 93 41 00 38.

Jardin exotique. – Visite (1/2 h) de 9 h à 12 h et de 14 h à 18 h d'octobre à mars, de 9 h à 12 h et de 14 h à 19 h d'avril à juin, de 8 h à 19 h de juin à octobre, fermeture à 20 h en juillet et août. 8 F.

Parfumerie Fragonard. – Visite accompagnée (1/2 h) de 9 h à 12 h et de 14 h à 18 h de mi-octobre à Pâques, de 9 h à 18 h 30 de Pâques à mi-octobre. Visites en français, anglais, allemand, espagnol et italien (également en suédois et hollandais pendant l'été). Entrée gratuite. ☏ 93 36 44 65.

*Les **guides Rouges,** les **guides Verts** et les **cartes Michelin** composent un tout.*
Ils vont bien ensemble, ne les séparez pas.

F

FAYENCE (Environs)

N.-D.-des-Cyprès. – S'adresser à M. Rebuffel, au garage au chevet de l'église. Paroisse, ☏ 94 76 00 94.

Église de Callas. – S'adresser au Foyer des Amitiés Africaines, à côté de l'église.

Lac de St-Cassien. – La pratique de la pêche est partout possible sauf sur les ouvrages et les ponts. Tous les sports de voile sont autorisés ; la navigation à moteur est interdite. La baignade est tolérée mais non surveillée.

FRÉJUS

Visites guidées de la ville organisées par le service des affaires culturelles de la mairie, ☏ 94 53 56 45.

Quartier épiscopal. – Visite libre pour le cloître et le musée, accompagnée si la visite comprend le portail et le baptistère : de 9 h 30 à 12 h et de 14 h à 17 h d'octobre à mars, de 9 h 30 à 12 h 30 et de 14 h 30 à 18 h 30 d'avril à juin, de 9 h 30 à 12 h 30 et de 14 h à 18 h 30 de juillet à septembre. 16 F. ☏ 94 51 26 30.

Cathédrale. – Fermée de 12 h à 16 h.

Arènes. – Visite (20 mn) de 9 h 30 à 12 h et de 14 h à 18 h 30 d'avril à septembre, de 9 h à 12 h et de 14 h à 16 h 30 d'octobre à mars. 6 F. ☏ 94 51 34 31.

Pagode bouddhique. – Visite (1/2 h) de 16 h à 19 h du 1er juin au 15 septembre. 3 F. ☏ 94 81 03 57.

Environs

Musée des Troupes de marine. – Visite de 10 h à 12 h et de 14 h à 17 h 30. Fermé le mardi, tous les matins d'octobre à mai et les jours fériés légaux. Entrée gratuite. ☏ 94 40 81 75.

Parc zoologique. – Visite (2 h) de 9 h 30 à 19 h de mai à septembre et de 10 h à 17 h 30 d'octobre à avril. 48 F. ☏ 94 40 70 65.

G

La GARDE-FREINET

Chapelle St Éloi – Visite (1/4 h) de 9 h 30 à 12 h 30 et de 14 h 30 à 18 h 30 de Pâques à mi-juin et de mi-septembre à fin octobre, de 10 h à 13 h et de 15 h à 19 h de mi-juin à mi-septembre. Fermée les mardis et dimanches, sauf en saison, le 1er mai et de novembre à Pâques. Entrée gratuite. ☏ 94 43 67 41.

GOURDON

Château. – Visite accompagnée (20 mn) de 11 h à 13 h et de 14 h à 19 h de juin à septembre, uniquement de 14 h à 18 h d'octobre à mai. Fermé le mardi d'octobre à mai. 10 F. ☏ 93 42 50 13.

GRASSE

Visites guidées de la vieille ville organisées par l'office de tourisme, ☏ 93 57 57 00.

Musée d'Art et d'Histoire de Provence. – Visite (3/4 h) de 10 h à 13 h et de 14 h à 18 h. Fermé les lundis et mardis, les jours fériés légaux, à l'occasion des fêtes locales des 24 août et 8 septembre, en novembre et la première semaine de décembre. 6 F. Entrée gratuite les mercredis et dimanches. ☏ 93 36 01 61.

Cathédrale. – Visite en été de 8 h 30 à 11 h 45 et de 14 h 30 à 18 h 30 ; en hiver de 8 h 30 à 11 h 45 et de 14 h à 18 h (toute l'année, ouverture à 15 h 30 le dimanche après-midi). Fermée les jours fériés de semaine.

Villa-musée Fragonard. – Mêmes conditions de visite que le musée d'Art et d'Histoire de Provence.

Musée international de la Parfumerie. – Visite (1 h) de 10 h à 18 h. Fermé les mêmes jours que le musée d'Art et d'Histoire de Provence. 10 F. ☏ 93 36 80 20.

Musée de la Marine. – Visite (3/4 h) de 10 h à 12 h et de 14 h à 18 h. Fermé le dimanche, les jours fériés et pendant le mois de novembre. 10 F. ☏ 93 09 10 71.

Parfumeries. – La maison **Fragonard** est ouverte de 9 h à 18 h 30 en été, de 9 h à 12 h et de 14 h à 18 h 30 en hiver, entrée gratuite, ☏ 93 36 44 65. La maison **Molinard** se visite d'avril à septembre : en semaine de 9 h à 18 h 30, les dimanches et fêtes de 9 h à 12 h et de 14 h à 18 h ; d'octobre à mars : en semaine de 9 h à 12 h et de 14 h à 18 h, sur demande le dimanche. Entrée gratuite. ☏ 93 36 03 91. La maison **Galimard** est ouverte de 9 h à 18 h 30 de juin à septembre, de 9 h à 12 h 30 et de 14 h à 18 h d'octobre à mai. Entrée gratuite. ☏ 93 09 20 00.

Environs

Musée des trains miniatures. – Visite de 9 h à 20 h de juin à septembre, de 9 h 30 à 18 h le reste de l'année. 20 F. ☏ 93 77 97 97.

Grottes de St-Cézaire. – Visite accompagnée (3/4 h) de 14 h 30 à 17 h (17 h 30 les dimanches et fêtes) du 15 février au 31 mai, de 10 h 30 à 12 h et de 14 h 30 à 18 h de juin à septembre sans interruption le midi en juillet et août. 20 F. ☏ 93 60 22 35.

Magagnosc. – **Église St-Laurent** fermée entre 12 h et 15 h.
Chapelle St-Michel ouverte de 9 h à 12 h et de 14 h à 18 h tous les jours.

H

HYÈRES

Ancienne collégiale St-Paul. – Ouverte l'après-midi à partir de 15 h.

Église St-Louis. – Ouverte de 7 h à 12 h et de 15 h à 19 h. ☏ 94 65 20 82.

N.-D.-de-Consolation. – Ouverte de 10 h à 12 h et de 15 h à 18 h 30. ☏ 94 65 26 80.

Musée municipal. – Visite de 10 h à 12 h et de 15 h à 18 h. Fermé les mardis, samedis, dimanches, les jours fériés légaux et les 16 et 21 août. Entrée gratuite. ☏ 94 35 90 42.

HYÈRES (Iles)

Ile de Porquerolles

Bureau d'information. – Dans le village, sur le port. Ouvert de Pâques à fin octobre. ☏ 94 58 33 76.

Fort Ste-Agathe. – Visite (1/2 h) tous les jours de 9 h 30 à 12 h et de 15 h à 18 h. Fermé le dimanche d'octobre à mai. 16 F. ☏ 94 05 90 17.

Phare. – Visite accompagnée (1/4 h), le matin et l'après-midi de Pâques à fin septembre. Entrée gratuite. ☏ 94 58 30 78. Les visites peuvent être suspendues ou annulées en raison de travaux d'entretien.

Ile de Port-Cros

Parc national de Port-Cros. – Renseignements : 50, avenue Gambetta, 83400 Hyères, ☏ 94 65 32 98, ou au Centre d'Information de Port-Cros, sur le port, premier bâtiment à gauche des débarcadères, ☏ 94 05 90 17 (ouvert en été).
Pas de circulation automotrice sur l'île, en dehors du service. Camping, bivouac, feu, chasse sous-marine interdits.

Fort de l'Estissac. – Visite de juin à septembre de 10 h à 18 h. Entrée gratuite. Renseignements hors saison à IDEAL, ☏ 94 57 51 12.

Sentier sous-marin. – Ouvert au public du 15 juin au 15 septembre de 10 h à 17 h. Plongées accompagnées l'été, l'après-midi, par petits groupes de 7 à 8 personnes, au départ de la plage de la Palud. Parcours autonome possible à l'aide d'une plaquette submersible (location : 30 F) qui permet d'identifier les espèces végétales et animales rencontrées. Il est conseillé d'avoir son propre équipement de plongée.

Ile du Levant

Accès. – Au départ du port d'Hyères (1 h 30) et de Giens (1 h), le service est assuré par la Société de Transports Maritimes et Terrestres du Littoral Varois (1, avenue Franklin-Roosevelt, 83000 Toulon, ☏ 94 41 65 87, ou Tour Fondue, 83400 Giens, ☏ 94 58 21 81).
Au départ du Lavandou (35 mn), Cavalaire (54 mn), le service est assuré par la Compagnie de Transports Maritimes « Vedettes Iles d'Or » et « le Corsaire », 15, quai Gabriel-Péri, 83980 Le Lavandou, ☏ 94 71 01 02.

L

Le LAVANDOU

Port. – Départ pour les îles d'Hyères, ☏ 94 71 01 02. La Compagnie de Transports Maritimes du Lavandou propose également tous les jours des promenades d'observation sous-marines à bord d'un trimaran à enfoncement variable : l'Aquascope.

Les LECQUES

Musée de Tauroentum. – Visite (1/2 h) tous les jours sauf le mardi de juin à septembre de 15 h à 19 h, les samedis et dimanches de 14 h à 17 h d'octobre à mai. Fermé le 1er janvier et à Noël. 10 F. ☏ 94 26 30 46.

LÉRINS (Iles)

Accès. – Liaisons régulières tous les jours au départ de Cannes : Compagnie Chanteclair, ☏ 93 39 22 82 ou 92 98 80 32 ; S.C.M., ☏ 93 99 62 01.
Croisières (1 h 30) avec vision des fonds marins, ☏ 93 99 62 01.

Spectacle Son et Lumières « Il était une fois Cannes ». – De début juillet à mi-septembre tous les jours sauf les dimanches et lundis : départ de Cannes à 21 h 30, durée 2 h 1/2, 60 F. ☏ 93 99 62 01.

Ile Ste-Marguerite

Forêt : « Circuit botanique et naturaliste ». – En été, un guide accompagne gratuitement les promeneurs sur ce circuit.

Fort royal. – **Musée de la mer** ouvert de 9 h 45 à 12 h et de 14 h à 18 h de mai à septembre ; le reste de l'année visite de 10 h 30 à 12 h et de 14 h à 16 h 45. Fermé le mardi et les jours fériés. L'ouverture est conditionnée par le temps et les transports maritimes. 5 F.

Ile St-Honorat

Ancien monastère fortifié. – Visite accompagnée (3/4 h) de juillet à septembre de 10 h 15 à 12 h et de 14 h 15 à 16 h 30. Fermé le dimanche matin et les jours fériés. 10 F. ☏ 93 48 68 68.

Monastère moderne. – Visite toute l'année de 10 h à 12 h et de 14 h 15 à 16 h 30. Offrande libre. ☏ 93 48 68 68. Fermé le dimanche matin et les jours fériés. Les dimanches et fêtes, grand-messe abbatiale à 10 h 45.

LEVENS

Mairie. – Pour voir les fresques, s'adresser au secrétariat du lundi au vendredi, de 9 h à 12 h et de 14 h à 18 h.

LORGUES

Collégiale St-Martin. – Visite de 9 h à 11 h 30 et de 14 h à 17 h. Mairie de Lorgues, ☏ 94 73 90 18.

Environs

Chapelle N.-D.-de-Benva. – En cours de restauration, ne se visite pas.

LOUP (Vallée)

Saut du Loup. – Accès permis de juin à septembre toute la journée sans interruption. Tarif non communiqué.

LUCÉRAM

Chapelle St-Grat. – S'adresser à M. le Curé, ☏ 93 79 51 87.

Chapelle N.-D.-de-Bon-Cœur. – S'adresser à M. le Curé, ☏ 93 79 51 87.

M

MAURES (Massif)

Village de tortues de Gonfaron. – Visite tous les jours du 15 mars au 30 novembre de 9 h à 19 h. 25 F. ☏ 94 78 26 41.

MENTON

Promenades en mer. – Embarcadère : Vieux Port, vers le phare. Promenades commentées (1 h 30 AR) : de début juillet à mi-septembre, départs à 14 h 30 et 16 h, tous les jours, de début avril à fin juin et de mi-septembre à fin octobre, départ à 14 h 30, tous les jours ; 50 F. En outre, de début juillet à mi-septembre, sont organisées, les mardis, mercredis et jeudis, des promenades d'une journée avec escale à Monaco, 65 F. Renseignements : Hippocampe, Vieux Port, quai Napoléon-III, ☏ 93 35 51 72.

Musée Jean-Cocteau. – Visite (1/2 h) du 15 juin au 15 septembre de 10 h à 12 h et de 15 h à 19 h, du 16 septembre au 14 juin de 10 h à 12 h et de 14 h à 18 h. Fermé le mardi et les jours de fêtes. Entrée gratuite. ☏ 93 35 84 64.

Église St-Michel. – Ouverte de 10 h à 12 h et de 15 h à 17 h. ☏ 93 35 84 64.

Musée du Palais Carnolès. – Mêmes conditions de visite que pour le musée Jean-Cocteau. ☎ 93 35 84 64.

Jardin botanique exotique. – Visite tous les jours de 10 h à 12 h et de 14 h à 17 h (fermeture à 18 h de juin à septembre inclus). Fermé les mardis et le 1er mai.

Jardin des Colombières. – Visite tous les jours de 9 h à 12 h et de 15 h à la tombée de la nuit. 15 F. ☎ 93 35 71 90.

Hôtel de ville. – Visite de la salle des mariages (10 mn) de 8 h 30 à 12 h 30 et de 13 h 30 à 17 h toute l'année du lundi au vendredi. 5 F. ☎ 93 57 87 87 poste 421.

Musée de Préhistoire régionale. – Mêmes conditions de visite que le musée Jean-Cocteau. ☎ 93 35 84 64.

Vallée des MERVEILLES

Parc national du Mercantour. – Les touristes désireux de pénétrer dans le parc ne doivent pas être accompagnés de chiens, ni être porteurs de fusils et de transistors ; le camping, le feu, les véhicules à moteur sont interdits. La circulation peut être réglementée sur certains parcours.

Centres d'information. – Pour tous renseignements concernant les promenades accompagnées en été et les activités pratiquées dans le parc, s'adresser :
– à la Direction du Parc national, 23, rue d'Italie, 06000 Nice, ☎ 93 87 86 10,
– au Comité Régional de Tourisme Riviera-Côte d'Azur et au Relais des Gîtes de France, 55, promenade des Anglais, 06000 Nice, ☎ 93 44 50 59,
– à l'Association des guides et accompagnateurs des Alpes méridionales *(voir p. 163 sous la rubrique « escalade, alpinisme »),*
– au service télématique 3615 CIMALP.

Recommandations pour visiter la vallée des Merveilles. – Quels que soient l'itinéraire et le moyen choisis pour aller voir les gravures rupestres, il faut savoir que :
– l'enneigement risque de les cacher jusqu'à fin juin et dès mi-octobre ;
– sans guide, il est bien difficile de trouver ces fameuses gravures, dispersées sur de vastes espaces et à différents niveaux ;
– des cartes détaillées sont indispensables : cartes au 1/25 000 de l'Institut Géographique National ou du Conseil Général des Alpes-Maritimes (« Vallée de la Roya »), ou carte au 1/50 000 « Haut Pays Niçois » (Éd. Didier et Richard, Grenoble) ;
– l'équipement nécessaire à toute course en montagne est indispensable : chaussures de marche, vêtements chauds et de pluie même en plein été, boussole ;
– l'office de tourisme de la Haute-Roya peut fournir tous renseignements utiles. ☎ 93 04 73 71.

Refuge des Merveilles. – Ravitaillement sur place ; il est prudent de réserver sa nuit en saison, en s'adressant à l'office de tourisme de la Haute-Roya *(voir ci-dessus).*

Accès en jeep. – Les entreprises de Tende et de St-Dalmas, qui organisent les excursions en jeep, n'offrent pas toutes les mêmes services ; dans certains cas, un guide accompagne les visiteurs jusqu'aux gravures. Se renseigner auprès de l'office de tourisme de la Haute-Roya *(voir ci-dessus).*

MONACO (Principauté)

Jardin exotique. – Visite (3/4 h) de mai à août de 9 h à 19 h, en avril et septembre de 9 h à 18 h 30, en février, mars et octobre de 9 h à 18 h, en janvier et novembre de 9 h à 17 h 30, en décembre de 9 h à 17 h. Fermé le 1er mai et le 29 novembre. Billet groupé 29 F avec la grotte de l'Observatoire et le musée d'Anthropologie préhistorique. ☎ 93 30 33 65.

Grotte de l'Observatoire. – Visite accompagnée (1/2 h), mêmes horaires que pour le jardin exotique (dernière visite de la grotte 40 mn avant la fermeture). Billet groupé avec le jardin et le musée d'Anthropologie préhistorique.

Musée d'Anthropologie préhistorique. – Visite (1/2 h) de 9 h à 19 h de mai à août, de 9 h à 18 h 30 en septembre et avril, de 9 h à 18 h en octobre, février et mars, de 9 h à 17 h 30 en novembre, et de 9 h à 17 h en décembre et janvier. Fermé le 1er mai et le 29 novembre. Billet groupé 29 F avec le jardin exotique et la grotte de l'Observatoire. ☎ 93 15 80 06.

Le Rocher. – Spectacle audiovisuel « Monte-Carlo Story » (35 mn) en 4 langues ; accès par le parking des Pêcheurs (suivre direction « Palais »). De début novembre à fin février projection à 10 h 30, 11 h 30, 14 h 30, 15 h 30, 16 h 30, 17 h 30 (le dimanche, l'après-midi seulement) et de début mars à début novembre tous les jours à 10 h 30, 11 h 30, 12 h 45, 13 h 45, 14 h 30, 15 h 30, 16 h 30, 17 h 30, en juillet et août séance supplémentaire à 18 h 30. 30 F. ☎ 93 25 32 33.

Musée océanographique. – Visite (1 h 1/2) de 9 h 30 à 19 h d'octobre à mars, de 9 h à 19 h d'avril à juin et en septembre, de 9 h à 21 h en juillet et août. Fermé l'après-midi du dimanche qui suit l'Ascension. 45 F. ☎ 93 15 36 00.

Historial des Princes de Monaco. – Visite (1/2 h) tous les jours de novembre à janvier de 10 h 30 à 17 h 30, de février à mai de 9 h 30 à 19 h 30, de juin à octobre de 9 h à 20 h. 10 F. ☎ 93 30 39 05.

Palais du Prince. – Visite accompagnée (1/2 h) de juin à septembre de 9 h 30 à 18 h 30, en octobre de 10 h à 17 h. 25 F (30 F pour un billet jumelé avec le musée napoléonien). ☎ 93 25 18 31.

Musée napoléonien et des archives du palais. – Visite de juin à septembre de 9 h 30 à 18 h 30, en octobre de 10 h à 17 h, de décembre à mai de 10 h 30 à 12 h 30 et de 14 h à 17 h. Fermé de fin octobre à début décembre. 15 F (30 F pour un billet jumelé avec la visite du Palais du Prince). ☎ 93 25 18 31.

Centre d'acclimatation zoologique. – Visite de 10 h à 12 h et de 14 h à 18 h de mars à juin et en septembre, de 9 h à 12 h et de 14 h à 19 h en juillet et août, de 10 h à 12 h et de 14 h à 17 h d'octobre à février. ☎ 93 25 18 31.

Église Ste-Dévote. – Ouverte de 7 h 30 à 12 h et de 15 h à 19 h.

Casino de Monte-Carlo. – 50 F pour les salons ordinaires et supplément de 50 F pour les salons privés. ☎ 93 30 99 31 poste 2361.

Musée des Poupées et Automates. – Visite (3/4 h) de Pâques au 15 septembre de 10 h à 18 h 30 et du 15 septembre à Pâques de 10 h à 12 h 15 et de 14 h 30 à 18 h 30. Fermé les 1er janvier, 1er mai, 19 novembre, à Noël et les quatre jours du prix automobile de Monaco. 22 F. ☎ 93 30 91 26.

MONS

Église. – S'adresser à Mlle Sauvant, rue du Portail (☎ 94 76 38 72) ou à M. Louis Audibert, rue du Portail.

MOUGINS

Musée de la Photographie. – Visite en juillet et août de 14 h à 23 h et le reste de l'année de 13 h à 19 h. Fermé les lundis et mardis. 5 F. ☎ 93 75 85 67.

Environs

Ermitage N.-D.-de-Vie. – La chapelle est ouverte le dimanche matin de 10 h à 12 h.

Musée de l'Automobiliste. – Visite d'avril à septembre de 10 h à 19 h et d'octobre à mars de 10 h à 18 h. 30 F. ☎ 93 69 27 80.

N

La NAPOULE

Château-musée. – Visite accompagnée (1 h) de 15 h à 17 h de mars à juin et de septembre à novembre, de 15 h à 18 h en juillet et août. Fermé le mardi et de décembre à février. 20 F. ☎ 93 49 95 05.

NICE

L'Office niçois pour la recherche et l'animation du patrimoine architectural et historique organise des visites de la ville, d'octobre à mai à 15 h et de juin à septembre à 16 h 30. Fermé en novembre. 20 F. Renseignements et inscriptions : 4, rue Blacas, ☎ 93 62 18 12.

Promenades en trains touristiques. – Départ de l'esplanade Albert-Ier : en saison, tous les 1/4 h tous les jours, sans interruption ; hors saison, l'après-midi et en fonction du temps. Durée du trajet : 3/4 h. Le circuit fait passer par le cours Saleya, la vieille ville, la place Garibaldi, les jardins du château ; retour par le front de mer. On peut descendre au château et reprendre un train pour le retour. 18 F.
Il existe un autre circuit combiné train et bateau : départ devant l'hôtel Méridien, 1, promenade des Anglais. Services (1 h AR), de début juin à fin septembre, en petit train jusqu'au port, puis en vedette pour traverser la baie de Villefranche ; retour esplanade Albert-Ier par le petit train. 45 F. ☎ 93 71 44 77.

Ascenseur. – Services tous les jours, sans interruption. 4 F aller simple ; 7 F AR.

Musée naval. – Visite de 10 h à 12 h et de 14 h à 17 h d'octobre à mai et de 10 h à 12 h et de 14 h à 19 h de juin à septembre. Fermé le mardi et de mi-novembre à mi-décembre. Entrée gratuite. ☎ 93 80 47 61.

Église St-Martin-St-Augustin. – Ouverte de 8 h à 12 h et de 14 h à 18 h (fermeture à 16 h 30 en hiver). Fermée le lundi et le dimanche après-midi.

Palais Lascaris. – Visite (1/2 h) de 9 h 30 à 12 h et de 14 h 30 à 18 h. Fermé le lundi, le 1er janvier, à Pâques, le 1er mai, au mois de novembre et à Noël. Entrée gratuite. ☎ 93 62 05 54. Visite commentée du palais et des expositions temporaires, les mercredis, vendredis et samedis à 15 h. Visites-conférences du Vieux Nice et du Palais Lascaris les mardis et dimanches, à 15 h (16 h en été), départ du Palais Lascaris.

Chapelle de l'Annonciation. – Ouverte de 9 h à 12 h et de 15 h à 18 h.

Marché aux fleurs. – Tous les jours, sauf le lundi et le dimanche après-midi.

Musée Marc-Chagall. – Visite (3/4 h) de 10 h à 12 h 20 et de 14 h à 17 h 20 d'octobre à juin, de 10 h à 19 h de juillet à septembre. Fermé le mardi, les 1er janvier, 1er mai et à Noël. 15 F (en période d'exposition, le tarif est plus cher).

N.-D.-de-l'Assomption. – Ouverte de 7 h 30 à 12 h 30 et de 14 h 30 à 19 h 30.

Bâtiments conventuels du monastère de Cimiez. – Visite accompagnée (1/2 h) à 10 h, 11 h, 15 h, 16 h, 17 h. Fermés les samedis et dimanches, 1er janvier, lundis de Pâques et de Pentecôte, les 1er mai, 14 juillet, 15 août, 1er novembre et à Noël. 10 F.

Musée franciscain. – Visite (1/2 h) de 10 h à 12 h et de 15 h à 18 h. Fermé les dimanches, 1er janvier, lundis de Pâques et de Pentecôte, 1er mai, 14 juillet, 15 août, 1er novembre et à Noël. Entrée gratuite.

Musée Matisse. – Fermé pour travaux jusqu'au printemps 1991.

Musée archéologique. – Visite (3/4 h) de mai à septembre de 10 h à 12 h et de 14 h à 18 h ; d'octobre à avril de 10 h à 12 h et de 14 h à 17 h. Fermé le lundi, le dimanche matin, en novembre, les 1er janvier, 1er mai, 25 décembre. Entrée gratuite. ☎ 93 81 59 57.

Site archéologique gallo-romain. – Mêmes conditions de visite que le musée archéologique. 5 F. ☎ 93 81 59 57.

Musée des Beaux-Arts. – Visite (1 h 1/4) d'octobre à avril de 10 h à 12 h et de 14 h à 17 h, de mai à septembre de 10 h à 12 h et de 15 h à 18 h. Fermé le lundi, le 1er janvier, à Pâques, le 1er mai, deux semaines en novembre et à Noël. Entrée gratuite. ☎ 93 44 50 72.

Musée Masséna. – Mêmes conditions de visite que le musée des Beaux-Arts. Fermé tout le mois de novembre. Entrée gratuite. ☎ 93 88 11 34 et 93 88 06 22.

Musée d'Art naïf. – Visite (1 h 1/2) de 10 h à 12 h et de 14 h à 17 h d'octobre à avril ; de 10 h à 12 h et de 14 h à 18 h de mai à septembre. Fermé le mardi, les 1er janvier, 1er mai et à Noël. Entrée gratuite. ☎ 93 71 78 33.

Cathédrale orthodoxe russe. – Visite de 9 h 30 à 12 h et de 14 h 30 à 17 h de septembre à avril, fermeture à 18 h de mai à août. Fermée le matin des dimanches et jours fériés. 10 F. ☎ 93 96 88 02.

Église Ste-Jeanne d'Arc. – Ouverte de 8 h à 11 h 30 et de 15 h 30 à 18 h 30.

Prieuré du Vieux-Logis. – Visite accompagnée (1 h 1/2) de 15 h à 17 h les mercredis, jeudis, samedis et le 1er dimanche du mois. Entrée gratuite. ☎ 93 84 44 74.

Église St-Barthélemy. – Ouverte de 8 h 30 à 12 h et de 14 h 30 à 18 h 30. ☎ 93 84 48 45.

Faculté de droit. – Mosaïque de Chagall visible de 9 h à 12 h et de 14 h à 17 h pendant l'année universitaire sauf le samedi après-midi et le dimanche. ☎ 93 97 70 70.

Muséum d'histoire naturelle. – Visite (3/4 h) de 9 h à 12 h et de 14 h à 18 h. Fermé le mardi, le 1er janvier, à Pâques, le 1er mai, du 15 août au 15 septembre et à Noël. Entrée gratuite. ☎ 93 55 15 24.

Palais des Arts, du Tourisme et des Congrès (Acropolis). – Visite accompagnée sur demande préalable au 93 92 82 35. Renseignements au 93 92 83 26.

Galerie de malacologie. – Visite (1/4 h) de 10 h 30 à 13 h et de 14 h à 18 h, fermeture à 18 h 30 de mai à octobre. Fermé les dimanches et lundis, les 1er janvier, Pâques, 1er mai, au mois de novembre et à Noël. Entrée gratuite. ☎ 93 85 18 44.

Chapelle de la Miséricorde. – Visite possible uniquement dans le cadre des visites-conférences, les mardis et dimanches à 15 h (16 h en été) au départ du Palais Lascaris. ☎ 93 62 18 12. Messe les dimanches et fêtes à 10 h.

Église St-François-de-Paule. – Ouverte de 10 h à 12 h et de 16 h à 19 h.

Musée de Terra Amata. – Visite (1 h) de 9 h à 12 h et de 14 h à 18 h. Fermé le lundi, les 1er janvier, Pâques, 1er mai, les deux premières semaines entières de septembre et à Noël. Entrée gratuite comprenant, sur demande, un film ayant trait à la préhistoire. ☎ 93 55 59 93.

Parc des Miniatures. – Visite tous les jours de 9 h 30 au coucher du soleil. 43,50 F. ☎ 93 97 02 02.

Promenades en bateau. – S'adresser à la S.A.T.A.M. Gallus, 24, quai Lunel, ☎ 93 55 33 33.

Environs

Observatoire. – Visite accompagnée les 2e et 4e samedis de chaque mois, l'après-midi. Adresser une demande préalable par écrit (joindre une enveloppe timbrée pour la réponse) à M. le Directeur de l'Observatoire de Nice, B.P. 139, 06003 NICE Cedex, en précisant le nombre d'adultes et d'enfants, ainsi que la date souhaitée. 12 F. ☎ 92 00 30 11.

NOTRE-DAME-DES-FONTAINES

Visite de 8 h à la tombée de la nuit : tous les jours de juin à septembre et les samedis, dimanches et jours fériés de Pâques à fin mai et d'octobre à décembre ; le reste du temps, s'adresser à la mairie de La Brigue qui remet la clé contre une pièce d'identité.

P

PEILLE

Église. – S'adresser à M. Olivieri, 4, bd Aristide-Briand, ☎ 93 79 92 93.

PEILLON

Chapelle des Pénitents Blancs. – Ouverte le jeudi de 15 h à 16 h ou sur demande adressée une semaine à l'avance à la mairie, ☎ 93 79 91 04.

PORT-GRIMAUD

Église St-François-d'Assise. – Accès à la plate-forme de la tour tous les jours de 10 h à 18 h. 5 F.

R

ROQUEBILLIÈRE

Église St-Michel-du-Gast. – S'adresser à M. Daniel Gatti, menuisier, quartier de la Bourgade.

ROQUEBRUNE-CAP-MARTIN

Donjon. – Visite (1/4 h) de 10 h à 12 h et de 14 h à 17 h, fermeture à 19 h en été. Fermé le vendredi en hiver, le 1er mai et du 13 novembre au 14 décembre. 7 F. ☎ 93 35 07 22.

Église Ste-Marguerite. – Ouverte de 15 h à 18 h en été et de 15 h à 17 h 30 en hiver.

Corniche varoise

Tour Royale. – Visite de début juin à mi-septembre de 14 h à 18 h, de mi-septembre à fin mai de 15 h à 18 h. Fermé le lundi, du 1er novembre au 22 décembre, du 4 janvier au 1er mars, et les jours fériés sauf Pâques et la Pentecôte. 10 F. ☎ 94 24 90 00.

Fort du cap Brun. – Le fort et ses abords sont situés dans une zone militaire. Accès interdit.

Solliès-Ville

Église. – La visite ne peut se faire qu'accompagné par le gardien de la maison Jean-Aicard aux mêmes heures d'ouverture. Demande préalable souhaitable ; s'adresser à la maison Jean-Aicard, ☎ 94 33 72 02.

Maison Jean-Aicard. – Visite accompagnée (1/4 h) de 10 h à 12 h et de 15 h à 18 h. Fermée le mercredi, en octobre, à Pâques et à Noël. Entrée gratuite. ☎ 94 33 72 02.

La TURBIE

Trophée des Alpes. – Visite (1/2 h) en février et mars de 9 h à 12 h et de 14 h à 17 h 30, d'avril à juin de 9 h à 12 h 30 et de 14 h à 19 h, en juillet et août de 9 h à 19 h, en septembre de 9 h 30 à 12 h 30 et de 14 h à 19 h, d'octobre à janvier de 9 h à 12 h et de 14 h à 16 h 30. Fermé les 1er janvier, 1er mai, 1er et 11 novembre et à Noël. 15 F. ☎ 93 41 10 11.

UTELLE

Église St-Véran. – S'adresser à M. Lucien Versini.

Chapelle des Pénitents Blancs. – S'adresser à M. Lucien Versini.

VALDEBLORE (Route)

Pic de Colmiane, accès au sommet par télésiège. – Accès réservé aux skieurs du 15 décembre au 15 avril tous les jours. Les piétons et excursionnistes ne sont pas admis. Aller simple : 15 F (possibilité de forfait). ☎ 93 02 84 59.

Église de St-Dalmas. – Visite de 14 h à 17 h 30 du lundi au vendredi ; s'adresser à l'office de tourisme. ☎ 93 02 84 59.

VALLAURIS

Château. – Visite du musée national « La Guerre et la Paix » (☎ 93 64 18 05) et du musée municipal (☎ 93 64 16 05) de 10 h à 12 h et de 14 h à 17 h (fermeture à 18 h d'avril à septembre). 8 F.

Ateliers. – Certains acceptent des visiteurs. S'adresser à l'Association Vallaurienne d'Expansion Céramique, 15, rue Sicard, ☎ 93 64 66 58.

Musée de la Poterie. – Visite (1/2 h) de 9 h à 18 h d'octobre à avril et de 9 h à 19 h de mai à septembre. Fermé du 31 décembre au 14 janvier et le dimanche matin d'octobre à avril. 10 F. ☎ 93 64 66 51.

VAR (Basse vallée)

Musée « Hors du temps » de Vieux-Pierrefeu. – Visite accompagnée (1 h) en juillet et août de 10 h à 12 h et de 16 h à 20 h, s'adresser à la halte-boissons sur la place du village ; le reste de l'année sur rendez-vous tous les jours sauf les mardis et vendredis. Fermé les mardis et vendredis. 10 F. ☎ 93 08 56 12 ou 93 50 52 54.

Église de Bonson. – S'adresser sur place à la mairie, ☎ 93 08 58 39.

VENCE

Chapelle du Rosaire. – Ouverte le mardi et le jeudi de 10 h à 11 h 30 et de 14 h 30 à 17 h 30. Le reste du temps prendre rendez-vous 48 h à l'avance auprès de Sœur Magdalena, Foyer dominicain Lacordaire, avenue H.-Matisse, 06140 Vence.

Musée Carzou. – Visite (3/4 h) de décembre à juin de 10 h à 12 h et de 14 h à 18 h, en septembre et octobre de 10 h à 12 h 30 et de 15 h 30 à 19 h. Fermé le lundi, certains jours fériés selon les possibilités du personnel et du 1er novembre au 10 décembre. 10 F. ☎ 93 58 15 78.

Ancienne cathédrale. – Visite accompagnée des stalles et du trésor, les mardis et jeudis, de 9 h à 12 h et de 15 h à 18 h. Offrande souhaitée.

Environs

Château N.-D.-des-Fleurs. – Visite (3/4 h) tous les jours de juin à septembre de 10 h à 12 h 30 et de 14 h à 18 h 30, d'octobre à mai de 10 h à 12 h 30 et de 14 h à 17 h 30. Fermé le dimanche matin. 12 F. ☎ 93 58 06 00.

Église de Gattières. – Ouverte le dimanche pour la messe de 9 h 30 et le lundi de 10 h à 12 h. ☎ 93 24 91 15.

Église du Broc. – Ouverte le dimanche matin pour la messe.

Église de Coursegoules. – Ouverte tous les matins de 9 h à 12 h.

La VERNE (Chartreuse)

Visite (1 h) de 10 h à 17 h pendant l'heure légale d'hiver et de 11 h à 18 h pendant celle d'été. Fermé les mardis, à Noël, Pâques, le 15 août, le 1er novembre et en octobre. 15 F. ☏ 94 54 86 22. Le monastère étant en activité, une tenue correcte est exigée et les animaux ne sont pas admis.

VILLECROZE

Grottes. – Visite accompagnée (20 mn) en juillet et août tous les jours de 10 h à 12 h et de 14 h 30 à 19 h ; de 14 h à 18 h en septembre, les deux premiers week-ends d'octobre, pendant les vacances de Pâques et tous les week-ends et jours fériés de mai à mi-juin ; de 14 h à 19 h tous les jours du 15 au 30 juin. 5 F. ☏ 94 70 63 06.

VILLEFRANCHE-SUR-MER

Visites guidées de la ville organisées par la mairie, ☏ 93 76 65 46.

Chapelle St-Pierre. – Ouverte de 9 h 30 à 12 h et de 14 h à 16 h 30, en été de 9 h 30 à 12 h et de 14 h 30 à 19 h. Fermée le vendredi et de mi-novembre à mi-décembre.

Musée Volti. – Visite (1/2 h) du 1er juin au 25 septembre de 10 h à 12 h et de 15 h à 19 h, du 26 septembre au 31 mai de 10 h à 12 h et de 14 h à 17 h. Fermé le mardi, le dimanche matin, les 1er janvier, 1er mai, en novembre et à Noël. Entrée gratuite. ☏ 93 76 61 00.

Musée Goetz-Boumeester. – Mêmes conditions de visite que pour le musée Volti. ☏ 93 76 65 46.

Collection Roux. – Visite (1/2 h) de 10 h à 12 h et de 14 h à 17 h. Fermée les mardis, samedis et dimanches, les 1er janvier, 1er mai, en novembre et à Noël. Entrée gratuite. ☏ 93 76 65 46.

Collection d'archéologie sous-marine. – Visite (1/4 h) aux mêmes conditions de visite que le musée Volti. ☏ 93 76 65 46.

VILLENEUVE-LOUBET

Musée de l'Art culinaire. – Visite de décembre à mai de 14 h à 18 h, de juin à septembre de 14 h à 19 h. Fermé le lundi, en novembre et les jours fériés. 10 F. ☏ 93 20 80 51.

Musée militaire. – Visite de septembre à juin de 10 h à 12 h et de 14 h à 17 h, en juillet et août de 10 h à 12 h et de 14 h à 18 h. Fermé le lundi, le dimanche matin et les jours fériés. 10 F. ☏ 93 22 01 56.

Pétanque à St-Tropez.

INDEX

Corniche des Maures .. Villes, curiosités et régions touristiques.
Bazaine .... Noms historiques et termes faisant l'objet d'une explication.
Les curiosités isolées (châteaux, cascades, forts, parcs, rochers...) sont répertoriées à leur nom propre.

A

B

C

D - E

F

G

H

I - J

K - L

M

N

O

P - Q

R

S

T

U - V

SOURCES DES PHOTOGRAPHIES ET DESSINS

p. 13 Riby/PIX, Paris
p. 17 D'après photo J. Guillard/SCOPE, Paris *(milieu de page)*
p. 17 D'après photo Cordier/PITCH, Paris *(bas de page)*
p. 18 D'après photo Hayon/PITCH, Paris *(haut de page)*
p. 18 D'après photo Hayon/PITCH, Paris *(milieu de page)*
p. 18 D'après photo Hayon/PITCH, Paris *(bas de page à gauche)*
p. 18 D'après photo J. Dupont/JACANA, Paris *(bas de page à droite)*
p. 19 D'après photo J. Dupont/JACANA, Paris
p. 28 P. et G. Leclerc, Nice
p. 33 J. Dupont/EXPLORER, Paris
p. 35 LAUROS GIRAUDON, Paris © S.P.A.D.E.M.
p. 47 Musée national Fernand Léger, Biot – J. Mer/EDIMEDIA, Paris © by S.P.A.D.E.M. 1990
p. 56 J. Guillard/SCOPE, Paris
p. 64 G. Sioen/CEDRI, Paris
p. 72 C.N.R.S./C.C.J., Aix-en-Provence
p. 86 D'après photo J. Delmas et Cie, Paris
p. 88 Ch. Pinheira/DIAF, Paris
p. 95 G. Sommer/EXPLORER, Paris
p. 99 D'après photo Moiton/JACANA, Paris
p. 100 J.-P. Vieil/RAPHO, Paris
p. 101 A. Soriano
p. 107 J. Guillot/EDIMEDIA, Paris
p. 114 M. de Lorenzo
p. 119 P. et G. Leclerc, Nice
p. 119 J. Guillard/SCOPE, Paris
p. 120 Pignata-Monti/RAPHO, Paris
p. 125 Ciccione/RAPHO, Paris
p. 127 EXPLORER, Paris
p. 134 K. Klaus/ZEFA, Paris
p. 139 J. Dupont/EXPLORER, Paris
p. 143 Bibliothèque de la Ville de Toulon
p. 150 D'après photo PIX, Paris
p. 154 Lacroix
p. 162 Hackenberg/ZEFA, Paris
p. 163 J. Guillard/SCOPE, Paris
p. 180 F. Jalain/EXPLORER, Paris

MANUFACTURE FRANÇAISE DES PNEUMATIQUES MICHELIN
Société en commandite par actions au capital de 875 000 000 de francs
Place des Carmes-Déchaux - 63 Clermont-Ferrand (France)
R.C.S. Clermont-Fd B 855 200 507

Dépôt légal 4e trim. 1990 - ISBN 2 06 700 320 - 8 - ISSN 0293-9436

Printed in France - 10-90-110
Impression : AUBIN Imprimeur à Ligugé, Poitiers n° P 35903